新编21世纪哲学系列教材

分析哲学专题教程

A Thematic Guide
to Analytic Philosophy

费多益　主编

中国人民大学出版社
·北京·

内容简介

分析哲学的样态在当代发生了很大变化。本书以问题为线索展开，选取国际上近30年聚焦最多、争论最激烈的话题进行呈现，其内容涵盖真、意义、经验、因果性、知识与价值、心身问题、同一性、行动的理由、道德抉择等永恒而常新的哲学命题。本书并不追求面面俱到，而是凸显鲜明的问题意识和论证特色，注重前沿性、趋向性、对话性，期望能与通行的以史（或者以流派，或者以人物）为线索的教材形成互补。

针对半个世纪积累起来的著名哲学观点和论证，本书不仅仅使读者知道过去重要的哲学家说了什么、有什么主张，而且对他们提出的论证策略和优长进行深入考查，讨论其面临的各种质疑，尤其是揭示其中有哪些缺陷、漏洞和潜在的后果，以及如何做出补充、修正和发展。

在剖析观点及其论证的基础上，本书进而在案例考查部分，通过设计针对同一论题的论点针锋相对的一组论辩，展示分析哲学方法在较为宽广领域的求解途径及特点，激励大家深度思考日常生活，引导读者体验和把握用分析哲学的态度、眼光和方式来反思世界与人生。

目　录

上篇　论题考查：趋向、问题与焦点

下篇　实战习练：争议、对话与交锋

上篇

论题考查：趋向、问题与焦点

导论

如何理解分析哲学的“分析”?

分析哲学的样态在当代发生了很大变化。“分析哲学”这一术语通常用来指称自20世纪初以来，主要在盎格鲁-撒克逊国家进行的、虽然名称各异但都与语言分析有关的哲学研究。不过，诚如斯特罗所言，“与其说分析哲学是一个抽象的事业，不如说是充满了个性及其相互竞争的方法与论证的领域”[1]5-6。它可以被看作世界主要哲学流派之一或一种世界性的哲学趋向，也常被用来表示带有分析倾向的各哲学流派的总称。

与许多分类名称一样，“分析哲学”这个词不具有唯一的、普遍认可的精确定义。作为一种理论思潮，分析哲学的构成和内容非常庞杂。在广义上，它包括这样一些学派和哲学，它们的倾向虽可各不相同，但有许多观点仍是近似、彼此一致和相互联系的。在狭义上，分析哲学也可以更严格地用来仅指某些思想家和思想流派中的某些人或某些观点。分析哲学反对传统哲学那种抽象思辨的研究方式，试图通过某种“精确的分析”清除哲学论争中的混乱。

那么，究竟怎样才是“分析的”? 罗素、摩尔、维特根斯坦、卡尔纳普、奎因（也译蒯因）等人都有论述，且无论是剑桥学派还是牛津学派都谈到了一些，但并不直截明朗，而关于分析是属于纯粹逻辑的概念还是经验和语用学的概念，更未取得一致。这一点也造成了后人对“分析”一词理解上的分歧。况且，以往的界定即便曾经取得共识，也未必适用于今日的哲学样貌。我们试图根据分析哲学的当代发展，给出在底线意义上理解“分析”的阐释和论证，亦即通过对“分析”概念的相关刻画，一方面展示充分的包容性，将大多数无可争议地从事分析哲学研究的学者的工作划归在“分析哲学”领域中；另一方面具备有效的区分度，将大多数不能体现分析哲学的研究排除在“分析哲学”领域之外。其论证策略为：一是从内涵角度，阐明分析方法在其性质上所具有的独特特征；二是从外延角度，把传统认为的分析哲学所拒斥的主题重新引入并进行考查。

第一节　语言在什么意义上具有优先地位？

表面上看，罗素的摹状词理论和维特根斯坦的语言游戏论之间，卡尔纳普的逻辑句法和自然语言的形式语义学之间，维也纳小组反形而上学的排他性论断和关于必然性/偶然性、可能世界、身心关系等争论之间，毫无共同之处，特别是对本体论简洁性的关注与重返包罗万象的本体论探索（例如关于可能的非实在之物或虚构之物的探索）更是迥异其趣。这些看似倾向和理论各异的研究，都被冠以一个共同的名称——分析哲学，由此展示了它们之间的统一性：从语言角度来探讨哲学问题，并通过对语言的分析来解决哲学问题。

于是，哲学问题被看作或归为思想的语言表达问题，语言的意义和性质成为考虑的中心，也被视为开启所有主要问题解法的关键。这始终既是分析哲学反对者攻击的重点，也是分析哲学支持者最常用的宣言。借用达米特的话，哲学的目标是分析思想的结构，而分析思想唯一合适的方法在于分析语言……[2] 458以上两点为整个分析学派所共同接受。

可以说，分析哲学比哲学的许多其他分支更好地体现了哲学中最深刻传统的延续。从古希腊时代起，哲学家们一直就感兴趣于理智上富于挑战的问题：如果实在是静止的，运动何以可能？宇宙是否有第一因？空间是否有边界？时间是否真实？语言如何连接世界？等等。对于这些问题，他们要求人们把一些基本概念甚至日常语言的普通语词弄明确，使之变得清晰。例如，我们平时使用“正义”“真理”“实在”等这些语词进行交流时，并没有就它们的涵义做出规定，但对一些基本概念进行分析，是一名哲学家不可回避的挑战。分析哲学家秉承了这一传统并使其保持鲜活。

不同于以往的哲学分析方法，分析哲学强调语言的可分析性，它所着重的问题一开始就是对语言的分析。语言分析方法的前提是承认语言的某种实在性，认为语言和世上实存的事物或关系有某种联系，而分析哲学家试图寻找到语言、思想与存在之间的稳固而平衡的关联。作为其努力的显而易见的结果，语义分析法方得到了奠定——从弗雷格的晨星暮星、罗素的法国国王到奎因的飞马存在，这些分析范例已成为分析哲学的显著标志。同时，从可理解的、不玄乎的事物和常识出发进行探讨，成为分析哲学界的普遍共识。摩尔（George Edward Moore）等分析哲学家成功地开启了与新黑格尔主义截然不同的分析道路，且这一道路迅速地得到传播和认可。

尽管如此，这样的说明还不足以把分析哲学的特点显示出来。在某种意义上，从苏格拉底开始，哲学家们就努力去把握他们所使用的语言，把哲学思考联系于其所使用的概念的意义确定方面，甚至将整个哲学活动置于概念产生的过程中。同样地，语言哲学主题以及思想的渊源也可以上溯得很远：不满于日常语言的功能、诉诸一种理想语言来表达和交流科学思想的议论，早在17世纪笛卡尔和莱布尼茨就提到过。19世纪，孔德和斯宾塞把拒斥形而上学作为一条原则在他们的实证哲学中提出，并重新肯定了贝克莱关于“存在就是被感知”的命题。接着，马赫将世界归结为感觉，将感觉归结为语言，而且在哲学中引进数学的描述方法，对语言和思想加以符号化、公式化，实现了他所提出的用最小的消耗、尽可能完善地对事实做出陈述的“经济思维原则”，哲学转向研究语言的势态更加明朗。

可见，问题不仅仅是在哲学思考的过程中确保分析工具的良好运作，而且要把这一工具作为完整地理解现实的手段。然而作为一种复杂的现象，语言本身可以从不同的角度来理解。哲学的语言分析本身不等于科学化方法，也即语言的哲学分析跟符号学的分析是不同的。

因此需要明确，在何种意义上分析哲学把语言当作理解现实的手段？毕竟，“大多数分析哲学家与语言学家没有什么大的联系，分析哲学既很少借用语言学术语，也没有带给语言学什么东西。事实上，只是从逻辑的观点看，语言才获得了优先地位”[3]2。在这种情况下，我们可以接受达米特对分析哲学下的一个定义。达米特认为，分析哲学是后弗雷格的哲学，这个定义既强调了弗雷格对分析哲学形成的历史性贡献，又指出分析哲学自诞生以来一直联系于弗雷格留传下来的现代逻辑。[4]480,666弗雷格的逻辑及其变化形式是自20世纪初以来分析哲学所经历各种发展和变化的背景，也是现代分析运动的起点：罗素、维特根斯坦和奎因都受到弗雷格的影响，许多分析哲学可以看作是建立在弗雷格的基础上，或试图纠正他的工作。而实际的情形的确是：只有当逻辑的发展产生了多样化，澄清了多种互不相同的“逻辑”，才能通过逻辑来观照语言的所有方面——句法的、语义的以及语用的方面。

严格的演绎推理的符号系统所提供的不只是一种表达思想的手段，而且是思想在其中得以表达出来的语言。由弗雷格引发的那场革命导致了逻辑学的飞速发展。逻辑学家探讨了将经典逻辑和非经典逻辑形式化的各种方式；他们使用代数方法来刻画这些逻辑，并借助证明理论及代数学的手段确立了它们的一般特性；他们把其中一些代数刻画转换为语义理论，这些理论旨在陈述出逻辑常项的意义，从而提供某种标准，让我们借以判定某种形式化是否可靠，亦即它所容许的推理是否都真正有效，或者判定它是否完全，亦即它是否容许所有真正有效的推理。[5]16—17

此外，在弗雷格那里，人们进行逻辑分析时是对整个句子赋予某个真值的，因而真值函项语义学只作为一种技术上必要的手段，从外部理解句中各部分的意义。这意味着如果确定“意义”始于外部，而不是从内省的经验抽象出“意义”，那么人们虽然可以表达说某个词有指称是什么意思或把某个指称赋予某个词是什么意思，但仍然需要确定或定义包含所考虑的这个词的句子的真值条件。也就是说，人们也许知道这个词有所指，但不知道指的是什么；人们仍然需要寻找融贯的机制，而这个机制依赖于语境，并且以判断的方式指派真值。后继的哲学家不断地阐发和发展语境原则，其愿望正在于聚焦弗雷格的反心理主义的立场，提供非内省哲学的可能性。[6]287—301

伴随着对经典逻辑的扩展来展现可能的可靠推理形式以及对有效推理思想的重新理解，论证的内在结构成为现代逻辑关注的焦点。这种结构体现在微观与宏观两个层面。微观结构指演绎论证或归纳论证等逻辑形式，它所探讨的是组成论证的诸种陈述的内在结构。例如，演绎逻辑揭示了组成论证的陈述如何基于简单或原子命题，借助真值函数联结词、量词、算子和模态或命题态度联结词逐步建立起来。与之对照，宏观结构则探讨组成论证的陈述以何种方式联合起来形成一个整体？它们形成什么样的结构模式？是闭合结构、收敛结构、组合结构还是序列结构？其所断言或支持的主张又受到怎样的限制？[7]505—527对这些问题的探索构成了图尔敏、托马斯、弗里曼的核心工作和重要贡献。

第二节　作为分析哲学方法的“分析”

自从奎因之后，当代分析哲学不再有像罗素、卡尔纳普或奥斯汀式的主导人物。雷歇尔在谈到 20 世纪后期哲学的多样性时，以如下方式总结了这一情境：从前，哲学舞台由少数几位大师主导着，当时的哲学就是他们所创造的东西。但是，哲学的这一“英雄时代”已成往事。我们已进入新的哲学时期，此时，不仅有占支配地位的杰出人物，而且出现了一大批影响较小的人物；不再有显赫的哲学王国，哲学景观更像中世纪的欧洲——由享有王权的贵族和兼任主教的君主所辖的诸多小块领地的汇集；零星的著名哲学骑士，只是在间或分散的诸城堡中，赢得当地忠实朋友的追随或遭遇其对手。[8]109—113

20 世纪 70 年代之前，分析哲学的“分析”有特殊的涵义，其发展分为三个明显阶段：第一代逻辑主义哲学家的特长是对语言进行逻辑分析，其目的是用形式语言对日常语言的陈述进行治疗和重新公式化；第二代分析哲学家形成于逻辑主义衰退之时，致力于描述使用语言时的环境、背景和场合；第三代分析哲学家利用已经超出标准逻辑框架的逻辑体系结构，力图使日常语言或自然语言逻辑形式化。但不论采取怎样的方法论，原则上都坚持：哲学问题是语言问题，即对语言的错误使用，表现为混淆了语义的边界，破坏了使用语言的规则；因此，解决哲学问题，就是要清楚地说明人们在使用语言时犯了怎样的错误，刻画清楚语言使用的规则，澄清语义的范围等。[9]215—236并且早期的分析哲学可能只专注于哲学的某一两个领域，比如语言哲学或科学哲学。

然而在当代，分析哲学已经非常广泛和多元。它不仅是英语国家的主要哲学传统，而且在非英语国家中也正稳步增长；它的触角几乎伸向了哲学的所有领域，其思想、立场和方法论都已经多样化了。[10]20—42运用“分析哲学”这一词通常只是为了与海德格尔、德里达、德勒兹等人做对比，或与“哲学史”研究相区别。“分析”成为“明确化”的代名词，作为一种普遍性方法逐渐渗入到一切哲学活动中——各个学派都有解答的权利和义务；人们也都可以从各自不同的立场出发，对“分析”这个同一主题做出回答。也正因此，分析哲学如今盛行于世界上的大部分地区。而把整个分析哲学统一起来的是，它全神贯注于对合理性的理性讨论。后者是任何对当代文化问题认真地怀有兴趣的人都必须面对的话题，它遍及科学研究、日常行动决策、语言使用、对人类精神活动的反思等领域中的合理性。

与之相关，不得不提及的是，人们常常把分析哲学泛称为“英美”哲学，这样的理解产生了一种对历史的严重歪曲。把一种以方法为特征的探究方式（即“分析的”），与另一个靠地理位置来区隔的传统（即“欧陆的”）相对照，这种做法是宽泛和模糊的。在20世纪，不止一种潮流对分析哲学的形成做出贡献，“而在希特勒上台前，与其把分析哲学看作一种英国现象，不如看作一种中欧现象”[11]2，因为分析哲学中心向美国的转移主要是政治事件即纳粹政权的长期影响。这并不是说两者之间可以彼此割离或完全无关，而是说只有在看清它们彼此区别的基础上，才能看清它们之间的联系。

那么，如何辨识作为分析哲学方法的“分析”呢？今天，当人们称自己所做的是分析哲学，存在一个底线标准，即重视语言的清晰性，重视分析和论证。这样的界限是为了跟以下哲学区分开来：不追求清晰的概念，不重视论证分析，使用一种含混、晦涩的语言或文学式的语言来代替哲学论证。例如，坎普认为，分析哲学要求其论证：其一，运用有效的推理形式；其二，使用清晰、准确的语言进行表述，并且尽可能使之晓畅直白。[12]699—700那么，怎样就算清晰呢？在马蒂尼奇看来，就是尽量避免歧义性（ambiguity）、含糊性（vagueness）和不确定性（indeterminateness）。[13]195—196为了达到这个目的，分析哲学将逻辑等形式化方法作为工具手段。[14]161—163

对于思想来说，概念具有根本的重要性。糟糕的思维方式之一就是缺乏明晰的概念。所有推理过程都要使用一些概念，包括理论、法则、公理以及推理中的固有规则，这样，概念中的任何缺陷都可能导致推理出现错误。“假如你想成为一名思考者，你必须成为自己概念化行为的主人；必须发展这样的能力，即在自己内心将这个那个概念从已被概念化的事物身上移除，并同时试想可替代的概念。”[15]42—43

在对话和讨论中，交谈的各方必须澄清他们的观点，一步步修正对方不全面或不确切的表述，最后得到一个意义清晰的论点；也可以尝试自问自答，从你自认为是正确的回答开始，然后找出反例，一步步逼近对问题的认知。

1. 明确问题。例如：“是什么使得某物成为X?”“认定某物是X的依据是什么?”“使某物成为X在逻辑上如何可能?”“X与Y之间的逻辑关系究竟是什么?”

2. 提出假说。详细说明适用所提问题的概念的充分或必要条件，确定当且仅当被这个概念使用的事物所拥有的所有特征。

3. 推导待检验的结论。此种结论具有如下形式：如果假说H为真，那么概念X就可以适用于这种情况。例如：“如果这个假说为真，结果会怎样?”“它蕴涵了什么?”“它使我们不得不接受什么?”

4. 对假设进行检验。判断这个概念是否适用于假设的那种情况。

5. 接受或拒绝该假说。如果该概念适用于你设想的那种情况，那么就有理由认为它为真，否则就有理由认为它为假。如果是后一种情况，你应该要么抛弃这个假说，要么回到第2步对它进行修正。

总体说来，哲学家大致都认为分析哲学的风格应当满足：第一，文字清晰、明确，不佶屈聱牙；第二，论证有效（valid）、健全（sound）、易识别、融贯，让大多数哲学家觉得有理有据、使人信服；第三，逻辑的分析手段。当然，关于如何理解分析哲学中对于语言和逻辑的“偏好”，当代哲学家也有不同的理解，如威廉姆森对于“语言转向”和“概念转向”的论述，斯塔尔纳克对于模态逻辑的形而上学本质的探讨，等等。不过无论如何，分析哲学注重对人类知识和信念体系中各种命题、概念的准确分析与使用，强调论证的严谨性。语言的清晰化虽然不能算是分析哲学的独有特征，但分析哲学力图创造一个人人共享的哲学文本，并首开先河要求哲学像科学一样精确，像科学一样也能够形成不断进步的共同体。

第三节　形而上学主题的重新引入

对“分析”的分析不能回避关于形而上学问题的讨论。分析哲学在整个20世纪成为占主导地位的哲学思潮。从思想史的角度看，这种现象受到了科学飞速发展的影响，后者冲击了哲学原有的形而上学体系。由于科学的巨大进展，哲学家发现自己在关于什么是真的问题上已经非常乏力，他们不再认为自己有能力发现关于世界和人的本质的知识——发现事实是科学家的任务。哲学家的职责不是像黑格尔那样，提出庞大的理论体系，也不是提出有关“实在是什么”的命题。而关于实在是什么、什么是真、什么是世界和人的本质的问题，正是形而上学传统的研究领域。

在早期分析哲学中，先后出现了两波明显的反形而上学思潮：第一波是20世纪初罗素和摩尔对观念论的反叛；第二波是30年代后逻辑经验主义对形而上学全面的拒斥，尤其是指责传统哲学家（形而上学家）文本晦涩、用词生僻。分析哲学与形而上学的对立，某种程度上是延续了经验主义对超验事物的拒斥。较为引人注目的是卡尔纳普与奎因之间的一个著名争论：是否有合理的形而上学问题。对此，卡尔纳普的回答是：没有；奎因的回答是：有。

卡尔纳普反驳形而上学的理由是：存在两种问题，一种是内在问题（internal question），是在某一语言框架下提出的问题，因此可以在语言框架内部得到回答；另一种是外部问题（external question），即关于语言框架本身的问题，不能在该语言框架内得到回答。任何形而上学问题都是外部问题，是关于语言用法的实践问题，不能在语言框架内回答，没有一个确切的是或否的答案。不能在语言框架内回答的问题都没有意义，因此形而上学问题没有意义，进而不存在合理的形而上学领域。

就严格的逻辑意义来说，提出一个问题就是给出一个命题，并提出判定这个命题（或它的否定式）为真的任务。“只有给出了一个命题的符号，即由语词或其他符号构成的语句，才能给出这个命题”，而形而上学命题“只具有语句的外在结构”，它们虽被认为是语句，但实际上不属于语句。只有对象的构造式——把此对象的命题翻译为基本对象即原初经验关系的命题的规则——才给这些命题一种可证实的意义。但形而上学的概念和命题是超越经验的，不可能在一个建立于直接经验之上的构造系统中构造出来，不能被翻译为原初经验关系的命题[16]322－323，因此属于似是而非的无意义的陈述。

奎因则进行了反驳。他认为，之所以把形而上学看作无意义的命题，是预设了分析与综合的区分，即“在分析的或独立于事实的意义真理与综合的或基于事实的真理之间存在某种根本的分裂”，但任何科学家的理论学说，都包含着某种本体论的前提，这不是关乎事实，而是关乎为科学选择一种方便的语言形式、一个方便的概念体系或结构。[17]20－43

这场争论后，大多数哲学家认为奎因对卡尔纳普的批评是成立的。[18]320－346形而上学虽不能提供关于实在本身的任何知识，但是一种认识实在的学问，它以不同于科学经验方法的那种哲学特有的思想方法来认识实在。

奎因和斯特劳森，两人分别从逻辑经验主义和日常语言学派中把形而上学拯救出来。斯特劳森对以后的形而上学的影响主要集中在殊相和相关的同一性方面，后者被威金斯更为充分地探讨。奎因的影响不单单是一些具体的形而上学观点，比如唯名论、时空四维主义等，远为重要的是，他的本体论承诺在分析哲学内为各种形而上学打开通行特许途径，即便它们中的一些已经声名狼藉。关于形而上学的发展，摩尔（Adrian W. Moore）甚至觉得卡尔纳普、奎因和刘易斯（David Lewis）的关系有些类似于近代哲学中休谟、康德与费希特或黑格尔的关系。[19]331

综上不难看出，分析哲学的某些学派不等同于分析哲学这个广泛且多样化的运动，其反形而上学的情形也因流派、阶段、类别的不同而各异，因此某些分析哲学学派反形而上学不等同于分析哲学反形而上学，而是需要明确何人在反、如何反以及反何种类型的形而上学；有些反形而上学观点其实是以一种新的非形而上学的方式触及或接近具有形而上学性质的问题。

况且形而上学是就其内容而言区分于认识论、伦理学、政治哲学等哲学分支；而分析哲学是就其研究方法（或风格）区别于现象学、实验哲学等哲学分支。也就是说，内容上重视形而上学问题，方法上重视逻辑化的严格分析构成了两者的特征。它们分属于不同的范畴或方面，当然也就不存在非此即彼的排斥关系。

分析的形而上学摈弃了传统思辨的形而上学，但把形而上学的主题重新引入分析哲学的论域。按照齐默曼的归纳，至少包括三条进路：一是以齐硕姆、克里普克和刘易斯为代表；二是新潮流形而上学家（New Wave Metaphysician），以普特南和麦克道威尔为代表；三是通过分析哲学方法论重新回到德国古典哲学文本去探讨那些问题。[20]ix－xxii而达米特则构建了用以探究形而上学争论所需的逻辑基础。他认为在构筑这样一个基础的过程中，我们必须在我们通常视为当然的东西之下进行挖掘，这些东西是在没有弄清我们关于语词的意义，尤其是关于逻辑常项的意义的假定的情况下被接受下来的。在他看来，实在论与反实在论的形而上学争论的实质在于语义学之争、意义理论之争以及真概念之争。[3]7－13

20 世纪末期，各种各样的“自然主义”借助于物理学、认知科学、心理学或生物学等产生并且变得相当热门。在跨学科运动越来越频繁的今天，分析哲学的分析性体现在哪里？哲学问题与经验问题或哲学方法与经验方法之间范畴性的差异会消失吗？分析哲学与科学是否不再有截然的区分？大数据时代，追求本质是否可以被收集事实而取代？

这些问题的回答如同问题本身一样开放。分析哲学的确跟现代科学密不可分地结合在一起，最典型地保持着哲学和科学相互依存的关系。不过，尽管分析哲学频繁地被声称为“科学的”，但它在根本上是一项人文的事业，正因如此，在与自己的过去具有紧密关联方面，它是不同于科学的，表现在：分析哲学如今处理的许多问题古已有之，例如，存在是一种属性吗？如何能够有意义地或真实地谈论非存在？两个真实的同一句子怎样在意义上做出区分？

科学的进步依赖于各分支科学取得的进步，但是，为什么不同的分支有时会声称截然相反的论断？这是因为，任何一门分支科学都无法解决上述所提出的问题。形而上学的功能不是进行具体的科学探究，而是为事物是其所是的原因提供一种总体性的概念，包括把科学与日常经验进行调和的尝试。每门科学都运用日常经验，它们通过观察提出论断，但观察本身的内在特征却没有被科学所触及。然而，一个健全的世界图景，不仅应包含被观察、被描述的世界，还应包含观察本身与观察者之间的内在本质和关联，而对后者的探索属于分析的形而上学领域。

所以，我们无法仅凭科学知识就终结哲学讨论。我们可以把“存在哪些自然律”这个问题交给科学家，但这不意味着我们仅仅借助科学就知道“什么是自然律”。这是两个不同的问题：前一个问题基于经验，但对它的某些回答总是预设了对后一个问题的某些回答。[21]99—109除非我们脑海中已经拥有某种对“自然律”这个概念的理解，否则我们不可能知道哪些自然律存在。每人都在心里将自然律看成这样或那样的东西，不同的科学家有不同的想法，这就是为什么要给出一套清晰的形而上学观点和推理的原因。哲学家是从哲学入手处理一般性的实在论问题，如果我们从根本上就是工具主义者，那么不论科学理论怎样成熟，我们都无法确定这些理论是否反映世界真相，也无法确定这些理论所假设的不可直接观察的实体是否真实。

人们常常抱怨哲学不像科学那样具有明显的进步。柏拉图提出的主要问题今天仍在讨论，但是，仍未找到普遍可接受的解决方案。后者只有在共同的前提或推理原则的框架内才有可能，而争论之所以不断，就是因为这种框架尚不存在。哲学的进步，在于容纳新的问题，在于阐释和审视已有论证，在于更为仔细地探索可能性，在于拒绝未经推敲的前提，等等。相反，哲学衰落的标志是：缺乏对广为接受的理论的质疑，削弱问题讨论的多样性，混淆或模糊重要的边界，放弃探究有争议的原则，以及延续沉闷的寂静。

同时，常常听到一种诟病的声音，指出分析哲学“过于琐碎、论辩多于沉思”，这个批评值得我们认真反思。随着学术发展，哲学问题形成了一系列严密的共同体规范，也设置了望而生畏的知识门槛，但哲学探究的思想内核对于每个人都是公开而平等的。学术工作的细化和技术化无疑为研究提供了便利，但在某种程度上也加深了壁垒。分析哲学的敏锐与犀利应该体现沉思的洞见，而非仅仅停留于“为辩论而辩论”，其所处理的话题，应该能够关联到哲学上意义显著的结论。

事实上，人们在日常生活里都希望克服对问题模糊不清的认识，达到明白准确的理解。如果把这种明确化的思想活动称作“分析”，那么这种意义下的分析在其他科学中也会出现。不过，需要注意：虽然分析对于科学来讲是十分必要的，但分析本身在科学中只不过是一种手段，科学的目的只在于构造理论；而对于哲学来讲，分析就非手段而是目的本身了。

从这个意义上说，分析哲学方法并不限于分析哲学本身，而可以成为哲学领域的共同方法。作为一门讲道理的学问，关于哲学的教学不是简单地宣布理论主张，而应引领思考品质的锻炼途径，唤醒人们对自己生活和人生的自觉反思，最大限度地发掘和提升生命的意义。哲学研究的一大弊端是只注重对已有观点或结论的解读和阐释，而较少推理论证训练，尤其缺少对已有论证的考查、补充和修正。分析的方法则提供了用来检验我们的直觉真理和精神构造物的最强有力的工具。分析风格的现实意义就是为当代的形而上学、认识论或知识论、美学、伦理学、政治哲学等哲学领域贡献思考的利器，让人们关注如何把话说清楚，如何把道理讲明白。

第四节　本书的特色和脉络

市场上有关哲学的书籍并不少，然而受众分化的情况也很突出：针对专业人员的图书无疑提供了很多有用的信息和知识，但存在专业门槛的限制；针对普通读者的非专业书籍通俗易懂，但在信息和质量方面良莠不齐。本书的定位则是本科生及对哲学感兴趣的社会公众，不同程度的读者可以从中获得不同程度的启示。书中重新考查了哲学的许多核心理念，集严肃性和生动性于一体；一些犀利的论点足以对读者的理智构成挑战，但离开舒适区的不安很快就会被思辨的乐趣所取代。

针对壁垒现象所遭遇的尴尬，我们特意邀请具有不同研究背景的学者进行研讨，充分展现思想碰撞的火花。我们不仅吸引不同学校本科生、研究生的参与，而且热忱地欢迎普通公众的交流和讨论，这既使学术共同体所取得的成果能够惠及更多读者，又为学校和社会之间进行学术对话提供了契机。本书大部分章节的作者是奋斗在科研教学一线的国内青年一代新锐才俊，拥有探触国际学术前沿的敏锐视角和扎实训练。他们结合这些优势，在了解国内学生学习现状的同时，大胆探索教学内容和教学方式，使学生有机会在学习基本知识的同时更早地接触到分析哲学的趋向和动态。同时，他们的写作也与这样的趋势形成鲜明对照，即冠以哲学之后名却不加论证地用数据收集代替分析本身的做法，比如所谓的实验哲学（experimental philosophy）等等。

本书并不追求面面俱到，而是期望与现在通行的教材形成一种互补。之所以强调如此定位，其原因在于：目前的分析哲学教材大多以史为线索，或者以流派、以人物展开，这种做法的优点是系统、全面；同时，这种写法使得分析哲学的问题和特有的方法不容易被人一下子捕捉到，且内容也有些跟不上学科的新近发展，更重要的是，对于学生的兴趣激发和思考启示不够明显，因此我们希望呈现一本注重前沿性、趋向性、对话性，以问题为线索而展开的教程。本书选取国际上近 30 年聚焦最多、争论最激烈的话题进行呈现，其内容涵盖真、意义、经验、因果性、知识与价值、心身问题、同一性、行动的理由以及如何做出道德抉择等永恒而常新的哲学命题，聚焦争议，突出鲜明的问题意识和论证特色。

本书分为上、下两篇。上篇除“导论”之外，共有十六章，其要点说明如下。

第一章：“是真的”是不是一个真正的谓词？在漫长的哲学史中，“‘雪是白的’是真的”这一表达式通常被认为像表达式“这个苹果是甜的”一样，将一种性质归属于某个对象，并且因此，“是真的”就如“是甜的”一样是一个真正的（real）谓词。哲学家们试图做的工作就是解释是真的是一种什么性质，在这方面，出现了诸多理论，如符合论、融贯论、实用主义真理论。20 世纪后，真理紧缩论伴随着哲学中的自然主义潮流应运而生，这一理论一方面批评了各种实质性真理理论，认为它们将一些不存在的东西赋予了真理，另一方面则尝试表明，真理概念很简单，断定一个命题是真的也就是断定该命题自身，因此并没有给原初的命题增加什么东西，基于此，“是真的”并不是一个真正的谓词。在当代关于真理的讨论中，实质性理论与紧缩主义的争论是一大风景。各种实质性理论能够很好地契合真理概念在生活实践、科学研究中的重要作用，但它们的刻画无一不面临着严重的困难；紧缩主义通过表明在真理概念中没有那么多神秘的东西而富有吸引力，但它却面临着一个困难，即如何以一种契合紧缩主义精神的方式解释真理概念在生活实践、科学研究中的角色。

第二章：因果解释是完备的吗？本章研究是否所有的科学解释都是“因果解释”。首先，鉴于通常情况下因果解释是通过因果关系建立起来的，我们考查了因果解释是否一定要以真正的因果关系为基础，结论是否定的；这样的科学解释如果算是因果解释，最多只能算“准因果解释”。其次，不仅事件可以充当被解释项，规则也可以充当被解释项，所以我们考查了因果解释是否可以解释所有的规则，得出结论：虽然因果解释可以对诸多规则进行解释，但现有的因果解释理论并不能够对所有的规则进行解释。最后，对单独使用模型做出的解释进行研究，发现这些解释为非因果解释。综上，我们有理由相信，并非所有的科学解释都是因果解释，也就是说因果解释是不完备的。

第三章：意义与指称。弗雷格在《论涵义与指称》开篇提出的所谓弗雷格之谜是当代分析哲学传统下对意义与指称问题进行系统探究的起点。围绕此问题，形成了弗雷格主义语义学与罗素主义语义学的长期论战。两者的关键分歧是：弗雷格主义认为命题的构成部分是涵义，而罗素主义认为命题的构成成分是指称。20 世纪最重要的那些哲学家均在不同程度上介入到这场论战之中。此论战不仅仅属于语言哲学，而且贯穿了形而上学、哲学逻辑、心灵哲学、元伦理学等多个领域，塑造了多个重要的哲学议题，见证了一系列重要哲学理论的产生。本章对弗雷格主义与罗素主义的哲学语义学纲领——尤其是两者之间的争论焦点、理论方案、推进思路、当代现状等——进行介绍。

第四章：解释何以可能？这个问题一直是分析哲学中的核心问题之一。本章从三个方面进行了论述，分别是：解释与意义之间的关系问题，解释与真之间的关系问题，以及解释、约定与语言之间的关系问题。第一节讨论了解释与意义之间的存在的三种可能方案：（1）意义独立于解释，并先于解释；（2）意义依赖解释，解释产生意义；（3）意义与解释之间相互依赖。第二节以彻底解释为例，阐述了解释的起点、宽容原则以及解释的不确定性这三个论题与真之概念之间的关联，奎因和戴维森的相关论点是本节讨论的重点。第三节以意义的外在性特征为起点，着重梳理了解释理论中涉及的约定主义与反约定主义之间的争论，以及这种争论对我们理解语言产生的影响。

第五章：概念空间和自然空间的分裂与勾连。本章聚焦于概念空间和自然空间之间的关系问题，阐述了奎因、塞拉斯、戴维森以及罗蒂等人对经验主义的批判何以能够阻断从外间对象经由因果刺激再到概念的认知通道，以及相反方向的还原论的确证方式。罗蒂由此劝使人们放弃关于外间世界的语汇，认为由语言构成的概念空间的范围便是共同体内的个体应为之负责的全部“世界”。然而，因果确证性的丧失并未使得大部分哲学家如罗蒂那般决然放黜世界。本章继而分析了分别以概念空间和自然空间为立足点，试图容纳另一空间的理性主义和自然主义策略。立足于概念空间的领地，布兰顿试图结合实质语用学和形式语义学，以保证社会范围主体间的推论活动能够实质关涉其实践活动中纳入的源于外间世界中的内容。立足于自然空间的一方，米丽肯尝试论述自然空间与概念空间之间的连续性，她的目的论语义学不仅覆灭了二元论的世界图景，而且提供了一条从自然语义发展到语言语义的富有前景的进路。通过分析，可以看出，概念空间和自然空间之间存在关联和互动，其中涉及的理论线索既是对传统哲学问题的延续，也与诸多前沿热点问题紧密关联。

第六章：经验的认识论意义。经验在认识当中究竟起着什么作用？根据传统观点，知觉信念由知觉经验所引起。但戴维森对此提出了挑战。对经验的认知意义判断有三种不同的观点：传统观点、现代观点和后现代观点，分别是对戴维森挑战的不同回应。在对三种观点分别进行分析后，本章论证了正统图景的看法无法解释经验何以具有认识论意义上的重要性。在标准图景的预设下，戴维森挑战并没有一个满意的答案。解决方法是拒斥这个预设，特别是拒斥经验-信念的突触。传统图景的基础问题是大多数经验能做的是赋能知识（enable knowledge）。我们所捍卫的对立观点则指出，经验能做得更多——当一切进行顺利的时候，它是一种在“好例子”中知道的方式。

第七章：现象证据和事实证据。知觉指引我们的行为，也给予我们关于周遭世界的证据；幻觉和错觉则会误导我们：会促使我们以并不与我们身边世界相契合的方式做出错误行动，也会误导我们形成关于世界的错误信念。“能力观点”给证据提供了一种公平对待这两个事实的解释，它展示出为何幻觉和错觉会误导我们并促使我们误行，进而为何当我们产生知觉而不是错觉的时候，我们才处于一个更好的认识位置上。本章开发了“能力观点”，即一种认为知觉经验由于应用在知觉过程中的知觉能力所具有的认知和形而上学的优先性，而具有认知力的观点。通过将经验的认知力奠基于有关经验的形而上学结构的事实，能力观点并不仅仅持外在主义，而更多是一个带有知觉经验认识论的自然主义观点。所以它是一个可靠论的外在主义和自然主义替代物。最后讨论这个观点的影响，既是为了给信念以辩护，给心智状态提供认知透明性，也对那些常见问题予以解答。

第八章：自然化认识论：奎因、西蒙和实用主义的前景。“自然化认识论”虽然有不同的解释，但有三种计划可以归入这个标签之下，它们分别是：奎因式的自然化认识论、可靠主义的自然化认识论和实用主义的自然化认识论。奎因式的自然化认识论是不融贯的，因为它没有向我们交代应该研究哪种人的认识。可靠主义的自然化认识论并不像我们想象的那样令人感兴趣，因为根据是否能形成真信念这个标准来评估推理策略，可能会导致我们最终的研究对象都是错误的思想者。与可靠主义不同，实用主义的自然化认识论没有特别的认知目标。西蒙的计划是实用主义的自然化认识论的一个典型代表。西蒙等人试图通过模拟成功的科学家构建科学发现的逻辑，并取得了令人印象深刻的成果。这些成果可以被视为认识论的实用主义自然化的一个优秀起点。沿着这条路径继续，认识论有望获得更多令人兴奋的领域和更好的未来。

第九章：知识、确证与盖梯尔难题。本章从知识概念的辨析出发，以盖梯尔难题为中轴，试图呈现当代知识论的基本架构与论争图景。首先描述了不同意义、不同范围的知识概念，并将当代知识论中知识定义的变化归结为盖梯尔难题。然后通过对盖梯尔难题分析表明，从最基础的意义上说，它意味着传统的知识界定中所列出的三个要素不能构成知识的充分条件。因此，如何补充、修正知识的构成条件就成为近半个世纪以来知识论领域讨论的重要话题之一，内在主义与外在主义就是其中的代表。这两个相互竞争的路向各自均存在无法克服的理论困难，转向认识行动者自身的品质或许是可能的出路之一。

第十章：从可靠主义到德性知识论。经由可靠过程产生的知识在价值上是否必定高于真信念呢？本章以此为起点，分析了过程可靠主义的三个变体，即能力可靠主义、恰当功能论及行动者可靠主义，在这一问题上遭遇的困境，表明它们都未能成功解释真信念之外知识所具有的额外价值。一旦真信念在场，可靠主义所主张的可靠过程的价值就被“真”的价值所淹没，使得知识的价值不会超过真信念。沿着这一方向，本章将视角转向行动者/认识主体所具有的动机、品质，最终走向一种德性知识论，继而避免遭遇价值难题以及与之相关的校准难题。

第十一章：知识与价值。本章介绍了当代知识论对知识的价值研究的主要成果和进展，在回顾知识的价值问题提出背景和动机基础上，评述了各种解决方案及争论。很大程度上，价值问题的不同解决方案之间的争论实际是关于知识论的基本目标和核心价值的争论。可靠论者把真作为基本的认知价值，因此，它们的解决方案始终围绕着实现这种认知价值展开，而德性知识论者则认为真并非是唯一的认知价值或最终的认知价值，最终的认知价值应该回归认知主体自身的理智德性。里奇和贝尔等毁灭主义者并不反对知识的价值本身，而是反对验证主义者们把知识的价值视为知识的一种属性（里奇），或者反对把知识的价值作为像盖梯尔反例那样成为新的知识分析的一个约束条件，倡导一种价值多元论（贝尔）。修正主义则主张把知识论的基本目标或核心价值从知识迁移到理解上，以应对许多知识缺乏独特价值的批评。由此，理解开始重新成为知识论关注的核心，并被认为具有最终的认知价值。知识的价值问题不仅带来了知识论的方法论的变革，而且也带来了知识论的实质改变，正成为一种全新的知识探究的路径和视角，深刻地改变了当代知识论的基本格局和内涵。

第十二章：心身问题。本章阐释了近几十年来的心身关系理论，当前流行的物理主义及其相关问题，深入分析了物理主义的基本概念、遭受的批评以及回应等，揭示心身关系理论的深层问题及未来发展前景。物理主义以物理/非物理的标准看待世界，试图解释心灵如何能够是物理的，但并未能明确何为“物理的”，这意味着物理与心理之间存在着模糊地带。若以心理/非心理来划分世界，心身关系就是解释心灵是否最终取决于非心理现象，它蕴涵着心理性是世界的基本特征。二元论坚持心灵的独特性，但基础是物理的世界并不排斥心理性的基本特征；同时，心理/非心理的区分也不排斥世界的物理属性。因此，物理主义和二元论在根本上并不冲突。非还原物理主义的主要挑战来自排他性论证。排他性论证认为非还原物理主义会导致过度决定，但它混淆了多个物理原因和心理物理混合原因之间的本质不同，把心身混合系统等同于纯物理系统，所以非还原论不会产生纯粹物理系统中的那种过度决定。

第十三章：可设想性论证。可设想性论证在当代物理主义与反物理主义之争中具有举足轻重的作用。著名的可设想性论证有：1）克里普克的模态论证；2）查默斯的僵尸论证；3）法兰克西的反僵尸论证。这三个论证都以查默斯版本的CP论题——“可设想性蕴涵可能性”原则——为工作前提。本章考查了查默斯的可设想性理论并推导出它的两个理论后果：1）所有的必然命题都是先天命题。在命题的维度，后天必然性不再是融贯的概念。再者，所有的物理主义承诺都是必然命题，因此，它们全都是先天命题。这样一来，后天物理主义无法成立。2）我们无法利用可设想性论证判断一个先天命题是否可能为真。由于这个局限性，我们无法利用可设想性论证判断先天物理主义正确或失败。对于支持可设想性论证的哲学家而言，他们希望以“命题p是可设想的”为前提得到p是可能的。但是，本章将论证：存在某些类型的命题，如果我们还未确定其真值，我们就不知道其是可设想的。在这种情况下，我们就不能贸然构造一个可设想性论证，否则其可靠性就得不到保证。进一步，本章论证指出，哲学家们在寻找什么是可设想性方面的工作可能也存在问题。

第十四章：忒修斯之船与跨时间的同一性。忒修斯之船难题是关于物的跨时间的同一性的经典问题。本章对这个问题进行了重构。在此基础上，列举了六种代表性的解决方案，并增加了两种可能的新方案。然后指出，这些方案均存在着难以克服的直觉和技术困难。进一步论证，为大多数方案提供支持的背景理论——最佳候选者理论与唯靠XY原则相互冲突：前者基于认识论考虑，却有本体论困难；后者基于本体论考虑，却有认识论困难。如果将跨时间同一性视作基于利益关切的逻辑虚构，则能有效克服以上困难。这可以算作实用主义的一个解决方案。

第十五章：恺撒难题与跨范畴的同一性。恺撒难题是指“3＝恺撒”这类跨范畴的同一性成立的问题。该难题的探究与求解构成了新弗雷格主义的核心论题。本章通过对“恺撒难题”的产生及新弗雷格主义的三种论证进行分析，揭示新弗雷格主义的方法论特征及其局限性，以期为解读当代分析哲学与数学哲学的问题提供借鉴。黑尔与莱特引入类和范畴的概念，以抽象原则与类包含原则为基础，提出了每个对象都分属唯一范畴的论证。该论证遭到佩德森等人的质疑与补充，他们提出一种无范畴论证，但其论证并未真正规避对范畴概念的隐含使用。林纳玻提出了更为实用主义的论证，指出混合同一性陈述的处理不应只是事实的发现，而应得到语言实践中隐含的概念裁定，概念裁定总体上禁止出现范畴交叉，但交叉是可能的甚至可能是现实的。囿于新弗雷格主义的框架，林纳玻的范畴交叉论证仍有必要承认数学对象的抽象存在性，然其概念裁定的隐定义与新弗雷格主义的这一实在论立场相背离。

第十六章：为什么需要道德？为什么我们应当从事某一行动？对于这些问题的回答贯穿了整个伦理学研究的历史。自20世纪“语言学转向”之后，伦理学领域中最值得关注的是元伦理学的兴起。元伦理学追问：类似“正当性”或“善性”等这些道德属性究竟存在吗？道德陈述的意义又如何？道德判断作为理由如何激发行动？本章从四个层面讨论了当代道德哲学中的一些问题：1）道德行动是如何促成的。首先考查史密斯的动机理论和斯瓦瓦尔斯多蒂对外在主义的辩护，然后给出两种反休谟主义论证奈格尔和麦克道威尔，最后简要介绍斯洛特的道德感通主义。2）道德判断是否携带真假值。首先考查艾耶尔的情感主义，然后提出非认知主义在进行道德推理中遭遇的困难：弗雷格-吉奇问题。为此，布莱克本提供了一个准实在论版本，我们考查了麦克道威尔对非认知主义的反驳。3）道德事实是否存在。首先考查两种认知主义的道德反实在论：麦基的错误理论（error theory）以及道德虚构主义（moral fictionalism），然后讨论哈曼和斯特金之间的争论。4）道德属性问题。从摩尔的开放问题论证回应中引出两种自然主义——分析的自然主义和综合的自然主义，然后重新解释摩尔的开放问题论证。

本书的下篇是案例考查，通过设计针对同一论题的论点针锋相对的一组论辩，呈现分析哲学方法在较为宽广领域的求解及特点，试图加强实战体验和训练，进而激励大家去深度思考日常生活。这些案例讨论依托分析哲学微信公众号激起了广泛的反响和热议。我们将古今中外人们普遍关心的哲学问题，变成我们自己的问题，希望通过一个个问题的探讨拓宽专业哲学的传播范围，而不是让哲学在普通公众眼里变得像成功学那样。愿我们的努力能够使没有专业背景的人也从哲学探讨中获得愉悦，理解和享受哲学的智慧。

我们在成长过程中不知不觉养成了某些思维陋习，例如把自己相信的东西当作假设前提，倾向于从固定视角来看待这个世界，忽略或者攻击与自己相左的意见。这些都会导致自欺欺人的思考。当代科学的研究已经显示出人类心智多么轻易地上当受骗，多么轻易地无意识地建造各种迷思幻想，轻易地将原则合理化、将模式定型化。[22]634－647 我们更热衷于相信那些与我们的期望值一致的解释和描述，而对那些与自己喜好不一致的说法一概加以排斥。但只要一个人被潜意识驱使着去相信他想要相信的事物，相信那些令人舒适愉快的观点，相信那些符合一己私利的观点，那么这个人就无法成为一个理性的人。

相反，对思维的有力洞察中所获得的反思都能够显著地改善思考质量，你可以因此做出更为睿智的决策或合理的、明智的决断。而合理的观念本身就成为人生命中最重要的价值尺度与核心理念。这种勇于并审慎思考能力的培育是塑造良好公民的重要教育方式，即便在一个经济匮乏、社会地位低下的环境中，掌握驾驭我们精神的工具，也同样可以使我们不局限于勉强度日。

当然，由于问题的复杂性，问题的答案一般没有唯一正确的标准，因此得出什么样的结论其实并不重要，重要的是得出结论的理由！我们鼓励学生敢于突破已有思考框架的限制，自由、大胆地说出自己的想法和根据，而本书内容所涉及的每一位哲学家思想来龙去脉的清晰梳理，不仅是让学生掌握一种新的理论观点，而且让学生体会到作为思想者的哲学家们如何超越“俗见”，而得出令人耳目一新的理论。这一方面展示了突破传统藩篱的可能，另一方面也可领略思想家的伟大和可贵之处，让学生认识到什么才是真正的思想，什么样的人才是真正的思想者。更为关键的是，对哲学家的论证策略进行深入考查，尤其是揭示其中有哪些缺陷、漏洞和潜在的后果，以及如何做出补充和修正。

参考文献与阅读书目

［1］Stroll，A. Twentieth-Century Analytic Philosophy. New York：Columbia University Press，2000.

［2］Dummett，M. Truth and Other Enigmas. Cambridge：Harvard University Press，1978.

［3］让-热拉尔·罗西. 分析哲学. 姜志辉，译. 北京：商务印书馆，1998.

［4］Dummett，M.，Frege，G. Philosophy of Language. 2nd ed. New York：Harper & Row，1973.

［5］迈克尔·达米特. 形而上学的逻辑基础. 任晓明，李国山，译. 北京：中国人民大学出版社，2004.

［6］Costreie，S. Frege's Context Principle：Its Role and Interpretation. Logos & Episteme，2010，1（2）.

［7］Freeman，J. B. Groundwork in the Theory of Argumentation. Argumentation，2012，26（4）.

［8］Rescher. N. Studies in 20th Century Philosophy. Piscataway：Ontos Verlag，2006.

［9］Mahdawinejad，M. H.，Alizamani，A. A.，Sadeghi，A.，Shakibi，Z. The Relation between Language and Meaning in Analytic Philosophy. Philosophical Investigations，2015，9（16）.

［10］Beaney，M. What is Analytic Philosophy? //The Oxford Handbook of the History of Analytic Philosophy. Oxford：Oxford University Press，2013.

［11］迈克尔·达米特. 分析哲学的起源. 王路，译. 上海：上海译文出版社，2016.

［12］Kemp，G.，Dummett，M. Origins of Analytical Philosophy（Book Review）. Journal of the History of Philosophy，1995，33（4）.

［13］Martinich，A. P. Philosophical Writing：An Introduction（4th edition）. Chichester：John Wiley & Sons Ltd，2016.

［14］Martinich，A. P. Twentieth Century Analytic Philosophy（Review）. Journal of the History of Philosophy，2001，39（1）.

［15］Elder，L.，Paul，R. W. Thinking with Concepts. Journal of Developmental Education，2001，24（3）.

［16］卡尔那普. 世界的逻辑构造. 陈启伟，译. 上海：上海译文出版社，1999.

［17］Quine，W. V. O. Two Dogmas of Empiricism. Philosophical Review，1951，60（1）.

［18］Price，H. Metaphysics after Carnap：The Ghost Who Walks//David J. Chalmers，David Manley，Ryan Wasserman eds. Metametaphysics：New Essays on the Foundations of Ontology. Oxford：Clarendon Press，2009.

［19］Moore，A. W. The Evolution of Modern Metaphysics：Making Sense of Things. New York：Cambridge University Press，2012.

［20］Zimmerman，D. W. Prologue：Metaphysics after the Twentieth Century// Dean W. Zimmerman ed. Oxford Studies in Metaphysics，vol. 1. New York：Oxford University Press，2004.

［21］Lowe，E. J. The Rationality of Metaphysics. Synthese，2011，178（1）.

［22］Colvin，M.，Marinsek，N. L.，Miller，M. B.，Gazzaniga，M. S. Split-brain Cases//Susan Schneider and Max Velmans eds. The Blackwell Companion to Consciousness. New Jersey：Wiley-Blackwell，2017.

第一章 “是真的”是不是一个真正的谓词？

第一节　引论：真理及真理论

对真理的尊崇古已有之。亚里士多德的名言“吾爱吾师，吾更爱真理”成为无数人的座右铭，这一名言的变体甚至成为哈佛大学的校训：“与柏拉图为友，与亚里士多德为友，更要与真理为友。”无数不畏权威、不慕荣华或甘于穷困潦倒却追求真理的故事，千百年来一直激励着有理想、有信念的人们。西蒙·布莱克本甚至谈到，真理被笼罩了一种神圣的气氛：“真理是探究的目标，是实验的目的，是标志正确地相信某物与错误地相信某物之间区别的标准。……”[1]5 在哲学实践中，真理的重要性已经体现在它弥漫于哲学家们关于思想、行动之基础本质与规范的哲学构造中，如下述这些断言：“真理是科学的目标”、“真的信念促进成功的行动”、“真理在有效推理中得以保持”和“理解一个语句就是知道什么情境将使它为真”，等等。[2]1

为什么真理如此重要？答案通常是：是真的是一种真实的性质，它为某些东西所具有，而另一些东西则不具有，因此，是否拥有是真的这一性质成了区分真理与谬误的标准。表达式“是真的”描述了这一性质，因此它是一个真正的谓词。

那么，是真的是一种什么样的性质？历史上，哲学家们已经对此提供了各种各样的回答，影响深远的主要有这样几种：一是真理符合论，二是真理融贯论，三是实用主义真理观。在这些理论中，真理符合论是历史最悠久、最重要的理论。之所以如此，最重要的原因恐怕是只有真理符合论明确刻画、最好把握了人们关于真理的如下直观：如果一个命题是真的，那么它为真是因为世界所是的方式。[2]104－105 例如，当且仅当天在下雨时，一个人说（相信）天在下雨，他所说的（相信的）是真的。即是说，世界所是的方式解释了我们的陈述、信念为何为真或为假。既然如此，那么对真理的刻画应该明确把握这一点；只有真理符合论试图去这样做。当然，无论是真理融贯论还是实用主义真理观都没有否认这一点，它们只是特别关注真理其他方面的特征。

根据符合论，上述关于真理的直观表明：真理表征的是心灵与实在的关系，真理需要通过与实在的关系来进行解释。按此理解，符合论可以刻画如下：

（CT）一个陈述（命题）是真的，当且仅当它符合特定实在。

历史地看，对于（CT）中的“特定实在”，哲学家们提出了两种主要的建议。第一种建议是对象。这在符合论的前期历史中是主流做法，持有者包括（例如）亚里士多德、阿奎那、康德、塔斯基。20 世纪初期，由于摩尔和罗素的工作，事实概念首次与符合论联姻。这一联姻很快得到了维特根斯坦的祝福。[3]112 在此以后，这一做法逐渐成了哲学家们关于符合论的教条式理解，以至于如果一种真理论并未求诸事实，那么它会被认为不是一种符合论。[4]268

根据符合论的图景，“是真的”是一个真正的谓词，它描述了一个性质，即符合特定实在。所有（且仅有）真命题都共享这一性质，并因此与谬误区别开来。融贯论、实用主义真理论在这一性质的本质上会不同意符合论的看法，但它们同样认为“是真的”描述了一个真实的性质，是一个真正的谓词。

随着自然主义思潮在哲学的各个领域中高歌猛进，上述看法受到了前所未有的挑战。真理论中的自然主义通常被称为真理紧缩论。在真理紧缩论看来，前述关于真概念的各种实质性理论都犯了同一个错误，即认为真理存在这种类型的本质：哲学家们可以找到它，并为其发展出理论。[5] 各种实质性真理论实际上是将一个并不存在的性质归属于真谓词，然后试图去研究这一性质的本质。这必定是误入歧途的，真概念也因此不必要地膨胀起来，得需要紧缩。根据紧缩论，断定一个陈述是真的就是断定该陈述自身，例如，断定“雪是白的”是真的就等于断定雪是白的。这是我们关于“雪是白的”之真理可以说的全部有意义的东西。基于此，紧缩主义者认为，“是真的”并不是一个描述了一个真实性质，即“是真的”的真正的谓词。

通常认为，紧缩主义的理论先驱包含弗雷格、兰姆赛和艾耶尔等人[6]4,7;[7]205，即这一理论可以追溯到 20 世纪初期。但是，长期以来，如保罗·霍维奇所承认的，这一理论并未被广泛接受，原因在于它面临一系列难以应付的理论的和直觉的反驳。这里，有一揽子问题需要紧缩主义真理论去回答。[2]5－6 霍维奇尝试回答这一系列问题，然而，他的回答是否令人满意，是今天的哲学家们在探讨真理概念时热烈争论的话题。

毫无疑问，符合论与紧缩主义的争论是当前关于真概念的研究中最热闹的风景。在符合论与紧缩主义的交锋中，最基础的问题实际上是：表达式“是真的”是不是一个真正的谓词，描述了一种真实的性质？基于这一考虑，下面我们将梳理两个主题：其一，真理符合论及其批评；其二，真理紧缩论及其批评。就前者而言，符合论是实质性真理论的典型，它本身面临着诸多的批评，这些批评不仅来自实质性真理论的其他成员，如融贯论、实用主义真理观，也来自紧缩主义，但符合论一直被许多学者所支持、辩护，至今依然是真理论中的显学之一。就后者而言，真理紧缩论是当前真理论中最炙手可热的理论，这一理论有诸多的优势，但它能否满足人们对于真概念的合理期待，则一直存在相当多的争论。为了论述的便利，我们的梳理将聚焦于如下两个最核心、最基本的问题：一个是符合论的定义，即“一个命题的真理存在于它对实在的符合中”，是否正确？一个是紧缩主义的核心断言，即“表达式‘是真的’不是一个真正的谓词”，能否得到辩护？

第二节 一个命题的真理存在于它对实在的符合中吗？

1. 支持符合论的理由或论证

每一个说某物存在的句子都说了一些关于实在的东西。所以，如果这样的句子是真的，那么实在就会是它所陈述的那样；如果实在是它所陈述的那样，那么它就是真的。[8]108 根据亚里士多德，这两个结论都是正确的：

> 如果存在一个人，那么我们所说的陈述“存在一个人”就是真的，反过来也如此——因为如果我们所说的陈述“存在一个人”是真的，那么就存在一个人。并且，尽管该真陈述不可能是该真实事物之存在的原因，该真实存在的事物看起来在某种程度上是该陈述之为真的原因；正是因为该真实存在的事物存在或不存在，该陈述才被称为真的或假的。[9]14b13

这一引文的前半部分谈论的是真理与实在之间的对应关系，这一表述如果采用更现代的样式，我们会说：一个陈述是真的，当且仅当它符合实在。这一引文的后半部分则强调实在是真理的基础，而非相反。

一个语句为真，当且仅当它符合实在，这一论题看起来不仅对存在性语句是有效的，它对谓述句同样有效。罗素说道：

> 当一个信念是真的时，就存在另一个复杂统一体……因此，如果奥赛罗真确地（truly）相信苔丝狄蒙娜爱卡西奥，那么就存在一个复杂的统一体，“苔丝狄蒙娜对卡西奥的爱”（Desdemona's love for Cassio），后者完全由该信念的各个客体组成，且按着它们在信念中的顺序……另一方面，当一个信念是假的时，就不存在仅由该信念的客体所构成的复杂统一体。……因此，当一个信念符合某个特定的相联系的复杂统一体时，它是真的，否则它就是假的。[10]128

这里所说的“复杂统一体”指的是文献中后来经常出现的事实。按照这一论述，如果实在中苔丝狄蒙娜爱卡西奥，那么你相信苔丝狄蒙娜爱卡西奥，你的信念即是真的，反之是假的。

在当代关于真概念的也许最重要的一篇论文（即《形式化语言中的真概念》）中，塔斯基对如下概念给出了一个精确定义："在语言系统 L 中是真的"。根据塔斯基，这一定义是亚里士多德真概念的更精确版本。[11]342 既然塔斯基的定义被普遍接受，既然有强有力的理由认为塔斯基的真定义成功地把握住了亚里士多德的真概念[3]95—102，那么，如下说法是正确的：一个语句是真的，当且仅当它符合实在。

然而，即使上述理由都是强有力的（反对者并不这么认为），它们也都停留在如下直觉上，即实在解释了一个命题为什么是真的或假的，它并没有辩护符合论的如下论题：是真的是一种真实的性质，这一性质的本质是：符合相应实在。显然，如果符合论的这一论题是正确的，那么"符合"概念在对这一性质的刻画中一定扮演着实质性的角色，符合是一种真正的关系。

2. 对"符合"的批评

根据符合论，情况看起来是：要确定一个命题是否为真，我们需要去确定它是否符合实在。这看起来似乎要求将命题与实在比较，但是这样的比较被认为要么是不可能的，要么是不必要的。

先看不可能。在其关于逻辑的讲座中，康德谈道："只有通过做出一个关于该对象的判断，我才能将该对象与我的判断进行比较。所以，我的判断被假定由自己所证实，这对于它之为真毫不充分。因为对象外在于我的心灵，而我的判断在我的心灵中，所以我只能判断，我关于该对象的判断是否符合我关于该对象的判断。"[3]127 康德的这个批评后来被戴维森所接受，在多处地方，戴维森说了类似的话。[12]143—144,137,146 康德批评的是将判断与对象进行比较，戴维森则引申了这一批评，将其扩展到信念与实在的比较，但他们的要点是一样的：由于判断、信念内在于我们人，实在又外在于我们人，而我们不可能越出自身，因此我们不可能将判断或信念与实在进行比较。

然而，上述批评本质上是一个基于认识论视角的批评，它的核心关切是符合论如何能够告诉我们某一个给定的命题是不是真的，换言之，我们如何认识真理。从文献来看，基于认识论视角而对符合论的批评在哲学实践中非常普遍，如逻辑经验主义者纽拉特[13]52—57、亨普尔，唯心主义者布莱夏尔德，更近一些的，如 M. 威廉姆森。[14]ch. 3;[3]128 但是，这一反驳原则上是可回复的。如果符合论并不试图提供认识真理的方法，而是要搞清楚真理的涵义，即说一个语句是真的这到底是什么意思，那么上述批评就打错了靶子。[3]128;[15]ch. 1

然而，即使抛开其中可能含有的认识论因素，符合的观念依然被认为是不可能的。对此，弗雷格曾给出了一个著名的论证。[16]291 根据弗雷格，(2.1) 真理不允许有程度之分，所有的真理必定是绝对真理（预设）。(2.2) 仅当符合是完美的，或者相符合的东西是完全的符合，所得的真理才是绝对真理。(2.3) 只有相符合的东西是一致的，即并非不同的东西时，符合才可能完美。(2.4) 在符合论的语境下，相符合的东西是不同的，这一点具有本质重要性。由 (2.4) 和 (2.3) 可得：(2.5) 符合论的"符合"并不完美。由 (2.5) 和 (2.2) 可得：(2.6) 所得的真理不是绝对真理。与预设 (2.1) 矛盾。因此，符合不可能。

弗雷格这一论证的关键步骤是（2.3）。按照弗雷格的表述，只有同一范畴内的东西才是可以比较的。这一条件容易受到质疑，例如，一张城市地图与该城市的比较看起来不是同一范畴内的东西的比较，但没有人会否认这种比较是可行的。

然而，对“符合”的批评还可以继续，这即是：比较是不必要的。符合论关于比较的想法提示这样一个东西：符合论将真理分为两极，一极是真值载体，另一极是实在。符合就是要将真值载体与实在放在一起比较。这意味着确认一个真值载体与确定相应的实在是两个不同的程序。这一观念受到哲学家们的批评。布伦塔诺曾谈道：“一些人坚持认为，我可以将我的思想与对象进行比较来掌握真理。他们没有认识到，为了做出这样的比较，我必须已经知道该对象真正像什么，而知道这一点也就掌握了真理。”[3]127 塞尔更明确地说道：“我们一旦确认陈述和事实，我们就无需进一步去比较它们，因为确认一个事实的唯一途径就是做出一个真的陈述。我们一旦回答了‘哪个事实?’这一问题，我们就已经建立了真理。”[17]205 就此而言，“符合”概念在符合论中不可能扮演实质性角色，否则符合论就是错的。

3. 对“实在”的批评

3.1 符合对象

如前所述，符合论对于实在的选择主要有两个：一是对象，二是事实。根据前面所介绍的符合论直观，一个命题为真是凭借（in virtue of）实在中所存在的东西，实在是真理的基础。这一直观在当代被哲学家们用“使真者”（truth-maker）概念来描画：一个命题（陈述）是真的，是因为存在一个使真者使其为真。历史地看，诸多符合论者都支持使真者概念，如亚里士多德[9]14b13、罗素[18]6、奥斯汀[19]29。

但是，如果“使真者”概念被信奉，那么很多学者（如罗素、阿姆斯特朗）认为，对象不足以作为真理的本体论基础。阿姆斯特朗甚至提出一个论证以表明，为什么事态（即事实）而非对象才是使真者。[20]115－116 这一论证形式简单：考虑“这个苹果是红的”这一真理的使真者。这个苹果自身不是它的使真者，因为有可能这个苹果存在，但它不是红的。这个苹果和红色的部分学聚集也不是它的使真者，因为有可能这个苹果、红色都存在，但这个苹果并不例示红色，后者为其他个体（例如一面红旗）所例示。所以，“这个苹果是红的”要为真，需要有进一步的使真者。一个自然的建议就是，这个苹果和红色通过例示关系实际地关联起来，这即是事实“这个苹果是红的”。

反对事态概念的哲学家通常也同意阿姆斯特朗论证中的一个论点，即对象不能作为使真者。例如，多德曾谈道：“‘这个球在t时刻是红色的’的真理，看起来，并不由某个实体（即一个事态或特普（trop））的存在所决定；它看起来是真的，是因为某一实体（即这个球）在t时刻拥有所论的性质。”[21]74 因此，并不是对象是真理的基础，而是对象所是的方式是真理的基础。

实际上，在关于使真者的候选者问题上，使真者的拥趸们提出了各种建议，如事实、非转移的特普（non－transferable tropes），但是几乎没有看到有对于对象的建议。这可以看作对“符合对象”之批评的一个佐证。

3.2 符合事实

今天的符合论刻画已经较少求诸对象概念，它们诉诸的通常是事实：一个命题是真的，当且仅当它符合某个事实（例外当然有）。但是，事实概念所引起的批评只有更多，而非更少。

1950年，斯特劳森与奥斯汀展开了一场关于真理概念的大辩论。争论的焦点是“真理”和“事实”两个概念。在这场争论中，斯特劳森对奥斯汀最严厉的指责之一是：将事实同化为事物，或者（几乎同样的东西）将陈述同化为指称。[22]450 斯特劳森说，所有的陈述都包含两个部分：指称部分和描述部分。例如，“这只猫有兽疥癣”可以分析为两个部分：“这只猫”（指称部分）和“有兽疥癣”（描述部分）。在使用这一语句所做的陈述中，我们指称一个事物以进一步描述、刻画它。指称可以正确或不正确。描述可以适合（fit）或不适合。指称部分所指称的东西正是描述部分所试图刻画的东西，这一东西正是语句所关于的对象，除此以外，不存在语句所关于的其他任何东西。[22]451—452

按此说法，所有存在的东西都是能以单称词项指称的东西，即对象，此外别无他物。然而，事实并不是对象。[22]452—453 如果事实不是对象，那么事实是什么？斯特劳森说道：其一，事实（与命题一样）总是通过 that 从句给出；其二，事实是陈述所陈述的东西，而非陈述所关于的东西，陈述所陈述的东西并不存在于世界中。并且说，事实与真陈述在角色上是重合的（overlap）：“除了风格，在‘那是真的’与‘那是一个事实’、‘……是真的？’与‘……是一个事实？’之间，没有任何的细微差别。”[22]453 如果陈述所陈述的东西是命题，那么斯特劳森这里说的即是：除了语用（如风格）方面的区别，事实就等于真的命题。

“事实即是真的命题”，这一说法通常被归于弗雷格[16]307，现在，斯特劳森得出了同样的结论。当代真理同一论者充分发扬了这一结论，认为一个命题是真的，当且仅当它同一于某一事实。[23]sec. 1 这一论题尽管看起来有强大的语言学支持，然而，很多学者认为它是错的。例如，法恩曾提出一个非常简单的论证以表明事实不是命题：“考虑命题 p（that）卡特在1979年是总统，和事实 f（that）卡特在1979年是总统。然后，即使卡特不是总统，命题 p 也存在，但事实 f 则不然。所以，p 与 f 是不同的。”[24]46—47 在法恩之前，这个反驳也曾为摩尔和艾耶尔所持有。[25]308; [26]211

针对事实概念，还存在另一个批评，即戴维森的弹弓论证。对于事实符合论而言，如下一点至关重要，即：就不同的命题而言，使它们为真的事实是不同的。命题“这个苹果是红的”之为真依赖于关于这个苹果的事实，它（一般来说）与此刻的天气状况无关，但是命题“天在下雨”之为真恰好相反，它依赖于关于此刻天气状况的事实，而与关于这个苹果的事实无关。如果事实符合论不能够分别这一情况，而是粗糙地说，这些命题都是因为符合这个世界而为真，那么符合论就失去了它的魅力。弹弓论证恰巧是针对这一点，它试图证明：所有真命题符合的事实是同一个事实，即大事实（the Great Fact），这个事实即是世界本身。

假设 S 是某个真句子的缩写，T 是任意真句子的缩写，戴维森构建了如下论证[27]42—43：（3.1）命题 S 符合事实 S。因为“S”与“此唯一的 x(x=第欧根尼 & S) 等同于此唯一的 x(x=第欧根尼)”逻辑等价，有：（3.2）命题 S 符合事实此唯一的 x（x=第欧根尼 & S）等同于此唯一的 x(x=第欧根尼)。因为“此唯一的 x(x=第欧根尼 & S)”与此唯一的 x(x=第欧根尼 &T）共指称，所以有：（3.3）命题 S 符合事实此唯一的

x(x=第欧根尼 &T) 等同于此唯一的 x(x=第欧根尼)。最后，因为“此唯一的 x(x=第欧根尼 &T) 等同于此唯一的 x(x=第欧根尼)”与 T 逻辑等价，有：(3.4) 命题 S 符合事实 T。

显然，这一论证依赖于两个条件：其一，逻辑等价的表达式符合相同的事实；其二，在一个表达式中，共指称表达式的替换不会改变该表达式所描述的事实。对事实的辩护者，例如塞尔、巴维斯和佩里，通常会通过拒斥这两个前提条件来反驳弹弓论证。[17]221—226;[28]24—26

3.3 否定性实体

还有一个批评同时适用于对象符合论和事实符合论。既然符合论认为，实在是真理的基础，存在的东西（实体）解释了一个命题为什么是真的，那么它就需要解释什么东西使得否定真理为真。所谓否定真理，指的是这样一类命题：它是真的，并且它断言的是某物不具有某性质，或者某些物体之间不存在某关系。例如，下述两个命题：泰阿泰德没有飞翔，北京不在上海的南边。实在中的什么东西使得这两个命题为真呢？

就对象符合论来说，要解释否定真理何以为真，看起来要承诺对象的不存在作为“实在”。[8]111 例如，就命题“泰阿泰德没有飞翔”之为真而言，对象符合论者似乎要承诺一个拥有“没有飞翔”这一性质的泰阿泰德存在。这种承诺看起来是特设性的。

就事实符合论而言，看起来，符合论者要承诺否定事实的存在。实际上，这是当前使真者理论中争论得最热的问题之一。在这一争论中，我们可以看到两个明显的阵营，其一是承认否定事实的存在，如罗素、阿姆斯特朗等人[18]41—45;[29]ch. 5, ch. 6;[30]；其二是拒绝否定事实的存在，如莫尔纳等。[31];[32] 这里的关键问题是：否定事实作为实体看起来是非常怪异的。如果我们认为，事实即是一个个体对一个性质的拥有，或者多个个体对某个关系的拥有，那么否定事实恰恰说的是一个个体不拥有一个性质，或者多个个体不拥有一个关系。这样，否定事实就不可能像肯定事实那样是一个统一体（unity），即实体。在肯定事实中，我们可以说（假如“这个苹果是红的”为真）事实“这个苹果是红的”实际上是个体“这个苹果”与性质“是红的”关联起来从而形成了统一体，但是否定事实不能是这样意义的统一体。看起来，逃出这一责难的唯一方式是认为存在否定性质，如“不是青的”，这时可以认为，否定事实“这个苹果不是青的”实际上是个体“这个苹果”与否定性质“不是青的”关联在一起的结果。但是，存在否定性质这一说法无论如何看起来也是特设性的。

可以看到，符合论面临着非常多的批评和挑战。然而，有意思的是，尽管如此，依然有大量的哲学家信奉符合论。为什么如此，原因恐怕不外乎如下两个：其一，符合论所把握的那个关于真理的直观——天是否在下雨这一天气状况解释了命题“天在下雨”是否为真——被认为是自明之理，因而非常强有力；其二，符合论能够很好地解释真理概念在我们实践中的重要性，例如，真理通常被认为是探究的目标、科学研究的目标，真理为我们的信念行为提供规范，等等。因此，除非有一个替代理论，既能把握上述关于真理的直观，又能解释真理概念在实践中的应用，否则符合论不可能被真正驳倒。根据霍维奇，真理紧缩论即是这样一个替代理论，因此接下来，我们转到真理紧缩论。

第三节 表达式"是真的"是不是一个真正的谓词?

否定"是真的"是一个真正的谓词,否定"是真的"是一个真正的性质,这是紧缩主义的核心命题。① 对此,证据之一来自"是真的"这一谓词的用法。几乎所有紧缩论者都会采取这一用法来表达真理紧缩论的核心论点。

1. 真理紧缩论的先驱

通常认为,紧缩论可追溯到弗雷格、兰姆赛和艾耶尔。在《思想》一文中,弗雷格的如下话语被紧缩论者广为引用:"值得注意的是,句子'我闻到了紫罗兰的香味'与句子'这是真的:我闻到了紫罗兰的香味'具有相同的内容。所以,看起来是:通过将真性质归于一个思想,并没有给该思想增加什么东西。"[16]这段引文的第一句话提示了一个同一性论题[3]35—36:命题(that)p=命题(that)p是真的。引文的第二句话则突出了如下冗余性论题:说命题p是真的,说的不过就是p。尽管弗雷格的上述表述被诸多论者解释为弗雷格是一个紧缩论者[2]ix,12;[33]83—85,但是库勒认为这是一个不幸的错误,因为弗雷格认为真理概念是无法完全被解释的,不仅如此他甚至对此有一个证明。[3]37

兰姆赛可能是第一个真正意义上的紧缩论者,他提出的紧缩论版本被称作真理冗余论。[34]根据兰姆赛,存在两种情况。第一种情况是,对于每一个可以明确给出的命题p,说"p是真的"就意味着p,如"'恺撒被谋杀了'是真的"就等价于"恺撒被谋杀了";第二种情况是,对于不能明确给出的命题,例如像"他说的都是真的"这样的全称量化式,我们可以通过将其改写为命题直接给出的形式,例如上述全称量化式改写为:"对于所有的p,如果他断定p,那么p是真的",然后应用第一种情况中的处理方式可以消除其中的真谓词。因此,根据兰姆赛,说"这是真的:S"或者"命题S是真的"不过是一种冗余的方式说S。并不存在真理这样一种性质,谓词"是真的"并没有描述某种东西。真理是冗余的。

艾耶尔、奎因表达了类似的观点。[35]28;[36](4)220,(6)524

2. 霍维奇论真理紧缩论

根据霍维奇,关于真理的紧缩主义由下述三个论题组成:

1. 真谓词的功用和存在理由使得我们能够对于模式概括给出直接刻画。(例如,"p∨¬p"变成"每一个形如'p∨¬p'的命题是真的"。)

2. 这一谓词的涵义——我们以自己的方式对语词"真的"的理解——存在于下述事实中:我们对它的全部使用来源于我们倾向于接受如下"等价模式"的实例:命题u(that p)是真的,当且仅当p。

3. 关于真理的解释性的基本事实是由该模式的实例所表达的;所以,真理没

① 霍维奇会承认,"是真的"是一种逻辑性质,但它不是一种像是绿的、是有智慧的这样的真正的性质。

有一个作为基础的本质——一个命题的真理并不存在于它拥有某些进一步的基础特征。[37]18—22

即真谓词的涵义由等价模式的无穷实例所穷尽，而它的功用或存在理由仅仅在于它提供了我们表达模式概括的方便手段。这就是关于真谓词的全部。

首先，等价模式来源于塔斯基的T模式：

（T模式）“p”是真的，当且仅当p。

其中，“p”是一个陈述句，“‘p’”是这一语句的引号名字。T模式的一个具体例子（即T语句）是：“雪是白的”是真的，当且仅当雪是白的。在塔斯基之前，摩尔也论述了T语句的直观自明性。[25]274—275 但是，摩尔、塔斯基都认为，T语句并不是关于“是真的”这一谓词的定义[25]276；[38]344，T模式的无穷实例对于真概念是不够的，因此他们试图给出定义。相反，紧缩主义者则认为，有T模式的无穷实例就够了。

容易看到，奎因的“真即是去引号”实际上是对塔斯基T模式的运用。但是，由于霍维奇认为首要的真值载体是命题，因此他修改了T模式，从而得到他的等价模式：

（E）〈p〉是真的，当且仅当p。

根据霍维奇，等价模式所表达的命题，即：（E*）〈〈p〉是真的，当且仅当p〉，是极小真理论的公理模式。如果用任何一个具体的句子替换（E*）中的p，我们就得到极小真理论的一条公理。例如，假如用“雪是白的”替换“p”，我们就得到：〈〈雪是白的〉是真的，当且仅当雪是白的〉。这一命题就是极小真理论的一条公理。显然，在极小真理论的每一条公理中，断定一个命题是真的就等价于断定该命题自身。因此，“是真的”并没有为一个命题带来新的东西。

其次，真谓词不像兰姆赛所认为的那样是冗余的，它有自己的功能，这即是：当我们希望对某个命题采取某种态度，但又不知道该命题是什么时（例如我们只能以“奥斯卡所认为的”这种方式知道它），真概念就发挥了其价值，因为它使我们可以构建另一个命题，这个命题与我们无法确定的命题密切相关，并且可完美地作为我们态度的替代对象。[2]2—3 考虑“奥斯卡所说的是真的”。假设奥斯卡所说的是命题p，霍维奇说，这就使我们能推出p。“正是从这一推论性质中，涉及真理的命题获得了其功用。”[2]3 例如，假设我对奥斯卡对食物的判断非常有信心。他刚才说了“鳗鱼很好”但我没听到。此时，我可以合理地拥有的信念是什么？显然不是“鳗鱼很好”，毋宁说是这样一个命题，它等价于：如果奥斯卡说的是“鳗鱼很好”，那么鳗鱼很好；如果他说的是“牛奶是白的”，那么牛奶是白的；等等。正是真概念提供了我们所需要的命题，即“奥斯卡所说的是真的”。这即是真概念存在的理由。[2]3

最后，如上两点穷尽了关于真理的解释性事实，除此以外，没有关于真理的其他东西，特别是，没有关于真理的进一步的本质。

支持紧缩论的另一个理由是：真性质是透明的（transparent）。如前所述，紧缩主义者认为，我们是简单地断定某物，还是在该断定前添加一个“这是真的：”，这没有什么差别。假设用字母“p”表示任何一个断定，用字母“T”表示“这是真的：”，那么，我们有：p 和 Tp 没有差别。如果你相信 p，那么你相信 Tp，如果你证明了 p，那么你证明了 Tp，如此等等。换言之，通过在 p 前添加 T，这没有带来差别，不仅如此，这一过程还可以继续下去，即 TTp、TTTp、TT……Tp，所有的表达式都与 p 没有差别。真谓词的这一特点被称为真理的透明性。[1]43 真理的透明性为实质性真概念带来了严峻挑战，对此，布莱克本谈道："这一透明性应该使我们感到怪异。如果引入对真理的指称即是引入了一个真实的、新的性质，如'这是有趣的：'和'政府说：'，那么你就会期待一个差异。断定草是绿的是一回事，但是，断定草是绿的是有趣的或政府说草是绿的是另一回事。"[1]43-44 由于是真的没有带来这一差异，因此它不是一种真实的性质，表达式"是真的"也不是一个描述这一性质的真正的谓词。

3. "是真的"是不是一个真正的谓词？

对于紧缩主义，如下两个论题能否成立至关重要：第一，这一理论对真谓词的分析本身是可靠的；第二，这一理论解释了关于真理所需要解释的全部东西。但是，这两个论题全都受到了质疑。

3.1　语句、命题抑或其他

根据极小真理论，等价模式"命题（that）p 是真的，当且仅当 p"中的"p"是命题变量。这与塔斯基的 T 模式不同，后者是语句变量。对此，一个问题是：p 代表什么，这是否一个可以随意选择的问题？不少哲学家的回答是否定的。

在《试图定义真乃是愚蠢的》一文中，戴维森提出了一个关于紧缩主义的著名反驳，这一反驳被称为"戴维森式反驳"。[39]275 考虑霍维奇等价模式（E）的一个实例：（3.1）命题（that）狗在吠叫是真的，当且仅当狗在吠叫。在这一实例中，语句"狗在吠叫"出现了两次，它在命题（that）后的出现表明它是一个单称词项，另一个出现则是作为一个普通的句子。问题是，我们如何利用这个重复的句子在它两次出现时相同的语义特征来给出（3.1）的语义学呢？戴维森认为我们无法做到这一点。[4]274 他首先排除了一种可能的建议，即"命题（that）狗在吠叫"或跟在"命题（that）"后的句子是没有结构的名字，因为这样将使我们拥有无穷多的初始词汇从而使语言的习得不可能。[4]274 实际上，我们正是通过理解"狗在吠叫"这一语句从而知道"命题（that）狗在吠叫"这一单称词项的指称。既然如此，戴维森开始考虑第二种建议，即修改等价模式的实例，而把（3.1）读作："由句子'狗在吠叫'表达的命题是真的，当且仅当狗在吠叫。"但是，由于同一个句子在不同的语言中可能表达不同的命题，因此需要进一步修改："由句子'狗在吠叫'在汉语中表达的命题是真的，当且仅当狗在吠叫。"但是，这样的修改对极小真理论来说是不可接受的，因为霍维奇认为真不是一个相对于特定语言的概念，这也就是为什么他选择命题而不是语句做真值载体。[40]429 戴维森的批评是一个实质性的批评，尽管这一批评并非是原则上不可回应的，但到目前为止我们还没有看到强有力的回应方案。

索莫斯曾对兰姆赛的冗余论提出过一个批评，这一批评看起来同样适用于极小真理论。根据兰姆赛，"玛丽断定的每一个东西都是真的"可以分析为：（3.4）（p）（如果玛丽断定 p，那么 p 是真的）。这不够，因为真谓词未被消除。因此，冗余论需要进一步改写为：（3.4*）（p）（如果玛丽断定 p，那么 p）。此时，变量"p"占据的不是一个单称词项的位置（否则的话，“那么 p”就不是一个合乎语法的表达式），而是一个句子的位置，即“p”是一个句子变量。这会导致一个严重的困难。根据索莫斯，“玛丽断定的每一个东西都是真的”是一个汉语语句，因此，可替换“p”的句子集必定是一个汉语句子集。但是，汉语并没有表达每一个命题的资源，因此，有一些命题就不在冗余论的分析框架内。因为这些命题与“玛丽断定的每一个东西都是真的”的真或假有关，因此（3.4*）并没有提供一个关于它的正确分析。[41]233 索莫斯的这一分析还给我们另一个教训，即等价模式（E）中“当且仅当”右边的“p”不能是命题（单称词项），否则的话，“当且仅当 p”就不是一个合乎语法的表达式。

3.2 紧缩主义是否解释了关于真理需要解释的所有东西

在这个问题上，索莫斯认为答案是否定的。[41]247 索莫斯从两个方面论证这一点。关于第一个方面，他谈到，我们对于真性质的把握并没有被我们倾向于接受基础层次的命题——它们本身不包含真概念——的等价模式实例所穷尽，因为更高层次命题的等价模式实例，有些是可接受的，有些令人困惑且是病态的，还有一些完全是悖论性的。这些遗漏的解释没有一个可以是完备的。由于极小真理论无法把那些非病态的等价模式实例挑出来，因此它是不完备的。[41]247

关于第二个方面，索莫斯说，存在诸多关于真理的概括，而极小真理论自身不足以解释它们。例如，考虑如下合取断言：（TC）对于任何命题 p 和 q，p 和 q 的合取是真的，当且仅当 p 是真的，并且 q 是真的。索莫斯说：“由于极小真理论完全由 T 命题（即等价模式的实例。——笔者）构成，因此它并不包含（TC）或任何其他概括。（TC）也不是这一理论的逻辑后承。”[41]247 换言之，由于极小真理论不过是等价模式实例的集聚（collection），因此可以构想，一个人可能知道该理论的每一个命题，但是依然不能推出（TC），因为他不知道，这些实例所涉及的命题是不是所有（相关的）命题。

实际上，索莫斯的这个批评精确地类似于塔斯基对公理化真理理论的批评。公理化真理理论试图通过几条关于真理的公理推出所有的真句子。这是一种关于真理研究的外延主义策略，即通过确定真理的外延从而知道真理是什么。霍维奇信奉这一思路，因为他明确认为每一个等价模式的具体实例所表达的命题是极小真理论的一条公理。[2]19 塔斯基反对这种基于 T 等式的公理化真理理论。在他看来，T 等式只是一个真理论是否可接受的必要条件，而远非充分条件。他认为，一个可接受的真理论至少要能推出矛盾律，但基于约定 T 的公理化做不到这一点。[11]257 由于极小真理论认为等价模式的无穷实例穷尽了关于真理之解释性的基本事实，因此这一理论甚至不允许增加新的公理，比如矛盾律和排中律，到由约定 T 所确定的公理集中。

可以看到，根据塔斯基和索莫斯，等价模式的无穷实例并没有解释关于真理我们需要解释的所有东西。

3.3 真理的解释性功能和规范性地位

真理紧缩论还面临一个严峻挑战，即人们对真理的这样一种看法：真理是认知行为（如相信、判断等）的规范。根据莱肯的说法，如下命题是自明之理：（信念规范）相信（that）p 是正确的，当且仅当命题（that）p 是真的。[42]10 根据安斯康姆，假的信念依据事实本身即是错的（ipso facto mistaken），而真的信念则是正确的。[43]56 因为正确性是一个规范概念，因此这意味着真理构成了信念的规范。[44]338 由于紧缩主义认为断定某个命题是真的就等于断定该命题自身，因此真谓词实际上是一个表达断定的言语行为。因此，真谓词不能提供这样的规范。

不少哲学家因为这一点认为紧缩主义是错的。例如，莱特在其名篇《真理与客观性》一书中即认为，紧缩主义的解释性论题——去引号模式（DS）："p"是 T，当且仅当 p——的无穷实例穷尽了真谓词的涵义，与其否定性推论——（NC-D）："是真的"一词并不表达真实的性质，而仅仅是一个去引号装置（断定性装置）——之间是不一致的。莱特谈到，从（DS）中可以得出，真理是断定的规范。根据（NC-D），因为真谓词是断定性装置，因此确保可断定性（warrantedly assertibility）将构成断定行为的规范。这两个规范是一致的，但它们是不同的规范，因为一个简单的论证可以表明它们的外延不同。因此，我们至少知道了真谓词与"确保可断定的"之间在某类概念上的区别。[45]19−20；[42]9−10 既然真谓词与"确保可断定的"标志着不同的规范，那么紧缩主义就面临严重的问题：因为"真的"仅是认可断定的装置，这是紧缩主义观点的本质，因此紧缩主义者必须坚持，在断定实践中唯一起作用的实质性规范就是确保可断定性的规范，并且真谓词不能标志独立的规范。[45]18 由于真谓词确实标志了一个规范，这一点可从（DS）中推出来，而且这一规范不同于确保可断定性的规范，因此再认为真谓词仅仅是一个认可断定的装置就会犯自相矛盾的错误。

霍维奇尝试这样回应莱特的论证：真理是断定的规范，但是这一规范特征为等价模式（E）的无穷实例所穷尽。[46]879−880；[47] 但是，这一策略被认为无法回应莱特的挑战。对此，多德认为，接受"是真的"标记了一个独特的规范，霍维奇因此就奖赏了莱特，所以，"在我看来，这表明，极小真主义者只有否定真谓词表达了断定的规范才能够回应莱特"[48]294。具体来说，紧缩主义者应该坚持，"一个人应该仅仅断定真的东西（what is true）"中的真谓词仅仅履行了它的句法功能，并没有表达一个具有解释功能的角色。

在《真理》一书的第 3 章，霍维奇重点讨论了真概念的解释性角色，如：真的信念有助于实践目标的达成；科学理论的真解释了它们经验上的成功。霍维奇认为，真概念在这些领域中并没有什么特殊的功能。考虑"科学理论的真解释了它们经验上的成功"的如下实例：（3.8）没有什么比光速更快，这一理论很有效，因为它是真的。霍维奇说，这一实例等价于：（3.9）没有什么比光速更快，这一理论很有效，因为没有什么比光速更快。因此，借用真概念，我们并未达到更进一步的解释深度。[2]49 当然，如果我们并未直接知道所谈论的理论是什么，或者我们希望全称量化，例如"真的理论能够做出精确预测"，那么真概念会为我们带来表达的实惠，但是真理的这一特征却是极小真主义概念的核心特征。[2]49

多德试图在此基础上更进一步，以消解在全称量化式中真谓词的解释功能。他谈到，霍维奇关于"没有什么比光速更快"的改写看起来表明了，是事实而非任何命题的真理解释了理论的成功。[48]295 全称量化式的情况与此一致。在此，尽管真理看起来在做出解释，但实际上做出解释的并不是真理，它只是出现在具有解释功能的表达式中。换言之，具有解释功能的是事实，只不过我们需要借助真理的表达功能来刻画事实。[48]295 多德的策略看起来是回应莱特挑战的最有前途的策略，但它能否成功，前景并不明朗。它面临的严重困难之一是，它所诉诸的事实概念难以得到任何一种现有的事实理解的支持。

参考文献与阅读书目

[1] Blackburn，S. Truth. London：Profile Books，2017.

[2] Horwich，P. Truth. second edition. Oxford：Clarendon Press，1998.

[3] Künne，K. Conceptions of Truth. Oxford：Clarendon Press，2003.

[4] Davidson，D. The Folly of Trying to Define Truth. Journal of Philosophy，1996，93 (6).

[5] Stoljar，D.，Damnjanovic，N. The Deflationary Theory of Truth // Zalta，E. N. ed. The Stanford Encyclopedia of Philosophy. fall 2014 edition，2014.

[6] Dummett，M. Truth and Other Enigmas. London：Duckworth，1978.

[7] Wright，C. Truth：A Traditional Debate Reviewed // Blackburn，S.，Simmons，K. eds. Truth. Oxford：Oxford University Press，1999.

[8] Weingartner，P. Basic Questions on Truth. Dordrecht：Kluwer，2000.

[9] Aristotle. Categories and De Interpretatione (Introduction and Notes by J. C. Akrill). Oxford：Oxford University Press，1963.

[10] Russell，B. Problems of Philosophy. Oxford：Oxford University Press，1912.

[11] Tarski，A. Logic，Semantics，Metamathematics. Oxford：Clarendon Press，1956.

[12] Davidson，D. Subjective，Intersubjective，Objective. Oxford：Clarendon Press，2001.

[13] Neurath，O. Philosophical Papers. Dordrecht：Reidel，1983.

[14] Alston，W. P. A. Realist Conception of Truth. Ithaca and London：Cornell University Press，1996.

[15] Krikham，R. L. Theories of Truth：a Critical Introduction. Cambridge，Massachusetts：The MIT Press，1997.

[16] Frege，G. The Thought：A Logical Inquiry. Mind，1956，65 (259).

[17] Searle，J. The Construction of Social Reality. New York：Free Press，1995.

[18] Russell，B. The Philosophy of Logical Atomism. London：Routledge，2010.

[19] Austin，J. L. Truth // Lynch，M. P. ed. The Nature of Truth—Classic and Contemporary Perspectives. Cambridge，Massachusetts：The MIT Press，2001.

［20］ Armstrong，D. M. A World of States of Affairs. Cambridge：Cambridge University Press，1997.

［21］ Dodd，J. Is Truth Supervenient on Being? Proceedings of the Aristotelian Society，2002 (102).

［22］ Strawson，P. F. Truth//Lynch，M. P. ed. The Nature of Truth—Classic and Contemporary Perspectives. Cambridge，Massachusetts：The MIT Press，2001.

［23］ Gaskin，R. The Identity Theory of Truth//Zalta，E. N. ed. The Stanford Encyclopedia of Philosophy. winter 2016 edition，2016.

［24］ Fine，K. First-order Modal Theories III-Facts. Synthese，1982 (53).

［25］ Moore，G. E. Some Main Problems in Philosophy. London：George Allen & Unwin Ltd.，1953.

［26］ Ayer，A. J. Russell and Moore：The Analytical Heritage. Cambridge：The Harvard University Press，1971.

［27］ Davidson，D. Inquiries into Truth and Interpretation (second edition). Oxford：Clarendon Press，2001.

［28］ Barwise，J.，Perry，J. Situations and Attitudes. Cambridge，MA：MIT Press，1983.

［29］ Armstrong，D. M. Truth and Truthmakers. Cambridge：Cambridge University Press，2004.

［30］ Jago，M.，Barker，S. Being Positive about Negative Facts. Philosophy and Phenomenological Research，2011 (85).

［31］ Molnar，G. Truthmakers for Negative Truths. Australasian Journal of Philosophy，2000 (78).

［32］ Cheyne，C.，Pigden，C. Negative Truth from Positive Facts. Australasian Journal of Philosophy，2006，84 (2).

［33］ Blackburn，S.，Simmons，K. eds. Truth. Oxford：Oxford University Press，1999.

［34］ Ramsey，F. P. Facts and Propositions. Proceedings of the Aristotelian Society，1927，7 (1).

［35］ Ayer，A. J. The Criterion of Truth. Analysis，1935，3 (1/2).

［36］ 蒯因. 蒯因著作集：第4卷，第6卷. 涂纪亮，陈波，主编. 北京：中国人民大学出版社，2007.

［37］ Horwich，P. Davidson on Deflationism//Davidson，D. Truth，Meaning，and Knowledge. London and New York：Routledge，1999.

［38］ Tarski，A. The Semantic Conception of Truth and the Foundations of Semantics. Philosophy and Phenomenological Research，1944，4 (33).

［39］ Dodd，J. On a Davidsonian Objection to Minimalism. Analysis，1997，57 (4).

[40] Ludwig，K. Davidson's Objection to Horwich's Minimalism about Truth. Journal of Philosophy，2004，101 (8).

[41] Soames，S. Understanding Truth. Oxford：Oxford University Press，1999.

[42] Lynch，M. Truth as One and Many. Oxford：Oxford University Press，2009.

[43] Anscombe，G. E. M. Intention. Oxford：Blackwell，1957.

[44] Gibbard，A. Truth and Correct Belief. Philosophical Issues，2005，15 (1).

[45] Wright，C. Truth and Objectivity. Cambridge，Mass.：Harvard University Press，1992.

[46] Horwich，P. Realism Minus Truth. Philosophy and Phenomenological Research，1996，56 (4).

[47] Horwich，P. The Value of Truth. Noûs，2006，40 (2).

[48] Dodd，J. Farewell to States of Affairs. Australasian Journal of Philosophy，1999，77 (2).

思考题

1. 符合论的直觉是什么？为什么说这一直觉可以作为检验一个真理理论的标准？真理紧缩论是如何应答这一直觉的？

2. 一个命题之为真，是由实在中所存在的东西解释的，这一符合论的核心命题为符合论带来了什么样的困难？

3. 为什么否定性实体，如否定事实，是一个可疑的实体？

4. 根据戴维森，在“〈p〉是真的，当且仅当 p”中，表达式“p”的两次出现应该具有相同的语义特征，结合弗雷格的信念报道之谜，谈谈戴维森的这个反驳是否合理。

5. 一种观点认为，真理是信念的目标，并且因此是信念的规范，这种观点对真理紧缩论提出了挑战，那么，真理紧缩论如何回应这一挑战？

第二章

因果解释是完备的吗？

20 世纪 40 年代到 60 年代，大多数哲学家都认为亨普尔（C. G. Hempel）的演绎-律则模型（Deductive-Nomological Model），是清晰明了并正确的科学解释模型。然而，这种科学解释模型中存在着诸多问题，如解释的非对称性问题、解释的不相关问题，以及解释与预测的非同一性等问题。鉴于面临的这些问题，一些哲学家认为科学解释的因果进路，即因果解释是正确的。这是由于因果解释能够很好地解决 DN 模型所面临的上述问题。

与其他科学解释进路相比较，今天的共识似乎是因果解释理论获得了胜利；最近有影响的科学解释理论［伍德沃德（J. Woodward），2003；斯特雷文斯（M. Strevens），2008］都是因果解释理论。许多哲学家也提出所有的科学解释都是“因果解释”。萨尔蒙（W. Salmon）指出：“从科学的角度来解释，就是要说明事件和统计规律是如何进入世界的因果结构的。”[1]162 然而，伍德沃德和斯特雷文斯虽然赞成因果解释，但却为非因果解释留下了空间。正是有鉴于此，本章将研究是否所有的科学解释都是“因果解释”，或者说是否所有其他的科学解释都能被还原为因果解释。

本章把不能进行因果解释的科学解释（如果存在这样的科学解释）称作非因果解释。值得注意的是，并非所有因果解释和非因果解释都是科学解释。对一些日常生活现象进行的因果解释（例如，由于朋友的邀请，小明中午十二点来到了他家中）并非科学解释；纯数学解释（纯数学解释的被解释项为数学事实，如数学定律）是非因果解释，但并不是科学解释。所以，本章以下所提到的因果解释和非因果解释主要指科学解释中的因果解释和非因果解释。

由于因果解释理论多种多样，本章第一节介绍主要的因果解释理论。第二节重点考查是否世界上所有的联系都是因果联系，因果解释是否以因果关系为基础，是否具有因果联系的事物才能进行因果解释。由于规则也可以作为被解释项，第三节考查因果解释能否解释规则。由于模型在科学解释中有着重要的作用，第四节考查单独使用模型进行的科学解释是不是因果解释。

第一节　当代因果解释理论

当代因果解释理论观点众多，代表性的观点主要包括，萨尔蒙、刘易斯、伍德沃德和斯特雷文斯。由于刘易斯和伍德沃德的因果解释理论都可以被称为因果解释的反事实理论，我们把它们放在第 2 小节中一起考查。

1. 萨尔蒙的因果解释理论

鉴于亨普尔解释模型所面临的“不相关性”问题，萨尔蒙批判了归纳统计解释（IS）模型中的“高概率要求”，进而提出不是高概率而是“统计相关性”才是统计解释的关键。然而，“虽然统计相关性模型中被规定的统计关系构成真正科学解释的统计学基础，但……为了构成满意的科学解释，这个基础必须补充因果要素”[2]34。

萨尔蒙坚持因果过程理论，具体来说是他的守恒量理论。此理论关注持续性的因果过程，而不是分离的事件之间的因果联系。其实，守恒量理论有萨尔蒙和德欧（P. Dowe）两个版本，下面我们只看萨尔蒙的版本：

定义 1. 一个因果相互作用是涉及守恒量交换的世界-线的交点。

定义 2. 一个因果过程是在它的每一历史时刻都传递一个非零的守恒量的对象的一条世界-线。（每个它的轨迹的守恒点）

定义 3. 一个过程在 A 和 B 之间传递一个守恒量（A≠B），如果它在 A 和 B 之间过程的每个阶段都拥有［一个确定的］量，与此同时在涉及特殊守恒量交换的开放间隔（A，B）中没有任何相互作用。[3]468

最后，萨尔蒙得出了五个结论：

第一，我们必须把“原因”（cause）放回“因为”（because）之中。即使一些解释的类型证明不是因果的，但从本质上来讲许多解释也要求助原因。我们必须使原因能解释结果、但结果不能解释原因的条件成为我们的解释理论的一部分。

第二，已经被接受的高概率或期待性的要求是不可被接受的。

第三，我们能摒弃掉 IS 解释的认识论的相对性的教条。

第四，我们的科学解释要为解释的语用学留有位置。

第五，我们必须放弃寻找具有普遍适用性的科学解释模型。[4]315—316

2. 因果解释的反事实理论

因果解释的反事实理论可以分为两个类型，分别为刘易斯和伍德沃德的因果解释理论。下面我们就来对这两种理论进行考查。

刘易斯认为，对单称事件的因果解释位于有关它的因果历史的信息之中。“解释一个事件就是提供一些有关它的历史信息。”[5]217 正如很多日常生活中的例子一样，我们很难说结果 E 只是由于单一原因 C 所引起的，结果 E 通常是众多事物所引起的。所有这些原因构成了结果的因果的历史。这个历史是一个巨大的因果之网，正是在这个巨大的因果之网中，结果才能够被确定下来。当然，刘易斯也认为这样的完备性解释几乎是不可能的，也是没有必要的。通常情况下，网络中的一部分数据就能够为我们提供某单一事件发生的因果解释。

根据伍德沃德的因果解释理论，“解释是一个阐明反事实依赖系统模式的事情”[6]191。也就是说，解释必须能够用来回答解释项的“如果情况不同”（what if things had been different）问题或反事实问题。因此，C 促使 E 形式的解释推出以下的反事实：如果 C 没发生，那么 E 将不会发生。

另外，解释的关系还一定要在原则上支持操控或干预。伍德沃德是通过干预变量对干预进行定义的。因此，对于因果关系和解释来说的反事实描述，如果对一个变量进行干预，另外一个变量的值将如何改变。“粗略地讲，对于 X 引起 Y 或因果地解释 Y 的充分必要条件是在一些背景条件下对 X 进行干预，便将改变 Y 的值。”[6]15

让我们考虑（1）：在与水平面夹角为 θ 的斜面上，质量为 m 的木块向下滑动的加速度为 a。

我们通常通过以下步骤解释木块的运动。通过对木块进行受力分析，我们得知这个木块受三种力的影响：引力（2）$F_g=mg$；支持力 N；摩擦力（3）$F_K=\mu_K N$。在这里 μ_K 代表摩擦系数。通过以上关系，我们可以得出沿着斜面的静力是：（4）$F_{net}=mg\sin\theta-\mu_K mg\cos\theta$。经过运算，木块的加速度为：（5）$a=g\sin\theta-\mu_K g\cos\theta$。

如果改变上面关系中变量的值，那么就会导致木块加速度改变。根据（5），增加斜面的角度就会改变木块的加速度，使得其加速度变大；如果我们更换斜面的材质，使得斜面的摩擦系数改变，那么木块的加速度也将改变。但是，我们也看到改变木块的质量，不会改变木块的加速度。

从上面论述可知，解释一定要能够回答解释项的反事实问题，解释关系一定要在原则上支持操控或干预。除此之外，解释关系必须为不变性的关系。不变性概念与干预概念密切相关，它表示变量之间关系的不变性。“概括 G（比如说，把 X 值的变化和 Y 值的变化联系在一起的概括）是不变性，如果 G 在以下干预下仍继续保留，即根据 G，改变 X 的值，Y 的值也将改变——继续保留是在 G 正确描述这个干预下，Y 值将如何变化意义上讲的。”[6]15 概括（3）是不变性概括，它能在一系列改变 N 值的干预下保持不变。对 N 进行改变，并使 μ_K 保持不变，（3）将描绘出 F_K 在这样的干预下如何改变；无论怎么改变 N 的值，方程式（3）的关系都会保留下来，也就是说这样的关系具有不变性。

3. 解释的关键环节表述

对一个事件 e 的决定性的关键环节解释，开始于一个对于 e 的忠实的、决定性的原子因果模型。模型是决定性的和因果的意味着：（a）模型的设置（setup）推衍（entails）出对象 e；（b）这个推衍（entailment）反映出真实世界的因果生成的联系。这样的一个模型受制于最优化程序；这个结果是一个解释的核心，一个包含只是相关于被解释项因素的模型。一个独立解释（stand alone explanation）来自解释的核心。[7]358

对此理论分三个步骤来理解。第一，建构忠实的原子因果模型。该模型必须意味着发生在这个模型中的所有状态是真实的；模型是原子的意味着没有中间的步骤在因果过程中出现；被原子因果模型推衍出的事件 e 为模型的对象。为了定义因果推衍，斯特雷文斯引入了因果影响关系这个概念，它表示任何原因与结果之间的关系。这不是因果相关性的联系。火星对马路上运行的汽车有一定的引力作用，因此火星的位置与栏杆损坏之间有因果影响。但是，火星的位置对栏杆的损坏没有致使不同（difference-a-making）；也就是说，如果没有火星，栏杆仍然会损坏，因此与栏杆的损坏没有因果关系。因果推衍指每一步都与因果影响的实际关系相对应的关系，前提中所述的事态是结论中所述事态的因果影响。

第二，抽象掉因果推衍中大量无关的信息，对之进行最优化。第一步为我们留下了推衍出因果的被解释项的模型，但这可能包含大量无关的信息（例如，火星的位置，或者汽车的颜色，都不会对粉碎产生影响）。那么，解释的关键环节表述要做的就是优化这样的过程，删除无用的信息；只有当我们拥有了 e 的最优化这个模型，我们才有了斯特雷文斯所说的解释性的核心。这样的核心是对 e 的一种解释，我们也可以将这些核心串在一起，形成更完整的解释，也就是独立解释。

第三，用聚合性限制过度的抽象。还有一个问题我们必须解决，那就是：为什么不进一步抽象呢？我们可以说，栏杆之所以损坏是因为：路上的汽车以那样的初始条件冲向栅栏，或者炮弹击中了栅栏，或者是一个疯子用锤子砸向了栅栏……毫无疑问，抽象到极端时，只会使我们把一切可能的原因分离出来。斯特雷文斯认识到这一困难，并补充了一个额外的要求：除了是忠实的和因果的，模型还必须是聚合性的。一个模型是聚合的，只是“它的实现者在因果相似空间中构成一个连续的集合”[7]104。他从基础物理学的角度解释了这一概念，认为所有的语言（如化学语言、生物学语言、社会科学语言等）原则上都可以翻译成物理语言。因果相似空间中的连续的集合就是物理系统状态空间中连续的轨迹集合。从这个意义上讲，汽车撞毁栏杆的集合应该是一个连续的集合，其他如炮弹击中了栅栏则不能构成那样的连续的集合。

第二节　因果解释一定以因果关系为基础吗？

一般看来，因果解释是通过因果关系建立起来的。如果我们要考查因果解释的完备性，那么我们首先应该考查是否世界上所有的联系都是因果联系。物理学中，有些自然律是非因果的（non-causal）；生物学中，机制（mechanism）往往是复杂的，甚至含有反馈回路的关系网络，因此也是非因果的。那么，支持因果解释理论的哲学家如何处理此类问题呢？一些哲学家主张并非所有因果解释都涉及因果关系，另一些哲学家则主张因果解释一定要以真正的因果关系为基础。下面，我们主要以否定性因果关系为例，考查是否只能对有因果联系的事物才能进行因果解释。

1. 种类繁多的否定性因果关系

当原因和结果都为肯定时，因果关系就为肯定的因果关系。当原因为肯定、结果为否定时，我们就把这种因果关系定义为制止/干预。当原因为否定、结果为肯定时，我们就把这种因果关系称为忽略/缺席。当原因和结果都为否定时，我们把这种因果关系称为通过忽略/缺席的制止/干预。我们把后面三种统称为否定性因果关系。其实，"我们也有一个补充的范畴，即断开（disconnection）（在原因和结果的链条中存在一个否定，否则就为肯定的原因和肯定的结果），在最小意义上它被证明为对讨论把原因看作在物理意义上和它们的结果相联系的因果关系的描述是重要的"[8]455。

肯定的因果关系随处可见：我用台球杆打击白球（肯定的原因），促使它朝着黑 8 运动（肯定的结果）。

当某一事件改变了事件的进程时，我们就说制止/干预发生了。例如，医生移除病人身上的肿瘤制止/干预了他的死亡。

无论是在日常生活中还是在科学探索中，忽略/缺席的例子也随处可见。主人没有给花浇水促使花死亡；维生素 C 的缺失促使败血症；胰岛素的缺失促使糖尿病；等等。

在涉及人类行为的情形中，当否定性原因促使否定性结果时，通过忽略的制止/干预发生。例如，人们没有按灯的开关，使灯没有亮。在没有涉及人类行为的情形下，当缺席促使否定性的结果时，通过缺席的制止/干预发生。例如，在封闭的瓶子内，氧气的缺席促使燃烧的蜡烛熄灭。

另外一种否定性因果关系是所谓的断开，它表示在两个或较多的肯定的事件之间，有一个或多个否定的事件发生。沙弗尔（J. Schaffer）为我们举了一个例子：引爆器按钮被压下，并且炸弹爆炸了，但我们不能说引爆器的路线是金属线。也许，启动按钮产生了连接炸弹和引起爆炸的电流，但这里没有说按引爆器和炸弹爆炸之间有什么动量和能量的传递。另外，他还为我们举了一个枪发射的例子：扣动扳机移除了阻止弹簧的挡板，挡板的缺席导致了弹簧的弹开，这就给了推进器一个动力，也就促使了枪的开火。[9]285—289 我们看到断开开始于制止/干预，接着出现了一个追加的肯定性事件。沙弗尔认为以上包括断开情形的事例都是真正的因果关系。然而，否定性因果关系是否为真正的因果关系呢？包括否定性因果关系的"因果解释"是真正的因果解释吗？

2. 因果关系诸流派对否定性因果关系的论述

当代因果关系的流派比较繁多，但根据因果关系的标准进路则只有五种理论[10]129—262：因果关系的过程理论、因果关系的规则理论、因果关系的概率理论、因果关系的反事实理论和因果关系的操控理论。后四种因果关系理论有一个共同的特点：原因是它们结果的差异化者（difference-makers），即原因致使结果是否发生，不管它们之间是否为连续的。通常我们也把这后四种因果关系理论称为"差异化"（difference-making）。由于篇幅限制，我们只选择两种因果关系理论，即因果关系的过程理论和因果关系的操控理论加以考查。

因果过程理论关注持续性的因果过程，而不是分离的事件之间的因果联系。根据萨尔蒙和德欧的守恒量版本，因果过程理论是从世界线的持续性和相互作用两个方面定义因果关系的。持续性是相同对象在某一时间和在另一时间的关系，相互作用是两个对象在相同的时空守恒量的交换。

否定性因果关系对因果过程理论提出了很大的挑战。我们通常认为“因为不给植物浇水，所以我杀死了它”的论断中存在因果关系。但是，根据因果过程理论，上面的断言就不是真正因果关系的断言，因为我没浇水和植物死亡之间没有因果过程的传递。

根据因果关系的操控理论，如果 C 是 E 的真正原因，那么如果我能用正确的方法操控 C，E 就将被改变。当前一些哲学家却认为因果关系的操控理论是有着重大缺陷的，因为操控主义会导致人类中心主义。正是由于此，伍德沃德引入刘易斯等人的反事实理论，以解决因果关系的操控理论所面临的难题。

伍德沃德用变量表示因果关联项（causal relata），但他并没有把变量一定看作事件或事实等，变量只要能被干预即可。变量可以多种多样，但伍德沃德认为变量的值通常是二元的，事件发生就被赋值为 1，事件没发生就被赋值为 0。他还认为改变有两种形式，即内生改变和外生改变：内生改变是由于模型中其他变量的改变；干预是对变量值的外生改变。值得注意的是，这里的干预指的是代表可能性的干预，不需要人类实际地去操控。

伍德沃德认为 X 是 Y 的原因的充要条件如下：关于变量集合 V，X 是 Y 的直接原因的一个充要条件是，存在对 X 的可能干预，它将改变 Y 或 Y 的概率分布，当 V 中的所有其他变量 Ei 都在某一值上保持不变时。[6]59

在直觉看来，如果我通过某种干预致使花的主人不给花浇水，那么花将死亡。其实，这里明显存在制止的因素：我对花主人浇水行为的制止，导致花的缺水，最后花死亡了。由于因果关系的操控理论不坚持因果关系一定是事件之间的关系，又不固守因果和结果之间一定是连续的，所以因果关系的操控理论会认为否定性因果关系是真正的因果关系。

3. 伍德沃德因果解释理论的困难

伍德沃德称他的因果解释理论为因果解释的反事实理论。只要涉及反事实的问题，我们自然就会问反事实的真值条件是什么？

在伍德沃德看来，虽然对反事实的前件以做实验的方式进行干预，有助于评估反事实的真值条件，但反事实真值条件独立于检验它们的实际的和假设的实验。可以说，虽然对反事实的前件以做实验的方式进行干预，构成了我们找出反事实断言真值的一种方式，但他并没有指出什么可以作为反事实的真值条件。希德尔斯顿（E. Hiddleston）也认为：“虽然伍德沃德在很大程度上依赖反事实，但他却几乎没有谈论它们的真值条件（他批判刘易斯所用的非干预的反事实，但却没有谈论什么使得反事实为真）。”[11]547 可以说，通过做实验，无论是实际地做实验，还是从原则上做实验，我们只会获得反事实断言的证据条件，但却不会获得反事实有其真值条件。这也就是说，伍德沃德把反事实的真值条件和它的证据条件区分开来；反事实的证据条件只能够通过实际的和假设的实验获得，但反事实的真值条件却不能够通过实际的和假设的实验获得。

许多哲学家认为，自然律可以作为反事实的真值条件："A→C"是真的当且仅当A、背景条件和定律一起推出C。设某一弹簧的劲度系数为100N/M，并且弹簧伸缩长度为M。毫无疑问，如果我们对弹簧施加的作用力小于1 000N，那么弹簧无论是伸长还是缩短都会小于10M，这是因为我们认为F=－kx是定律的缘故。可见，对以上反事实的判断是基于我们对胡克定律的认可，胡克定律使弹簧呈现出以上行为。可以说，如果没有胡克定律，我们就很难判断上述反事实是正确的还是错误的，胡克定律能够作为以上反事实的真值条件。也许，仅凭以上论述并不能完全驳倒伍德沃德的理论，因为他并没有完全否定自然律，在他看来自然律是不变性的子集，只是一种特殊的不变性。"范例的定律（paradigmatic laws）是，在一系列广泛和重要的改变［干预］下是不变性的简单概括"[6]286，但是，求助于不变性作为反事实的真值条件就会有循环论证的嫌疑，这是因为不变性是由干预下的反事实来定义的："概括G是反事实的真值条件，只要G是不变性的；G是不变性的，只要某些反事实是真的。"[11]547

鉴于以上事情，塞洛斯断言："我支持的一个方式是把反事实断言的真值条件和自然律联系起来。因此，这就会很容易地看到证据条件（即实际的和假设的实验）和反事实的真值条件是如何联系在一起的：实际的和假设的实验只是表明定律的存在。"[12]102其实，如果人们并不知道相关的归纳断言是否为定律，那么反事实条件的真值奠基于某种相关的定律的事实就会变得更加清晰了。假设某人看了一下花瓶，然后花瓶碎了。问题是：我们如何知道"如果我没有看花瓶，花瓶就不会破碎"的反事实条件句是真还是假呢？其实，根据光的反射定律，我们马上就知道这个反事实条件句不是真的。这是因为花瓶的反射光线进入人的眼睛内部，我们一定是没对花瓶产生影响的。因此，没有定律，我们就很难判断哪个反事实断言为真、哪个反事实断言为假。

本节以否定性因果关系为例，考查了因果解释是否一定要以真正的因果关系为基础；也就是说，能否对带有否定性因果联系的事物进行真正的因果解释。我们看到伍德沃德持有的因果解释一定要以真正的因果关系为基础的观点，面临着不可被克服的困难。虽然因果过程理论不一定正确，但此理论对解决因果解释是否一定要以真正的因果关系为基础问题的方向，我们还是赞同的。这就是，因果解释并非一定要以真正的因果关系为基础。因此，这样的科学解释如果算是因果解释，最多只能算"准因果解释"，并非真正的因果解释。

第三节　因果解释能够解释规则吗？

在现实生活中，不仅事件可以充当被解释项，规则也可以充当被解释项。例如，所有的乌鸦羽毛都呈现黑色、所有金属都导电、市场供求关系、孟德尔定律、万有引力定律、理想气体定律、麦克斯韦方程等。需要强调的是，这里所提到的规则不包括人为制定的行为规范，如在道路上必须右侧通行等。

在亨普尔看来，对规则或定律进行解释就是从其他的定律中把它们演绎地推导出来。当被解释项是决定性意义上的规则时，对此进行的解释就是演绎律则解释；当被解释项是概率性规则时，对此进行的解释就是演绎统计解释。

很多哲学家，如索伯和刘易斯，认为因果解释不能够对规则进行解释，因为解释一个事件就是找出事件的原因，但在通常情形下我们却找不出规则的原因。然而，伍德沃德和斯特雷文斯认为他们的因果解释理论，能够对一些规则进行解释。然而，哪种理论更为合理，是否因果解释能够解释所有的规则，这是我们接下来需要研究的问题。

1. 伍德沃德的对规则解释理论

伍德沃德认为他的理论能够对被解释项为决定性的事件或事态、概率性的事件或事态和规则进行解释。设被解释项为：距均匀带正电的长直导线为 r 处的电场强度的大小，和电荷分布一致。这种规则可以通过以下公式获得：

$$(1)E=\frac{1}{2\pi\epsilon_0}\frac{\lambda}{r}$$

其中 λ 是单位长度的导线所带的电荷，且 E 垂直于导线。具体来说，通过库仑定律把在电线中的无限个小电荷要素组合起来，以上被解释项就可以通过等式（1）而获得。然而，“虽然这种获得（derivation）是解释，但绝非简单地（在模型中）从库仑定律与背景条件中推导（deduction）出来”[13]616。在伍德沃德看来，像（1）这样的解释要优于亨普尔的 DN 解释模型，因为这里存在着比利用库仑定律和边界条件更为深刻的解释。与亨普尔的 DN 模型相比，伍德沃德的解释模型包含了反事实信息，它能够向我们展示如果初始条件和边界条件被改变了，那么这些被解释项也将改变的信息。这使我们看到解释项中的条件是如何与被解释项相连的。“这也是（通过这些被解释项所描绘的）关于操控与控制这些现象的信息。”[6]191

总之，对诸如以上规则进行的解释，我们运用了回答一系列为什么问题（W-question）的资源，这使我们看到以上规则依赖于电线的形状、电荷分布等因素：“从这个推导中我们看见某一因素（例如，导线的几何形状、电荷沿着它的分布情况，距离于导线的情形）如何使场强和方向不同。”[6]192

2. 不具有可操控性的因果解释

科学解释的非对称性是人们抛弃亨普尔的 DN 模型转而支持因果解释的一个动因。根据亨普尔的 DN 模型，通过利用定律 $T=2\pi\sqrt{(L/g)}$，摆长 L 和引力场 g，就能够对摆长周期 T 进行解释。但是，摆长 L 却不能被 T 和 g，通过 $T=2\pi\sqrt{(L/g)}$ 的变体 $L=T^2g/4\pi^2$，进行解释。萨齐和佩克斯顿（J. Saatsi and M. Pexton）承认求助于因果关系对解决解释的非对称问题有很大的作用。然而，在一些事例中，反事实信息虽然能够被用于解释，但这里却没有任何因果依赖关系，也就是这里并不存在任何因果解释。

在萨齐和佩克斯顿看来，对克莱伯（Kleiber）定律进行解释就说明了，反事实信息虽然能够被用于解释，但那里却不存在任何因果联系。克莱伯定律形式为：$B\propto M^{3/4}$，它表示基础代谢率与体重相联系。通过对克莱伯定律的标度指数进行研究，生物学家得出代谢率完全遵循欧几里得缩放比例（Euclidean scaling）。因此，这个模型好像把 3/4 标度指数和三维的有机体联系起来了。有鉴于此，我们可以预知，如果所有的有机体变成二维的，那么标度指数就为 2/3。尽管如此，萨齐和佩克斯顿并没有完全抛弃因果解释，认为还是能够对一些现象进行因果解释的。“伍德沃德向我们说明的是：在描述单称事态的非对称性问题时，操控起到了必不可少的作用，例如关于特殊摆长的长度。”[13]621 然而，他认为，对单称事态进行解释和规则解释，是不同的；前者依赖于因果，后者不需要因果，只是需要反事实模态信息即可。

不仅如此，虽然因果解释的反事实理论要求解释关系必须为不变性关系，但在一些复杂情形下解释关系却无法满足干预下的不变性。根据伍德沃德的因果解释理论，解释关系必须是不变性关系。然而，“许多生物学系统表现出复杂的动力学特征，包括分叉、放大和阶段改变的特征”[14]181。也就是说，在许多情形下，在我们对规则进行因果解释时，解释关系不满足干预下的不变性关系。正如奥登鲍夫（J. Odenbaugh）所指出的那样，在生态学之中，“我们几乎不可能以系统和可控方式，对生态系统进行操控。多种多样的因素都在起作用，并且它们之中的一些因素只是在特定的时期才能够被识别出来”[15]233。不仅如此，在许多事例中，“因果律是放在一起应用的，并且不能被单独地改变”[16]811。

然而，因果解释真的只能够解释事件，而不能够解释规则吗？也许，以上因果解释所遇到的问题只是在使用伍德沃德的因果解释理论时才会遇到，也就是说使用其他因果解释并不一定会遇到以上问题。下面我们来看一下，使用斯特雷文斯的解释的关键环节表述理论能否克服伍德沃德的因果解释理论所面临的问题。

3. 斯特雷文斯的对规则解释理论

在斯特雷文斯看来，对规则进行解释，就是找出引起这个规则的因果机制。对于像斯特雷文斯那样的因果机制进路者来说，机制不仅能解释规则的事例，而且能解释规则自身。“第一个基本的解释原理：运用相同的因果机制，就能够对因果概括和对概括的任何事例进行解释。”[7]223 值得注意的是，规则不能作为因果解释模型的目标。因此，虽然对事件解释的被解释项和目标都是相同的，即都为事件，但对规则解释的被解释项和目标却是不相同的，它们分别为规则和性质。斯特雷文斯断言，对规则解释的目标，能够充当规则的例示的性质。例如，在对所有的 Fs 是 G 的规则进行解释中，这里的目标是有代表性的 G-ness。然而，这里所说的机制与主要是针对生命科学的功能解释中所谈论的机制不同，在斯特雷文斯看来“任何差异化的因果过程都是机制”[7]225。

那么，以上所说的机制是如何与自然律相联系的呢？在斯特雷文斯看来，“从形而上学方面来讲，我所称的机制应该被理解为与基本定律的方面是一致的。如果高层次定律［规则］被机制解释了，随之而来的就是它被某种基本定律的性质解释了（也许相当抽象），也就是说在某种方式上被基本定律解释了”[7]225。

对规则解释除了需要因果机制外，斯特雷文斯认为还需要基本概括（basing generalization）。基本概括会把事件的性质添加到一组对象上，这是对规则解释不同于对事件解释的地方。斯特雷文斯以解释为什么所有的乌鸦都是黑色的规则为例，向我们展示出基本概括的作用。根据解释的关键环节表述，如果要对为什么所有的乌鸦都是黑色进行解释，那么我们首先必须找到使得乌鸦羽毛呈黑色的机制。“乌鸦的颜色机制将被因果模型所描绘出来。在此模型中，通过相关的生物学和化学的定律，乌鸦的生理和另外的初始条件某些方面因果地得出黑色。”[7]228—229 然而，虽然这解释了在乌鸦的羽毛中产生黑色素的机制（M），但它还不足以解释为什么所有的乌鸦都是黑色的。我们还必须加上所有乌鸦，至少大多数乌鸦，都拥有机制（M）的基本概括。值得注意的是，基本概括与机制无关，它只是让机制（M）在更为广泛的范围内起作用。

因此，可以断言，机制和基本概括一起解释了规则。设 P 代表乌鸦的生理学性质，并且假设另外的相关条件和背景条件代表“自然的条件”。因此，对正常乌鸦的黑色的解释由以下两部分组成：

(1) 基本概括：全部正常的乌鸦都有 P。

(2) 从 P、相关定律和另外的初始条件（“自然的条件”）一起推导出黑颜色，这个模型构成乌鸦颜色的机制。[7]229

4. 斯特雷文斯的对规则解释理论的优点

许多规则都不能运用因果解释的反事实理论对其进行解释，以至于萨齐和佩克斯顿断言，因果解释只适合于解释事件或事态而不适合于解释规则。在笔者看来，那些反例只能够说明伍德沃德的理论在解释规则方面有不足之处，并不能说明因果解释不能解释规则。伍德沃德的因果解释理论不能解释的一些规则，斯特雷文斯的因果解释理论却能对之进行解释。根据解释的关键环节表述，某种机制（和基础物理学定律是等同的）使之呈现出规则，即某种机制促使了诸如 $T=2\pi\sqrt{(L/g)}$ 的规则。可以说，伍德沃德是找错了原因，以至于认为不能对之进行因果解释。

斯特雷文斯也研究过在群体生态学中，捕食者和被捕食者相互作用的抽象的模型，如捕食者和被捕食者生态系统的稳定性。“通过对捕食者/被捕食者模型性质进行的研究，它类似于一种应用数学。关于捕食者和被捕食者的抽象行为的某种假设被建立起来了，并且被公式化为微分方程。因此，方程的数学性质、行为的数学性质就这样被探索出来了。”[7]158 因此，当我们对诸如以上规则进行解释时，它们更多地是数学的而不是因果的，也正是由此，根据伍德沃德的解释模型，这里就不存在因果解释了。然而，斯特雷文斯的做法是保留因果解释，把这些利用数学公式表达的行为看作一种具有规则的行为，并认为这样的规则是被底层的机制所促使的。如果我们现在没有探索到这种深入到底层物理学的机制，那么我们就暂时把它们认作解释的黑箱。在这种情形下，底层的因果过程，即物理学过程就被黑箱化了。不仅如此，斯特雷文斯认为数学也有助于我们理解差异化，有助于对规则进行解释。

斯特雷文斯断言：第一，解释推导的数学结果必须反映世界中的因果联系。其实，也只有掌握了数学结构，我们才能够更好地获得因果生成过程。第二，这些数学表达式隐含地告诉我们什么使因果生成不同，什么不能使因果生成不同，为什么是这样和为什么不是这样。[7]229—230

根据波义耳定律，只有在改变气体体积情形下，改变容器的形状时，气体的压强才会改变；如果气体体积不改变，那么即使我们改变容器的形状，也不会改变气体的压强。然而，我们知道压强是对容器壁产生的力，并且容器壁的面积可能独立于体积。因此，在相同体积下，改变容器的形状可能导致容器表面积的变化。但是，波义耳定律告诉我们，只要体积相同，那么分子对单位面积容器壁的碰撞便是相同的，这与容器的表面积的碰撞率无关。因此，“正是通过数学，我们才发现气体因果地依赖于什么。通过与之相关的数学推理，你看见为什么依赖性和独立性是存在的——这是科学理解的核心”[7]330－331。

尽管斯特雷文斯的因果解释理论能够比伍德沃德的因果解释理论解释更多的规则，但斯特雷文斯明确表示他的理论并不能够解释基础物理学定律那样的规则。他的因果解释理论需要以基础物理学定律为基础，因此此理论就不能够对基础物理学定律那样的规则进行解释；如果容许这种理论对基础物理学定律那样的规则进行解释，那么这里就可能会出现循环解释的嫌疑（虽然循环解释是否合理是备受争议的）。然而，因果解释理论的形式多种多样，并且哲学家也在努力地探索和改进因果解释模型，因此，我们有理由相信因果解释理论能够对更多的规则进行解释。

因此，因果解释可以对诸多规则进行解释。即使现有的因果解释理论并不能够对所有的规则进行解释，但随着对因果解释模型的改进，因果解释模型也会能够对更多的规则进行解释。

第四节　单独使用模型进行的科学解释是因果解释吗？

亨普尔的演绎-律则模型存在的诸多问题，为我们留下了两条途径：第一条途径是，求助不再需要定律的解释理论，如范弗拉森的语用学解释和伍德沃德的因果解释进路。根据伍德沃德的理论，模型是找出事实或过程之间因果联系的工具，起到解释作用的是这些因果联系。第二条途径是，单独使用模型进行解释，卡特莱特的影像学解释就是这种进路；我们通过建构模型解释现象，并把现象直接放入宏大的理论模型之中。以这种观点来看，模型自身是我们要找寻的解释。[17]本节关注单独使用模型进行的解释。鉴于哲学家对单独使用模型进行的科学解释是否为因果解释存在分歧，本节将对此问题进行考查。

1. 模型在因果解释中的作用

根据斯特雷文斯的因果解释理论，模型不是找到因果的工具，而是与因果因素结合在一起进行科学解释。正如在第一节中所示，解释的关键环节表述首先就要建构一个忠实的、原子因果模型。其次，抽象掉因果推衍中大量无关的信息，对之进行最优化。最后，用聚合性限制过度的抽象。通过这些步骤，解释的关键环节表述表征了现实世界现象之间的因果联系，对世界中的现象进行了因果解释。

另外，支持因果机制进路的克雷文（C. Craver，2006）也认为：“当模型描述机制时，模型就是解释。也许并非所有解释是机制的。然而，在许多事例中，解释和非解释模型之间的不同是，后者而不是前者描述机制。”[18]367根据这种观点，解释一个现象就是对其潜在机制的行为进行描述；模型中的组成部分，应该与机制的组成部分相对应。根据克雷文的因果解释模型，它描述“现实中生成现象机制的组成部分、活动和系统性的特征”[18]361。换句话说，对于真正解释的机制模型来说，它必须正确地重现实际的机制。

根据克雷文和斯特雷文斯的因果解释理论，模型与因素一起构成因果解释。在这样的因果理论中，模型不是能帮我们把因果联系，进而进行因果的工具，而是因果解释的一部分。因此，根据他们的观点，单独使用模型进行的解释是真正的因果解释。

2. 模型在非因果解释中的作用

然而，并非所有的科学解释都是因果解释。一些科学家认为行星轨道的稳定性取决于它们所处的时空的维数；虽然这些行星轨道在四维时空中是稳定的，但在五维时空中却是不稳定的。从某种意义上说，时空的维数解释了行星轨道为什么是稳定的。虽然时空的维度回答了被解释项反事实问题，但我们既不能把这解释成回答了关于在干预下什么将发生的问题，也看不到时空维数与轨道之间有任何因果影响存在，因此，这种解释绝非因果解释。

由于数学模型是一种重要的模型，我们现在来看朗格（M. Lange，2016）为我们提供的求助数学模型进行解释的例子。一个母亲要把 23 个草莓分给她的 3 个孩子。为了公平起见，并在不切割草莓的情况下，这个母亲想把这些草莓平均分给她的 3 个孩子。但这个母亲的做法最终归于失败，这是由于 23 不能被 3 整除。这个解释没有求助原因，它是一个“因为没有原因”的解释。毫无疑问，在这个解释中，“23 不能被 3 整除”的数学事实起到了约束的作用，这种数学必然性超越了此场景中涉及的每一个因果的特征。虽然这个母亲给每个孩子随机分草莓的尝试包含不同的因果历史，但分发草莓的可能性总是受到数学事实的限制。这就是说，我们的解释并不依赖于现有的具体因果关系网络；相反，它取决于数学结果，更准确地说，取决于这种结果的模态强度。正如朗格所说：“这种解释表明，此结果在很大程度上不可避免地比仅仅是因果关系（实际的和反事实的）的事实所能产生的结果更强。”[19]15 从这个例子中，我们看到数学模型没有与其他因素结合，它独自解释了那个母亲没有办法把草莓平均分给她的孩子们。也许有人认为只有在这种运用数学模型进行的解释中，才有这种非因果解释，模型才能单独进行解释。但是，事实并非如此，在物理学、生物学甚至社会科学中，模型解释比比皆是。

通过对量子混沌模型的研究，博库利施（A. Bokulich，2011）认为存在一个对结构性模型解释（structural model explanation）的普遍表述。“模型是解释的理由是：在这些表征系统中，它们展现出某种结构性的依赖关系。”[20]63 其实，结构解释还不仅常存在于基础物理学中，它的存在领域十分广泛。我们知道，结构解释不侧重于特定的个体，而是集中在他们的集合上，因为个体的某一特征是由其在一个类别中的成员身份来解释的；个体可能具有结构属性。许多社会或行为现象都是由于这种结构属性而被解释的。法官有权进入他受雇的法院，作为一名法官而不是法院办事员，解释了为什么他可以判处另一人入狱。

博库利施引入伍德沃德提倡的反事实关系来支持他的结构性的依赖关系，这种结构性模型解释不仅展示出依赖模型的组成部分的模式，而且这个依赖也是模型的结构特征的后承。然而，虽然他把伍德沃德的解释看作我们想要展现出反事实依赖类型，但由于被解释项的变量（如维度）不能被干预，所以他认为这种解释是非因果解释。

这里还有一个问题需要我们研究，那就是虚构模型、理想化模型能够进行解释吗？我们下面要研究这个问题。

3. 理想化模型与科学解释

为了较容易地处理某一对象，理想化是对复杂事物的有意简化，目的是使它更易于处理。无摩擦斜面、质点、无线速率、孤立系统和均衡状态系统都是理想化的例子。我们通常认为存在两种理想化：亚里士多德理想化和伽利略理想化。亚里士多德理想化指除去具体对象中的无关属性，这也被称为“抽象化”，如行星系统的经典动力学模型。伽利略理想化包括故意的扭曲，也可以称之为“失真模型”，如由物理学家构造的在无摩擦力斜面上运动的质点模型。

由于理想化模型是“失真模型”，人们可能认为理想化模型并不能够用于解释，因为我们必须对真实的现象才能进行解释，否则这可能不是科学解释，而是神话解释了，这也成了解释的必要条件。然而，事实果真如此吗？在本章看来，由于理想化模型的失真特征，虽然有些理想化模型不能进行科学解释，但并非所有理想化模型都是如此。根据罗勒和赖斯（Y. Rohwer，C. Rice，2016）的观点，至少存在三种意义上的理想化模型能够进行解释：

第一，充当抽象的理想化。虽然模型中包含理想化，但它们却不包含在通过模型进行解释之中；这与斯特雷文斯的观点极为相似。根据这样的理想化，如果模型忠实的部分准确地描述了致使不同（make a difference）的原因，那么理想化模型能够被用于解释。在这种情况下，理想化被用于表征与解释不相关的因果因素，它没有参与因果解释。换句话说，解释的模型精确地表征差异化，并且用理想化去表征那些不相关的因果因素。韦斯伯格（M. Weisberg，2007）把这样的理想化称为极小主义的理想化：“解释的关键是一种特殊解释的因果因素的集合。极小主义的理想化远离这些原因，因此在解释中起到了解释的关键作用。”[21]645

第二，对科学解释重新诠释。存在许多理想化不能够从模型中移除的情形。“这些理想化在这个意义上对于模型来说是必要的：如果你把理想化移除，那么我们将会丢失表征被解释项的关键性因素。”我们发现拥有“不可删除的理念化”的模型仍然能够进行解释。“如果理想化的假设能被合适地诠释为真的断言，那么包含‘不可删除的理念化’的模型能够是解释。”[22]1130 例如，理想化假设可能被诠释为：为了使得被解释项发生，一些参数的精确值不重要（只要它高于或低于某一阈值）。

第三，放宽解释的准确性要求。为了解释一个模型，我们必须提供精确地表征它的目标系统的相关性特征，如模型所提供的解释必须是真的。亨普尔就认为，解释是涉及真正定律和初始条件的论证。其实，这种要求也能在当代因果解释中表现出来，为了解释，模型必须精确地表征它的系统之内的因果因素（或因果机制）。然而，一些哲学家认为解释没有必要是精确地表征。关于此问题，我们可以考查物理学中的一个案例，那就是玻尔的原子模型是否能解释氢原子光谱。

我们知道玻尔所谈及的轨道是被虚构出来的，这不符合解释模型的精确性要求。根据现在量子力学的观点，原子中的电子不能在稳定态中遵循经典的轨迹；它被描绘为围绕原子核的概率密度云。在一些科学家看来，巴尔末线系（Balmer series）只是被现代量子力学解释的，因此玻尔模型的解释能力是虚幻的。也许这种解释有点道理。但是，博库利施认为并非如此。第一，我们为什么要停止在现代量子力学呢？我们为什么不求助基础量子场论和量子引力理论呢？第二，科学实践揭示出：对给定现象不只有一个科学解释，只是一些解释比较有深度，一些解释比较浅显。这就是说，科学解释有深浅之分。因此，他得出了以下结论：虽然玻尔模型不能够与现代量子力学对巴尔末线系的解释一样有深度，但它确实真正地解释了巴尔末线系。[23]41－45

根据以上论述，虽然我们认为罗勒和赖斯并没有穷尽能够进行解释的理想化模型的种类，但我们完全有理由相信：虽然并非所有理想化模型都能够进行解释，但许多理想化模型（如罗勒和赖斯为我们展现的三种情况）还是能够进行科学解释的。

我们看到许多单独使用模型进行的解释，如结构性解释、数学解释（非纯粹的数学解释）和带有理想化的科学解释，虽然都是真正的科学解释，但并非因果解释。

结　语

本章研究是否所有的科学解释都是“因果解释”，是否所有其他的科学解释都能被还原为因果解释。首先，本章介绍了当代具有代表性的因果解释理论，即萨尔蒙、刘易斯、伍德沃德和斯特雷文斯的因果解释理论。其次，鉴于通常情况下因果解释是通过因果关系建立起来的，我们又考查了因果解释是否一定要以真正的因果关系为基础；是否只能对有因果联系的事物才能进行因果解释。经过研究，本章认为因果解释并非一定要以真正的因果关系为基础。因此，这样的科学解释如果算是因果解释，最多只能算“准因果解释”，并非真正的因果解释。再次，鉴于不仅事件可以充当被解释项，规则也可以充当被解释项，我们又考查了因果解释是否可以解释所有的规则。经过研究，本章认为虽然因果解释可以对诸多规则进行解释，但现有的因果解释理论并不能够对所有的规则进行解释。最后，本章研究了单独使用模型进行的解释是否都为因果解释的问题。鉴于许多科学解释，如结构性解释、数学解释（非纯粹的数学解释）和带有理想化的科学解释都不是因果解释，我们有理由相信许多单独使用模型进行的解释是非因果解释。

鉴于以上论述，本章有理由相信并非所有的科学解释都是因果解释，也就是说因果解释是不完备的。

参考文献与阅读书目

[1] Salmon，W. A Third Dogma of Empiricism//Basic Problems in Methodology and Linguistics. edited by Robert Bus and Jaakko Hintikka. Dordrecht：Reidel，1977.

[2] Salmon，W. Scientific Explanation and the Causal Structure of the World. Princeton：Princeton University Press，1984.

[3] Salmon，W. Causality and Explanation：A Reply to Two Critiques. Philoso-

phy of Science，1997（64）.

［4］Salmon，W. Causality and Explanation. New York：Oxford University Press，1998.

［5］Lewis，D. Causal Explanation//Philosophical Papers，1986，1（2）.

［6］Woodward，J. Making Things Happen：A Theory of Causal Explanation. New York：Oxford University Press，2003.

［7］Strevens，M. Depth：An Account of Scientific Explanation. Cambridge，MA.：Harvard University Press，2008.

［8］Barros，D. B. Negative Causation in Causal and Mechanistic Explanation. Synthese，2013，190（3）.

［9］Schaffer，J. Causation by Disconnection. Philosophy of Science，2000，67（2）.

［10］Beebee，H.，Hitchcock，C.，Menzies，P. The Oxford Handbook of Causation. New York：Oxford University Press，2012.

［11］Hiddleston，E. Review of Making Things Happen. Philosophical Review，2005（114）.

［12］Psillos，S. Causal Explanation and Manipulation//Johannes Persson，Petri Ylikoski eds. Rethinking Explanation. Springer，2007.

［13］Saatsi，J.，Pexton，M. Reassessing Woodward's Account of Explanation：Regularities，Counterfactuals，and Noncausal Explanations. Philosophy of Science，2013，80（5）.

［14］Mitchell，S. D. Emergence：Logical，Functional and Dynamical. Synthese，2012（185）.

［15］Odenbaugh，J. Idealized，Inaccurate but Successful：A Pragmatic Approach to Evaluating Models in Theoretical Ecology. Biology and Philosophy，2005，20（2-3）.

［16］Cartwright，N. Causation：One Word，Many Things. Philosophy of Science，2004（71）.

［17］Frigg，G.，Hartmann，S. Models in Science. https：//plato. stanford. edu/entries/models-science/，2012.

［18］Craver，C. When Mechanistic Models Explain. Synthese，2006（153）.

［19］Lange，M. Because Without Cause：Non-causal Explanations in Science and Mathematics. Oxford：Oxford University Press，2016.

［20］Morrison，M. Models as Autonomous Agents//M. Morgan，M. Morrison eds. Models as Mediators：Perspectives on Natural and Social Science. Cambridge：Cambridge University Press，1999.

［21］Weisberg，M. Three Kinds of Idealization. Journal of Philosophy，2007，104（12）.

［22］Rohwer，Y.，Rice，C. How are Models and Explanations Related?.

Erkenntnis，2016，81（5）.
[23] Bokulich，A. How Scientific Models Can Explain. Synthese，2011，180（1）.

思考题

1. 伍德沃德的因果解释理论的主要内容是什么？此理论在哪些方面优于萨尔蒙和刘易斯的因果解释理论？

2. 斯特雷文斯的因果解释理论的主要内容是什么？此理论在哪些方面优于萨尔蒙和刘易斯的因果解释理论？

3. 因果关系和因果解释的关系是什么？

4. 因果解释能够解释规则吗？

5. 论述模型在因果解释中的作用。

第三章

意义与指称

引 言

——你知道马克·吐温是谁吗?
——当然知道!《百万英镑》的作者。
——那么,你相信马克·吐温写了《百万英镑》?
——是的。
——萨缪尔·克莱门斯又是谁呢?
——我不知道。
——他是不是《百万英镑》的作者?
——当然不是。
——也就是说,你相信萨缪尔·克莱门斯没有写《百万英镑》?
——是的。
——其实,马克·吐温就是萨缪尔·克莱门斯。
——哇……!
——所以,你既相信马克·吐温写了《百万英镑》,又相信他没有写《百万英镑》!

对于任何一个不知道马克·吐温的本名为萨缪尔·克莱门斯的人而言,上述窘境均不可避免。关于同一个人(即那位著名的美国作家),我们看似拥有两个矛盾的信念。可是，问题出在哪里？是语言本身的问题？推理逻辑的问题？还是因为我们的信念体系本就是矛盾的？对此问题的系统探究与争论构成了分析哲学发展的一条重要脉络。本章将以此问题为线索，对分析传统下的意义与指称这一主题进行专门介绍。

分析哲学的起源在某种意义上是从弗雷格（G. Frege）对康德问题的独特回应开始的。在第一批判中，康德（I. Kant）试图以数学判断这种典型的先天知识为启发，来一般性地阐明“先天综合判断”如何可能。康德的核心洞见是：数学判断的有效性源于一种独特的直观——先天直观（或纯粹直观）。弗雷格对于康德的解答并不满意。在他看来，直观的概念很难避免心理主义的陷阱。为了彻底避免心理主义，弗雷格坚持将数学命题（尤其是算数命题）视为分析性真理。据他对分析性的定义，一个命题是分析性为真的，当且仅当，此命题的真可以仅仅依据逻辑定义和逻辑法则得以证明。由此，弗雷格开启了他蔚为壮观的逻辑主义数学哲学纲领——仅仅依据逻辑定义和逻辑法则来证明所有的算数真理。但是，在这一宏伟工程的建造过程中，弗雷格必须要解决一个关键的哲学问题：分析命题是否仅仅将主词中所包含的东西“分解”出来？这一分解过程能否产生新的信息量？尤其是，作为分析性真理的算数命题如何能为我们提供新知识？“2＋2＝4”和“4＝4”显然传达了不一样的信息内容。对于一个不理解加法运算的人而言，“2＋2＝4”给他提供了新知识，而“4＝4”则无法提供任何新知识。那么，“2＋2＝4”到底新在哪里呢？

为了在更一般化的哲学语境下解答此问题，弗雷格在其《论涵义与指称》这篇语言哲学的开山之作中，首次系统地探讨了此问题。[1]56－57 在这篇文章中，弗雷格问到：“晨星是暮星”与“晨星是晨星”显然传达了不一样的信息内容，但是两者的差异到底在哪里呢？我们知道晨星和暮星的确是同一颗行星，即金星。当我们断定“晨星是暮星”时，仿佛我们仅仅是在断定金星是金星；同样，断定“晨星是晨星”也仅仅是断定金星是金星。由此，两句话所表达的内容应当毫无差异。但是，对于一个不知道金星同时拥有“晨星”和“暮星”两个名字的人而言，他可能相信晨星不是暮星，但他绝不会相信晨星不是晨星。这即是著名的弗雷格之谜（Frege's Puzzle）。很显然，本章开篇的对话所展示的问题即弗雷格之谜的一种形式。很多读者可能会想，这个问题很好解决啊。因为，“晨星是暮星”表达的是“‘晨星’和‘暮星’指称同一东西”，而“晨星是晨星”表达的是“‘晨星’和‘晨星’指称同一东西”，两句话表达的内容当然不一样。但问题是，如弗雷格指出的，如此一来，我们就偷换了主题（change the subject matter）。当我们断定“晨星是暮星”和“晨星是晨星”时，我们谈论的主题并不是两个名字或语言符号——我们谈论的是那颗行星本身。

在其文章中，弗雷格革命性地提出，语言表达的语义内容由两个层面构成，即涵义与指称。虽然“晨星”与“暮星”的指称相同，但是两者的涵义却并不相同，由此“晨星是暮星”与“暮星是暮星”可以表达不同的语义内容。类似地，“2＋2”与“4”的指称相同，但是其涵义却不相同。这就是为何“2＋2＝4”可以传达“4＝4”所无法传达的新知识。虽然在某种意义上，弗雷格的涵义理论只是其逻辑主义数学哲学的“副产品”，但是此理论在后来分析哲学的进展中却成为具有历史转折意义的伟大创举。在分析哲学一百多年的历史中，几乎没有任何理论比弗雷格的涵义理论遭受到更多的误解、质疑、发挥、辩护与批判。

尽管弗雷格哲学的重要性在他去世后多年才逐步被认识到，但是早在 1904 年与罗素（B. Russell）的通信中[2]163−169，二人之间的一个小争论就已然奠定了之后一场旷日持久的长达一百多年的哲学争论。作为后来哲学语义学的核心议题，此争议的焦点是：语言与世界之间的关系（the word-world relation）是直接的还是间接的？弗雷格认为两者的关系是间接的。语言之所以能够切入世界，是因为语言表达涵义，而涵义指称世界。在二人的通信中，弗雷格说到，指称对象并非语言所表达的思想（即语句涵义）的构成部分——思想是抽象对象，其构成要素本身必须也是抽象的，恰如勃朗峰本身并不是“勃朗峰高 4 000 多米”那句话所表达的思想的构成部分。而罗素却认为语言与世界之间的联系是直接的。语言之所以能够切入世界，是因为语言的意义就在世界之中。在给弗雷格的回信中，罗素针锋相对地讲到：尽管勃朗峰白雪皑皑，但这却丝毫不影响那座山峰本身成为“勃朗峰高 4 000 多米”那句话所表达思想的构成部分。这是因为，如果我们的断言不直接切中世界对象的话，那么即使我们能正确地讲出那句话，也不代表我们关于勃朗峰本身具有任何知识——这显然是违反直觉的。

弗雷格所倡导的语义学纲领一般被称为弗雷格主义（Fregenism），而罗素所倡导的语义学纲领一般被称为罗素主义（Russellianism）或密尔主义（Millianism）。弗雷格主义的核心主张是：思想或命题由涵义构成；而罗素主义的核心主张是：思想或命题由指称构成。在过去的一个世纪中，弗雷格主义与罗素主义的交锋和长期论战是分析哲学的核心内容之一。20 世纪最重要的那些哲学家均在不同程度上介入到了这场论战之中。这一论战不仅仅属于语言哲学，而且是贯穿于 20 世纪的形而上学、哲学逻辑、心灵哲学、元伦理学等多个领域，塑造了多个重要的哲学议题，见证了一系列层出不穷的哲学理论的产生。接下来，我将对弗雷格主义与罗素主义的哲学语义学纲领——尤其是两者之间的争论焦点、理论方案、推进思路、当代现状等——进行介绍。

第一节　弗雷格主义的涵义理论

在《论涵义与指称》中，弗雷格借助一些类比的手段来尝试说明他所谓的涵义是什么。一般认为，弗雷格对此概念给出的唯一实质性说明是“呈现模式”（mode of presentation）：涵义即表达式对指称对象的呈现模式。就如不同的呈现模式可以用于呈现同一个对象，不同的涵义可以对应同一指称。这为弗雷格之谜的解决提供了直截了当的方案。“晨星”对金星的呈现模式是“清晨东方最亮的星”；“暮星”对金星的呈现模式是“傍晚西方最亮的星”。类似地，马克·吐温对那位美国作家的呈现模式是“美国著名作家、《百万英镑》的作者等”，而“塞缪尔·克莱门斯”对那个对象的呈现模式是“约翰·克莱门斯的儿子、密西西比河上的领航员等”。

但是，弗雷格的原始方案面临一个困难：如果涵义是对指称对象的呈现模式，那么如果没有指称对象，就没有对指称对象的呈现模式，从而也没有涵义。换句话说，涵义对于指称具有一种依从性，或从物性（*de re*）：指称对象的存在是涵义存在的必要条件。但这与弗雷格语义学纲领最基本的信念相违背。弗雷格需要的恰恰是涵义之于指称的独立性：涵义是某种完全不同于指称的东西，甚至在空名的情况下，有涵义而无指称。针对此问题的一个经典处理便是把对象的呈现模式替换为对象的确定模式（mode of determination）。如果对象的呈现模式是一种"从对象到涵义"的涵义观念，那么对象的确定模式则相反，它是一种"从涵义到对象"的涵义观念。在呈现模式下，涵义的存在与否取决于对象本身是否存在；而在确定模式下，涵义是先在的，它类似于某种限定性条件，根据这个条件来确定哪个对象成为其指称。涵义仅仅是通向指称的通道。在极端情况下，允许没有任何对象在确定模式下成为指称，这使空名现象得以容纳。

弗雷格的语义学纲领并不单单着眼于名称等语词的涵义，而且要对包括谓词、逻辑连接词、量词、简单句、复合句等各类型、各层次的语言表达式的意义（包括涵义与指称）给出系统说明。[3]1−17 作为现代逻辑的奠基人，弗雷格对语句的意义尤为关注。因为，逻辑是对真理法则（laws of truth）的研究，而只有语句才有真假可言。因此，在某种意义上，语句意义是一个初始概念——就如真是一个不可定义的初始概念一样。在弗雷格的语义学纲领下，语句的涵义即其真值条件（语句的指称是真值），而各类语词的涵义即对语句涵义的特定贡献。

声名卓著的弗雷格哲学研究专家达米特（M. Dummett）却认为，作为语言意义的真值条件概念预设了一种"超越的"真理观念。达米特将数学上的直觉主义加以推广，反对任何"超越性"的真理观念。主张只有基于主体有限认知能力的"证实"或"构造"的真理概念才是恰当的，而不存在超越主体的真理。达米特对"证实"这个概念的更形象说明是主体在其有限认知能力下据以确立和识别语句真值的手段。[4]590 把这一看法运用到弗雷格关于涵义把握和真值认定的区分中，由于对涵义的把握是真值认定的前提，很自然地，涵义就成了对真值的证实手段。在达米特看来，由于在逻辑实证主义那里，证实依然是某种超越性的概念：证实仅仅是外部世界之于证实条件的满足关系，它超越认知主体对于真值的实际认定。正如达米特一再强调意义理论必须是某种理解理论，为了凸显主体认识论要素在所谓的证实过程中所起的作用，涵义可以更恰当地被理解为对真值的识别标准（criterion of identification）。在组合性原则的限制下，对表达式涵义的把握构成主体的某种认知能力，它使得主体能够在理想化的条件下识别出表达式的指称。因此简单地说：涵义是指称识别标准。对涵义的把握可以规约为某种认知能力的获得，而涵义提供的识别标准可以解释涵义何以成为主体在认知上通达指称的"通道"。

无论是把涵义理解为指称的呈现模式、确定模式还是识别标准，似乎涵义都对应于某种描述性条件。指称关系被认为是通过某种中介关系的建立和满足而实现的。由于在专名等典型的指称词项情况下（暂不考虑空名），一个特定的专名 N 对应一个特定的指称对象 O，可以认为 N 与 O 之间存在一种映射关系 f，f 把一个特定的 N 映射到一个特定的 O 之上（当然 f 也可能把不同的 N 映射到同一对象 O 之上）。因此作为指称中介的 F 可以被视为某种映射关系：在现实世界中（或在不同可能世界中），F 把专名映射到个体对象上，把自然类名映射到自然类上，把通名映射到抽象性质（或集合）上，把语句映射到真值上。由于映射关系体现了某种“决定”作用——它决定哪一个对象在特定的映射下与哪一个语词联系起来——便有了弗雷格的著名论断：涵义决定指称。

事实上，除了在《论涵义与指称》的一个著名脚注中，弗雷格暗示了可以通过限定摹状词的描述来给出涵义（如“亚里士多德”的涵义可以由“柏拉图的学生”“亚历山大的老师”“《形而上学》的作者”等描述性条件给出），弗雷格本人从未明确将涵义等同于描述性条件。根据弗雷格对概念（concept）与对象（object）的著名区分，概念是不饱和的、有待被填充的，而对象是饱和的、本身无需被填充但可以填充概念。在弗雷格的形而上学纲领下，涵义乃是作为抽象对象存在的第三域实体，而非有待满足的条件或概念。但是，如接下来我们将看到的，罗素主义对弗雷格主义的主要攻击即从将涵义视为描述性条件这样一个不小的“误解”开始的。弗雷格的涵义理论甚至被认为是描述主义意义理论的第一个经典版本。

正是基于这一理由，新弗雷格主义者的代表福布斯（G. Forbes）认为罗素主义至多击败了某个版本的涵义理论，而没有击败涵义理论本身，因此即使对描述主义的攻击是成立的，我们也不必放弃弗雷格主义的基本精神。福布斯试图为弗雷格涵义寻找一个不同于描述性条件的替代解释。他注意到描述主义的致命伤在于描述性条件是一组固定的独立于对象给出的有待满足的条件。反描述主义的攻击揭示了两点：一方面，涵义不是独立于对象——先于对象——给出的条件，而是从对象身上“提取”出来的；另一方面，给出涵义的描述性条件不是固定不变的，而是一个“动态”集。

福布斯建议以“档案”的比喻来刻画涵义的从物性和动态性。[5]539—540 关于某个对象O，我们通过直接或间接的方式了解到关于它的某些我们感兴趣的信息I，这样的一个关于I的集合{I}就成为关于O的一个档案（dossier），而O的名称N就成为那个档案的标签。专名N的功用就是在适当的时候为我们提取关于O的信息提供便利。如果说N有意义的话，那么它所表达的内容就类似于“这个档案的主体”。因此，名称的涵义可以粗略地对应于它所标签的档案信息体。在此，涵义的从物性相当明确：没有对象，就没有关于对象的信息，从而也没有关于对象的档案。另外，由于档案的生成既是历时性的——在不同的时刻可以有新的信息被放入档案夹或某些旧的信息被删除，又具有认知主体的相对性——不同的认知主体对于同一对象可能提取并保留不尽相同的信息。档案的从物性和动态性使得名称的涵义不是描述主义的。

名称对档案的标签作用使它能够“携带”某种信息。因为，一般情况下，不同的名称（不管它们是否共指称）被用于标签不同的信息集，继而用于引导提取不同的信息。在“晨星”的标签下，被提取的信息是“清晨出现在东方天空中最亮的星”，而在“暮星”的标签下，被提取的信息是“傍晚出现在西方天空中最亮的星”。相反，如果两个名称标签完全相同的档案，那么它们在信息值的层面就没有任何差异，从而具有相同的涵义。名称涵义由此而具有的信息性为弗雷格之谜的解决埋下了很好的伏笔。

虽然埃文斯（G. Evans）、福布斯、麦克道威尔（J. McDowell）、查尔塔（E. Zalta）、海克（R. Heck）等新弗雷格主义者发展了种种新颖的涵义理论或弗雷格之谜解决方案，但这些哲学家的工作之间——相对于我们即将看到的新罗素主义——缺少一些共同的形而上学和语义学核心原则，这使得作为一种哲学纲领的弗雷格主义所具有的当代前景看起来并不十分乐观。

第二节 罗素主义的复兴

弗雷格主义所遭受的全面挑战是在一个更加一般性的形而上学风潮下开始的。此风潮便是自然主义的兴起，尤其是对内涵性概念与内涵性实体的拒斥。美国哲学家奎因是这一风潮的棋手。早在其对“经验主义第一教条”的批判中，奎因就展示了内涵性概念（如分析性、意义、定义、同义性等）在哲学分析中的不可靠性。[6]20—43 紧随其后，克里普克（S. Kripke）、卡普兰（D. Kaplan）、唐纳兰（K. Donnellan）、普特南（H. Putnam）、佩里（J. Perry）等第一代罗素主义哲学家运用种种巧妙的思想实验和哲学论证对包括涵义在内的内涵性概念进行挑战，促成了所谓的“新指称运动”的兴起。而新指称运动的核心纲领即对罗素主义的复兴。简而言之，对以涵义为代表的内涵性概念的挑战主要基于如下几种经典策略：

1. 循环定义/无限倒退策略

这一策略的基本思路是论证内涵性概念无法被恰当理解。因为要理解内涵性概念 C1 需要诉诸对另一个内涵性概念 C2 的先行理解，而对 C2 的理解又要进一步预设对另一个内涵性概念 C3 的先行理解，以至无穷倒退或恶性循环。对这一策略的经典运用正是奎因对分析性概念的攻击。

2. 不确定性策略

这一策略的基本思路是论证意义是不确定的，继而不存在关于意义的客观事实，因而也就不存在意义等内涵性实体，也不能诉诸一个诸如弗雷格涵义的内涵性概念用于解释指称（这一意义维度）如何获得并固定。奎因的翻译/指称不确定性论证、克里普克对维特根斯坦私人语言论证的创造性解读以及普特南反实在论的模型论证明都可归于这一策略的运用。

3. 模态策略

通过诉诸可能世界概念或信念语境的介入而导致的模态语境，此策略试图论证用于解释某些类型表达式 E 意义的内涵性概念 C 并不在意义上等价于 E 或并不能确定 E 的指称，继而得出在指称与意义问题上诉诸内涵性概念是不可能的。对此策略的经典运用体现于克里普克关于专名的模态论证和认识论论证，卡普兰关于索引词/指示词的模态论证，以及普特南关于自然类词项的孪生地球论证。

4. 可错性策略

此策略注意到，用于解释表达式 E 的意义和认知价值的内涵性概念 C 往往是可错的（即不为 E 的指称对象所满足），但 E 依然指称其实际所指称的对象，从而得出在意义问题上诉诸内涵性概念是不可能的。对这一策略的运用包括克里普克和唐纳兰等人关于专名意义的语义论证。

5. 语用/说话者策略

这一策略将意义和指称的追寻视角由语言本身转向语言的使用者。由于说话者的介入，主体意向替代涵义等内涵性概念成为理解意义和指称的基本概念，而语言本身的涵义要么成为某种不必要的理论概念，要么变成某种源于意向的不具有实质性的衍生物。格赖斯的会话含义理论和唐纳兰关于摹状词（以及较不著名的，关于专名）的归属性用法/指称性用法区分是这一策略的最著名应用。

因篇幅所限，我们无法对这些策略及相关论证展现详细介绍——当然，其中的一些论证如奎因对经验主义第一教条的批判和普特南的孪生地球论证十分著名，以至于无需专门在此介绍，此处仅对克里普克和卡普兰两位新指称运动的精神领袖所提出的模态论证进行简要介绍，以期使读者对弗雷格主义遭遇的主要技术困难有一个直观性的了解。

我们已知，在弗雷格那里，语句涵义是语句表达的命题，也即其真值条件；语词的涵义是对包含它的语句的真值条件的贡献。要反对（语句）涵义即是真值条件的论题，只需要表明两者之间不存在一一对应关系。这有两种可能：要么同一真值条件可对应于不同的涵义，此时，涵义比真值条件更细密（fine-grained）；要么同一涵义对应于不同真值条件，此时，真值条件比涵义更细密。实际上，新指称运动认为两种情况都存在。从而涵义并不等价于真值条件。

如之前提到的，在新指称运动下，涵义一般被理解为某种描述性条件。以此特定方式来理解涵义是能对涵义做出上述攻击的前提。考虑如下例子。如果我此时此地正在与之说话的那个人是苏格拉底，那么直观上，如下两句话具有相同的真值条件：

（1）你是哲学家。

（2）苏格拉底是哲学家。

两句话似乎仅仅以不同的方式说了同样的“事情”。两者为真的条件是苏格拉底本人是哲学家。但按照描述主义的涵义理论，如果索引词“你”的涵义由描述性条件“此时此地我正在与之说话的那个人”给出，那么显然专名“苏格拉底”的涵义与“你”的涵义不同。这是因为，一方面，按照描述主义的标准图景，“苏格拉底”的涵义通常由刻画那个人的著名事迹（famous-deeds）的描述性条件给出（如，柏拉图的老师，被判处死刑的古希腊哲学家），而这样的描述性条件显然不包括“此时此地我正在与之说话的那个人”；另一方面，如果仅仅因为苏格拉底是此时此地我正在与之说话的那个人，“苏格拉底”的涵义就可以由“此时此地我正在与之说话的那个人”给出，那么似乎任何人的名称的涵义都可以由“此时此地我正在与之说话的那个人”给出了——只要此时此地我确实正在与之说话。从而，所有的专名潜在地都具有相同的涵义，这显然是令人难以接受的。因此，根据描述主义的观点，“你”和“苏格拉底”具有不同涵义，继而（1）和（2）具有不同涵义。这就是说，两句话可以具有不同涵义，尽管它们具有相同的真值条件。从而，涵义可以比真值条件更加细密。

再看另外一种可能：真值条件是否能比涵义更加细密？对这个问题的最著名回应来自克里普克在《命名与必然性》中发展出的固定指示词（rigid designation）理论及模态论证。[7]146 在最朴素的意义上，一个语句 S 的真值条件就是 S 在可能世界 w 中要为真的话那个世界 w 所必须成为的样子。这意味着：两个语句的真值条件相同仅当对任意世界 w 而言，两句话在 w 中同真值。模态论证试图表明描述主义的涵义理论与这一点是矛盾的。如果专名“苏格拉底”的涵义是“柏拉图的老师”，则如下两句话具有相同涵义：

(3) 苏格拉底是苏格拉底。

(4) 苏格拉底是柏拉图的老师。

那么两句话是否具有相同的真值条件呢？克里普克的固定指示词理论由此介入。“苏格拉底”是现实世界中苏格拉底的名称，作为它实际所是的名称，“苏格拉底”在其他可能世界中也指称苏格拉底。这当然不是说苏格拉底在另一个可能世界不能取另一个完全不同的名字，也不是说另一个人不能取“苏格拉底”这个名字，而是说“苏格拉底”这个名字必须指称它在现实世界中指称的对象，否则它就不是那**同一个**名称了。因此“苏格拉底”在所有可能世界都指称同一对象，从而 (3) 在所有可能世界都为真——必然真。但是“柏拉图的老师”却不是固定指示词。在某些可能世界中，另一个人可以成为柏拉图的老师，或者柏拉图从未有过老师，即“柏拉图的老师”在那些可能世界中指称另外的对象，或者无指称。那么 (4) 在某些可能世界是假的，尽管它在现实世界为真——偶然真。根据我们先前对真值条件的说明，(3) 和 (4) 不具有相同的真值条件，因为存在某些可能世界，在其中两者具有不同真值。但由于两者具有相同涵义，所以真值条件可以比涵义更细密。

实际上，卡普兰在对索引词和指示词的讨论中[8]481−564，发展出了与克里普克颇为相似（尽管不尽相同）的固定指示词理论，以及类似于我们已经看到的模态论证。为了明确这一点，只需要把 (1) 和 (2) 的例子稍作修改，得到

(1*) 你是你。

(2*) 你是此时此地我正在与之说话的那个人。

根据卡普兰的索引词是固定指示词的理论：“你”在所有可能世界指称它在现实世界中的指称。如果在特定语境下，“你”指称苏格拉底，则 (1*) 便成了 (3)，从而 (1*) 必然为真。然而“此时此地我正在与之说话的人”不具有指称固定性——我不必在所有可能世界中的此时此刻都与同一人说话，继而 (2*) 在某些可能世界中为假。在描述主义涵义理论下，“你”的涵义是“此时此地我正在与之说话的那个人”，则 (1*) 与 (2*) 具有不同真值条件，尽管它们涵义相同。

模态论证被认为是对弗雷格主义最经典和成功的挑战，也是罗素主义哲学语义学纲领兴起的最主要理论支撑之一。罗素主义的核心教条是：名称只有指称，而没有内涵，名称的意义穷尽于其指称对象。弗雷格所倡导的间接指称观念的魅力之一在于以最少的概念和统一的方式解决了指称问题的诸核心子问题。弗雷格式涵义一方面作为意义成分和真值条件构件，另一方面用于刻画表达式拥有其特定指称的机制。当然，这两个核心问题可以一个统一概念为基础加以回答不意味着它们只是同一个问题的两面。一般认为克里普克的重要工作之一便是把指称理论的两个核心问题区分开来了：意义成分问题和指称机制问题是两个需要不同回答的独立问题。按照克里普克的暗示，似乎直接指称观

念可用于回答意义成分问题，而因果指称观念可用于回答指称机制问题。这也是为什么我们看到密尔（J. Mill）一方面可以被看作持有直接指称观念，但似乎不能说他坚持因果指称理论；相反，如戴维特（M. Devitt）等哲学家坚定地持有因果指称观念，但又同样坚定地捍卫间接指称观念。

在间接指称观念下，由于引入了内涵性概念和内涵性实体，对指称机制问题的回答便是顺理成章的。相比较而言，直接指称观念不具有这种魅力，因为既然否认存在任何中介性的东西充当意义成分，在直接指称观念下，指称机制问题就显得格外棘手：否认指称中介的存在似乎把语言和对象“直接联结”了起来，但在把中介关系拿掉的同时也似乎把语言和对象“分裂”开了。毕竟，面对语言和对象是如何联结起来的问题，我们很难满足于这样的回答：它们是**直接**联系起来的。与其说这是对问题的回答，还不如说是对问题的取消。也就是说直接指称论者不得不引入其他的概念资源来回答指称机制问题。

那么直接指称论者可引入的概念资源有哪些呢？首先，这样的概念资源不包括任何内涵性概念或实体，因为这恰恰是直接指称观念力主反对的。其次，这样的概念资源也不包括引入某些特别的非内涵性对象用于解释指称机制。正如在间接指称观念下引入对象作为指称中介会导致无限倒退一样，在直接指称观念下引入非内涵性对象解释指称机制也会导致无限后退。比如语词 N 与指称 O 之间的机制由非内涵性对象 O^* 来解释，那么 N 与 O^* 之间必定存在某种关联机制 M，对 M 的解释势必又要引入另一对象 O^{**}，以至无穷。更进一步，由于拒斥内涵性概念和内涵性实体，直接指称观念也不可能引入任何抽象的映射关系或满足关系来解释指称机制。因为后者的引入往往只能通过内涵性概念得到刻画，而这会反过来引入对内涵性实体的承诺。

由此看来，在拒斥了内涵性实体之后，直接指称观念可兹利用的概念资源是有限的：它必定是某种非内涵性的、非对象性的，并且是非抽象的概念。这样的概念恰恰是可经验刻画的自然概念：自然属性、关系、事件等。由此，可以认为直接指称观念在指称问题上一般性地采取了自然主义方法论论题：必须以自然属性、关系、事件等可经验刻画的自然概念为基础来解释指称现象和指称关系。由此我们看到了直接指称观念基于对内涵性实体的拒斥，对意义成分问题的自然主义回答内在地导致了对指称机制问题的自然主义回答。

那么具体是哪些自然属性、关系、事件进入自然主义的指称观念用于解释指称机制呢？在间接指称观念下，用于解释指称机制的内涵性概念或抽象的映射关系 R 是某种非时间性的抽象关系，只要对象 O 满足 R，O 就是语词 N 的指称对象。在此意义上，直接指称观念在指称机制问题上必须拒斥非时间性的抽象映射或满足关系。由此语言与对象之间的关系被置于一种时间性的维度下来考查。具体而言，要解释语言和对象之间是如何如此这般地关联起来的，就是要历史性地回溯至语言的源点，看语言在一开始是如何与对象联系起来并且这种联系如何在后续的因果关系中被保持下来以至当前的。这便是指称机制的历史-因果观念。

在之前介绍的模态论证中，固定指示词的概念尤为关键。固定指示词与非固定指示词的区分恰好缘于审视专名和摹状词的视角不同：摹状词的指称确定问题被视为一种抽象的非时间性的对象之于条件的满足问题，在不同的可能世界中，同一个摹状词经常可以被不同对象满足从而指称不同的对象。而专名的指称确定问题被视为一种历史性-因果性的对象之于标签的奠基（grounding）活动以及“对象-标签”关联的传递活动，在不同的可能世界中，若（竟然）同一个名称（的两个 token）被用于标签不同的对象，那么我们并不说专名可以指称不同的对象，而是说那个名称已经不是先前的专名了——它成了另一个完全不同的专名（因为它被用于标签另一个不同的对象了）。所以克里普克说“不可能肯尼迪不是肯尼迪”。因为若两个“肯尼迪”是同一个名称，则指称同一个人；若两个“肯尼迪”不指称同一个人，那不是因为同一个名称可以指称不同对象，而是说两个“肯尼迪”是看起来一样但其实完全不同的两个名字。

第三节 新罗素主义对弗雷格之谜的解决

尽管弗雷格主义与罗素主义的论战尚未完结，但不得不说，罗素主义几乎已成为当代哲学语义学的主流立场。尤其是，罗素主义所倚重的指称固定性论题已成为一个被哲学家们普遍接受的基本语义学事实。我们已看到，通过诉诸涵义等内涵性实体，弗雷格主义对弗雷格之谜及相关问题给出了十分优美的解决方案。那么，拒斥内涵性概念的罗素主义将如何化解弗雷格之谜等难题呢？以萨蒙（N. Salmon）、索姆斯（S. Soames）、布朗（D. Braun）、雷卡纳蒂（F. Recanati）、理查德（M. Richard）等为代表的新一代罗素主义哲学家发展了种种有趣的解决方案。以马克·吐温的例子而言，这些方案的核心目标是：以一种合理的方式说明，尽管“马克·吐温是《百万英镑》的作者”与“萨缪尔·克莱门斯是《百万英镑》的作者”表达了同一罗素式命题，为何一个理性的认知主体却可以合理地拥有两个看似矛盾的信念。

信念报告语句通常被认为表达了认知主体与命题之间的二元关系。但是，萨蒙却别出心裁地提出，信念语句其实是一个三元结构。[9]109—113 在他看来，信念并非主体与信念之间的直接关系，而是通过命题的显现样态（guise of appearance）联系起来。所谓相信一个命题其实指的是认知主体在命题的特定显现样态下对命题采取了某种倾向性态度（萨蒙将此态度称为 BEL)。因此，

$$\text{S believes that P, iff}, \exists guise_x(guise_x = g, \text{and BEL(S, P, under } g))。$$

据此方案，尽管“马克·吐温是《百万英镑》的作者”与“萨缪尔·克莱门斯是《百万英镑》的作者”表达了同一命题 P —— 因为，根据罗素主义，“马克·吐温”与“萨缪尔·克莱门斯”指称同一对象，从而具有完全一样的意义，但是，这同一个命题 P 却可以不同的呈现样态呈现给认知主体。P 既可以“马克·吐温是《百万英镑》的作者”这一样态呈现，也可以“萨缪尔·克莱门斯是《百万英镑》的作者”呈现。在某些样态 g 下，BEL（S，P，g）为真，而在另一些样态 g^* 下，BEL（S，P，g）为假。但是，由于信念语句本质上等价于一个存在量化语句，只要存在一个呈现样态 g^{**}，

BEL（S，P，g**）为真，则S就相信P。所以只要认知主体相信马克·吐温是《百万英镑》的作者，他就必定相信萨缪尔·克莱门斯是《百万英镑》的作者。我们之所以会误以为有些人既相信马克·吐温是《百万英镑》的作者同时又不相信萨缪尔·克莱门斯是《百万英镑》的作者，是因为我们将BEL关系误当作信念关系本身了。

索姆斯的解决方案始于一个朴素的语言学观察。我们在进行语言交流时，往往会根据语境、语用规范、交流预期等要素对语言表达的内容进行“语用扩充”（pragmatic enrichment）。比如，当我告诉你“他们有了孩子，并且他们结了婚”，你可能会理解为他们是先有了孩子，而后（或许是迫不得已）才结了婚。但是，在字面上而言，我仅仅表达了他们有了孩子和他们结了婚两个事实，而并未涉及两个事实的先后问题（或因果关联）。索姆斯认为，我们在日常语言交流中，会不自觉地将这些语用扩充的内容误当作语言本身的语义内容。[10]56−63 比如，当我们说“S相信马克·吐温是《百万英镑》的作者”时，我们会将之扩充为“S相信马克·吐温，即那位著名的美国作家，是《百万英镑》的作者”；而当我们断言“S相信萨缪尔·克莱门斯是《百万英镑》的作者”时，我们会将之扩充为“S相信萨缪尔·克莱门斯，那位密西西比河上的领航员，是《百万英镑》的作者”。经扩充后，前一句话看起来为真而后者为假，这很好地解释了我们的语义直觉。但是，索姆斯提醒我们，不要将语义直觉混淆为语义事实本身。因为，仅在语义学上而言，相信一个命题P就是相信那个去语用扩充的命题P，即

S believes that P，iff，S believes that *deenriched-P*。

据此理论，任何相信马克·吐温是《百万英镑》的作者的人都相信萨缪尔·克莱门斯是《百万英镑》的作者。从而捍卫了罗素主义的基本立场。

布朗则从一些心理学研究的成果出发，对信念的本质做出了新颖的剖析。[11]555−595 他将认知主体的信念系统比喻为一个信念盒（belief box），不同的信念内容被存储于信念盒里的不同分格中。由于人类认知效率和信息处理能力方面的限制，我们在特定的认知情形下仅仅启动信念盒里的部分内容，新的信念更新也仅仅影响小范围内的相关信念。布朗认为，认知者对信念对象的把握总是通过某种特定的方式（way）来实现的。因此，

S believes that P，iff，S believes that P *in a way w*。

当认知者以方式w1来获取其信念内容P时，他会将此信念存储于信念盒的分格x中；而当他以方式w2来获取P时，其信念内容将存储于分格y中。在马克·吐温的例子中，当我通过“马克·吐温是《百万英镑》的作者”这一方式来获取命题内容P，我相信P；而当我通过“萨缪尔·克莱门斯是《百万英镑》的作者”这一方式来获取P时，我并不相信P——事实上，我相信萨缪尔·克莱门斯不是《百万英镑》的作者。这一差异符合我们的语义直觉。当然，这意味着，我既相信P又相信非P。但在布朗看来，这并不奇怪——也不构成任何问题。因为，我们的信念盒被切分为不同的分格，我通过一种方式获得的信念被存储于某个分格中，而通过另一种方式获得的矛盾信念存储于另一分格中。只要这些分格之间的距离足够远，我们的认知就是理性的——尽管从根本上而言，我们的信念是不一致的。就如布朗的一篇文章标题所言，“不合逻辑，却十足理性”（illogical，but rational）。

雷卡纳蒂和理查德等哲学家从另一角度提出了不同的解决方案。大体而言，他们认为，语言表达式本身是信念关系得以建立的必要条件。雷卡纳蒂主张将信念语句理解为某种索引化（indexical）表达——索引于特定的命题语句本身。[12]367—406 断定 S 相信一个命题 P 就是断定 S 在“P”这个语句本身的索引下相信那个命题，即，

S believes that P，iff，S *so-believes* that P。

如此一来，尽管我可以在“马克·吐温是《百万英镑》的作者”的索引下相信那句话表达的命题 P，但同时在“萨缪尔·克莱门斯是《百万英镑》的作者”的索引下却不相信那句话表达的命题 P^*。由于 P 与 P^* 对应不同的语句，它们是不同的命题。这解释了为何我们看似可以拥有矛盾的信念。更重要的是，P 和 P^* 并不是两句话所共同表达的罗素式命题 P^{**}，所以我们不必担心有人既相信 P^{**} 又不相信 P^{**}——也即，我们事实上并不拥有矛盾的信念，并且罗素主义与我们的语言直觉并不冲突。而根据理查德，信念的对象不是命题本身，而是命题与表达命题的语句构成的有序对[13]133—141，即，

S believes that P，iff，S believes that 〈“P”，P〉。

同样，由于〈“P”，P〉并不是罗素式命题本身，罗素主义同样得以捍卫。

第四节　当代主要新进展

关于弗雷格涵义理论与弗雷格之谜的争论，以及弗雷格主义与罗素主义的论战实际上尚未终结——尽管当前的相关研究已不再如 20 世纪六七十年代那样独自引领分析哲学的风骚。在当代哲学中，相关研究逐步形成了一些相对独立的子问题研究域。比如，弗雷格之谜的拓展研究、专名的语义学、命题的结构问题等。接下来，我们对这些方面的主要前沿进展进行简要介绍。

关于弗雷格之谜，新近最有影响力的一套完整方案来自范恩（K. Fine）。在 2003 年的牛津大学洛克讲座中，范恩给出了一个关联主义解决方案。[14]33—65 范恩提示我们，在逻辑和数学语言中，“∃xFx”和“∃yFy”表达了完全相同的内容，即存在某些具有 F 性质的东西。在此，x 与 y 的差异无关紧要。但当“x”与“y”同时出现在一个语句中时，两者的差异就至关重要了。如“∃x，y(Fx & Fy & x≠y)”表达的是至少存在两个不同的具有 F 性质的对象。如果认为此处 x 与 y 间的差异无关紧要，则我们可以将那句话等价表达为“∃x，x(Fx & x≠x)”或“∃y，y(Fy & y≠y)”。即使这样的表达在句法上可以被接受，但在语义上而言，改写过后的语句表达的却是有些具有 F 性质的东西是自我不等同的，这与之前的语句内容相去甚远。由此可以看到，语言表达式的意义在某种程度上取决于它与何种其他的语言表达式相关联使用。在范恩看来，弗雷格之谜的情况是类似的。当“晨星”和“暮星”被单独使用时，它们的意义是一样的，都用于指称金星，继而“晨星是晨星”与“暮星是暮星”没有任何差异。但是当两者被同时使用时，如“晨星是暮星”，两者的差异就显现出来了。范恩说，“晨星是暮星”仅仅表征同

一对象（represent the same），而“晨星是晨星”将同一对象作为同一对象表征出来（represent *as* the same），由此可见，弗雷格之谜的实质是揭示了语言语义在根本上受制于语言使用的关联性效应。

虽然弗雷格主义与罗素主义针锋相对，但是关于命题的基本结构问题，两者却是一致的。它们都认为，命题是一种有结构的复合物（structured complex），可以借用集合论的技术表征为特定实体的有序对。自可能世界语义学兴起以来，很多哲学概念都通过可能世界概念（或者以可能世界来定义的模态概念）来加以说明（如因果性、本质、属性、倾向性、自然律等），很多哲学家主张将命题视为从可能世界到外延的函数（或等价地，视为可能世界的集合）：命题P即在其中为真的那些可能世界的集合。这种无结构的命题观最主要的理论优势就是可以将关于命题这种内涵性实体的讨论完全转化为关于集合这种外延性实体的讨论，从而避免内涵性实体在形而上学上的诸多困难。但是，这一命题观也面临一个较为棘手的难题。考虑如下两个命题：2+2=4；单身汉都是未婚男子。这两个命题在同样的可能世界为真，即在所有可能世界为真。按照无结构的命题观，这两个命题是同一命题。但是，直观上而言，这两个命题在内容上毫无关联，应该是两个独立的命题。鉴于此，有些哲学家主张在可能世界语义学的标准框架下引入所谓的不可能世界（impossible world）。[15]360—372所谓的不可能世界是非常类似于可能世界的世界，只不过在这些世界中，某些矛盾式为真（即不一致的世界），或者某些语句既不为真也不为假（即不完全的世界）。不同的可能世界包含不同的矛盾式，具有不同程度的不完全性。现在，我们可以说，尽管2+2=4和单身汉都是未婚男子这两个命题对应同样的可能世界集，但是两者为真的不可能世界集并不相同，从而可以将两者区分开来。

传统上，在可能世界模型下，如果一个语句结构允许在现实世界共外延的表达式进行替换而不改变语句真值，则称此语句结构是一个外延语境；如果一个语句结构允许在所有可能世界共外延的表达式进行替换而不改变语句真值（但不允许仅在某些可能世界共外延的表达式进行替换而不改变真值），则称此语句结构是一个内涵语境。在引入可能世界后，我们就有了一个所谓的超内涵性概念（hyperintensional）。如果一个语句结构甚至不允许在所有可能世界共外延的表达式进行替换而不改变语句真值的话，则称此语句结构是一个超内涵语境。比如，传统上被视为典型内涵语境的信念报告语句，实际上是超内涵语境。我相信2+2=4，但是这不意味着我一定相信单身汉都是未婚男子——尽管2+2=4和单身汉都是未婚男子这两个命题在所有可能世界都共外延（都指称真）。诺兰（D. Nolan）曾激动地宣称，就如当年可能世界的概念被技术性地引入分析哲学后，引发了分析传统下形而上学、语言哲学、哲学逻辑、模态逻辑等多个领域的革命性变革，如今，不可能世界的引入，或许即将引发新一轮的、更加深入的革命性变革。[15]360—372

在专名的语义学方面，种种版面的描述主义方案都有哲学家在推进与辩护。其中最具影响力的是元语言描述主义与密尔式描述主义。元语言描述主义认为，专名的意义由包含名称本身的描述性条件给出。例如，为了给出“苏格拉底”的意义，我们可以说：“苏格拉底”指称拥有“苏格拉底”这一名称的对象。此理论的确可以给每一个专名赋予一个独特而明确的描述性条件，但是，此理论给出的描述性条件似乎是贫乏和空洞的。弗雷格主义的初衷是为了说明为何分析命题和必然真理也能够提供新知识。元语言描述主义的方案是否能够实现此初衷，看起来相当可疑。密尔式描述主义试图将密尔主义（也即罗素主义）的基本语义观念——名称的意义就是其指称——与描述主义的基本观念相嫁接。在此理论看来，虽然在纯语义学上而言，专名的意义就是其指称，但是在语用交流的维度，专名总是被用于传达这种或那种语用内容，而这些语用内容基本上都是描述性的。从而专名在语用的维度的确符合描述主义的基本精神。这一理论的主要观念来源是索姆斯。在上一节对索姆斯工作的介绍中，我们已经对此做过一定交代。

近年来兴起了一种所谓的谓述主义专名理论（the predicative theory of proper names）[16]59-117，值得关注。传统上，专名与谓词的区分是几乎所有哲学语义学的基本假设（尽管罗素和奎因曾在某些问题上主张过将专名等价改写为存在量化短语或描述语）。尤其是在现代逻辑学的框架下，专名与谓词的区分代替了传统逻辑下的主词与谓词的区分，使一阶量化逻辑得以可能。在弗雷格那里，专名与谓词（他称之为概念词）在语言层面的区分对应于对象与概念在本体论上的区分，而后一区分被弗雷格视为其哲学三大方法论基本原则之一。因此，谓述主义专名理论极具颠覆性。此理论建立于如下的语言学事实。比如，我们经常会说诸如“这个班里有三个 Jack”这样的话。按照标准的专名理论，专名特指某一个对象，因此作为专名的“Jack”也应当指称唯一一个人。但是，我们显然并不是在说“这个班里有个叫作 Jack 的人，而且这个人的数目是三”——我们说的是“这个班里有三个人，他们都叫作 Jack”，或者“这个班里有三个 Jacks”。这里，当我们给“Jack”这个专名加上复数时，其语义功能就显得颇为类似于类名称（如 dogs、heroes 等），由于类名称是典型的谓词，似乎我们就可以将专名也视为谓词。如果专名真的等价于某种谓词，那么经典的弗雷格-罗素之争就几乎失去了其哲学价值。因为，弗雷格-罗素之争的范例性问题恰好是：除了具有外延（指称）之外，专名是否具有内涵（涵义）？谓词显然既具有外延也具有内涵，因此，如果专名就是谓词的话，专名自然也既具有外延也具有内涵。在此意义上，谓述主义专名理论似乎是对弗雷格主义的捍卫。但是，此理论与弗雷格哲学的基本方法论原则相悖，而且可能会威胁到弗雷格开创的量化逻辑的合法性。因此，很难说弗雷格本人会愿意接受谓述主义专名理论。谓述主义专名理论所具有的更广泛的哲学意蕴及其合理性尚在争论之中。

在过去的二三十年中，关于弗雷格主义与罗素主义论战的最重要进展是在种种版本的二维语义学框架下展开的。[17]55-140弗雷格之谜引出的关于涵义的一个基本论题是涵义决定指称。这一关系体现于两者之间的一种不对称性：从涵义相同我们可以得出指称相同，但是从指称相同我们无法得出涵义相同。即罗素所说的没有从指称到涵义的返回途径。但是，其实存在一种贫乏的返回途径：从指称不相同，我们可以得出涵义不相同。那么问题是，是否存在进一步的返回路径？即，从涵义不相同，我们能否得出指称不相同？显然弗雷格的答案是否定的：有时（如“晨星”和“暮星”）不同的涵义对应相同的指称，有时（如“晨星”和“火星”）不同的涵义对应不同的指称。既然不同的涵义既可对应相同的指称又可对应不同的指称，似乎涵义对指称的决定关系无法充分而恰当地体现出来。因为，一般而言，如果 x 决定 y，那么我们应该可以明确给出形如“如果

x相同，则y……；且如果x不同，则y不……”的刻画。换言之，不仅涵义的等同性要在指称层面造成某种相关的等同性，涵义的不同也必须在指称的层面造成某种差异，否则，涵义对指称的决定作用就无法体现。

卡尔纳普（R. Carnap）试图使用他所谓“内涵-外延方法”来刻画涵义对指称的决定作用。他认为涵义对指称的决定作用体现在“如果涵义相同，则指称必然相同；如果涵义**不同**，则指称**不必然相同**”[18]118−129。从而，卡尔纳普率先将意义问题与模态问题联系起来了。如果表达式e和e^*的涵义相同，则它们在所有的可能世界——他称之为状态描述（state-description）——中都挑出同样的指称；如果两者涵义不同，则存在一些可能世界，它们在其中不挑出同样的指称。更一般性地，涵义（即卡尔纳普的内涵）是从可能世界到指称（即卡尔纳普的外延）的函数。不同的涵义必定在某些可能世界挑出不同指称。这样，涵义的不同在指称层面带来的差异就凸显出来了。

卡尔纳普以模态概念为基础的方案在克里普克和卡普兰关于指称固定性的著名观念兴起之前似乎没有太多技术上的问题。但也正是模态概念作为语义学概念，在新指称运动的兴起中起到了关键性作用：专名被确认为是在所有可能世界指称同一对象的固定指示词。在引入这一教条后，简单地把涵义等同于从可能世界到外延的函数就会导致反直觉的后果。按照固定指示词的理论，“晨星”和“暮星”在所有可能世界都指称同一颗行星（即金星）。但是按照弗雷格的涵义理论，“晨星”和“暮星”的涵义不同，套上卡尔纳普的方案，“晨星”和“暮星”的内涵必须在某些可能世界挑出不同的对象。这恰好违背了专名是固定指示词这个新指称运动最核心的教条。

于是内涵是从可能世界到外延的函数这个卡尔纳普方案似乎需要做进一步细化。在弗雷格的观念下，为了刻画共指称的专名N和N^*的涵义之差异，需要这样一种内涵观念：与N和N^*相联系的内涵在某些可能世界具有不同外延；在固定指示词观念下，为了刻画共指称专名N和N^*的指称固定性，需要这样一种内涵观念：与N和N^*相联系的内涵在所有可能世界都具有相同外延。很显然，弗雷格主义和固定指示词观念对内涵的要求是相冲突的。解决这一问题的简单办法就是把它们各自要求的内涵概念与对方相区别，由此得到内涵的两个维度。二维语义学的基本精神即来自这里。

由于内涵是从可能世界到外延的函数，要区分开两种内涵，则要么对可能世界概念进行拆分，要么对外延概念进行拆分。很显然，弗雷格主义和固定指示词理论并不对外延是什么持有异议，从而，二维语义学的核心是区分两种不同的可能世界概念。由于弗雷格涵义与认知价值和认知信息相关联，与弗雷格主义一致的是认识论意义上的可能世界；而固定指示词理论要求不同可能世界分享对象在形而上学层面上的同一性，与固定指示词理论相一致的是形而上学意义上的可能世界。前者相对于认知主体的既定知识和信念来界定可能性，后者相对于现实世界的形而上学特征来界定可能性。两者给出不同的可能性是可以预期的：水不是H_2O是认识论可能的，但不是形而上学可能的。因此认识论内涵作为从认识论可能世界到外延的函数可以（在某些认识论意义上的可能世界）挑出XYZ作为“水”的外延，但是形而上学内涵作为从形而上学可能世界到外延的函数只能挑出H_2O作为“水”的外延。从而也解释了为何“水是H_2O”是后验必然命题——其后验性源于它的认识论内涵的偶然性，而其必然性源于其形而上学内涵的必然性。

二维主义的策略希望形而上学内涵可以涵盖固定指示词理论和直接指称理论的基本洞见：与真值条件和真相联系的是形而上学要素（即指称本身），而不是认识论要素（即涵义，或指称对认知主体的呈现模式）。从而放弃了弗雷格的涵义在语义学上与真值条件的关联，继而，可以保留的仅仅是一个作为认识论概念的涵义。在卡尔纳普的基础上推进一步：涵义成了从认识论意义上的可能世界到外延的函数；而指称（或罗素主义的意义）是从形而上学意义上的可能世界到外延的函数。

"a=a" 与 "a=b" 的差异到底在哪里？弗雷格在《论涵义与指称》开篇所提出的这一问题见证了分析哲学一百多年的发展历史，在英语世界引发了最为广泛而持久的哲学争论，促成了内涵语义学/形而上学、直接指称观念、固定性指示词理论、可能世界语义学、量化模态逻辑、语义内在论/外在论、二维语义学等分析哲学传统下一系列重要成果的确立。更重要的是，就作为理智探险的哲学研究本身而言，弗雷格之谜至今仍然在困扰着哲学家们。鲜有哲学问题如此完美地体现了分析哲学的核心精神与巨大魅力。

参考文献与阅读书目

[1] Frege, G. On Sense and Reference//Geach, P., Black M. Translations from the Philosophical Writings of Gottlob Frege. Oxford: Blackwell, 1960.

[2] Frege, G. Philosophical and Mathematical Correspondence. Chicago: University of Chicago Press, 1980.

[3] Frege, G. Compound Thoughts. Mind, 1963, 72 (285).

[4] Dummett, M. Frege: Philosophy of Language. Cambridge, MA: Harvard University Press, 1973.

[5] Forbes, G. The Indispensability of Sinn. Philosophical Review, 1990 (99).

[6] Quine, W. Two Dogmas of Empiricism. Philosophical Review, 1951 (60).

[7] Kripke, S. Naming and Necessity. Cambridge, MA: Harvard University Press, 1971.

[8] Kaplan, D. Demonstratives: An Essay on the Semantics, Logic, Metaphysics, and Epistemology of Demonstratives and Other Indexicals//Almog, J., Perry, J., Wettstein, H. Themes from Kaplan. Oxford: Oxford University Press, 1989.

[9] Salmon, N. Frege's Puzzle. Cambridge MA: MIT Press, 1986.

[10] Soames, S. Beyond Rigidity. New York, NY: Oxford University Press, 2002.

[11] Braun, D. Understanding Belief Reports. Philosophical Review, 1998, 107 (4).

[12] Recanati，F. Opacity and the Attitudes//Orenstein，A，Kotatkoo，P. Knowledge，Language and Logic：Questions for Quine. Boston：Kluwer Academic Publishers，2001.

[13] Richard，M. Propositional Attitudes. Cambridge：Cambridge University Press，1990.

[14] Fine，K. Semantic Relationism. Oxford：Blackwell Publishing，2007.

[15] Nolan，D. Impossible Worlds. Philosophy Compass，2013，8（4）.

[16] Fara，D. Names are Predicates. Philosophical Review，2015，124（1）.

[17] Chalmers，D. The Foundations of Two-Dimensional Semantics//Garcua-Carpintero，M，Macia，J. Two-Dimensional Semantics：Foundations and Applications. Oxford：Oxford University Press，2006.

[18] Carnap，R. Meaning and Necessity：A Study in Semantics and Modal Logic. Chicago：University of Chicago Press，1947.

思考题

1. 请思考，“4＝4”和“2＋2＝2＋2”是否表达了同样的命题或语义内容？如果不是，两者的差异在哪里？

2. 关于罗素与弗雷格关于勃朗峰案例的争论，面对罗素的争辩，你会做何回应？

3. 考虑如下这句话：“我此刻正在这里”。这句话在任何时候任何地点被任何人说出来都是一个真语句，这是否意味着这句话表达了某个必然真理？

4. 国际通用的度量单位“米”曾经通过保存于法国的一根铂杆的长度来定义。后来，由于变形，铂杆的长度有所改变，请问此时单位“米”的指称和意义也发生改变了吗？

5. 关于本章开篇的对话，你有何看法？

第四章
解释何以可能？

和很多概念一样，“解释”（interpretation）这个概念似乎也比较模糊，并没有一种严格的定义。它可以应用于许多领域，比如文学、法律、科学、哲学等。在某种意义上，物理世界中的现象也可以被认为是一种解释，比如蜜蜂的舞蹈是对蜜源存在方位的一种解释。

解释一般都有其解释对象，在分析哲学中，解释对象通常指的是人类行为，特别是人类的话语行为。因此，分析哲学中的解释一开始就与语言、意义、信念、行为等这些内容相关。本章关注的是解释理论中的一个核心问题，即解释何以可能。

严格来说，解释何以可能这个问题涉及的内容非常多，比如解释者的资格、解释规范、解释程序、解释结果的判定等。由于篇幅问题，我们不可能对这些问题都进行深入讨论，而是仅讨论三个与之紧密相关的论题，它们分别是：解释与意义；解释与真；解释、约定与语言。解释与意义之间的关系问题是解释何以可能的预备性问题，对这个问题的讨论有助于我们准确地理解解释的任务；解释与真之间的关系问题是解释程序会涉及的问题，大多数哲学家都认为真之概念在解释过程中扮演着十分重要的作用；而解释、约定与语言这个论题与解释的规范问题相关，约定是否会在解释过程中起作用，这在学术界引起了广泛讨论，这个问题同时也影响到了我们对语言的理解。

第一节　解释与意义

讨论解释离不开意义问题。一般认为，意义问题可以追溯至古希腊，但直到20世纪哲学发生语言转向之后，意义理论才在哲学界产生重大影响，成为哲学家们讨论的核心问题之一。很长一段时间以来，学界倾向于基于语义和语用这种通用的区分方式将意义理论区分为两种不同的类型，即形式语义学和交流-意图理论。在这两种不同类型的意义理论中，解释与意义之间的关系呈现出不同的样式。

1. 形式语义学

自然语言的意义往往被认为是一种经验现象，而研究这种经验现象的工作一般是由语义学来完成的。语义学是一个交叉领域，涉及多种学科，比如哲学、语言学、心理学等。形式语义学通常被认为是哲学家的研究领域。它大概有两个特殊之处：强调逻辑的应用；注重概念分析。它的任务可以概括为，为自然语言中的句子或语词指派语义内容。

形式语义学至少可以追溯至弗雷格（G. Frege）。弗雷格通过他在现代逻辑方面所做的开创性的工作，严格地区分了语法、句法、语义与语力等，为形式语义学的发展奠定了基础。就目前来看，形式语义学有很多种不同的类型，比如真之条件语义学、可能世界语义学、证明论语义学、情境语义学、推理主义语义学、动态语义学等。在这些语义学中，影响最大、讨论最多的毫无疑问是真之条件语义学。动态语义学似乎应该是一个新的发展方向，但由于涉及很多逻辑问题，反而在哲学界影响并不是很大。

形式语义学对意义问题的研究在很大程度上借鉴了现代逻辑的研究成果。现代逻辑最初的应用范围是形式语言，比如数学语言，但这并没有妨碍哲学家们将现代逻辑应用到自然语言这一领域之中。因为哲学家感兴趣的是自然语言，而不是形式语言。这种情况导致形式语义学在对自然语言意义问题的研究至少蕴涵了以下两个重要假设：自然语言是独立的实体，拥有自己的结构与属性；语言主体所拥有的语言知识是语言数据的基本来源。[1]217—240这两个假设引起的一个至关重要的结果是，意义被当成是柏拉图式的，非历史性的。正是在这种意义上，有学者将意义理论的任务描述为，“为一个句子的意义如何依赖于语词的意义给出一种解释”[2]17。组合性原则也因此在形式语义学中起着至关重要的作用。

哲学家们之所以倾向于支持这两个假设，似乎是受到类比论证的影响。塔斯基（A. Tarski）等人用现代逻辑研究形式语言在逻辑领域取得了重要成果；类似地，用现代逻辑分析自然语言似乎也是一个自然的过程。而且，弗雷格最初在解释现代逻辑中的“函数”“关系”等概念时，的确也曾主张将这些语词的使用范围扩展到自然语言之中。

在形式语义学这种思路的影响下，意义被视为一种只依赖于语词或句子的某种实体，为某个语言系统所固有。与之相应地，解释理论的任务被视为确定说话者说出的某个话语的意义。意义与解释的关系因此可以被总结为：意义独立于解释，并先于解释。

2. 交流-意图理论

与形式语义学相对，学界还存在另一条进路可以用来解释句子的意义。通常情况下，这条进路被称为交流-意图理论。交流-意图理论由格赖斯（P. Grice）开创，其核心思想在于，主张在交流过程中理解句子的意义，并强调意图在解释过程中的作用。[3]

理解格赖斯交流-意图理论的前提条件之一是区分句子意义与说话者的意义。通常认为，形式语义学关注的是句子的意义，而交流-意图理论关注的是说话者的意义。说话者的意义由说话者的意图决定，它与语词或句子的意义不同。一个简单的例子可以说明这一点。

A：你吃饭了吗？

B：食堂的饭太难吃了。

A：好吧！

在这段对话中，B使用“食堂的饭太难吃了”这个句子希望表达的内容不是“食堂的饭很难吃”，而是“我没有吃饭”。前者可以视为句子的意义，后者是说话者的意义。通常情况下，句子的意义与说话者的意义相同；但有些时候，句子的意义与说话者的意义并不相同。

一般认为，在概念上，将句子的意义和说话者的意义区分开是必要的，但很少有人认为两者之间没有联系。比如格赖斯认为，句子的意义可以根据说话者的意义来解释，也即根据说话者的意图来解释。在一定程度上，这相当于弱化了句子的意义与说话者的意义之间的区别。但格赖斯并不认为说话者的意图是解释句子的意义的充分必要条件。对于格赖斯而言，另一个必不可少的条件是约定。也即是说，在格赖斯方案中，句子的意义需要根据说话者的意图和约定来共同解释。这也是为什么格赖斯对句子的意义的解释有时被称为一种“意图加约定”的解释的原因。

戴维森（D. Davidson）的彻底解释理论试图解决的是这一理论问题，即解释者在不具备任何关于说话者知识的前提下，如何解释说话者所说的话语。在某种意义上，这种理论延续了格赖斯方案。戴维森认为，对说话者所说话语的解释是在说话者与解释者的交流过程中完成的，交流过程中的解释框架大体可以概括为：从解释者的角度来看，解释者对说话者所说话语的解释依赖于解释者通过识别说话者的意图以及确认说话者与解释者之间共同的话语对象为说话者指派信念；对说话者而言，说话者需要通过某种话语方式为解释者提供足够的线索，以帮助解释者识别说话者的意图以及他所说的对象。

上述简单分析表明，彻底解释与格赖斯方案都主张在说话者与解释者的交流过程中解释说话者所说话语的意义，都强调意图在解释过程中的作用。不同的是，彻底解释理论并不试图区分句子的意义与说话者的意义，而是主张将说话者的意义当作句子的意义本身。如果彻底解释方案是可行的，意义与解释之间的关系很可能将不会是形式语义学所描述的那种关系。因为在彻底解释过程中，解释者事先并不具备任何与说话者相关的知识，并不知道任何形式的句子的意义。他所解释的意义也即是说话者所说话语的意义。在这种意义上，意义与解释之间的关系似乎可以总结为：意义依赖于解释，解释产生意义。

3. 解释与意义之间的关系

在形式语义学中，解释与意义之间的关系被预设为“意义独立于解释，并先于解释”；在交流-意图理论中，意义与解释之间的关系被总结为“意义依赖于解释，解释产生意义”。很明显，在这两种不同的意义理论中，解释与意义之间的关系完全不同，甚至相互对立。

支持形式语义学、反对交流-意图理论的学者认为，交流-意图理论对意义理论的理解从一开始就走错了方向。达米特（M. Dummett）是这种观点的代表人物。在他看来，交流-意图理论将语言当作交流的工具，并将这一功能看作语言的首要功能，这蕴涵了这样一种观点，即语言是思想的代码。它的实质可以表述如下：说话者将他的思想编码成一个句子，听者则将这一句子解码成思想。这一观点似乎意味着，思想不必然依赖于语言。因为句子只是一种代码。如果有可能的话，去掉代码直接交流思想似乎也是可行的。达米特对这一观点提出了挑战。[4]

根据语言的代码理论，思想必须与句子相似，它的部分与语词相似，并且思想的组成部分必须通过某种联结过程联系起来。对于听者而言，词语唤醒的是听者心灵中的思想部分；对于说话者而言，他的思想部分唤起了语词。达米特不同意这种解释方式。在他看来，没有思想独立于表达它的语词或符号而出现在心灵之中；思想就其本质而言，无法在没有思想载体即语言的情况下出现。达米特的理由有以下两点：首先，为某个主体在某个特定场景下指派一个思想，只有在思想载体出现的背景下才能得到辩护。其次，清晰的语言表达式是思想的唯一载体，它的结构反映了思想的结构。此外，达米特还认为，代码理论无法解释思想的客观性。在他看来，如果思想如代码理论所言不必在句子之中，那么必然会体现在反应之中，而我们对这些反应的回复可以称为解释。问题在于，尽管我的内部反应或者内部刺激可以隐藏起来，但任何知道这些反应，并了解我的背景的人，都会给出相同的解释。代码理论显然无法解释这一事实。

基于以上理由，达米特认为，在解释顺序上，语言优先于思想；语言哲学优先于思想哲学，是通往思想哲学的唯一路径。达米特最终的结论是：沿着格赖斯方案分析语言意义是错误的，形式语义学是唯一可行的方案。因此，意义优先于解释。

斯特劳森（P. F. Strawson）、斯托克霍夫（M. Stokhof）等人与达米特的观点不同。他们倾向于认为，在形式语义学和交流-意图理论的冲突中，后者更具有优势。比如斯特劳森认为，形式语义学是讨论句子的意义的一种方法，其中的典型代表是真之条件形式语义学，但真之条件形式语义学并没有为真之概念给出一个充分的一般的理解，这导致一个重要问题，即真之条件形式语义学无法阐明话语行为自身的内容。斯特劳森认为，在这方面，交流-意图理论可以起作用。交流-意图理论通过借助分析说话者的意图帮助解释者澄清说话者用何种方法刻画事物，说出一个句子，给出一个论断。因此，在斯特劳森的理解中，解释者应该首先利用交流-意图理论确定说话者所说句子的真实内容，然后才可以借助于真之条件形式语义学解释句子的意义。更重要的是，斯特劳森认为，利用真之条件形式语义学解释句子的意义在一定程度上不是必需的，因为交流-意图理论通过约定同样可以给出句子的真之条件。这意味着，为了解释一个句子的意义，真之条件形式语义学不得不依赖于交流-意图理论，但交流-意图理论并不需要真之条件形式语义学。因此，斯特劳森认为，在这两种理论中，最后的赢家是交流-意图理论。[5]

斯托克霍夫的观点更激进一些。在他看来，形式语义学对意义的预设甚至是有问题的。除了认同戴维森的彻底解释理论之外，斯托克霍夫的结论还来源于他对语言规范性的考查。[1]在他看来，规范性在语言中居于中心地位，起源于意识与因果机制之间的互动，发生在一个扩大的社会设定之中。由于语义现象本质上与规范性和有意识的使用相关，这预示着意义必须在使用之中得到解释。因为意识和规范性总是会涉及对语言行为和对他者的判断，并且不能位于单独的个体之中。斯托克霍夫认为，这样的结论是直接的，即形式语义学将意义设定为某种个人所把握的实体是无法令人满意的，能引出的只会是一个扭曲的意义概念。对于斯托克霍夫来说，只有在解释过程中，我们才能把握意义，解释才能产生意义。

除以上两种截然对立的观点之外，还存在第三种比较缓和的观点。这种观点同时承认形式语义学与交流-意图理论，并尝试调和它们之间的冲突。拉姆菲特（I. Rumfitt）是这种观点的代表人物。[6]827—862 拉姆菲特认为，无论是形式语义学还是交流-意图理论都无法独自完成对意义的解释。交流-意图理论通过说话者的意图阐释所说句子的意义，依赖于说话者真诚的说话态度。这种真诚的说话态度与对真之概念的理解相关。在拉姆菲特看来，如果没有对这种现实的、实质性的、无法定义的真之概念的理解，交流-意图理论无法完成对意义的解释。而对真的这种理解，不可避免地会利用到真之条件这一概念，因而会涉及形式语义学的内容。同样地，形式语义学也依赖于交流-意图理论。因为说话者对句子语义的理解可能有很多种。比如说，有人可能认为，“柠檬是酸性的”的涵义是柠檬会使石蕊试纸变红；有人则认为，“柠檬是酸性的”的涵义是柠檬是酸性的。对句子语义的这种不同理解必然会要求解释者考虑说话者的理由结构，这不可避免地会求助于交流-意图理论。这也就是说，形式语义学和交流-意图理论是相互依赖的，它们共同构成了一种复合性的意义理论。如果拉姆菲特的观点是合理的，那么意义与解释之间的关系似乎在前两种关系之外，还存在第三种关系，即意义与解释之间相互依赖，无法彼此独立。

第二节　解释与真

解释是一种行动，有一定的解释程序。解释与真之间的关系之所以在解释理论中比较重要，因为在解释过程中，真之概念似乎是一个不可避免的概念。比如说，在讨论解释的起点问题时，解释者或多或少总是会利用到真之概念，或者某种与真相关的概念；在解释过程中，解释者利用的一些资源也会涉及真之概念，如宽容原则；在解释完成后，解释的结果也关系到我们对真之概念的理解。由于彻底解释是解释活动的典型代表，我们仅考虑彻底解释的相关问题。

1. 解释的起点

任何活动都必须有一个起点，解释活动也不例外。在彻底解释过程中，为解释者寻找解释的起点并不容易。因为在彻底解释这一场景中，解释者所面对的是一个完全陌生的解释环境。解释者要想在这种环境中解释说话者所说的话语，他所选择的起点至少需要满足三个要求：它必须是公共的，因为解释者并没有其他可供利用的证据；它必须能够用非语义的语词表述，因为一个彻底的解释理论不允许使用任何未加解释的语义概念；在拥有一个完整的解释理论之前，它还必须是解释者能够具备的。就目前来看，为解释者寻找解释的起点大概有两条进路：行为主义进路与心智主义进路。这两条进路所选择的解释起点都与真之概念相关。前者以奎因为代表，后者以戴维森为代表。①

奎因主张从说话者的行为与他所接受的外部环境的刺激之间的联系来解释说话者的话语。他让我们设想这样一个思想实验：一名语言学家来到一个土著人部落，试图为土著语构造一个翻译手册。[7]奎因认为，这样的翻译活动最初只能起始于当下正发生的事件。当一只兔子突然出现在土著人和语言学家的视野之中时，土著人说："Gavagai!"语言学家便记下句子"兔子"，作为一种尝试性的翻译，以待进一步的检验。② 检测的方法是，在不同的刺激场合中向土著人问"Gavagai!"，并观察土著人的反应。当然，在语言学家向土著人询问的过程中，会出现新的翻译问题，即语言学家并不知道土著人的哪种反应代表的是赞同，哪种反应代表的是反对。因此，在确定"Gavagai"的翻译之前，语言学家必须首先确定土著人的哪种话语等同于语言学家所说的"同意"，哪种话语等同于"不同意"，这即是彻底翻译的起点。至于如何确定这种起点，奎因的建议是，当土著人说出"Gavagai"后，语言学家可以在同样的环境刺激条件下，以询问的方式说出"Gavagai"，并合理地猜测：无论土著人的回复是什么，语言学家都可以将他的回复当成语言学家所理解的同意。当然，这种假设不是决定性的，如果随后的步骤中出现了异常多的困难，语言学家可以放弃这个假设，重新猜测。

奎因的这种理解思路被认为是行为主义思路，因为他主张我们对语词的解释所依赖的证据必须是公开的，是说话者的行为，特别是说话者可观察的行为。虽然奎因的行为主义进路遭到了很多学者的批评，比如无法解释规范性问题、容易导致怀疑论等，但他将"同意"视为解释的起点仍然得到了很多学者的认同，包括戴维森。其中的原因大概有两点：首先，将"同意"视为解释的起点，满足彻底解释对起点的要求；其次，"同意"概念蕴涵了真之概念。因为根据戴维森观点，某人同意某个句子，也就是相信这个句子表达的内容是真的。

戴维森和奎因一样，认为解释的起点必须是公开的。但戴维森的最终选择并不是同意，因为同意带有浓厚的行为主义色彩，这是戴维森所不能接受的。戴维森的选择是持有一个句子为真的态度，或者说持真的态度。持有句子为真的态度是一个基础的信念，它不能被还原成其他意向性或非意向性的概念，并且可以应用到所有的句子之上。戴维森对这种态度的解释很广。希望一个句子是真的、相信一个句子是真的等类似的命题态度都可以根据持有句子为真的态度被归为同一类。

持真的态度是一种非常特殊的态度。一方面，它是一种信念，包含心智因素；另一方面，它又是可观察的，在具体行为中有所体现。持真的态度与信念、意义之间的关系紧密。解释者可以为说话者指派这个态度而不需要知道说话者所拥有的信念，也不需要知道他说出的句子的意义。假设解释者为说话者指派持有句子为真的态度，在这种情况下，如果他知道如何解释说话者所说句子的意义，那么他就可以推导出说话者的信念内

---

① 虽然严格来说，奎因关注的是翻译问题，与解释并不完全相同，但在很多内容上，两者之间具有共性。这是学界在讨论很多问题时将彻底翻译和彻底解释视为一回事的根本原因。

② "兔子"虽然是一个语词，但它表达的是一个句子，一般称之为"单词句"。

容。反之亦然。同时，它又满足关于彻底解释起点的三点要求。因为它是公开的，同时适用于说话者和解释者，并且除了戴维森假设我们都能理解的真之概念之外，没有利用其他的语义概念。

仅从字面就可以看出，戴维森所选择的解释的起点蕴涵了真与解释之间的关联。因为持有一个句子为真的态度或者持真的态度已经蕴涵了真。在某种程度上，似乎可以认为，多数哲学家之所以认为解释的起点与真相关，因为他们都支持宽容原则。宽容原则保证了真之概念在解释中的作用，使得他们在寻找解释的起点时可以考虑真之概念，或者说，与真相关的概念。

2. 宽容原则

宽容原则是解释理论中的一个方法论原则。奎因是最早将其引入到解释理论中的哲学家之一。在彻底翻译中，奎因指出，除在个别情况下，翻译后的毛病更有可能出在坏的翻译或语言的分歧上，而不是因为说话者愚笨。奎因的这个论点被视为宽容原则在解释理论中的一次典型应用。但从哲学史上看，真正使宽容原则成为解释理论中的一个焦点问题并得到广泛讨论的是戴维森。在彻底解释中，戴维森多次强调了宽容原则在解释过程中的必要性。他认为："宽容不是一种选择，而是具有一种切实可行的理论的条件……宽容是强加于我们的，不管我们是否愿意。"[8]197

戴维森很重视宽容原则，但他对宽容原则的表述并不完全一致。比如说，戴维森曾明确指出，宽容原则包含两个部分：符合原则与融贯原则。前者讨论的是思维的一致性，后者关注的是信念的真假问题。而在另一些地方，他又只谈到信念的真假。甚至在谈到信念的真假问题时，他也有不同的表述。就目前来看，学界普遍认为，宽容原则的核心内容是，在解释过程中，必须假设说话者的大多数信念都是真的。为了证明这一点，戴维森给出了两种不同的辩护方式，分别是无所不知的解释者假设和三角测量论证。①

无所不知的解释者假设是戴维森的一个思想试验。他让我们想象这样一个解释者，他对于什么引起并且能够引起说话者同意任何句子无所不知，并且他的信念都是真的，但他对说话者所说话语的解释与可错的解释者使用的方法一样，并没有什么不同。[9]150—151 在解释过程中，他必然会发现说话者所说话语大多是一致和正确的。这表明，说话者的大多数信念都是真的。

戴维森的这个论证引起了很多争论。威廉姆斯（M. Williams）、福多（J. Fodor）和莱波雷（E. Lepore）等人的观点可以归为一类。[10]189—190;[11]160 他们认为，如果无所不知的解释者所拥有的知识可以扩展到能够引起说话者在其环境中同意任何句子的原因，那么很难想象这样一个解释者为何要使用和可错的解释者一样的方法。福多和莱波雷进一步指出，如果无所不知的解释者使用的解释方法与可错的解释者使用的方法相同，那么这将会导致不融贯的结论，即无所不知的解释者将会被迫达成关于可错的说话者错误信念的错误信念。因为如果说话者的信念是错误的，那么无所不知的解释者将不得不把

① 严格来说，三角测量并不是戴维森为论证宽容原则的合理性而有意提出来的一个论证。但不可否认的是，它的确可以用来证明宽容原则。

说话者的错误信念解释成错误信念。问题在于，无所不知的解释者不能拥有错误信念。

无所不知的解释者假设的第二类批评者认为，说话者的大多数信念是假的是可能的，或者至少某些核心信念是假的是可能的。比如费尔马岑（B. Vermazen）认为，说话者的大多数信念是假的，是可以理解的，并不会导致矛盾。[12]69－74 在他看来，我们并不是无所不知的解释者，因而不需要认为我们的大多数信念为真。从共时的角度来看，解释者总是倾向于认为他的大多数信念都是真的；但是从历史的角度来看，常识中的信念总是随着时间的变化而不断地变化。某人认为他的信念为真，但这并不意味着他的信念实际为真。麦吉恩（C. McGinn）有类似的观点。[13]521－535 他认为，概念式的信念存在大量错误是不可能的，但关系式的信念存在大量错误是可能的。比如知觉信念，它表达的是主体与世界之间的关系，这类信念存在大量错误的可能性。比如说，古代人曾认为星星是巨大圆顶中的缝隙，圆顶背后有一团大火，它发出的光从这些缝隙中渗透出来。但这种观点在现在看来，毫无疑问是错误的。因此，某些核心信念是假的也是可能的。

第三类批评者认为，即使我们承认无所不知的解释者这个假设是合理的，它也不能证明说话者的大多数信念为真。这类批评者的证明方式大概有两种。第一种认为，无所不知的解释者假设并没有肯定无所不知的解释者的解释一定能够成功，如果无所不知的解释者的解释是失败的，那么这个假设无法证明说话者的大多数信念为真。[14]315－319 第二种认为，除非现实生活中真的存在这样一个解释者，否则它不能证明说话者的大多数信念为真。[15]83－89

与无所不知的解释者假设不同的是，戴维森的三角测量论证得到了更多的支持。严格来说，三角测量是一种隐喻，它原本是一种测量技术。如果我们知道一个点 a 与另外两个点 b 和 c 之间的角度，以及 b、c 之间的距离，那么通过三角函数，我们就可以计算出 a 到 b 和 a 到 c 之间的距离。戴维森在其论文《合理性的动物》中首次引进“三角测量”这个概念，它包含以下基本内容：两个生物、一个对象、每个对象与生物之间的相互作用以及两个生物之间的相互作用。[16] 缺少其中的任何一种因素，三角测量都无法完成。

三角测量是一个模型，它有很多种类型，最基础的类型是生物之间的交流，典型的类型是语言学习与彻底解释。通过三角测量这一模型，戴维森试图告诉我们，只有通过增加第二个生物和外在的客观对象，说话者才能确定他的信念内容，并判断他所拥有的信念的真假。在三角测量中，决定信念原因的是相互交流的两个生物，而不是单独的某个生物。这意味着引起他们信念的原因是相同的，它们共同决定了他们的话语和思想，并且确定了他们的内容。因此，如果三角测量理论是合理的，那么我们关于世界的大多数信念为假是不可能的。因为我们关于世界的信念内容都是如三角测量模型所描述的那样，如此这般地被外部原因所决定。

对三角测量理论的批评大多集中在两个问题上。首先，三角测量似乎只是一种经验观察，它在经验上可能是真的，但在哲学上可能并没有多少令人感兴趣的东西。[17]207 其次，三角测量似乎有循环论证的危险，因为它的解释对象即信念是它必须预设的内容，因为三角测量的典型情境都必须预设说话者和解释者拥有信念。[18]177－195 阿莫雷蒂（M. C. Amoretti）对这些批评不太满意。在她看来，要想反驳三角测量，必须能够提供一个关于思想和语言不同的解释，这个解释应该比三角测量式的外在主义解释更具有现实性和更令人信服。[19]60 如果阿莫雷蒂的观点是合理的，这就意味着，除非我们能够找到另一种描述思想和语言的方式，否则我们将不得不承认三角测量的合理性，并进而支持三角测量所支持的论点，即说话者的大多数信念都是真的。由此，宽容原则可以得到辩护，在选择彻底解释的起点时选择与真相关的起点也因此是可以理解的。

3. 解释的不确定性与真

不确定性是解释的一个特征。这一特征最初是由奎因发现的。在解释理论中，有两个论题与解释的不确定性相关：不充分决定性论题和不确定性论题。不充分决定性论题讨论的是证据和理论之间的关系，它的核心思想是：对于同样的观察证据，总有两个或两个以上相互对立的理论在经验上是等价的。不确定性论题讨论的是翻译或解释问题，它的主张是：基于同样的证据，总是能找到关于同一个句子的不同的翻译或解释。

不充分决定性论题与不确定性论题之间的差异主要体现在两个方面。首先，不确定性论题与不充分决定性论题平行但有所附加。平行关系很好理解，因为两者都是不确定的。附加的原因在于，不确定性论题预设了不充分决定性论题，并且自身也是不充分决定的。在稍后谈到奎因如何论证不充分性论题为不确定性论题提供基础时，我们将会看到这一点。其次，不充分决定性论题与事实相关，而不确定性论题与事实无关。不充分决定性论题之所以与事实相关，因为它的讨论对象中一方是理论，尤其是自然科学中的理论，另一方是证据即事实。不确定性论题与事实无关，因为解释只与说话者的行为相关，而两个相互冲突的解释对于同一个行为而言是等价的，不会进一步涉及物理世界中的任何问题。

在这两种不确定性中，不充分决定性论题更具有基础性地位，它是不确定性论题的前提条件。奎因通过对翻译过程的分析论证了这一点。[20]178－183 他让我们设想这样一个情形，即翻译一个外国物理学家提出的理论。根据彻底翻译理论，翻译的步骤首先是通过确定刺激意义确定两门语言中相应句子的等值关系。但为了之后能够顺利构建起理论句，我们还需要考查观察句与可观察事物之间的关系，这引出了不可决定性论题。因为可观察的事物并不能充分地决定一个物理理论，也不能决定一个观察句。因此，关于观察句的翻译也不能充分地决定关于外国物理学家的物理理论的翻译。由此导致的一个结论是，关于物理理论的翻译会根据所有可能的观察报告翻译的不同而不同，即翻译是不确定的。

学界普遍认为，奎因支持不确定性论题，但是对不充分决定性论题，奎因的态度比较模糊。其中的一个重要原因在于，不确定性论题不影响真之概念，但不充分决定性论题会影响我们对真之概念的理解。一个经典的物理理论，将其翻译成英文理论，还是经验等价的中文理论，对于我们而言都是可行的，不涉及真假判断。但对于某种经验证据，如果存在两种不同的在经验上等价的科学理论 T_1 和 T_2，我们最终仍然需要在 T_1 和 T_2 中决断出哪一种理论是真的。如何理解真之概念因而会变成一个复杂的问题。

奎因认为，面对不充分决定性论题，有两种不同的理解模式：宗派性的和普遍性的。前者认为，我们应该不受另一种可能选择的影响，而是坚持认为自己所选择的理论是真的；后者认为，两种不同的理论都是真的。换句话说，宗派性的观点认为真之概念受理论本身的限制；而普遍性的观点认为，真之概念超出了理论自身的约束。奎因本人在这两种观点之间犹豫不决。他有时支持宗派性的观点，有时支持普遍性的观点。

与奎因犹豫的态度不同的是，戴维森明确支持真是普遍性的这一论点。在他看来，塔斯基的工作证明了这一点。因为塔斯基在规范真之定义的充分性条件时依赖了他对真之概念的先天直觉，约定 T 是其例证。这也就是说，戴维森认为，经验等价的两种理论都是真的。戴维森比奎因更激进的地方在于，他认为经验等价的两种理论应该是能够相互翻译的，在批评框架-内容二元论时，明确表达了这一论点；但奎因似乎认为框架与内容之间存在不同，因而在讨论理论的相关问题时倾向于保持一种相对主义的态度。

相对于不充分决定性论题而言，戴维森更关注不确定性论题。在戴维森的理论体系中，解释的不确定性是不可避免的，因为指称是不可预测的。在戴维森看来，指称的不可预测特征依赖于一个关于宇宙排列的观点。[21]这个观点的核心是认为存在许多一一对应的关系，可以将每个对象映射到其他对象。假设 φ 是这样的一个排列，如果存在一种令人满足的指称框架 x，那么 φ(x) 也是一种令人满意的指称框架。因为 φ(x) 和 x 一样，由它产生的解释也会满足所有相关的证据。当然，φ(x) 并不是任意的，它是被合适定义的，受 T 语句右侧句子的约束，不能导致原语句为真，而 φ(x) 作用下的新句子为假。戴维森以威尔特和他的影子为例，清楚地表达出宇宙排列这个论点。

假设在 x 的作用下，“威尔特”指称威尔特，谓词“很高”指称很高的事物；而在 φ(x) 的作用下，“威尔特”指称威尔特的影子，谓词“很高”指称很高的事物的影子。很明显，这两个句子形成的 T 语句是相互关联的。在 x 的作用下，可以构造这样的 T 语句：“威尔特很高”是真的，当且仅当威尔特很高；在 φ(x) 的作用下，它所构造的 T 语句是这样的：“威尔特很高”是真的，当且仅当威尔特的影子是很高的事物的影子。这两个句子的真之条件是等值的。考虑到这两个句子满足所有的证据，并且没有其他的证据能帮助我们到底应选择哪个理论或哪个排列方式。因此，指称是不可预测的，解释是不确定的。

有些学者试图以解释的不确定性攻击彻底解释。在他们看来，如果解释是不确定的，那么解释者可能无法把握说话者所说的话语，也将不会获得真正的理解。比如雷森（B. H. Letson）认为，在戴维森的例子中，威尔特和威尔特的影子是两种不同的事物，并且有各种各样的理由表明我可能希望指称的是其中的一个而不是另一个。[22]57 戴维森反对这种观点。在他看来，解释的不确定性并不会影响到说话者与解释者之间的正常交流。因为正是同一个事实（假如我们可以谈论“事实”的话）使不同的指称体系能同时适用于我们的交流。虽然在我们的语言体系中，威尔特和威尔特的影子是不同的事物，但就像我们可以用“寸”为单位表述以“厘米”为单位表述的事物一样，我们也可以用“威尔特的影子是很高的事物的影子”这个句子表述“威尔特很高”这个句子所表述的内容。也就是说，戴维森认为，语词所表达的内容在事实层面上是相同的，不确定性只在语言描述的层面上才体现出来，它不会影响我们判断一个句子在什么情况下是真的。

第三节　解释、约定与语言

对句子或说话者所说话语的解释是否依赖于约定，这是学界目前争论的一个焦点问题。这一问题不但关系到我们对解释程序的理解，也关系到我们对语言的理解。因为解释活动的对象即句子或者说话者的话语与语言紧密相关。句子是语言的组成部分，话语是说话者使用语言表达自己思想的行为，它们都与语言密不可分。

1. 意义的约定主义解释

在解释过程中，解释者如何解释说话者所说话语的意义？约定主义主张使用句子的约定意义解释说话者的意义，比如说，句子“雪是白的”的意义是雪是白的，因为在说话者之中存在某种约定使得这个句子表达的意义是雪是白的。约定主义的观点最早可以追溯至柏拉图，但第一次系统地阐述这种观点的人物是刘易斯（D. Lewis）。

在《约定》这本著作中，刘易斯详细阐述了约定主义的主张。[23] 刘易斯将“约定”理解为一种规则 R，以解决共同体之中的协调问题，它满足以下几个条件：（1）几乎所有人都遵守规则 R；（2）几乎所有人都期望几乎其他所有人也都遵守规则 R；（3）在所有可能的行为组合中，几乎所有人都有相同的偏好；（4）在几乎所有人都遵守规则 R 的条件下，几乎所有人都偏好于任何人都更加遵守规则 R；（5）在几乎所有人都遵守规则 R′的条件下，几乎所有人都偏好于任何人都更加遵守规则 R′，其中 R′是某种可能的规则，使得共同体中没有任何人能同时遵守 R 和 R′；（6）以上 5 条规则都是共同的知识。虽然刘易斯的这个定义不符合定义的一般要求，因为他使用了语义模糊的语词，比如“几乎”。但刘易斯认为，这不是这个定义的缺陷，而是约定的一个特征，因为我们关于约定的直觉本身就是模糊的。在刘易斯看来，他的这个定义适用于我们日常生活中的很多约定，语言的使用是其中的典型代表。对于语言的使用，刘易斯的建议是，一群人 G 使用一门语言 L，当且仅当在 L 中，有一个真诚说话的约定持存在 G 之中。

在其 1975 年的论文《**语言**和语言》中，刘易斯对他在《约定》中表述的观点做出了一些修改。[24]3-15 首先，在《约定》中，刘易斯预设了约定是行动中的规则这一前提，但在《**语言**和语言》中，刘易斯认为，约定既可能是行动中的规则，也可能是信念的规则。其次，在《约定》中，约定被视为存在于说话者当中，而在《**语言**和语言》中，约定的解释对象被调整为说话者与听者之间的协调关系，不但涉及说话者，也涉及听者。这导致 L 中的约定既关系到说话者的真诚态度，也涉及说话者与听者之间的信任问题。

劳伦斯（S. Laurence）在刘易斯的约定理论之外，提出了另一种可能的选择，即乔姆斯基式的约定主义。[25]269-301 劳伦斯将乔姆斯基式的观点定义为，一个观点是乔姆斯基式的，当且仅当，这种观点认为话语的语言属性是从语言处理器的特征继承来的。乔姆斯基式的约定主义虽然很可能不是乔姆斯基（N. Chomsky）本人同意的一种约定理论，但劳伦斯认为，它可以从乔姆斯基的理论中推导出来。

乔姆斯基认为，所有语言学中的论断都是关于我们语言能力的论断，我们之所以具有语言能力，是因为我们的心智之中存在某种认知机制。这种认知机制，是一种“语言官能”，它和人类其他的认知结构一样，内置在人类大脑之中，为说话者和听者所拥有。语言官能包含关于语言规则、约束和原则等一系列天生的知识，它的体现即为一种语言能力。通常，乔姆斯基将这些表征在我们心灵之中并最终在大脑之中的东西称为“语法”，它由基础元素和组合这些元素的规则组成。乔姆斯基认为，只有在语法的基础上，生产并理解语言中的所有句子才是可能的。当然，乔姆斯基所说的对语言的这种理解是在理想化和抽象化的基础上完成的。他所感兴趣的也只是语言能力，而不是语言在现实中的使用。

劳伦斯与乔姆斯基的不同之处在于，他关注的是现实生活中使用的语言。他从乔姆斯基的观点中得出这样一个推论，即说话者所说的话语之所以具有语言属性，是因为在语言处理过程中，这些话语与具有这些属性的心智表征结合在一起。他举了一个例子来说明这一点。比如某人说出一个句子“巧克力是可口的和有营养的”，在音韵、句法和语义层面上，说出这个句子的运作过程是由此人心智的连续表征计算完成的。劳伦斯的这个推论在精神上与乔姆斯基式的约定论一致，语言处理器构建表征的过程与在语言中进行有意义的描述过程相一致，都有约定参与其中。

劳伦斯进一步指出，乔姆斯基式的约定论和刘易斯的约定论实际上在很多内容上是相似的。它们都将自然语言的语义解释还原为心智的内部状态，都假设了内部状态与语义内容之间的关联。不同的地方只在于，它们对何种内部状态决定语义内容有不同的理解。

2. 对约定主义的反驳

自从刘易斯提出约定主义之后，这种解释就一直在学界占据优势地位，其中的支持者有很多，比如达米特、米丽肯（R. G. Millikan）、赖默尔（M. Reimer）等。就目前来看，在哲学界中，产生重大影响的反对意见来源于戴维森。

戴维森在他的论文《墓志铭的完全错乱》中得出这样一个结论：“并不存在语言这种东西，并不存在像许多哲学家和语言学家所假设的那种语言。因而也就不存在需要学习、掌握或与生俱有的那种东西。我们必须放弃这样一种看法，即认为存在语言使用者获得然后应用于语言实践的一种清晰确定的共享结构。我们应当试图再次说明，在任何一种重要涵义上的约定是如何被卷入语言之中的；或者说，正如我所认为的那样，我们应当放弃试图阐明我们如何求助于约定而达到交流这种努力。”[26]107

戴维森之所以得出不存在语言，或者更准确地说，不存在受约定规范的语言这样的结论，与他对用词错误现象的分析有关。用词错误现象在日常的语言交流中非常普遍，说话者试图表达某种内容，但他用错了语词。戴维森的论文题目《墓志铭的完全错乱》其实就是一个用词错误现象，他原本想要表达的是“绰号的完美排列”，只不过在英文中，“墓志铭”（epitaphs）与“绰号”（epithets）相似，“错乱”（derangement）与“排列”（arrangement）相似，这才造成了“墓志铭的完全错乱”这种奇怪的表述。但戴维森认为，一个基础事实是，绝大多数说英语的人都能明白“墓志铭的完全错乱”这个短语想要表达的是绰号的完美排列。这表明，交流的成功不需要在语言使用过程中预设约定或规范之类的东西。否则，根据约定或规范的要求，“墓志铭的完全错乱”表达的只能是墓志铭的完全错乱，而不能是绰号的完美排列。

戴维森进一步分析了交流的标准情况。立足于说话者与解释者之间的交流，戴维森区分了两种不同的理论：在先的理论和目前的理论。根据戴维森的解释，在先的理论，对于解释者而言，表达了他如何事先做好准备去解释说话者的话语，对于说话者而言，是他所相信的解释者的在先的理论；目前的理论，对于解释者而言，是关于他实际上如何解释说话者所说话语的理论，对于说话者而言，是他意图解释者去使用的理论。戴维森认为，交流的成功在于说话者与解释者共享同一个目前的理论。

基于对交流过程的这种分析，戴维森认为，无论是在在先的理论中，还是在目前的理论中，约定都不起作用。因为在先的理论总是带有说话者的个人特质，而目前的理论总是受说话者与解释者所处当前环境的限制。它们都与约定无关。戴维森的这种解释意味着，说话者与解释者之间的交流完全不需要约定，因为在先的理论和目前的理论都不包含任何约定。如果我们承认说话者与解释者在交流过程中使用的是语言，那么语言也将不会有任何约定。这相当于说，受约定规范的语言并不存在。

3. 约定主义者的回应

约定主义者对戴维森的回应集中在两个方面。有些学者认为，戴维森对用词错误现象的分析是有问题的，他们认为约定同样在用词错误现象中起作用。另有一些学者反对戴维森对语言交流过程的分析，他们认为在交流过程中，约定起着至关重要的作用，用词错误只是语言的非标准使用。这两种意见对戴维森的观点构成了最直接的反驳。

第一种批评意见的代表人物是赖默尔。和戴维森一样，赖默尔认为，分析用词错误现象，可以揭示出语言交流的很多本质特征，但是她对用词错误现象的分析与戴维森的分析有所不同。[27]317－334

赖默尔首先引出了“说”这个概念。“说”这个概念来源于格赖斯的概念“所说”，后者只包含有语言的标准使用，它可以通过约定得到标准的解释。除此之外，赖默尔还提出了另一个概念“意义”，它的完整表达是“意味着什么”。赖默尔认为，说与意义不同，两者之间存在差异。一个典型的事实可以证明这一点，即如果用词错误的说话者被告知他的使用是非标准的使用，那么该说话者通常会愿意承认他实际上所说的和他意图所说的是不同的。在赖默尔看来，这种区分一方面可以保证我们解释如下断言的一致性，即说话者并不总是意味着他所说的内容；另一方面又可以反映出普通大众是如何思考关于说的本质的，即基于规范性的考虑思考一个人所说的内容。

赖默尔支持用约定解释用词错误现象的另一个原因在于，她认为，“约定”这个概念在理论上是一个富有成效的概念，因为它可以用来解释为什么说话者会说出特定的语词。在她看来，如果说话者希望能够被解释者理解，那么他必定会以符合某个约定的方式说话。由于这个约定是说话者与解释者共同遵守的约定，因此，解释者也可以利用约定解释说话者所说的话语。这样，我们就可以成功地解释说话者为什么会在特定的场合中说出特定的语词。

达米特不太重视用词错误现象，他将精力主要集中在对交流标准过程的分析上。[28]达米特对交流标准过程的分析借助了戴维森的分析方式，只不过他有时将戴维森的在先的理论和目前的理论分别称为长期的理论和短期的理论。达米特的解释是这样的：对于听者而言，他的在先的理论是在一般情况下如何理解说话者的理论；他的目前的理论是在具体的对话中如何理解说话者特定话语的理论。戴维森认为在先的理论和目前的理论都不是关于语言的理论。因为在先的理论所拥有的特征与个人习语相关，而目前的理论只与特定场合中的特定话语相关。达米特不这样认为。在他看来，戴维森的观点应用到目前的理论即短期的理论上是合适的，但并不适用于长期的理论。因为短期的理论不是一个结构性的理论，只是一个非系统性命题的集合。而长期的理论是结构性的，与一个语言的意义理论相似。它不但与类语词和类表述相关，而且具有递归特征。通过这种分析，达米特认为，戴维森的论证过程并没有证明不存在语言。因为在先的理论或长期的理论并没有排除意义理论在解释中的作用。

此外，达米特还认为，戴维森在反约定论时将个人习语视为某种语言，初看起来，是一个很好的选择，但最终是不可理解的。他的分析过程概括如下：如果说话者猜测他的听者的知识可能是有缺陷的，那么从说话者的角度来看，他将会非常小心地使用语词以避免出现误解，这表明，说话者关于听者语言能力和习惯的知识，在大多数情况下，都会有约束作用；从听者的角度来看，听者需要借助一些解释原则来理解说话者的意义，这表明，意义理论在解释过程中起重要作用。达米特由此得出的一个推论是，将个人习语视为语言是行不通的。因为说话者是通过他所说语言的意义理论决定他所说语词的意义的，听者也是通过关于说话者语言的意义理论来解释说话者所说的话语的。在这一过程中，如果选择将个人习语视为交流中的语言媒介，那么关于这种语言的意义理论将不可能为听者所知晓，因为个人习语只属于说话者个人。达米特的选择是我们通常所理解的普通语言，它包含确定的语法和语义规则，是意义理论的相关物。在他看来，在交流过程中，这种受约定约束的语言才是最根本的。

参考文献与阅读书目

［1］Stokhof, M. Meaning, Interpretation and Semantics//D. Barker-Plummer, et al. ed. Words, Proofs and Diagrams. Stanford: CSLI, 2002.

［2］Davidson, D. Truth and Meaning//Inquiries into Truth and Interpretation. Oxford: Clarendon Press, 1984.

［3］Grice, P. Studies in the Ways of Words. Cambridge, MA: Harvard University Press, 1989.

［4］Dummett, M. Language and Communication//The Seas of Language. Oxford: Clarendon Press, 1993.

［5］Strawson, P. F. Meaning and Truth//Logico-Linguistic Papers. London: Methuen, 1971.

［6］Rumfitt, I. Truth Conditions and Communication. Mind, 1995, 104 (416).

［7］蒯因．语词和对象．陈启伟，朱锐，张学广，译．北京：中国人民大学出版

社，2005.

[8] Davidson，D. On the Very Idea of a Conceptual Scheme//Inquiries into Truth and Interpretation. Oxford：Clarendon Press，1984.

[9] Davidson，D. A Coherence Theory of Truth and Knowledge//Subjective，Intersubjective，Objective. Oxford：Clarendon Press，2001.

[10] Williams，M. Scepticism and Charity. Ratio，1988，1 (2).

[11] Fodor，J.，Lepore，E. Holism：A Shopper's Guide. Oxford：Blackwell，1992.

[12] Vermazen，B. The Intelligibility of Massive Error. The Philosophical Quarterly，1983，33 (130).

[13] McGinn，C. Charity，Interpretation，and Belief. The Journal of Philosophy，1977，74 (9).

[14] Rasmussen，S. The Intelligibility of Abortive Omniscience. The Philosophical Quarterly，1987，37 (148).

[15] Foley，R. and Fumerton，R. Davidson's Theism. Philosophical Studies，1985 (48).

[16] Davidson，D. Rational Animals//Subjective，Intersubjective，Objective. Oxford：Clarendon Press，2001.

[17] Pagin，P. Semantic Triangulation//Interpreting Davidson. P. Kotatko，P. Pagin，M. G. Segal. eds. Stanford：CSLI，2001.

[18] Lasonen，M.，Marvan，T. Davidson's Triangulation：Content-Endowing Causes and Circularity. International Journal of Philosophical Studies，2004，12 (2).

[19] Amoretti，M. C. Triangulation between Externalism and Internalism//Triangulation：From an Epistemological Point of View. M. C. Amoretti，G. Preyer eds. Heusenstamm：Ontos，2011.

[20] Quine，W. V. O. On the Reasons for Indeterminacy of Translation. The Journal of Philosophy，1970，67 (6).

[21] Davidson，D. The Inscrutability of Reference//Inquiries into Truth and Interpretation. Oxford：Clarendon Press，1984.

[22] Letson，B. H. Davidson's Theory of Truth and Its Implications for Rorty's Pragmatism. New York：Peter Lang，1997.

[23] Lewis，D. Convention：A Philosophical Study. Cambridge：Cambridge University Press，1969.

[24] Lewis，D. Languages and Language//Formal Semantics of Natural Language. E. L. Keenan ed. Cambridge：Cambridge University Press，1975.

[25] Laurence，S. A Chomskian Alternative to Convention-Based Semantics. Mind，1996，105 (418).

[26] Davidson，D. A Nice Derangement of Epitaphs//Truth，Language and Histo-

ry. Oxford: Clarendon Press, 2005.

[27] Reimer, M. What Malapropisms Mean: A Reply to Donald Davidson. Erkenntnis, 2004, 60 (3).

[28] Dummett, M. A Nice Derangement of Epitaphs: Some Comments on Davidson and Hacking//Truth and Interpretation: Perspectives on the Philosophy of Donald Davidson. E. Lepore ed. Oxford: Basil Blackwell, 1986.

思考题

1. 自然语言与形式语言有哪些不同？这些不同对形式语义学有何影响？

2. 在解释与意义的三种不同关系中，你倾向于支持哪种观点？为什么？

3. 有学者认为，我们没有理由认为说话者具有持真的态度，因为说话者有可能故意欺骗听众。你如何看待这种情况，它是否会对彻底解释的起点有所影响？

4. 如何理解不充分决定性论题与不确定性论题，你认为解释的不确定性是否会使解释变得不可能？

5. 在解释过程中，你认为约定是否必要？为什么？

第五章

概念空间和自然空间的分裂与勾连

外间世界实际存有，我们的知识是关于世界真实和确切的描述，这是科学探究得以进行的基本前提。然而，在哲学的领域中，这一前提面临着重重问题，其中的症结在于世界向我们**非概念的**呈现与我们对这些呈现**概念化的**接受之间存在一段沼泽地——我们何以或如何可能将源于外间世界中对象的感觉刺激毫无曲解地纳入我们的理性视野，这是传统认知论的根本问题。当代英美哲学对此问题的反思和讨论向我们呈现了世界的失而复得的纷繁且交互的理论线索。

本章中，我们将主要讨论：

（1）外间世界缘何失去证成知识的角色，并导致罗蒂放弃关于外间世界的谈论这种激进立场？罗蒂的立场让一些哲学家感到忧虑，即失去了外间世界制约作用，知识会凌空自旋，成为一项空洞的自洽事业。有这类忧虑的哲学家试图为（2）这样的问题提供答案。

（2）由于从对象到概念的解释进路已被禁止，我们仅能在人类独具的**概念空间**内谈论外间世界中的对象，那么，关于对象的语义谈论何以能够实质地关涉（materially *of*/*about*）外间对象？这提出了一项艰巨的理论任务。批评者们容易直击其难点：在概念范围内被谈及的内容难以突破语言的帐幕而通达外间对象。一些自然主义者认为，回答（3）这样的问题将会为我们带来丰厚的回报。

（3）从人与动物（理性生物）共同居住的活生生的外间自然空间——而非乏善可陈的感觉刺激——出发，何以可能保证从自然空间到概念空间的连续性？这一问题承诺了语言意义（meaning）蕴发于自然意义（significance）。

与（1）彻底放弃世界的做法不同，（2）与（3）试图从两个方向上维系概念空间与自然空间的关联，从而在失落的世界中挽回一部分。然而，（2）与（3）的探究都是从一个空间到另一个空间的单向探究，这一不足为我们留下讨论本章第四个问题的余地：

（4）概念空间和自然空间的互动与融合有何深层根据？我们将会从对前三个问题的讨论中获得关于此问题的初步答案。

相应于上述前三个问题，本章将设置三节内容分而论之。

第一节　世界的失落

奎因（W. V. O. Quine，1908—2000）对“经验主义两个教条”——分析/综合命题二分以及还原论——的批判是经验世界（自然空间）开始被放黜的标志性事件，他的论述致使我们不再有理由以把判断还原为相关的经验陈述的方式来证成该判断。戴维森（Donald Davidson，1917—2003）对“经验主义第三个教条”——概念图式（conceptual scheme）/内容的二分——的批判进一步斩断了经验起到证成作用的可能。塞拉斯（Wilfrid Sellars，1912—1989）对“所予神话”或感觉材料理论的批评有着相同的理论后果。借助和发展这些论述，罗蒂（Richard Rorty，1931—2007）指出，既然经验世界无法为我们的理性知识提供证成作用，那么我们便可以放黜世界。

但我们也将在具体的讨论中发现，即便是奎因、塞拉斯和戴维森这些给经验主义带来致命打击的哲学家也尚未放弃对经验世界的谈论。随后对塞拉斯哲学左、右两派追随者思想的讨论引出了自然空间和概念空间两个概念。这为本章第二节和第三节的讨论埋下了线索。

1. 奎因对经验主义“分析/综合命题二分”和“还原论”教条的批判

1.1　对“分析/综合命题二分”教条的批判

分析命题指的是经验内容为空的命题，这种命题的真假不依赖于命题的内容，我们仅需依据这种命题的“分析性”（包括先天范畴形式、逻辑形式等）就能断定这种命题的真假。“分析性”是经验之外的东西，它能够摆脱经验的偶然性，从而分析命题是一种必然命题。然而，由于分析命题不能够涵括内容，它也不能在外延上有所扩张，故而，分析命题并不增加我们关于世界的知识。相比之下，关于**综合命题**，我们则需把它还原至经验层次才能断定这种命题的真假，因为判定这种命题的依据是经验，经验是偶然的，故而这种命题是一种偶然命题，但由于它是对世界内容的判断，因而它扩充了我们关于世界的认识。分析命题的优点在于，如果我们仅在知性（理性）一方而不涉足经验的泥潭，我们就能获得确定的知识；综合命题的优点在于，尽管我们在经验世界中历险重重，但我们猎获了有着内容性的丰厚知识。例如下面两个命题：

5.1　所有单身汉是未婚男子。

5.2　所有单身汉都喜欢闭门不出。

其中，（5.1）是分析命题，（5.2）是综合命题。

奎因批驳道："分析陈述和综合陈述之间的分界线一直没有划出来。认为有这样一条界线可划，这是经验论者的一个非经验的教条，一个形而上学的信条。"[1]35 他的关键理由在于，对分析命题的阐释涉及了**同义性**和**分析性**的循环。如果将句子所包含的成分进行替换而句子的真值保持不变，那么被替换的表达式就具有同义性；分析性则指"一种清楚、精确的概念，即便是那些最为小心谨慎的经验主义者也会接受这一概念"[2]48，典型地，如逻辑和数学的分析性，它们的"真"是毋庸置疑的，例如"a＝a"。以（5.1）为例，（5.1.a）"**所有**单身汉是<u>单身汉</u>"为真，当对该命题的后支做替换，得到（5.1.b）"**所有**单身汉是<u>未婚男子</u>"，该命题仍然为真，此时我们依据分析的"真"来判定"单身汉"和"未婚男子"的同义性。然而，何以确认（5.1.b）为真呢？我们又会回答，"单身汉"和"未婚男子"的同义性使得我们认为（5.1.b）是分析的，从而在"所有"可能世界的陈述中为真。于是，这里存在着"同义性"和"分析性"的循环——它们互为依据，分析命题本身的"分析性"并未得到证明。

关于"分析/综合命题的二分"教条的批判，奎因给出了更多的理由，例如依据词典定义亦不能保证同义性，从而为分析性提供依据，因为词典编纂家实际上是经验主义者，他们只是将已有的从经验中得出的解释，例如"单身汉是未婚男子"，收纳在词典之内。与本章主题相关的是，奎因对此教条的批判让我们认识到不存在纯粹的分析命题，所有命题中均渗透有经验性的要素。但奎因对"经验性"的保证并不意味着强调外间世界的首要性，实际上，结合他对还原论教条的批判，这种经验性的要素仅在很有限的意义上作用于整体的知识体系。

1.2　对"还原论"教条的批判

弗雷格之前的还原论者将外间对象予以觉知者的感性刺激视为知识的来源和基础，从而语言层次的知识阐述需能够还原为关于感性刺激的物理描述；其中，还原性的根据在于，知识的获得必然使从对象到概念的经验通道变得畅达，从而我们可以依循该通道回返至外间对象的属性，乃至"物"本身。

弗雷格之后的还原论呈现为有着实质不同的形态。经过弗雷格和罗素等人的努力，语句（判断）成为表达意义的基本单位和分析的起点。相关的逻辑实证主义者的任务在于，首先构造一套人工语言，而后运用这套语汇建构出世界的逻辑结构，形式的逻辑表达是关于外间世界的本质表达，为真的逻辑构造必然保证形式的序列（formal order）和实质的序列（material order）之间存在对应关系，从而有意义的陈述必然可以被逐一翻译或还原为感觉材料的语言。

奎因指出，无论是何种意义上的还原论，彻底的还原论是不可能的。彻底的还原论是关于命题与和它相关的经验之间关系的解释，认为任何有意义的陈述都能被还原（翻译）为一个关于直接经验的陈述，我们可以根据经验层次的状况来判定命题的真假。这种彻底的还原主义是上述两类还原论共有的理论承诺。

奎因反对还原论主要有两个理由：一个理由是通过说明他所持有的与还原论相矛盾的**整体论**立场的正确性，来指出还原论的错误性；另一个理由与他对"分析/综合命题的二分"教条的批判有关。此处我们暂先讨论第一个理由，就此而言，奎因指出：

> 我们关于外界的陈述不是个别的，而是仅仅作为一个整体来面对感觉经验的法庭的。
>
> 我们所谓的知识或信念的整体，从地理和历史的最偶然的事件到原子物理学甚至纯数学和逻辑的最深刻的规律，是一个人工的织造物。**它只是沿着边缘同经验紧密接触**。
>
> 具有经验意义的单位是整个科学。[1]39-40
>
> 与系统相逆的证据不是该证据相逆于某一个具体的语句，而应该说，这个证据作用于各种各样的调整。[3]5

从而，经验意义的单位不再是某个具体陈述或词项，而是整个陈述体系、概念系统或科学。作为整体而面对经验法庭的“陈述网”并不会逐一受到经验的检验；即便经验能够沿着陈述整体作用到某个具体陈述之上，致使我们修改某一具体陈述，它也一定已然通过一些其他陈述链条的传递才最终作用于某一具体陈述；同时，对相关具体陈述的修改还需虑及陈述之间的融贯。总而言之，经验刺激之于概念和陈述的形成的作用不是直接的，反向地将概念和陈述还原至某一具体经验刺激的做法根本行不通。

可以看出，奎因实际上没有从正面进攻还原论的教条，他更多只是在提出自己的整体论思想，并论述其可靠性。但我们将会看到这一整体论思想为戴维森带来的影响，戴维森进一步斩断了整体性的系统和沿着系统边缘游离的刺激，这为罗蒂提供了放黜外间世界的更强理由。

2. 戴维森对经验主义“概念图式/内容二分”教条的批判

概念图式指的是，“组织经验的方式；它们是对感觉材料赋予形式的范畴体系；它们是个人、文化或时代据以检测所发生事件的观测点”[4]254。而内容则指存在于那里（out there）等待被组织、被赋予形式、被观测的感觉材料和事件。戴维森通过对经验主义这一第三个教条的批判切断了奎因所坚持的在整体边缘摄入感觉刺激的经验通道，认为因果刺激起不到证成的作用；他也不承认诸如范畴、语言的本质或能力等具有先天性、不可通约性特征的范畴的存在。

戴维森的批判曲径幽微，难以概而述之，我们只在其思想汪洋里取相关一瓢。就概念图式和内容的关系，戴维森区分出了两种隐喻，即“组织”（organizing）和“符合”（fitting）。根据“组织”隐喻[5]402：

概念图式 { 组织 / 系统化了 / 分类了 } { 未被解释的内容 / 经验之流 / 所予 / 表层刺激 / 世界 }

戴维森指出，“除非一个单一对象被理解为包括或已经处在与其他对象的关系之中，否则的话，我们就无法赋予组织该单一对象这个概念以清晰的意义”[4]266。从而，内容并非彼此孤立而存在，它们已然处在一定的关系之中，而关于内容的理解就是关于内容之间关系的**直接**揭露，用以组织内容的概念图式因此并不卓然而独立于内容之外。例如，组织一个衣柜，当我们收拾完其中作为内容的衣物时，我们就是在组织衣柜。当有人提醒我们还得组织一下“衣柜”这个图式时，我们则会大惑不解，就如我已经带领热情的访客参观了图书馆、游泳馆、教室等地方，却仍被要求带领参观“大学”时感到惘然一样。根据这一隐喻，我们必须理解了衣柜和衣物的关系、大学和各种建筑设施的关系之后才能理解衣柜和大学是什么。衣柜和大学并不是一种独立、超然的存在。类似地，也不存在独立于内容的图式，更遑论在斩断图式和内容之间的直接关系的情况下，对一种超然的概念图式做出承诺。基于此，我们认为并不存在概念图式“本身”。

不同于“组织”隐喻，“符合”强调内容的首要性，概念图式在需符合内容的意义上是被动的。根据“符合”隐喻[5]402：

语言 （概念图式）	符合 应对 处理 预测	经验 世界 感觉提示 ……

“符合”隐喻中，语言需要来自经验的证据，需要通过身体输入的刺激，“语言无内容则空”。符合隐喻实际上诉诸**还原论**，尽管戴维森本人这里的阐释体现了其他诸多重要洞见，鉴于讨论主题，此处略而不论。我们根据戴维森和奎因对还原论批判的基本理由，即我们无法通过语言和世界、概念和对象的符合关系来将言语陈述经由一段经验通道而还原至感性陈述。从而，经验也无法提供概念图式存在的理由。

在戴维森看来，奎因对“分析/综合命题二分”教条的拒斥，使得我们不再有理由借助逻辑形式或依据经验内容来谈论意义；然而，人们仍然需要一种把握经验的方法，在放弃意义和分析这两个概念之后，人们诉诸“概念图式”这一概念；人们认为，存在图式和内容的二分，前者组织后者，后者等待被前者整理。戴维森认为，“概念图式/内容二分”是经验主义的最后一个教条，上述的简略分析使得我们有理由拒绝这个教条。

值得注意的是，戴维森对经验主义第三个教条的批判无法容纳奎因所坚持的在知识整体周围保留感性刺激的作用的做法，从而斩断了经验主义残留的“最后一根尾巴”，这同时使得外间世界在知识领域难以占据一席之地。

3. 塞拉斯对经验主义“所予神话”的批判

奎因和戴维森的批判共同导致了如下事实：外间世界给予我们的感性刺激无法起到证成知识的作用。塞拉斯对“所予神话”的批判提供了另一个更为直接和简洁的理由。

所谓所予（the given），指的是知识基础的根本形式，例如“感觉内容，物质对象，一般，命题，实项联结，第一原理，乃至所予性本身”[6]12。塞拉斯主要批驳的是“感觉材料”（sense data）这类所予形式。所谓感觉材料，指的是在主体感知对象的过程中，那些源于对象但直接呈现于主体心灵之中的材料。感觉材料理论家们认为，

5.3　在被给予的意义上，感觉材料体现了外间对象之于知觉的直接作用性，以及知觉被动接受的一面；

5.4　在持有或感知的意义上，感觉材料能为主体所把握或直观，这体现了知

觉主动自发的一面；

从而，

5.5 感觉材料既体现了与外间对象的直接关联，也体现了可为主体知性所把握的属性。

恰是基于（5.5）这样的特征，人们才有理由诉诸感觉材料，希冀通过对这种介于对象和概念之间的认知通道的疏通来保证由概念构成的知识对由物理对象构成的外间世界的应答性。然而，（5.3－5.5）均不是不言自明的论题，塞拉斯恰试图指出，此路不通。

塞拉斯清晰地认识到，如有某一外间对象刺激某一主体，该主体获得关于该本体的“感觉材料”，在认识论的分析中，感觉材料即是直接来源于本体的，从而具有**非认知性**或**非概念性**；但如若感觉材料能够提供关于外间对象的知识，它又必须具有可为主体理解的**认知性**或**概念性**。就此而言，我们在希冀感觉材料充当连接外间对象和主体的通道时，易于潜在地赋予非认知性的感觉材料以某种认知性，从而非法地要求感觉材料兼具关于本体的非认知性角色，以及可为主体所把握的认知性角色。[6]14 这体现了一个简单的逻辑矛盾，从而感觉材料是无法充当知识基础的所予，它呈现了经验主义一种无法实现的神话。

塞拉斯对“所予神话”的批评易于让人们直接得出放黜外间世界的结论。然而，塞拉斯试图保留某种具有证成性的“观察报告”，通过类比论证以保证源于世界的“显像图型”（manifest image）和语汇的“科学图型”（scientific image）之间的关联等做法，不禁让人心生疑窦：就“外间世界”来说，塞拉斯究竟持有怎样的理论态度？

与此相关，罗蒂和布兰顿把塞拉斯的追随者区分为左、右两派。[7]30－31 其中，右派认为，“在描述和解释世界方面，科学判定一切事物，判定事物是其所是，或不是其所不是”[6]61，科学的描述和解释仍需对世界中的对象负责，从而我们仍需尝试发现某种以外间世界为起点的理论；左派则认为，“在描述**知道**这种状态或某一片段的特征时，我们所做的并不是关于片段或状态的经验的描述；我们把它们放置在理由的逻辑空间内，在其中我们能够证成并能够证成某人的言语”[6]61。因而，哲学的探究起点是理性的而非感性的，证成的过程就是一个提供理由的过程。

罗蒂和布兰顿对理解塞拉斯哲学的二分法可以理解为自然主义和推论主义的对立，分别对应于自然空间和概念空间两个面向。我们将在第二节和第三节中分别展开进一步的讨论。

4. 罗蒂对外间世界的放黜

对经验主义的上述批判易于导向一种罗蒂式的激进后果：放黜世界，放弃使用诸如经验、感觉材料、表象等关于外间世界的语汇。罗蒂的这一鲜明立场蕴涵了诸多革命性的观点：

其一，反还原论和基础主义。既然外间世界予以我们的感性刺激无法起到证成知识的作用，那么，我们无需把知识还原至经验层次，无需把知识与世界相对照来判定其真假；我们同时也无需将外间世界作为知识的基础。

其二，反对“心”的镜喻哲学。传统哲学将心灵作为反映世界的一面镜子，人们需“擦亮”这面镜子方能精确地反映世界。“擦亮”意味着澄清知觉、语言等主动性的认知工具，这里预设了心灵具有能够认知世界的先天能力，而戴维森对概念图式的批驳打碎了心灵的镜面。

其三，反对大写的真理世界存在那里，但对世界的描述则否。“只有对世界的描述才可能有真有假，世界独自看来——不助以人类的描述活动——不可能有真或假。”[8]13-14 真（truth）并非超验性的存在，独立于人类认识活动的世界则无真假可言。

罗蒂进而建议我们在放弃对世界的谈论时，用人际的“协同性”取代世界的“客观性”，因为随着放弃感性刺激证成知识的作用，哲学探究的起点将会从外在的物理世界转移到主观的语言维度，进一步地，人们因而不必以概念、表达或判断与外间世界进行对照的方式来提供证成或论述，主观的概念体系构成了一个自为的**概念空间**，在这一空间之内，人们可以融贯地谈论某一词项或判断的意义和真。基于整体论，认知的探究从而是一个内在的过程，它失去了形而上的实在作为探究的目标和引向，失去了能够借以反思客观实在和主观观念间关系的先验立场，判断和真理与具体的社会语境和实践紧密联系在一起，**共同体**成为一个核心概念，构成共同体的个体成员的价值被高扬。由于规约了形而上目标的限制，个体回落到具体的生活之中，他所运用的不再是先验理性而是实践理性，他的认知在共同体的范围内得到肯定和纠正；共同体创造了客观的历史，这种意义上的客观性不会排除主观性，因为个体-在-历史-中，也恰在此意义上，罗蒂指出他的代表作《哲学与自然之镜》体现了一种历史主义的精神。

罗蒂放黜世界的做法让主体从对外间对象的垂首沉思中解放出来，普特南（Hilary Putnam，1926—2016）认为这是实用主义为我们带来的“第三次启蒙”。[9]83-101 然而，罗蒂的激进观点面临诸多异见。

第二节　聚焦布兰顿：从概念空间到自然空间的理性主义进路

实际上，罗蒂放黜世界的做法并没有被普遍接受。麦克道威尔（John McDowell，1942— ）对此便有着“哲学上的焦虑”，他担心罗蒂的做法会使得我们的思维（thinking）无从对世界做出应答，以致概念失去来自世界的摩擦，从而凌空自旋失去保障。[10]9-16 世界并未因为罗蒂的原因而被轻易放黜。然而，对经验主义三个教条的批判的确使得我们更为审慎地对待心灵和世界、概念空间和自然空间之间的关系。恢复“世界”，我们此时有着两个方向上的进路，一是从概念空间到自然空间，试图在经验通道的沼泽之地的前提下，论述我们的言语表达能够关涉外间世界中的内容；二是从自然空间到概念空间，这条进路因同样不能依循从感觉刺激到知识的经验通道而需另寻他法。

本节聚焦于布兰顿（Robert Brandom，1950— ）哲学。布兰顿作为罗蒂的高足，吸收了对经验主义的批判，迈上了语言理性主义的探究进路，但他却未放黜外间世界。

我们将会看到，布兰顿的哲学理路典型地体现了重拾世界的理性主义方式，与此同时，我们借以能较为容易地澄清这类理论的一般症结。

1. 自上而下的解释次序与阐明内容的语义推论方式

简而言之，“自下而上”的传统解释次序往往从基本的单位（例如概念、单元模块等）开始，然后解释这些单位之间的联系，形成更为高阶的解释性语汇；而颠倒后的“自上而下”的解释次序往往把这些基本单位放置在一个有意义的系统之中，把它们构成的关系**整体**当作一个事实，然后依据基本单位对整体事实的贡献来做出解释。

布兰顿也对解释顺序做了颠倒。传统的解释次序从概念开始，认为概念是我们可以对之负责的最小单位，而颠倒后的解释次序则把判断作为最小单位，认为我们只有在理解概念在一个判断中所起到的作用的情况下，才能理解概念。[11]160 颠倒的解释次序从判断开始，这就意味着我们不需要将判断在先地建立在概念与对象的直接关系之上，而是在为判断提供理由的过程中阐明或表达这类关系，进而澄清对象的内涵。

随着解释次序的颠倒，布兰顿无疑不会将对象和概念的指称关系作为探究起点，更不会采用从感性刺激到概念的解释进路。布兰顿指出，自己的解释路径实际上是，“我们可以试着在**没有具体对象**这一概念的情况下来对单称词项做出说明，随后通过讨论具体对象和相应词项的表达式之间的关系来界定对象是什么”[11]151－155。这一表述概括了以推论的方式从概念空间走向自然空间的基本思路。

对于初次接触推理主义（inferentialism）思路的人来说，布兰顿哲学将会带来理解上的难度。我们不妨以“简单”却难免“简化”的方式来呈现布兰顿的基本洞见，以帮助读者获得基本的垫脚石式的理解，在后续的学习中可丰富和**修正**笔者此处提供的阐释。为了紧密围绕本章的讨论主旨，我们也必须割舍复合推理与非单调推理中更为复杂的情形。

我们考虑最为简单的一种情形，即“如果 F(a)，那么 F(b)”，例如，“如果汤姆是条狗，那么汤姆是哺乳动物”，其中，框架 F 指的是 α 是条狗，它是可被代入内容的框架，α 为被替换的项目。此时，我们需要考虑 a 和 b 的**内容性**才能判定“如果 F(a)，那么 F(b)”的真假。布兰顿称这种情形下的替换为**实质替换**（material substitution）。实质替换是一种语用情形，我们需要知道**如何使用**相关的词项才能够做出好的推论，即知道将怎样的词项代入到 α 中才能保持框架 F 仍然持真。这里暗含着一个关键的立场：实践层次的知道**如何**（knowing-*how*）行事为理论层次的知道**什么**（knowing-*that*）的知识奠定了基础。我们将在本节第 3 和第 4 小节分解之来具体阐述。

此处，如果条件句持真的话，那么，我们拥有“一类词项”，其类别中的成员均可以互换地被代入 α 中而保持该条件句真值不变。布兰顿指出，这就是单称词项旨在指向个别对象的蕴意，可互相替换的等值的类“共指向”（co-refer）或**表征**着一个对象。随着语义推论活动的进行，“对象”将会得到越来越丰富的刻画和披露。

依据这种贬损了布兰顿哲学本身深刻性的简单解释，我们可以看出，布兰顿对内容性的谈论并未设定外间对象和语词之间有着内在或先天的关联，后继的语义活动是对这类关联的复绘；毋宁说，外间对象是在推论活动中被“表达”或逐渐刻画出来的。布兰顿称自己的推论主义为一种**表达主义**，即通过推论活动表达对象[11]25－40；他在概念空间内揭示出了物之所**是**。用他的话说，“语言的限制……意味着对我的世界的限制”[11]158。世界是在语言之中被呈现给我们的。

2. 谈论内容的社会方式

在语言内呈现世界，这似乎仅是一个罗蒂式的洞见——如若语言的范围就是世界的范围，那么语言本身便已足够，世界本身可被放黜。然而，布兰顿认为，“无论我们是以真或以提供理由的方式来思考命题内容，我们都有义务去讨论关涉性（aboutness）和表征”[11]158。布兰顿重拾了从言（*de dicto*，about what is said）和从物（*de re*，about the *thing*）两种归因方式的区分。在前一种归因方式中，我们思考的是说话者在**谈论什么**；在后一种归因方式中，我们思考的是**什么**被说出、想到或谈及。前者涉及的是思想的命题维度，后者则牵涉到思想的内容维度。布兰顿提出的问题是，“为什么任何有着命题内容的状态或发生也应该被理解为具有表征的内容”[11]158。即推论所阐明的内容何以便是外间世界中的内容。

这里隐藏着一个关键问题：语义推论的工具是语言性的，推论表达的对象实际上是思维范围之内的“语义内容”，何以突破工具性的限制从而刺破语言的帐幕，达及或保证关于外间对象的揭露？

布兰顿提供的策略是，引入共同体的语义交往维度来阐明和理解表征的内容，他的解释同样渗透着推论主义的痕迹。布兰顿相信个体总是出于某种理由而采取行动，命题内容因此总包含意向状态，但是，如果个体想要证明自己的言语行为是可信的话，他做出的断言必须能够在给出和索取理由的实践中作为推论的前提和基础，即作为推动活动的一个环节而被理解。例如，某人相信他面前的一个色块是红色的，并做出“这是红色”的断言。同时，这个人的身边还有一只鹦鹉，它同样能够说出“这是红色”这个表达式。并且，此人和鹦鹉都能对红色的色块做出可靠的有差异的反应，但他（它）们之间谁能够有权（be justified in）谈论概念“红”的对象呢？

布兰顿认为，只有具有在推论的链条（概念空间）中定位对某一对象做出反应的能力时，即能够知道从红色的某物中推出什么，知道什么可以作为某物为红的证据，什么与红的概念不相容时，我们才能够说某人真正做出了一个断言，该断言在给出和索取理由的游戏中能够走出一步（make a move），这一步骤能够证成其他的断言，也能够为其他的断言所证成。相应地，他所持有的**意向内容**也被证实了。

以推论的方式谈论指称或内容，实际上需要在社会空间中接受他者的询问，做出断言的人有义务提供理由来证明他的断言和内容之间的关系。因此，断言的表征内容不仅要在推论的意义上被阐明，也要在社会的意义上被阐明。布兰顿指出，“给出和索取理由的游戏本质上是**社会**的实践”[11]163。

我们可以借助如下坐标图来进一步阐释布兰顿的思想：

其中，x 轴代表的是信念的维度、表征的维度，在此方向上，关于对象 o，我们具有关于它的信念，例如 F(o)。持有 F(o) 的人对内容做出了从物的归因，这种归因是一种实践的态度，持有信念 F(o) 的人对内容 o 做出了实质**承诺**（commitment）。y 轴代表的则是交流的维度、社会的维度和推论的维度。y 轴上的基本单位是 F(o)，但此时的 F(o) 是一个判断，做出这一判断的人需要为他的判断提供理由，他需要能够在推论中

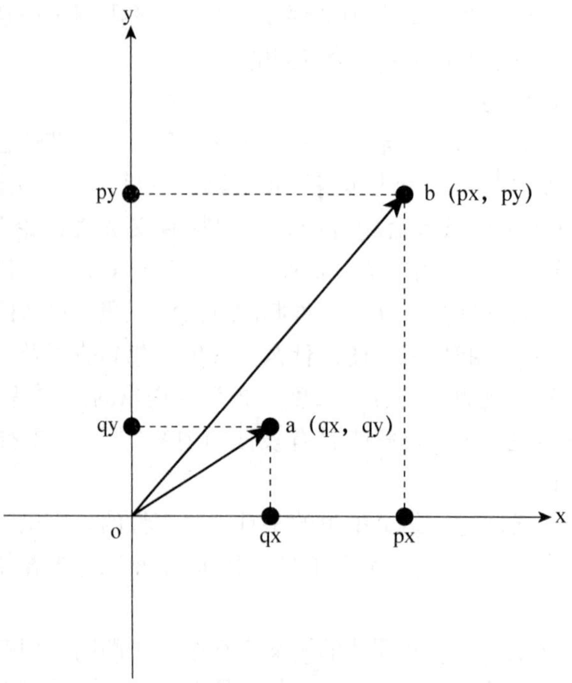

图 5-1 谈论内容的社会方式

走出一步。在 y 轴上，做出 F(o) 这一判断的人对这一命题具有**资格**（entitlement）。

资格和承诺是做出判断的人具有的两种规范身份。布兰顿指出，现实的交流中还存在道义计分者（deontic scorekeeper）（例如实际或可能参与交流的人），他对做出判断的人做出计分，通过分值而**认可**（endorsement）或不认可做出判断的人所持有的断言。例如，给出断言的人在 o 点上持有的信念是"汤姆是一只狗"，在 p 点上持有的信念是"汤姆是雄性动物"。给出断言的人认为从"汤姆是一只狗"到"汤姆是雄性动物"是一个好（保持真值不变）的推论，在 y 轴上他希望自己给出的理由能够证成自己的这个推论。他希望自己得到的分值是 b(px，py)，如果计分者给做出断言的人打出分值 b(px，py)，那么，这就说明计分者认可做出判断的人所持有的断言；然而，如果计分者打出的分值只是 a(qx，qy)，那么，这就说明计分者不认可或部分不认可做出判断的人所持有的断言。

做出断言的人同样可以成为计分者，计分者同样可以做出断言，做出断言的人和计分者两种身份的转化体现出给出和索取理由的语言实践中的你来我往的交流，在这种交流活动中，断言的分值不断变化。按照这种打分策略，似乎只有在断言被所有计分者打满分的情况下，我们才能够认为做出判断的人合理地证成了他的断言，并且他的信念内容是真实的。然而，值得强调的是，布兰顿认为，道义计分者在认可某一断言时，他只是从做出该断言的人那里继承了资格和承诺，计分者本人不负有证成该断言的责任。这就意味着，计分者与做出断言的人可能有着不同的信念体系，但他们依旧可以谈论相同的对象。例如，信奉琐罗亚斯德教（Zoroastrian）的人和我们一样有着关于"太阳"的信念，但他们可能以相当不同的方式对太阳做出了从物的归因；但是，如果我们作为计分者并认可他们所做出的断言，那么，即便我们具有不同的信念体系，我们所谈论的仍是同一个太阳，因为，我们一旦从他们那里继承了资格和承诺，我们就认可了他们所做出的推论，认可了作为推论的前提和结论的断言及其内容。

在谈论表征的社会方式中，断言被用了两次。在第一次使用中，断言作为一种包含内容的信念而置身在一个融贯的信念体系内；在第二次使用中，我们需要证明该断言能够作为推论的前提和基础，即既需要其他断言作为理由，又能作为其他断言的理由。在这次使用中，断言被证明是一个推论链条中合理的一环。信念其实是一种私人享有的命题态度，而断言则是把相关的信念勾连起来，能够提供持有该信念的理由。在此意义上，我们或许可以把布兰顿的力作《使之清晰》（*Making It Explicit*）[12]一书的书名解释为“使得信念内容在推论的实践中清晰化”。

社会维度的引入将表达内容的推论活动放置到主体间动态的对话活动之中，这既强化了推理活动的动态性乃至无穷递归性，也在个体的实践承诺维度将实践层次的实质内容引入进来，语义的推论阐明恰是对这类内容的阐明，从而，推论表达的内容不单纯是语义内容，还是外间世界内的实质内容。

3. 实质语用学和形式语义学融合的深层根据

上述讨论让我们看到，布兰顿以语义推论的方式阐明内容，但我们并不被允许任意构建内容，根本地，语义阐明的内容需应答外间世界中的实质内容。简言之，形式有效的推理只有通过实质上正确的推理才能得到确切定义，而实质内容只有在形式表达中才能被确切地捕捉到。这里体现了布兰顿从古典**实用主义**者那里继承的本体论立场：取消语言与世界、思维与实在之间的本体论界限，强调自然世界与文化世界之间的连续性，认为语言显示的世界和世界在能动者的实践活动中的自我表达是一枚硬币的两面。

布兰顿对古典实用主义的关键继承体现在他将实践放在优先位置的做法。布兰顿认为语义推论仅具有方法论上的优先性，在实际的发生次序上，实质推论实则是优先的，“推论的阐明经常被认作为逻辑的阐明。实质的推论因此被视为衍生的范畴。理性……可以被理解为纯粹的逻辑能力。……推论的形式上的善（good）源自且是通过推论的实质上的善来解释的”[11]52,55。“实质推论”是指其正确性受制于其前提和结论中的内容的推论，例如从“上海在北京的南面”到“北京在上海的北面”的推论，对这一推论的理解受制于对关于“南”和“北”的内容的理解，而对内容的理解不要求我们拥有任何（形式的）逻辑能力，这是我们在与世界实质接触的实践活动中自然拥有的推论，它是后续形式化的语义表达的依据与根源。[12]97－98

再次，布兰顿虽然认可在实践活动中形成的实质推论的优先性，但他的哲学方法却是语义推论的，从而他需要能够将实质语用学和形式语义学结合起来，这恰是布兰顿哲学事业的基本特征。然而，如若我们认为形式语汇和实质语汇之间存在本质的差别，那么，我们在使用这些语汇谈论对象时，也将获得有着本质差别的两类对象：语义对象和外间世界中的内容。如何保证语义对象和世界内容的同一性成为一个新的二元论式的问题。

布兰顿无疑对这种思路持批判态度，认为两者之间只有相对的清晰程度上的差别，而无本质差异。将世界纳入理性视野，并以形式推论的方式使之明晰（making it explicit）的过程体现为如下的动态过程：（1）在语用实践P中纳入世界中的内容，获得直接关联内容的语用语汇V；（2）而后使用语用元语汇V'表达V——语用元语汇是用于解释语用语汇的语汇——从而使得P中的实质内容被更为清晰的呈现；（3）V'可以进一步影响我们的实践方式P，从而带来一种更为丰富的语用语汇。[13]10 在这样的一幅图景中，语用语汇保证世界从未失落。从P经由V到V'，再到从V'到新的P，这一循环路径使我们在越来越丰富的推论语汇的语义活动中获得关于世界越来越丰富的理解。V与V'只有清晰程度上的差别，而无实质区分，旧的语用元语汇自身变为解释对象时，可能变为新的语用语汇。逻辑的形式阐明只是一种更为高阶的阐明，它追根究底需要保持对实质阐明的应答。

布兰顿恰在这里体现出了他对实用主义实践概念的继承：形式语义的探究与实质语用的实践活动之间不存在本体论界限，根本地，形式语义的探究是实践活动的一种特殊形态，这表明语言和世界之间不存在本体论界限，新实用主义的语言转向并未在语言和世界之间设置新的二元论；在言（saying）一行（doing）之际，语用语汇和语用元语汇的动态循环体现了后验实践的直接性、丰富性、动态性和生产性，世界和语言由此共同发展和丰富起来。

4. 对布兰顿的批评

莱文那（Steven Levine）总结了布兰顿“理性实用主义”中的两大特征：（1）《使之清晰》（1994）中阐明的社会-语言实用主义，其目的是，在主体参与的给出和索取理由的社会游戏中阐明思维和言语的**语义内容**；（2）《言行之际》（*Between Saying and Doing*，2010）中将语用的经验内容输入理性视野，使之通过“测试一操作一测试一输出”（TOTE）回环的回馈过程，从而在语言转化入口处保证世界的经验输入性，并在后续的语义测试中使之清晰。[14]43 （1）和（2）分别在概念空间和自然空间中对内容做出了界定。

然而，问题在于，我们此时似乎面临两种理论任务：(a) 从概念空间到自然空间的方向，我们需要能够保证语义内容就是外间内容，或至少保证两类内容之间有着可靠关联；(b) 沿着从自然空间到概念空间的方向，我们需要阐明外间内容如何具体影响或限制语义内容。就此而言，莱文那认同与（a）相应的（1）的工作，但关于（b），他认为布兰顿未能予以清晰说明，因为（2）的实际运作仍然是在概念空间之内的，从而缺乏对（b）的实际考量。[14]84-86 这一事实促使麦克道威尔指出，“实际上，布兰顿所做的是我认为不必要的事情：在理由的空间内讨论图像，并以社会的视角来实现它的兑现价值，以保证所讨论的观念是关于事物的”[15]287。布兰顿认为，我们可以在社会性的实践中走出多多少少的推理步骤以认识外间对象，但在麦克道威尔看来，这是一种典型的**内在论**观点，这类观点试图从事在理由的逻辑空间内谈论对象的无望事业。

类似地，对布兰顿盛赞有加的哈贝马斯（Jürgen Habermas，1929— ）亦批评到，布兰顿虽然以结合实质语用学和形式语义学为基本的哲学目标，但他终究采纳的是语言的方法论，根本地，他以语义学的视角来审查语义学和语用学之间的关系，从而语义学透镜下的语义对象，其是否直指外间世界中的内容，这是有待商榷的。[16]137 哈贝马斯与莱文那一样对单纯地通过（a）来保证与自然空间的直接关联性的做法存疑。

莱文那和哈贝马斯批判的共同吁求在于，反省从外间对象到意义（significance）的过程，阐明规范和理由的自然起源[16]139,155，即就（b）提出直接的理论任务。虽然布兰顿就（b）承袭了“自然与规范之间是连续的”这类实用主义洞识，认为从对象到概念的学习过程构成一个基本的经验（*Erfahrung*）单位，体现着一个 TOTE 回环，但他批驳实用主义缺乏对经验的清晰阐明，仅提供了实践的成功条件，而缺乏语义的成真条件。[17]48—53

实际上，布兰顿接受就最初的 TOTE 回环给出一个自然主义的解释，但一方面他认为，这是认知科学家而非哲学家或他所应该提供的解释；另一方面，他也对现有的诸多自然主义解释感到不满。但在笔者与布兰顿私下的交流中，他唯独对米丽肯（Ruth Millikan，1933— ）评价甚高，并认同笔者基于他与米丽肯的思想资源来融合理性主义和自然主义的探究进路，从而勾连起断裂开的概念空间和自然空间的思路。在最后一节中我们将基于对米丽肯哲学要义的概述，来对问题进行进一步的重述和反思。

第三节　聚焦米丽肯：从自然空间到概念空间的自然主义进路

在笔者看来，米丽肯近四十年的哲学发展为我们提供了一条从自然空间到概念空间极具启发性的进路，她既阐明了自然因素（例如功能和信息）为何具有意义，又为自然语义与语言语义的关系提供了非还原论的说明，她的思想图景实际上最终为我们提供了一种十分不同的世界布局。

本节将主要聚焦于米丽肯的最新著作《超越概念：殊念、语言和自然信息》[18]一书中的成熟讨论，在第 1 小节中讨论殊念（Unicept）和殊踪（Unitracker）概念的内涵，以及该概念为我们带来了怎样不同的世界布局。在对新的世界布局有所把握之后，笔者将在第 2 小节中讨论米丽肯哲学中的自然语义起点，谈论自然语义为何可能发展为语言语义（限于篇幅，暂不深究其中的细节）。

米丽肯的思想具有较强的原创性，我们需要在特定的哲学传统中界定她的位置。笔者将在第 3 小节中通过简单讨论她与布兰顿的思想关联，来进一步把握米丽肯在从自然空间到概念空间这一进路上的独特位置。

1. 殊念和殊踪观念下的世界布局

殊念和殊踪均是米丽肯本人创造的概念。殊念指的是“在与其他殊念或行为控制者的关联中，帮助存储事实或过程知识的神经结点。每一殊念都有其自身的殊踪”[18]255。殊踪则是指“一种神经网络，其功能在于识别达到感觉表层的信息，这些信息与某一具体的事物有关，拥有该殊踪的殊念将之呈现为用法”[18]255。殊念和殊踪能够呈现我们与世界接触的多样方式。米丽肯指出，如果认知是可能的，外间对象必然以某种方式向我们呈现，人们一般赋予该对象以一个名称（name），例如 Gavagai，用以指称该对象。

然而，名称实际上起初容纳的只是描述对象的信息，这些信息聚成一簇，成为殊踪的内容或**感性结构**（图像），于是我们实际上无权未经反省地使用名称**直指**对象。自然的认知系统既包含了多样的感觉刺激，也允许我们以多样的方式与对象接触。例如一名画家与盲人海伦·凯勒对同样一朵花的接触中，尽管她们都能使用"花"这一概念，但前者可能基于视觉，而后者则基于触觉或嗅觉来辨认它，她们所运用到的殊踪是不同的。"对某物的殊踪吸收了多种不同的远端刺激……并把它们解释或翻译为携带关于同一事物信息的符号。一般而言，殊踪使用多种追踪手段，以诸多可替换的方式锚定目标……"[18]43 由此可见，不同于在使用概念时，人们抹去了与事物接触的多样性乃至事物存在的必要性，在米丽肯那里，殊念和殊踪体现了事物向我们呈现的丰富纹理。

此外，殊踪为殊念提供了信息来源，不那么恰当地说，殊念是殊踪的名称，殊踪是殊念的内容，"当用于存储信念，给养性的（affording）知识或在当下的使用中时，运用到的是殊念。另一方面，在将感觉材料所包含的信息翻译为信念或给养（affordance）知识时，运用到的是殊踪"[18]46—47。它们本质上不可分地交织在一起，犹如一枚硬币的两面，殊念无殊踪则空，殊踪无殊念则盲。在此方面，值得注意的另一点是，殊念和殊踪都是关于**殊相**的[18]47，它们所呈现的追踪事物的多样性关于同一个个体化的对象，我们将会看到，这是一个十分关键的特征。

概念和殊念有着十分不同的内涵和特征：第一，概念是为许多人所共有的，人们运用它来概括或把握对象的本质或同类对象的共同特征，而殊念和殊踪则不是可以共有的。其中的根本原因在于，概念是关于类型的，而殊念和殊踪则是关于殊相的，每个人具有的关于殊相的殊念和殊踪可能是不同的。第二，概念必须是清楚明白的。概念主义者认为认知问题往往体现于概念的模糊性，澄清概念于是可能变成一项可以无关乎内容的理性的自为事业，即便保留了经验主义式的对内容的强调，或坚持在共同体的范围内来对概念进行调整。概念主义者竭力避免模糊的概念乃至错误的概念导致的歧义性或相关命题的可错性。然而，如果我们接受殊念概念，那么，我们就会接受以多种方式获得关于对象的不同信息，其中，不可避免地会获得一些错误信息，这些信息造就了错误的信念，从而**可错论**是可以接受的，但这并不必然导致怀疑论，因为，我们仍然有许多以其他方式获得的关于同一对象的信息。此外，殊念的模糊性是可以接受的，例如"水"和H_2O便是在不同的环境下关于同一对象 X 的两种信息，关于 X 的殊念不会因为有了两种信息而面临指称困境或变得内涵模糊。又例如"晨星"和"暮星"所造成的指称和意义问题，在接受殊念的前提下，也会自动消解。第三，从功能的角度说，概念的功能是分类，而对同一对象进行追踪恰是殊念和殊踪的功能，后者的功能既保持了殊念和殊踪的直接联系，也促成了具有意义的功能成为自然的语义基础的可能性。

基于概念和殊念的不同，米丽肯进一步劝导我们放弃使用"概念"[18]46—49，认为根本不存在经验概念。她甚至认为，"根本不存在单纯的语言理解，理解语言已经将对整个世界的理解当作基础了"[18]40。在实际的发生次序上，殊念是先于概念的，即便是最单纯的概念或语言，它们已经涉及了自然性的"前见"。

米丽肯的解释向我们呈现了一种相当不同的世界布局[18]13—21，如下图 5－2 所示，其中，实在种类（real kinds）是指任何具有单义的、非偶然发生的关于对象的簇

(clumps)；历史实体（historical entities）则是指，由于时空已经历经了一段时间的累积，相关的因果属性形成了一定的依赖性，原先的簇黏合在一处形成了节点（knot），从而形成了更为稳定和清晰的殊踪。值得强调的是，历史实体的形成部分源自历史个体（individuals）在时间中形成的对环境做出反应的固定模式或倾向。历史个体与历史实体在均具有“历史性”的意义上是互相依赖、共同发展的，个体的形成与成熟带来了更为清晰的实体（substance）。米丽肯进而指出，因为共同的历史性，实在种类与个体具有**同构性**——在此意义上，我们可以理解为什么“理解语言已经将对整个世界的理解当作基础了”——随着个体的成熟，人们可以不再溯因至历史性的自然内容，而可以直接援用个体，此时个体获得的意义已经可以作为语言语义的基础了（参见下一小节的进一步讨论），但是我们不能忘记语言的自然起源。外在种类（external kinds）则指那些外在于自然中、尚未于历史中出现，但仍然作为可能性而存在的自然种类，那些活跃的可能性时刻等待在实践中被现实化为历史实体，乃至成为语言的清晰成分。米丽肯认为上述所有种类均是实体，根据她的解释，实体即是知识的可能对象，实体概念的作用在于使得我们能够在时间中积累关于实体的实践技能以及理论知识。[19]2-3 按此理解，米丽肯意义上的实体未承诺任何认知范围之外的超验实在，但是这种意义上的实体均是在现实的自然历史中被现实化的，从而具有现实的实存性（existence），这在根本上切断了“世界是否真实存在”的怀疑论侵扰。

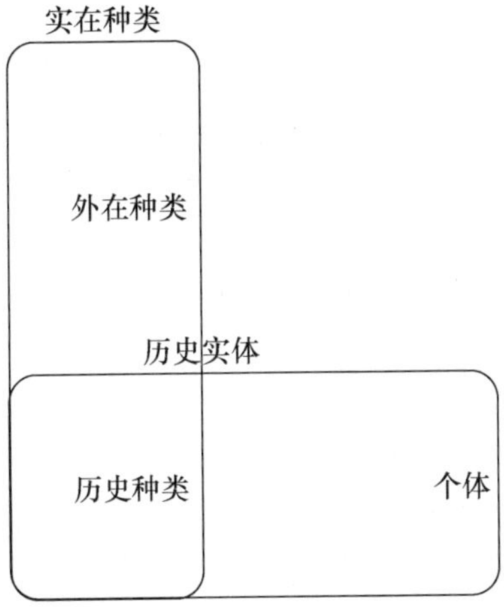

图 5-2　实体类别

总结而言，米丽肯哲学中的世界布局的特殊之处在于，不同于近代认识论图景在世界与语言之间划分界限，“世界”在米丽肯图景中有着首要位置，语言生长自世界。用殊念取代概念，意味着承认自然的语义起点，那么如何从自然语义过渡到语言语义，从而以自然空间为起点迈向概念空间，这是米丽肯需要处理的一个难题。

2. 语言的自然语义基础

认为语言有着自然的语义基础，按正序说，需要我们解释（1）自然的因素何以具有意义或何以成为语义的起点；按逆序说，我们还需要解释（2）语言如何因此保持了对世界的应答（answerability）。此外，如普赖斯（Huw Price，1953—　）[20]187 所指出的那样，我们发现在语言一方能谈及的对象在基数上远远大于自然对象，例如道德事实、伦理事实、审美事实、模态事实以及数字事实等，我们在自然一方找不到相应的真之承担者（truth-bearer），这便要求我们还需要解释（3）语言对象和自然对象的基数不对称性问题。米丽肯着力回答了第一个问题；关于后两个问题，我们可以运用对问题（1）的回答以及殊念、殊踪概念带来的新的世界图景来解释和消解。

关于问题（1），米丽肯提出了正当功能（专有功能，proper function）这一概念，简单地说，正当功能是指在某一种群、个体或**文化**的自然发展中，出于生存与繁衍的目的而被选择或保留下来的功能[21]17—38，例如心脏被用来泵血，自然选择或设计了心脏的功能，这种选择也在某类生物 A 的祖先的同类中传递开来，通过历史的链条一代代传承至 A。正当功能首先直接产生自米丽肯所谓的“一阶复制形成的家族”（first-order reproductively established families），即有着相同模式特征的一系列成员形成的集合，例如红色的蘑菇是有毒的殊型（token），握手代表友好，这些行为是可复制的，但这些复制并不严格，例如某甲用“dog”而某乙则用“hund”指狗；并且，这些复制在某种程度上遵循约定。[21]23—24自然约定“有两个非常简单的、相互关联的特征。首先，自然约定是由‘可复制的’模式构成的，这类模式有待定义。其次，这些模式是可繁衍的，这一事实的部分原因在于有前例，而非因为诸如施行某些功能的本质能力”[22]2。前一种情况体现了殊踪追踪对象的方式多样性，而后一种情形则表明，我们有时是根据既已确立的家族所体现的风俗、一致意见等——米丽肯实际上从维特根斯坦那里继承了“家族”一词，具有相似性的家族成员在被使用的语言活动中遵循了语言共同体所具有的规范（米丽肯吸收了“规范”，但否定了一定在**语言**游戏中遵守规范。[21]306—307在她看来，规范和约定一样是自然性的。）[22]17—38——来进一步确定家族成员，米丽肯称由此而形成的家族为“高阶复制形成的家族”（higher-order reproductively established families）。在一定程度上，一阶复制形成的家族成员有些是由高阶复制形成的家族根据**规范的**（normal）解释进行复制的。

高阶复制形成的家族比一阶复制形成的家族多出了根据“规范的解释”复制的属性，根据米丽肯的说明，规范的解释是对一个特殊的复制形成的家族怎样**历史地**实现一个特殊的正当功能的解释，它还解释了这些功能实现的**正常条件**。[21]33按此理解，高阶复制形成的家族因为根据规范的解释做出复制，其成员的复制行为更具稳定性，在此意义上，我们可以理解为什么米丽肯会认为高阶的复制起初基于一阶复制，例如蜜蜂通过舞蹈指引花粉方向的行为，起初该行为是约定且偶然的，而后通过其成员经过反复的学习和试错而形成一种规范的解释，当某一成员跳特定的舞蹈时，根据规范的解释，家族的另一成员会飞向特定的方向。然而，高阶的复制有时候是不精确的，例如蜜蜂可能忘记了一个细微的动作，但是其家族的成员依旧能够飞向特定的方向。

在笔者看来，尽管米丽肯做出了更多的解释，她关于复制家族以及规范性特征的解释已经足以为解释问题（1）提供基本思路。正当功能是连接自然和语言的中介转置，一方面，它是直接关于一阶复制家族的，因而功能的相关要素**直接**在自然之中；另一方面，二阶家族的正当功能已然具有意义，这一意义可以作为更为精致的活动（例如使用殊念的推理活动）获得稳定性和清晰性。就后一方面而言，更为具体地说，米丽肯区分了意义的三个维度[22]72-75，即（a）同一性陈述（identity statement）的意义，这种意义体现于稳定的正当功能所对应的对象（表征）是否同一，例如（标识了同一蜜源的）蜜蜂的舞蹈动作所体现的意义；（b）存在性陈述（existence statement）的意义，此类意义体现于交流者对会话对象（存在与否）的反应，体现了意义（语言）的公共性；（c）内涵语境（intensional context）意义，此时意向态度中已经渗透了“语言网”，某语句的正当功能以该语言网为依据。米丽肯的这些解释或许让人感到费解或怀疑，但如果我们在殊念和殊踪带来的世界图景中进行思考，那么便容易理清这里的线索。

第一，我们注意到，米丽肯否认先天概念存在，从而也否认存在内嵌着先天图式的语言本身，在这一点上，米丽肯与戴维森站在一道。然而，米丽肯强调，约定、规范等都是自然性的，而非语言性的。第二，我们还注意到，米丽肯承认正当功能可以是在文化的历史发展中形成的，因此正当功能的要素既可以是自然性的，也可以是语言性的。这两点解释似乎构成了一个矛盾，但其实并无冲突，因为，第三，米丽肯对经验概念的瓦解以及对殊念和殊踪概念的引入根本地祛除语言与世界之间的本体论界限，从殊踪和殊念出发，自然实践和语言实践都是一些“自然事务”。正如上一小节中所表明的那样，历史种类和个体有着相同的机制，复制家族的规范是语言规范的隐在和模糊形式，自然的知觉过程因而就是一个解释过程，这一过程就是出现词项、专名、索引词等语汇的语义过程。[18]184-203二阶复制家族的可能性表明，复制完全可以根据已有的前例进行规范的复制，乃至在内涵语境中进行复制，形成以语义信息为内容的殊踪的正当功能。就此而言，我们可以大胆地推论，殊念不仅可以是神经节点，也可以是语义节点。

根据上述解释，我们此时可以较为容易地回答问题（2）与（3）。就（2）而言，在米丽肯的哲学图景中，世界从未分离为语言与自然两个面向，两者始终处于连续的关系之中，从而并不存在问题（2）。就（3）而言，殊踪所容纳的信息可以是语义信息，这便使得人们可能运用相应的殊念谈及那些与容纳了因果信息的殊踪不同的内容，例如道德事实、审美事实等，从而（3）其实揭示了一个合理的现象。在近代认识论图景中，使用概念意味着首肯概念的独立性，而后理性对概念的自发性运用可能在一定程度上脱离自然经验的锁链自由地跳舞；然而，在米丽肯的图景中，意义的机制是相同的，随着历史进程的推进，语言环境的确会取得越来越大限度的独立性，但如图 5-2 所表明的那样，作为可能性而存在的外在种类蛰伏于环境之中，亟待被现实化，在笔者看来，殊念取代概念的另一重要意义在于，始终保持对环境的敞开状态，接受它的丰富性，以及修正现实（已有的历史种类）的开放性。自然的历史性是语言环境的来源，语言的历史性反过来促进了自然呈现的（概念空间的）广度和（自然空间的）深度，在两者的动态互动中，殊念和殊踪是最基本的自然过程和语义过程（两者是同一个过程），我们可以借以向罗蒂表明，世界不但从未失落，反而越来越丰富。

3. 从自然空间到概念空间的“规范”一跃

上文中提及，罗蒂和布兰顿将塞拉斯的追随者分为左、右两派，其中，米丽肯被视为右派的重要代表，而布兰顿则将自己视为左派的代表。塞拉斯的学生德弗里斯（Willem A. deVries）认识到两者的分歧典型地体现在对塞拉斯“应该”（ought）一词的不同理解[23]261-262，塞拉斯本意用“应该”指遵循规则（rule），例如当狗主人在叫唤狗时，狗便会过去，狗此时遵循的“规则”并不是**范畴**意义上，而仅表明一种**事态**。然而，恰因为有了这样的规则，语言才是可能的，因为在语言的早期学习中，这类规则构成了人们的“第二天性”。但是，人们却在这类规则本身的起源的解释上产生了分歧。第一类米丽肯式的解释认为，规则产生自进化过程中出现的复杂行为模式或反应**倾向**，它本质上是自然的；第二类布兰顿式的解释则认为，这类规则已经是语言性的规范了，我们在语言的推论活动中使得隐含性的规则清晰化为规范，规范根本上是“一路向下的”（all the way down），而非相反的方向。米丽肯本人也清楚地认识到了自己与布兰顿的不同，她指责布兰顿赋予了塞拉斯式的规则以过强的规范特征[22]77—91，由此指出，

> 塞拉斯和布兰顿均将语言和思想视为无缝的整体。对塞拉斯而言，语言和思想中关于它的表达式的不可分性就如语言产生自思想对自身的表达一样；语言和思想的功能会使得它们彼此包含。而对布兰顿而言，概念规范的客观性源自公共的语言实践。这一思想初始均源于《哲学研究》，即遵循规则的标准只可能在于公共的一致意见这一主张。[22]84

如在本节第一小节中所提及的那样，米丽肯并不认为语言游戏中所遵循的规范是**成熟语言性的**，规范、规则在她看来只是一种自然**倾向**，总的来说，“遵守规则”和“受限于有模式的反应”之间有着可靠的联系，我们可以认为前者是对后者更**稳定**的表达，但并不能因此认为规则有着先验性的语言图式或结构。

米丽肯由此强调我们必须重视这些倾向本身的自然意义，只有有了这些倾向，我们才能理解规范的起源，理解事实，“根据新的描述的和指引性的再现而做出推论是人类对其意向态度的核心运用，于是这些态度的意向性及其内容，在某种程度上，起到推论的模式的作用。‘这些模式必须能够匹配其内容’与‘内容在某种程度上依赖于这些模式’是同一思想的两种表述”[22]90。根据右派的观点，我们不应在人与动物之间截然地划出界限，世界的内容作为知识的起源，应该得到我们持续的重视。

按照此处的解读，我们必须承认米丽肯和布兰顿的确有着实质的思想差别，布兰顿强调哲学探究的起点是概念和推论，而米丽肯否认存在概念本身，提出了殊念；布兰顿是一名理性主义者，强调规范的一面，而米丽肯无疑是一名自然主义者，强调规范的自然起源。

然而，仍有可能融合两人的思想吗？笔者看到了这样的可能：由于布兰顿认为塞拉斯式的规则隐含在做（doing）的实践活动中的，我们用语用语汇表达之，而后使用元语用语汇以推论的方式阐明之，但是在语用语汇的层次，布兰顿更多地仰仗实用主义的实践概念，而未能就语用语汇何以具有规则提供细节，米丽肯无疑在此方面做了大量的工作，可以弥补布兰顿语用维度研究中的不足；米丽肯虽然向我们提供了从自然到语言的丰富细节，但在进入语言之后，在作为语义节点的殊念如何进一步关联的问题上，她的工作无疑逊色于布兰顿，在此方面，布兰顿的工作可以弥补米丽肯哲学的不足。

实际上，我们可以从米丽肯的著作中追踪到一些可以支持笔者策略的蛛丝马迹。在解释图 5－2 的世界图景时，米丽肯还评论道：

> 还存在着一些其他的实在范畴，例如舞蹈、书籍、音乐片段、疾病、俱乐部、

仪式、国家、杂货铺、货币系统等等。在我们转而讨论这些例子时，实在种类（real kinds）和实在范畴（real categories）之间的差别便变得明显了，但就像确定的和可确定的东西之间的差别一样，**差别是相对的**。[18]26

其中，实在范畴指的是“种类的种类”而非个体的种类。这一评论或许能够缓和米丽肯和布兰顿之间的思想差别。的确，我们有时是使用实在范畴来认识诸如舞蹈和书籍之类的对象的，但是，米丽肯强调，实在范畴仍然是“种类”，即有着一定功能的分类，而非某种先验图型，在这一点上，米丽肯与布兰顿等新实用主义者是一致的。但对“种类的种类”的谈论意味着如下推论的合理性：殊念可以是语义节点。关于“种类的种类”的殊念，其殊踪所提供的信息是关于种类本身的，即有可能是概念性的。这样一来，米丽肯哲学完全能够接受布兰顿式的做法，即以概念与推论作为直接的起点——虽然在理性推论主义的哲学事业中，米丽肯未能提供更多的细节。

布兰顿承认米丽肯哲学为我们提供了对自然元语汇正当性（proprieties）最有前景的解释——对这种语汇中词项用法的正当性的考查是他所认同的哲学探究起点，但他并未能对此提供细节性的说明。[24]88 米丽肯曾将布兰顿与自己比作塞拉斯的一对子女；在笔者与布兰顿的私下交流中，布兰顿认为米丽肯是自然主义一脉中最好的哲学家。或许，消除这对姐弟的思想隔阂是一件哲学所能做的善事，即增进自然主义和理性主义之间的理解，但这无疑需要我们做更多的工作。

结　语

就概念空间和自然空间的关系来说，我们有如下四种可能立场：

A 否认世界存在，认为共同体所使用的语言的范围就是世界的范围，但在两者的关系上可能持有：（A1）彻底放弃世界，认为语言的言谈已经足够；（A2）认为语言的言谈需要保持对外间自然空间的实质关涉或应答。

B 承认语言和世界均是必要的要素，但在两者的关系上，可能持有：（B1）认为两者处于二元对立中的传统图景；（B2）认为两者处于连续关系之中的实用主义图景。

基于奎因、塞拉斯和戴维森对经验主义三个教条的批评，罗蒂为（A1）做辩护，认为语言的范围就是我们栖居的世界的范围，语言的界限构成了认知的界限。布兰顿持有（B2），认为应该从概念出发，以推论的方式阐明表达式所关涉的实质内容，实质上，这是一种理性主义立场。米丽肯同样持有（B2）立场，但她认为外间的自然可以作为哲学讨论的出发点，并为自然语义和语言语义的连续性做辩护。根据米丽肯的立场，认知的范围将会扩展至外间的自然空间之类。

概念空间和自然空间的关系问题实质上是心灵与世界的经典哲学难题在当代的呈现，语言哲学和科学哲学的发展为“世界”的失而复得或两种空间的断裂与勾连的理论推进增添了诸多细节。本章仅旨在体现问题的演化线索，未能做出充分讨论，甚至有些简化的概述会有引致误解的后果。更多的细节请参见笔者在其他地方的讨论。[25]在此仅将本章作为思考相关问题的一个邀约，期望读者在后续的探究中能够形成自己的理解。

参考文献与阅读书目

[1] 蒯因. 从逻辑的观点看. 江天骥，宋文淦，等译. 上海：上海译文出版社，1987.

[2] Hylton，Peter. Quine. New York：Routledge，2007.

[3] Quine，W. V. O. Philosophy of Logic. Englewood Cliffs. N. J.：Prentice-Hall，Inc.，1970.

[4] 戴维森. 真理、意义和方法. 牟博，编译. 北京：商务印书馆，2008.

[5] Kraut，Robert. The Third Dogma//Lepore，Ernest. Truth and Interpretation：Perspectives on Donald Davidson. Oxford：Basil Blackwell Inc.，1986.

[6] 塞拉斯. 经验主义与心灵哲学. 王玮，译. 上海：复旦大学出版社，2017.

[7] Brandom，Robert. From Empiricism to Expressivism：Brandom Reads Sellars. Cambridge：Harvard University Press，2015.

[8] 理查德·罗蒂. 偶然、反讽与团结. 徐文瑞，译. 北京：商务印书馆，2003.

[9] 希拉里. 普特南. 无本体论的伦理学. 孙小龙，译. 伯泉，校. 上海：上海译文出版社，2008.

[10] 麦克道威尔. 心灵与世界. 刘叶涛，译. 北京：中国人民大学出版社，2006.

[11] Brandom，Robert. Articulating Reasons：An Introduction to Inferentialism. Cambridge：Harvard University Press，2001.

[12] Brandom，Robert. Making it Explicit：Reasoning，Representing，and Discursive commitment. Cambridge：Harvard University Press，1994.

[13] Brandom，Robert. Between Saying and Doing：Towards an Analytic Pragmatism. Oxford：Oxford University Press，2010.

[14] Levine，Steven. Pragmatism，Objectivity，and Experience. Cambridge：Cambridge University Press，2019.

[15] McDowell，John. The Engaged Intellect：Philosophical Essays，Cambridge：Harvard University Press，2009.

[16] Habermas，Jürgen. Truth and Justification. Fultner，B. ed. and trans. Cambridge：Polity Press，2003.

[17] Brandom，Robert. Perspectives on Pragmatism：Classical，Recent and Contemporary. Cambridge：Harvard University Press，2011.

[18] Millikan，Ruth. Beyond Concepts：Unicepts，Language and Natural Infor-

mation. Oxford：Oxford University Press，2017.

[19] Millikan，Ruth. On Clear and Confused Ideas：An Essay about Substance Concepts. Cambridge：Cambridge University Press，2000.

[20] Pirce，Huw. Naturalism without Mirrors. New York：Oxford University Press，2011.

[21] Millikan，Ruth. Language，Thought and Other Biological Categories：New Foundations for Realism. Cambridge：MIT Press，1984.

[22] Millikan，Ruth. Language：A Biological Model. Oxford：Oxford University Press，2005.

[23] DeVries，Willem. All in the Family//Ryder，D.，Kingsbury，J.，Williford，K. Millikan and Her Critics. Oxford：Wiley-Blackwell，2013.

[24] Brandom，Robert. Global Anti-Representationalism? //Huw Price. Expressivism，Pragmatism and Representationalism. Cambridge：Cambridge University Press，2013.

[25] 周靖. “世界”的失落与重拾：一个分析实用主义的探讨. 上海：复旦大学出版社，2019.

思考题

1. 人们为什么会放弃对自然空间的谈论，如果放弃了自然空间，如何理解科学所探究的对象?

2. 以自然主义方式确证的对象和以理性主义方式确证的对象有着怎样的本体论差异?

3. 自上而下的解释次序为何是以整体论为其理论依托? 整体论有何理论意义?

4. 米丽肯的思维图景是否可以克服二元论思维? 如果可以，体现在哪些方面? 如果不可以，她的理论有哪些缺陷?

5. 概念空间和自然空间的对立是二元论思维框架在当代哲学中的显例，本章的分析实际上仅在很有限的程度上突破了二元论思维，你觉得本章的分析有何问题，或可以做出哪些推进?

第六章

经验的认识论意义

我不仅仅有一棵树的视觉印象，我还知道那是一棵树。

——维特根斯坦：《论确定性》，§267

考虑这样一个普通的情景，有个名叫 J. L. 的人有着普通的视觉，看见一只粉色的猪沐浴在春天的阳光下。根据一个被普遍认同的哲学图景来看，这个情景包含了某种介于猪和 J. L. 之间的因果行动，而这种行动包含了两个重要的阶段。在第一阶段，光反射在猪及其周身，引起 J. L. 通过他的眼睛和视觉系统的操作，而产生了一种"视觉经验"。在第二阶段，视觉经验引起了 J. L. 获得某些关于其他所有因素等同的猪的信念，它们合起来会成为知识。就是这里，在经验-信念的突触上，那些非概念的变成了被概念化的，或者说被给予的变成了被接受的。

为了简洁，我们专注于 J. L. 认为这个动物是粉色的信念。相关的视觉经验可以用一种在文学中普遍的习语来概括为"一个那只猪看似是粉色一样的经验"；而大致地讲，是"一个看似 p 的经验"①。这只猪为粉红色引起了这种经验，而这反过来又引起了信念。实际上，区分开这两者所主要论证的，是保持第一阶段而屏蔽第二阶段的明显可能性。

---

① 这一术语的引用远谈不上无伤大雅，不过至少存在着它应当能够应用的清晰示例，并且其中的一个就是 J. L. 的。这样就确定会理解这篇文章所针对的问题。谈论"看似 p"的经验自然地伴随着知觉有着表征的（或者命题的）内容这一流行观点，而这些内容（部分是为了简化辩证）将会被彻底地假设成立：因此，看似 p 的经验并不蕴涵那个 p。假设"看似 p 的经验"已经被合法化了，那么就会产生"p"可接受的赋值的问题。人人都同意（视觉的）知觉的内容至少考虑了那些被早期视觉观测到的特征（形状、明暗、纹理、运动、颜色、亮度，等等）；（比方说）**作为一只猪**是否可以包含在知觉内容里是有很大争议的。

如果这个图景是适当的，那么自然会产生一个问题：经验起着什么作用？很可能它的出现至少润滑了某些认识的轮轴：没有它的话，就没有知觉知识，或者知觉知识要更为难以获得，又或者至少更难以用于对推理和行动的服务上。众所周知，唐纳德·戴维森（Donald Davidson）提出了这个问题。这篇文章论证了在标准图景的预设下，这一问题并没有一个满意的答案。而解决方法则是拒斥这个预设，特别是拒斥第二阶段——经验-信念的突触是一个虚构。

第一节 戴维森的挑战

在“真理和知识的一种相关理论中”，戴维森描绘了某些“用一种或者其他方法将信念奠基于感觉的辩护之上的努力：感觉、知觉、所与、经验、感觉材料、往事复现”[1]。他首先考虑了“感觉”为“在那些感觉中的信念”这个观点做出奠基或辩护，而这样的信念形成了其他信念得以建立的基础。戴维森有一个为人熟悉且引人关注的顾虑，也就是哪些信念“不能支持任何对于一个客观世界的推断”[1]。而他接下来试了“一个更大胆的方针”：被置于台面上的提议是，一个看似 p 的经验辩护了那么 p 的信念。戴维森的抱怨是这样的：

> 一个信念和一个感觉间的关系不能是逻辑的，因为感觉并不是信念或者其他命题态度。那么是什么关系呢？我想答案很明显：这种关系是因果的。感觉引起某些信念，在**这个**意义上，也是那些信念的基础。不过一个信念的因果解释并没有展示出如何或者为何信念被辩护。[1]

现在这个反对可能看上去完全没有价值。首先，就像“看似 p 的经验”这个说法所展示的，一种当下流行的观点是感觉（经验）**是**命题态度。戴维森认为关系不能是“逻辑的”因此就十分矛盾。其次，至少部分我们有知觉知识的原因是，我们的知觉系统对于环境内所发生的是适当地接受的。某人知道有一道绿光在闪烁，部分是因为一个合适的因果联系置于光和她的视觉系统之间。不过因为这种“看见一道绿光闪烁的感觉”是那种因果链的一部分，那么这如何能是——如戴维森所想的——认识论上不相关的呢？

而一个关于感觉作为“仅仅是起因”的真正担忧仍然近在眼前——如果并不恰恰是戴维森心里所想的那一个的话。这儿有一个传统图景（图 6－1）能够帮助我们：

一道绿光闪烁，影响了眼中的光传感器，导致了脑中的次个人处理。一道绿光在闪烁的信息是被提取的，而且主体有了看似一道绿光在闪烁的经验。基于某些基本的经验事实，这个因果链的第一部分是很清晰地必然的。光只能通过感官传感器影响神经系统。它给了我们有一道绿光在闪烁的信息。不过为何不略过信息直接关注信念呢？如果感觉或者“媒介质”被排除掉，那么认识上会失去什么呢？

这里有一个类比。假设你想要给伯蒂带个消息。你可以亲自告诉他，或者你可以告诉爱丽丝，然后让她把消息继续传递下去。假设亲自把消息告诉伯蒂不包括其他不便条

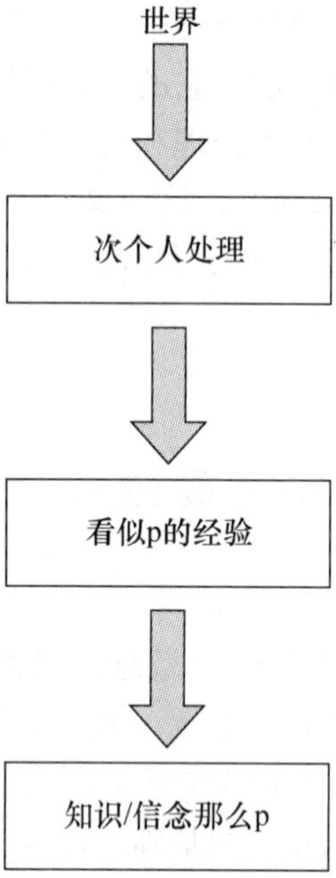

图6-1　传统图景

件，那么为什么要麻烦信使呢？事实上，告诉爱丽丝无谓地**添加**了许多出错的可能性。

布洛克（Ned Block）为人所熟知的“超盲视觉者”例子提供了一种生动的方式来提出这个议题。[2]227-247超盲视觉是这样一种条件，其中次个人知觉处理直接同认知相连接，造成知觉经验的缺失。我们可以进一步规定，超盲视觉者的“知觉”信念至少像我们的同样可靠。在传统图景的设想当中，超盲视觉的可能性是难于否认的：这个条件很有可能是剪除“看似 p 的经验”而引起的，并且重连接了知觉进程的前后两端。

布洛克有根据地假设超盲视觉者有着关于他的环境的真正的**知识**——直接由他的视觉系统处接收到的知识，而非“通过一个视觉经验”。如果这是正确的，那么尽管缺少突触，超盲视觉者在认知上却一点也不差。感觉和经验因此看上去就像多余的中间商，并不给作为终端产品的人们关于环境的知识增加任何价值。经验当然在认知上要比这重要得多！就如我们所说，**戴维森的挑战**，就是用来解释这一点为何可能的。

第二节　对戴维森挑战的阐明

首先，这个挑战并不是一个**怀疑性**的挑战。它没有争论我们具有大量的知觉知识，特别是 J. L. 知道猪是粉色的。它也没有争论在解释为何 J. L. 知道猪是粉色的当中经验具有的作用。

其次，满足戴维森挑战不要求展示出经验对于知觉知识来说是**必需的**。那样会将标准设置得过高。所以要处理戴维森挑战，展示出经验是赋予生物以知觉知识这一难题的一种有效解决方法就足够了。更具体来说，它需要展示出经验——对应于在超盲视觉例子中所说的——不仅仅是一个无意义的中间人。

再次，戴维森挑战是不可回答的可能性不应该被彻底消除。或许信念-经验突触是一个缺陷，是一个进化产生次理想的解决方案的幻象。但这种解决方案如何能够产生仍然是非常令人费解的，所以这篇文章会进而来到戴维森挑战有一个答案的假设当中。

最后，布洛克的超盲视觉例子可能要说戴维森挑战是解释作为一个"障痹者"的认知劣势的需要。在任何通常的对于障痹者的描述方法当中，这都是不正确的。一个真正的障痹者保留着经验-信念突触，因为那是一个信息-处理步骤。障痹者们有经验。经验-信念突触在障痹者身上发生，并且传统观念的真正图景也适用于他们。如果障痹者有知觉知识，戴维森的挑战就会像发生在我们的身上一样发生在他们的身上。①

相反地，超盲视觉者将这个挑战变得真实，恰恰是因为他们**缺乏**这个突触。一个超盲视觉者只是"一个非常有限的部分障痹者"[2]227—247：他的视觉信息处理与我们类似，不过在一个非常重要的角度是不同的。

第三节 对挑战的回应

就当前的目标来看，对于经验的认知意义可以分为三种观点——传统的、现代的和后现代的——分别有着对于戴维森挑战相应的不同回应。

1. 传统观点

假设 DCI 泰尼森②知道某个嫌疑犯犯了谋杀罪。这个嫌疑犯留在刀上的指纹就是"认知上有意义的"——它们在解释侦探的知识时能够扮演重要的角色。究竟如何重要呢？明显的回答是关于指纹的事实是侦探的（部分）**证据**。泰尼森知道嫌疑犯的指纹在刀上，并且没有这一条证据的话她不会知道这个嫌疑犯犯了谋杀罪。在传统观点看来，经验的认知意义恰恰类似于指纹的认知意义。当 J. L. 看见了猪，他知道他有一段那（只猪）看似是粉色的经验，并且这是他证据的必要一段——没有它，他不会知道那只猪是粉色的。布洛克的超盲视觉者处于泰尼森的位置，但被减去了她关于指纹的知识。③

传统观点不只是可以接受经验——信念突触，而且是积极地需要它。为了明白这一点，注意泰尼森的证据——嫌疑犯的指纹在刀上的这个事实因果上解释了为何她相信嫌疑犯是谋杀者。并且因为这个知觉例子应当类似于 J. L. 来自经验的证据——他有猪看似是粉色一般的经验的这个事实——因果地揭示了为何他相信猪是粉色的。也就是说，

---

① 类似的言论倾向于一个更标准意义上的障痹者，物理上同我们一致然而却缺乏现象意识的造物。

② 英剧《头号疑犯》（*Prime Suspect*）中的角色。

③ 人们可想象一个不同种类的超盲视觉者，对他来说关于"理智的外表"的事实作用等同于证据，并且他因此认知地同某些具有经验证据的人不同。（类比：一个基于同样好但是却**不同**于泰尼森的证据而知道嫌疑犯犯了谋杀罪的侦探。）这种超盲视觉者不成为传统观点对于经验的认知重要性说明的威胁。

这个经验导致了信念，也因此有一个经验-信念突触。

到目前为止，一切都好。不过对于传统观点有两个主要的反驳，一个很直接，另一个更微妙一点。直接的反驳就是小孩和非人的动物有大量的知觉知识，却没有他们知觉经验的知识。并且如果这些生物有知觉知识，也不是基于经验证据，很可能是我们的知觉知识也不是基于经验证据的。因此，传统观点马上在某些基本的经验事实上触礁了。

如果我们回到DCI泰尼森身上就能看出更微妙的反驳。为何她需要知道关于指纹的一切呢？为何她不能除开指纹或者其他法庭证据，而单单知道嫌疑犯谋杀了别人呢？其中没有什么神秘的，因为泰尼森并不在现场。如果侦探目击了犯罪，那么就无需指纹，而她没有。

那么，猪又如何呢？为何J.L. 需要知道他正处于猪看似是粉色一般的经验当中呢？为何他不能除开经验或者其他一些心理证据，而单单知道猪是粉色的呢？并且这里有一点神秘的是，因为J.L. **在**现场，猪就在他的眼皮底下。为何他不能单单通过看见眼前的场景而知道猪是粉色的呢？

我代表传统主义者回答，在相关意义上J.L. **并不在**现场。更准确地说，他被陷于自己的头脑内，要从推测猪的呈现来接收信号（“感觉”）。所以除非J.L. 有关于他的感觉的知识，否则关于猪的知识就是不可能的。

传统观点道出了一丝实情，也就是知觉知识需要某些方法来从被那些对象引起的“内在发生事件”当中提取关于某人所处环境的信息。不过这些内在发生事件本身对于他们的主人来说是不可见的。实际上，要找出这样的发生事件并不比找一件引起它们的内在发生事件容易，而这也就是为何在认知科学当中的知觉理论并不假设它们是已知的。传统观点在这个问题上用了个小手腕，将相关内在发生事件设想成可能消失的。因为无法看见任何物理上的东西，如感知表层的刺激物，有可能会有那种特殊的认知光晕，而传统主义者也自然地被引向了二元论。

传统观点直截了当地面对戴维森的挑战，如果其答案正确的话，那他们也给出了一个完全令人满意的答案。然而不幸的是，这个答案并不正确。

2. 现代观点

现代主义者主要的举动是要摒除传统主义者对**内省**的一种承诺，将其作为一个人所处环境知识的条件，其他东西则完好无损地保留下来。根据现代主义者，为了让J.L. 知道猪是粉色的，他只需**有**一个它看似是粉色的经验——他无需知道他有这个经验。所以，传统观点的第一个反驳对于现代观点来说没有一点力量。

然而第二个反驳还是存在的。假设J.L. 能够在不知道他具有经验的情况下，知道猪是粉色的，那么为何他需要**有**经验来作为知觉信念的近端原因呢？

传统主义者对这个问题的答案是，J.L. 需要经验来作为一只猪在眼前的标识或者线索，因为**他没有看见那只猪**。现代主义者无法做出这种回应。从现代观点的本质来看，J.L. **没有**意识到他的经验；它们并不在他与猪“之间”那些任何烦人的意义上。他所“直接”意识到的是——猪本身。

然而，如果这种传统观点需要为了让J.L. 去看见这只猪而改变的话，那么现代主义者就确实有一个对于第二种反驳的回应。并且如果一个经验-信念突触对于看见某物来说是必要的，那么这种突触就具有一个人理性地期望的所有认知意义。

而麻烦在于这种突触似乎对于目睹某物来说不是必要的。布洛克的超盲视觉者能够在其盲区范围内区别出 X 及其他物体，或者我们可以如此设想。所以，不同于传统主义观点，在现代主义当中没有任何东西明显地阻止超盲视觉者们做的如同正常视觉者同样好。那么有什么东西不明显地妨碍着他们吗？

希格尔（Siegel）和齐林斯（Silins）在他们关于知觉认识论的有用调查文章中回顾了目前的一些选项。

他们如此解释“经验”为何物：

> 在我们的用法当中，一个经验是一个现象状态，被处于那种状态是什么样所决定（或者同等地，被其现象特征所决定）。[3]

接着要描绘如下问题的主要答案：

> 看似 p 这个经验的哪些功能使得它能够对［相信那个 p］提供理性的支持？①

回答这个问题不是回应戴维森的挑战，因为经验的相关特征可能也会在超盲视觉者的例子中以一种更有意义的方式呈现。对于那个 p 的信念有利的特征是一个中肯的例子，因为信念-经验突触看起来像会**降低**某些可靠性。在某种程度上说，要获得对于戴维森挑战的掌握，也需要论证经验做出一些专有的认知贡献，从而避免“多余中间人”的指责。

所以我们应该寻找**只有**经验才有的特征，并且诉求希格尔和齐林斯检验两个主张某些初始的承诺的候选项：一个经验的“现象特征”和它的“现象力”。

一条断层线区分开了**呈现主义者**和**感知主义者**对现象特征的解释。呈现主义者认为，现象特征单单是一个主体对于其环境的**意识**的问题。比方说 J. L. 在看着猪时，是意识着——用其他术语来说，是**被呈现为**一个可视的猪样现实断片，有着独立的形状、质地、阴影、颜色等。根据呈现主义者，这个被呈现的现实断片专注于他经验的现象特征。感知主义者否认这些对于现象特征来说就是所有的存在。他们通常将自己的示例建立在那些当现象特征改变时，被呈现的现实断片仍旧持续的例子当中。

如果感知主义是真的，那么一个经验的现象特征能够在某种程度上浮于（表面）经验所呈现的现实断片，并且如此它关于那个碎片的信念的认知状态的相关性就会显得彻底不清晰。

因为呈现主义只能够帮助现代主义者，我们可以假设：现象特征单单是主体所在环境的（表面）呈现的问题。说经验的认知意义在于它是对于主体所在环境的（表面）呈现这个事实，是可信的吗？

史密西斯（Smithies）论证基于超盲视觉（现实盲也是一样②）的例子，主体关于

---

① 正如希格尔和齐林斯注释的，一个优先要问的问题是：“给定一个经验，有哪些命题能使这个经验为相信提供理性支持呢？”[3]

② 鉴于对现象的正确说明是矛盾的，从盲视的实际示例当中得出任何哲学寓意就是一个富有挑战的工作。一个最近的评论归结起来如下：“一个同当前经验发现似乎相一致的结论是建议将‘盲视’当作一个条件，在其中某些被保存的知觉能力层次同被严重地降级且不正常的视觉经验相关”[4]607—614。

其环境的信念**没有**被证明，所以它是可信的。[5]这其实是要从开端来证明戴维森的挑战不具有说服力，因为挑战的力量在于超盲视觉者看上去**没有**在认知上恶化这一观点。很明显史密西斯不能证明这个说法彻底可信。然而，布洛克确实证明了：要记住他将超盲视觉者描述为“**就是知道**”。并且如果超盲视觉者知道，那么超盲视觉者的信念就被辩护了。

在布洛克的立场上可说的还有很多。首先，“安全”或者“可靠主义者”对于知识的解释是有吸引力的，特别是如果非还原地来看的话。假设这些解释正确，那么因为我们能够设想超盲视觉者的信念是安全或者可靠的，它们就构成知识。

其次，说知识——即使是关于现实世界的偶然事实——并不需要同现象特征有任何联系是非常有道理的。

关于知识的先天论提供了一系列不同范围的例子。人类幼儿是否有对于物理对象、他人心灵、语言等有着与生俱来的知识，都是当下在认知科学中火热讨论的话题。（可以合理假设，如果有任何这样的天赋知识，现象特征就与此毫无关系了。）重点不在于先天主义者已经赢了，而在于他们似乎有一个能够做出可检验预测的融贯位置。然而如果知识必须从现象特征开始被追溯，那么先天论从一开始就错了。

关于现象特征就说这么多；那么对于不那么熟悉的“现象力”观点又如何呢？希格尔和齐林斯是这样介绍它的：

> 我们可以通过与其他种类的现象特征做对比而确定知觉经验的现象力。似乎存在着知觉经验的现象特征的一个方面是区别于意象的现象特征的，一小段的犹疑，以及片刻的欲望——即使当这些状态都被引向同一个东西时。我们的知觉经验意在揭示世界是怎样的，想象一个点，犹疑是否在你面前存在这个点，或者感觉到对一个黑点的片刻欲望却并不能揭示同样的世界。[5]

有人可能会疑惑“意象、一小段的犹疑，以及片刻的欲望”的反例是否如所暗示的一般不一样。不过就算是这样，尽管**信念**没有任何现象力（因为它缺乏现象特征），希格尔和齐林斯关于现象力的解释使了解经验和信念之间有怎样的认知区别变得很难。信念难道不是也“旨在揭示世界为何”吗？同时希格尔和齐林斯做了一个关于经验和信念之间的对比：

> 做出一个断言是表达你相信某事物为何的一种方式。类似地，知觉经验是一种某事物对你来说看上去如何的方式。现象力和语旨力从两者都与类信念的状态相关联的意义上来讲，是类似的。[5]

假设经验的“现象力”没有在认知上将其与信念区分开，那么现象力就不能产生辩护，因为仅仅相信某物并不能在对它的相信上得到辩护。从另一方面来看，如果现象力给经验一个超越了信念的认知优势，那么这种解释就难以理解。

最终，还存在另外一个问题，讽刺地是它源于现代主义之于传统主义所谓的优点上，也就是经验证据的可分配性上。“被辩护的信念”是认知艺术的一个术语。一个人可能从后者的角度期待一种关于前者的解释：一个信念是被辩护的，即是说它是被证据支持的。既然一个人的证据可以给一个假命题以某些支持，我们就可以得出某些例子是被辩护的信念，然而这却是假的，或者不构成知识。一个典型的例子是，在某一场景中DCI泰尼森的指纹证据有了误导而嫌疑犯并没有犯谋杀罪，她因此辩护了自己的某些假信念。

想想J. L. 的坏例子当中，猪仅仅显得是粉红色。至少传统观点者可以说，尽管如此J. L. 被他的某些经验证据所支持。不过现代主义存在的理由则是不需要任何实验证据——正确种类的实验起因就够了。现代主义者因此被迫发明一种没有把握的无证据辩护；要不是现代主义者的话，就没有必要引入它了。①

3. 后现代观点

正如前文所论，现代主义者的辩护观念是极具争议性的。所以，鉴于传统主义在其他基础上是可反对的，那么很自然的下一步骤就是找到一种以截然不同的方式来对待好例子和坏例子的现代主义：特别是，J. L. 的信念在坏例子当中**没有**被辩护。②

不过，如果J. L. 在好例子当中的经验同他在坏例子当中的一样，这种现代主义如何可能实现呢？后现代主义者的回答是，J. L. 在好例子当中的经验是**不同的**——具体来说，它更具有认知潜力。

后现代观点的主要支持者是麦克道威尔。[9]455—479;[10];[11]然而，对后现代主义描述更佳的是一种基于麦克道威尔，然而摒弃了其中细节的简化观点。

目前我们已经运用了“看似p的经验”这一惯用语，它被理解为是非事实的：一个人可以在即使那个p是假的情况下有看似p的经验。要理解后现代观点，我们就需要一个经验的事实概念。让我们跟随麦克道威尔，以被理解为是事实的惯用语“看见那个p”开始：看见那个p蕴涵那个p。

当然，这不可能仅是一个语词的小花招。“看见那个p”并不意味着“经验到那个p并且那个p是真的”，否则向后现代主义的转变就是耍花招。更准确地说，看见那个p理应挑选出一个真正不同种类的经验。麦克道威尔这样解释：

> 当某人看见某物如此时，他就处在一个知觉状态当中，在其中此物就是视觉地为他所存在的，所以此人就对一个对应的信念有着确凿的依据。[11]

这一段引用联结了两个观点：看见那个p包含着对于一个人所处环境的“知觉呈现”的观点，以及一个关于“确凿依据”的明确的认识论观点。更直接地来说，看见那个p将一个人置于了知道那个p的位置上：

> [一个]知觉状态，在其中环境的一个特征被呈现给一个主体……将这个主体置于了一个通过知觉知道在环境当中事物是相关样子的位置当中。[11]

---

① 除开最近的“知识优先”浪潮，无证据辩护在大多数认识论当中被认作理所应当的，并且不能指望这些简要的评论造成大量不好的影响。（一个术语上的分歧是，“证据”总是在现代主义者**确实**认为知觉信念基于证据，尽管这个“证据”处于主体的视野之外，这样一个技术的意义上被使用；在这个话题当中，本篇论文坚定地站在威廉姆森的一方。[6]将其当作理所当然的一个重要动机在于其值得被提及。）我们要为在坏例子当中讨论J. L. 的信念找出**某些**积极的东西——如果他相信了那只猪是绿色的，他就可能会处在一个更糟的认知状况当中。不过他的信念可以因为没有诉诸无证据辩护的努力而被给予高分。[7]101—113;[8]

② 假设J. L. 对于他的知觉经验一无所知。

后现代观点的优势在于它废除了现代主义者关于辩护的含混概念。出于同样原因，后现代主义者有更多的自由来回答希格尔和齐林斯关于经验的认识相关特征问题，因为他无需受到要在好例子和坏例子当中给出同样答案的约束。

更重要的是，后现代主义者对于希格尔和齐林斯问题的回答乍看上去是完全令人满意的——在好例子当中，经验的认知意义在于它将此人放在了一个去了解那个 p 的位置上。不过在更近的检验当中，这一点也不能解决戴维森的挑战。

让我们回到布洛克的超盲视觉者上。尽管缺乏经验-信念突触，但他在认知上也没比具有突触的那些人更糟。我们可以对后现代主义者对于在好例子和坏例子当中的不对称现象的洞见进行讨论，并且说当超盲视觉者在好例子当中知道那个 p 时他的信念甚至没有在坏例子当中被辩护。超盲视觉者有着所有真实视觉的认知德性，但其认知结构更具流线型。后现代主义者的“看见那个 p”因此就成了一个多余的中间人，而戴维森的挑战仍旧存在。

第四节　移除突触

正如戴维森所说，“我们所必须反对的是认知中介”[1]。让我们接下来试试废除突触的实验。这不是将经验转为信念，而是将信念当作经验的一个构成部分，因为它是知识的一个构成部分。在经验的这个信念理论里，经验到看似 p 蕴涵着相信那个 p，正如知道那个 p 蕴涵着相信那个 p 一样。在知识的例子当中，建构性言论并不暗示着知识分解为信念加其他某些东西；同样地，经验的类似言论并不暗示经验分解为信念加其他某些东西。

这个信念理论为何会被普遍地反对，原因在于它据说同已知幻觉的现象相冲突：比方说点似乎在移动，不过一个人相信它们并不在移动。假设某人没有矛盾的信念，一个人也并不相信它们在移动。那么这个人，就有了一个看似点在移动的经验，不过并不相信点在移动。但这段描述是可抗拒的，正如阿姆斯特朗（Armstrong）观察到的：

> 如果我们看一个对象是某个样子，尽管我们可能知道在独立的基础上实际可能并不是这样的，我们仍旧半信半疑，或者倾向于相信，它正如其所见一样……去相信的倾向是什么呢？我认为它只是被一个更强信念所控制的信念。①

认为那个 p 可能被并非 p 这个“更强的信念”所“控制”的观点并非临时的，因为它可以认为是在别处被应用，特别是在某些幻想和其他不相关信念的例子当中。[13]

信念上的理论完美地同知觉系统的进化相吻合，至少有人是出于不情愿而对某些哲

---

① 阿姆斯特朗做出了一个英勇的尝试，去从“信念的**获得**”来“分析”知觉经验；文中这一信念上的理论并没有这种还原的雄心。并且在任何示例当中阿姆斯特朗的位置都不能同这种信念的理论相比，因为他认为存在着仅伴随“一种**潜在信念**的获得”的经验的示例。[12]对于其他两个将信念紧密地同知觉经验捆绑在一起解释的例子来说，它们都不是文中所提的那种信念理论。

学家将信念赋予某些动物而表示冷漠。有一些非人类的知觉者，可以很安全地假设它们无法抵抗对于其感官的测试：对于它们来说，看见并非总是相信。这些动物没有一点违背经验-信念突触的迹象——因此，信念上的理论对于它们来说是完美适合的。不过一旦信念的理论在这个例子当中让步了，鉴于进化工作的方式，人们会期待认知上复杂的生物，比方说我们自己基本已经进化出了抑制构成知觉经验的信念的能力。我们还没有进化出一种不由信念构成的新知觉经验；我们仅仅是在旧的知觉经验之上覆盖了一层抑制机能而已。①

信念上的理论对于戴维森挑战有帮助吗？这个挑战始于传统图景有三个因果关联的部分：次个人处理，看似 p 的经验，以及相信那个 p。之后的问题是为中间的媒介，看似 p 的经验找到一个有意义的认知角色。我们现在已经将这三个部分替换为两个：次个人处理，以及看似 p 的经验（后面的一个蕴涵着相信那个 p）。有人可能认为这有一点超前：这样一来戴维森挑战还会有之前那样的潜力吗？会的，在以信念为结尾的因果链当中，经验不再是一个明显的多余插入项。然而，**经验那个 p** 此时又在起着什么作用呢？

我们从对于现代主义的讨论当中得知，它现在没有起着**任何**作用。那种认为经验的认知意义必须同时覆盖好例子以及坏例子的假设是错误的。如果经验最终有认知意义，它就被限制于好例子当中。所以经验的相关概念不是经验那个 p（被解释为蕴涵着**信念**），而是某些更接近于麦克道威尔的“看着那个 p”（被解释为蕴涵着**知识**）。

考虑 J. L. 在好例子当中。他“通过知觉”知道那只猪是粉色的。借由处于其位的突触，通过知觉来知道那只猪是粉色的，直觉上来看并不是一个**经验的**状态。它是一种混合，被经验着那只猪看似是粉色（经验的），或者（就像后现代主义观点认为的）被“看着那只猪是粉色”（同样也是经验的）恰当地引起来知道那只猪是粉色的（非经验的）。（一个类比：一个状态**被某些方形的东西引起而成为红色**，既不是一个纯色彩的状态，也不是一个纯几何状态，而是一个色彩和几何状态的混合。）

伴随着突触被移除，当一个人通过知觉知道那个 p 时，假设这个人**感知**那个 p。感知着那个 p 同时蕴涵了**经验着看似 p** 以及**知道着那个 p**。感知着那个 p 是经验的和非经验成分的混合吗？很可能不是。下面是一种意见：感知着那个 p 是**经验着看似 p**（经验的）以及**知道着那个 p**（非经验的）的结合状态。不过这是错的。想象一下 J.L. 在看着一只粉色的猪，尽管由于光线过于昏暗而无法区别其颜色。然而 J.L. 的大脑却被刺激而使他有一个（那只猪）看似是粉色的经验。进一步来说，（假设从证据当中）他知道那只猪是粉色的。因此，他就处于**经验着那只猪看似是粉色以及知道着那只猪是粉色的**联结状态当中，然而他并不通过知觉知道那只猪是粉色的——他并没有“感知”那只猪是粉色的。

感知那个 p 独立地有着一个经验状态的所有特点，同时还有着两个具有认知价值的

① 需要强调的是，信念的理论并不在一种直觉的意义上承诺如果一根树桩“看起来像一只猪”这样的观点，而是一个人知道树桩**不**是一只猪，然而他还相信那是一只猪。信念的理论可能充分装载了认为经验的内容很薄弱，并且不如此顾虑猪的观点。

特征。首先，感知那个 p 在其作为一个无法分析的蕴涵着知道那个 p 的事实心理状态的意义上，是一种知道那个 p 的方式。

其次，当一个人感知那个 p 时他的那个 p 的知识**能够**指导推理和/或者行为——不像在记忆中的知识可能难于找回。感知那个 p，那么，就是一个提供一个人所处环境的**可行知识**的经验状态。它在本质上等同于麦克道威尔的“看见那个 p”，而缺乏经验-信念突触。不过感知，不像麦克道威尔的看见，确实回应了戴维森的挑战。或许有许多其他有效率的方法来解决这个问题，但随着突触被去除，感知就不受包含着一个多余的中间人的威胁了。

为了确定这一点，我们回到超盲视觉者。在传统观点中他被认为是缺乏经验的，然而却是认知上无损的。所以，随着突触处在原位，经验并没有扮演一个认知上有用的角色——最好情况是，它们只做出一点点伤害。现在突触被移除了，来自超盲视觉的威胁仍然存在吗?

注意，首先，超盲视觉的可能性现在变得非常有争议。在当下的经验概念当中，超盲视觉者的视觉信息处理同我们的**一样**——不是像传统图景中所说的那样，仅仅是相似。所以，超盲视觉的可能性仅仅会被一个关于来自信息处理的独立现象特征的普遍观点触发。其次，无论如何这是对于现象特征的不相关性的标准障痹担忧，而其是同我们本章的话题不相关的。

传统图景的基础问题是，大多数经验能做的是（效率低下地）**使能**知识。而我在此所捍卫的对立观点则认为，经验能做得更多——当一切进行顺利的时候，它是一种知道的方式。

参考文献与阅读书目

[1] Davidson, D. A Coherence Theory of Truth and Knowledge//E. Lepore ed. Truth and Interpretation: Perspectives on the Philosophy of Donald Davidson. Oxford: Basil Blackwell, 1986.

[2] Block, N. On a Confusion about a Function of Consciousness. Brain and Behavioral Sciences, 1995 (18).

[3] Siegel, S., Silins, N. The Epistemology of Perception//M. Matthen ed. The Oxford Handbook of the Philosophy of Perception. Oxford: Oxford University Press, 2015.

[4] Overgaard, M. Blindsight: Recent and Historical Controversies on the Blindness of Blindsight. Wiley Interdisciplinary Reviews: Cognitive Science, 2012 (3).

[5] Smithies, D. The Phenomenal Basis of Epistemic Justification//J. Kallestrup, M. Sprevak eds. New Waves in Philosophy of Mind. New York: Palgrave Macmillan, 2014.

[6] Williamson, T. Knowledge and Its Limits. Oxford: Oxford University Press, 2000.

[7] Byrne, A. Perception and Evidence. Philosophical Studies, 2014 (170).

[8] Williamson, T. Justifications, Excuses, and Special Scenarios//F. Dorsch, J. Dutant eds. The New Evil Demon. Oxford: Oxford University Press, forthcoming.

[9] McDowell, J. Criteria, Defeasibility, and Knowledge. Proceedings of British Academy, 1982 (68).

[10] McDowell, J. The Disjunctive Conception of Experiences as Material for a Transcendental Argument//A. Haddock, F. Macpherson eds. Disjunctivism: Perception, Action, Knowledge. Oxford: Oxford University Press, 2008.

[11] McDowell, J. Perception as a Capacity for Knowledge. Milwaukee, WI: Marquette University Press, 2011.

[12] Armstrong, D. M. A Materialist Theory of the Mind. London: Routledge and Kegan Paul, 1968.

[13] Bortolotti, L. Delusions and Other Irrational Belief. Oxford: Oxford University Press, 2010.

思考题

1. 拜恩所说的戴维森的挑战究竟是什么？
2. 传统图景表达了怎样的观点？
3. 对于戴维森的挑战，传统回答会遇到哪些反驳？
4. 经验在认识当中究竟起着什么作用？
5. 传统图景的看法无法解释经验何以具有认识论意义上的重要性吗？

第七章

现象证据和事实证据

何为证据？根据能力观点，证据和诸如辩护、知识这样的相关概念都应当从所应用的心智能力的角度上来理解。一种能力的概念被认为在理解上是基本的，这是因为一个特定的主体会在“其心智状态具有认知力这样一个特定天性”的情况下运用心智能力。在诸能力观点中，我们需要区分认为心智能力被理解为德性或其他规范方式的规范能力观点，以及认为心智能力先行于规范术语的观点。

能力观点能与若干可替代的新近认识论进路相对照。在第一组观点中，有意识的心智状态是解释上基本的，第二组则倾向知识，第三组偏好可靠性，而第四组是能力。① 这些选择既不算是独有的，也不算是全面的。一个人可以认为这四种选择中不止一个是解释上基本的，或者一个人完全可以认为解释上基本的是某些其他东西。然而，这四种进路是当前主流的看法。

当我说有意识的心智状态、可靠性、知识或者能力是解释上基本的时，我并非想要表达那些认为人们不能分析这些概念的观点。②[1] 我认为从认识论解释被发展的角度来看，它们是基本的要素。大多数观点诉诸有意识的心智状态和可靠性，许多观点诉诸某些形式的心智能力。而核心问题是从认识论解释被发展的角度来看，什么才是基础的要素。比方说在威

---

① 人们可以列举某些被归结为能力观点的观点，其中的能力是可信赖的，这些观点更应当被划归为可信论观点。

② 众所周知，威廉姆森认为知识不能被分析。不过一个人能够在接受他将辩护解释为知识衍生物的洞见的同时反对他认为知识不能被分析的观点。

廉姆森（Williamson）看来，基础的要素是知识，而不是有意识的心智状态、可靠性或方法——即使他的观点一直以来也诉诸其他三种概念。①

我最近发展出了一种能力观点的特殊版本，它明显地既非规范性又非可靠论。[2]699－747;[3]101－103 在本章中，我将会简单陈述这种观点的基本承诺，讨论其对于信念合理性以及心智状态的认识透明性的影响。

第一节　能力观点

能力观点所隐含的基本观点是，知觉状态系统地同它们在好例子，即一次成功的知觉示例中的知觉对象相联系，并且因此为其在这个成功示例中的知觉对象提供证据。设想有一个感知者，我们称他帕西（Percy）。帕西处在一个好例子当中，他的知觉状态系统地与他正在看的白色茶杯相联系，在其中他知觉地同那个茶杯发生关联。他的知觉状态对象是那个白色茶杯，并且提供给他白色茶杯存在的证据。更具体地说，这个观点就是认为知觉经验所关乎的是在一个好例子里，允许我们从所处环境当中判别和区分某一个体时所运用的知觉能力。感觉状态被认为是紧跟着这种知觉能力在诸如看、听、触摸、闻嗅和品尝的感觉模式当中被运用而产生。如果同样的知觉能力被运用于同一个感觉模式当中，那么就会产生同样的感觉状态。所以在一个给定的感觉模式当中，这些知觉能力的运用决定了感觉状态。

正如我将要简短解释的，知觉能力的运用构成经验的内容，这说明，能力观点是一种弱化版的表征主义（representationalism），也就是说在这弱化版的表征主义里，经验的感觉特征基于经验的内容。所有表征主义观点都需要解释在表征当中起作用的概念。在能力观点当中，表征被理解为受到运用知觉能力的限制。而起作用的知觉能力则被那些在好例子当中挑选出的独立于心灵的个体所决定。于是，知觉状态可以被看作为此状态在好例子中的知觉对象提供证据，这是因为，就其本性而言，知觉状态的功能就是挑选出它们在好例子当中所挑选出的东西。

当我们产生错觉，我们运用完全一样的知觉能力——尽管不能够挑选出相关的个体。知觉能力即使在被运用于一个坏例子中，也能够同它们在好例子中的知觉对象系统地联系在一起。毕竟其功能就是它们在好例子当中所做的，从环境中区分并挑选出个体。甚至一个人碰巧在坏例子之中，被运用的能力并不会停止具有这种功能。因为知觉能力作用是挑选出个体，运用它们对于知觉中个体的意向指向性来说乃是基本的。因此运用知觉能力能够说明对一个看似个体对象的意向指向性，同时也能够说明当我们经历一个不真实的错觉，比方说一个对象似乎对我们来说仿佛是一个存在的个体对象（即使并没有一个这样的对象存在）这一事实。当我们产生错觉，我们有理由相信事物如其所呈现给我们的一般，即使实际上它们并非如此。

① 威廉姆森的方法的概念可以被理解为一种能力。

知觉能力可以被理解为是区分和选择的能力。就本章主旨而言，我们可以对其究竟是一个低级能力或高级概念保持中立。也即是说，就知觉作为一个远没有我们在认知上复杂的生物的低级能力而言，有理由认为构成知觉状态的知觉能力是低级的区分能力，而不是一个高级概念。然而，我们在本章中讨论的并不与这个问题挂钩。

值得强调的是，我并非要论证所有在知觉中运用的能力都对我们的感觉状态和经验的认知力有影响。并不是不论何时我们运用一个区分和选择的能力，我们都处于一种感觉状态中。视觉系统在次个人层次（subpersonal level）利用了许多能力。本章力主的更倾向于感觉状态的本质最好应当从运用的知觉能力的角度来理解，而不是从那些与意识有关的奇怪个体，比方说感性材料或感受质，或者抽象实体，诸如属性或者命题的角度来理解。① 我们可以在承认有许多能力的运用对我们的生活并无影响的情况下接受本章。我们现在所考虑的知觉能力取决于它们在功能上要挑选出的个体。就本章的主旨来说，我们能够将个体的类型当作环境中的自然类来理解。这样的自然类包括了形状和颇具争议性的色彩，还有各种对象和事件。② 所以相对于知觉能力由各种独立于心灵的个体的类型来决定，感觉状态则由所运用的知觉能力来决定。从这个意义上讲，这对感觉状态来说是一个外在主义的解释。目前谨慎地来说，因为知觉能力能够在无法挑选任何它们功能上应当挑选出的种类的个体时仍被运用，所以这是外在主义。

为了说明这一点，我们将知觉到了一个白色茶杯的帕西和错觉到了一个白色茶杯的哈莉（Hallie）做比较。帕西知觉地和一个白色茶杯相关联，而哈莉并没有这种关联。我们能够对比知觉能力运用的条件（好例子）来分析哈莉所运用的知觉能力，尽管事实上哈莉不满足此条件。哈莉的知觉系统没有出错，问题在于她的环境并不配合。鉴于她的知觉能力就它们功能的条件而言在正常工作，哈莉的知觉状态至少有某些优点：它是她知觉能力运用的产物。哈莉知觉失效的原因仅在于她并没能挑选出相应的个体。

所以帕西和哈莉都运用了知觉能力，他们的知觉能力也都像在一个应当挑选出个体的好例子中一样，同其知觉对象系统地相联系。出于这个理由，帕西和哈莉的知觉状态有某些证据优点。不过只有帕西真正地在挑选相关的个体。通过挑选出相关的个体，帕西有了额外的证据。

两种能力之间的区别同它们挑选出的东西使我们将注意力集中于两种决定知觉状态的方式上。从一种方式看来，描述状态的相关特征是相同的：同样的知觉能力被运用。从另一种方式看来，描述状态的相关特征是不同的：当我们进行知觉，我们成功地挑选出环境中的个体；而当我们产生错觉，我们就无法成功地这样做。能力观点统一了这两种赋予知觉状态特征的方式。帕西和哈莉的知觉状态所共有的是一个内容类型。这个内容类型由所运用的知觉能力组成，一对一地覆盖感觉状态。他们的心理状态所不同的在于特殊内容上。知觉的特殊内容是在环境中成功地运用这些能力挑选出个体所构成的单独内容。错觉的特殊内容目前来看因能力被无基础地运用而有缺陷：哈莉没能挑选出她

---

① 从对特殊实体，比方说奇怪的个体或者抽象实体的觉知的角度来分析感觉特征，与从一个心智活动，比方说运用知觉能力来理解感觉特征的关系，参看 Schellenberg，S.（2011）。[11]1-40

② 这种颜色实现主义的观点的细致发展，参看 Byrne，A. & Hilbert，D.（2003）。[12]3-21

声称要挑选的东西。一种分析对于一个内容来说有缺陷意味着什么的方法就是称其有罅隙。相对于特殊内容覆盖相关能力被运用的环境，内容类型并不覆盖这样的环境。

需要非常标注的是，内容类型并不是一个普遍的内容，而是一个潜在地能够个体化的内容。它是一种内容纲要。一个类比就能够帮助我们激发这种理解内容类型的方式。如果我有一个白色茶杯的想法，不过眼前并没有白色茶杯，那么我做了失败的表征。在这个例子里，我思想的内容并不是单称的。最终我表征失败了，不过这也不是一个普遍的内容。毕竟我是标榜着表征一个个体对象的。所以这个内容具有一个单称内容的形式，而却没能够成为一个特殊的单称内容。类似地，在知觉经验的例子里，内容类型既不是一个完全普遍的命题，也不是一个有罅隙的特殊内容。除了这两个之外还有其他选择，也就是一个潜在的个体化内容。知觉经验的内容由两个层次构成：一个潜在的个体化内容类型和一个特殊内容。错觉的内容也同样地由两个层次构成：一个潜在的个体化内容类型（可能和知觉经验是共同的）和一个我认为是有罅隙的特殊内容（假设没有相关的个体被感知）。有罅隙的特殊内容和潜在的个体化内容类型都不是一个单称内容，也不是一个普遍内容。

通过把两种凭借所运用的知觉能力来个体化知觉状态的方法统一起来，外在论和内在论关于知识经验的直觉都可以被说明。能力观点容许我们认为在好例子和坏例子之间有着牢固的形而上学共同基础，因此也容许当我们知晓知觉的内容是单称的时，避免任何析取主义的暗示。

两个层次的知觉内容之间的区别产生了两个层次的知觉证据：现象证据和事实证据。现象证据取决于内容类型，而内容类型反过来取决于运用的知觉能力。事实证据取决于将能力成功运用在特定环境下产生的特殊内容。在一个好例子当中，知觉经验将现象证据和事实证据都提供给我们。在坏例子当中，直觉经验仅提供给我们现象证据。因为没有知觉能力被成功地运用，并且后继的特殊内容是有缺陷的，所以没有事实证据。

通过引入现象证据的概念，我们就能够解释帕西和哈莉共有的是何种证据。此外，我们也能够解释为何哈莉的错觉并不只是归咎于她的信念。她的信念有现象证据的支持。

通过引入事实证据的概念，我们可以解释为何帕西相对于哈莉是处在一个更好的证据位置上。虽然对他来说自己的证据位置似乎难以同哈莉的区分，然而帕西有对他来说未知的额外事实证据，并且借此证据，那个对他来说知觉地关联的特殊白色茶杯事实上就在他眼前。因此，帕西有能够依据他所处的环境来支持一个单称思想的证据。

两种证据的理性源头都基于我们作为感知者的知觉能力的运用。从在坏例子当中被运用的知觉能力理解地和形而上学地寄生于知觉能力在好例子当中的运用这个意义上来看，由于在坏例子当中被运用的知觉能力系统地同他们在好例子当中的运用相联系，所以感觉状态提供现象证据。好例子之于坏例子有一种解释优先性，因为对在坏例子中应用的知觉能力加以分析需要诉诸它们在好例子当中的角色。而只要知觉能力被感知者和他们所处的环境关系所决定，只要能力的功能是区分和挑选，比方说知觉中的红色，好例子之于坏例子就有一种形而上学优先性。

我们为何要接受这对孪生优先性理论呢？因为这种好例子对于坏例子的形而上学优先性，才有了好例子之于坏例子的解释优先性。

对现象证据的认知角色的分析借助系统地关联的概念转承到对事实证据的认知角色的分析。毕竟在知觉的示例中，一个人的知觉状态和环境有一种理想化的关联：人知觉地同其环境相关联。所以从已表达的观点来看，知觉经验的认知力被从关于知觉经验的形而上学事实的角度来解释。因此，经验的认知力基于物理世界的事实。

现象证据和事实证据就它们都由运用的知觉能力组成的心灵状态所提供而言是认知地统一的。在展示这两种证据在运用知觉能力当中都有理性的资源的过程中，我们推荐的观点提供了一种知觉证据的统一解释——一种特殊地以能力为基础、非规范的、非可信主义的解释。

事实证据提供了不同于现象证据的额外证据。就同环境的系统连接而言，它是一种强于主导的现象证据的不同种类证据。更具体地来说，它由于被成功地在一个特定环境中运用知觉能力所提供，所以是一类不同的证据。所以事实证据提供了远超于知觉者从现象证据中获得的合理性。这就解释了为什么帕西较之于哈莉处在一个更好的认知位置上。现在从第一人称视角来看，一个人可能不能区分只有经验证据的错觉和经验证据、事实证据兼有的知觉。不过我们无需认为我们从第一人称视角看到的东西会决定出于理性需要的东西。

而这个知觉证据的观点是外在主义的，它为一个证据的现象概念让出地方。所以，相对于诸如威廉姆森等人的外在主义观点，能力观点展现了我们至少有某些证据是直接由坏例子当中的经验提供的：我们有现象证据。① 对比于证据内在主义的观点，能力观点展现了我们在好例子中有比坏例子中更多的证据：我们有额外的事实证据。所以，我所辩护的观点提供给了我们某些事实证据主义者和证据内在主义者都提供不了的东西。

第二节　证据和辩护

尽管能力观点对于知觉经验的辩护力来说有某些重要性，它却并不规定一个关于辩护的特殊观点。它在一定范围内同关于经验提供的证据和基于这种经验形成的信念之间关系的那些观点相容。② 此外，它还在一定范围内同关于为何以及怎样由知觉经验提供的证据才能支持信念的观点相容。我的焦点在于究竟是经验当中的何物能够提供给我们证据，而不是证据和基于经验形成的信念的理性角色之间的关系。

出于简洁和确切的目的，我会假设对于一个命题 p 来说，具有更多的证据意味着那个 p 被更好地辩护了。此外，出于本章的主旨考虑，我会将存在的概念置于一个有更好

---

① 根据威廉姆森的观点，我们只有一个在坏例子中出现的命题所提供的证据。

② 关于证据和辩护之间的关系的讨论。[4];[5]

的辩护角度、更佳的认知位置上，因为这是考虑一个认知位置的质量的最直接方法。① 由于能力观点同一系列关于经验提供的证据和基于这种经验形成的信念之间关系的观点相容，它就解释了为何一个人在知觉时比在错觉时处于一个更好的认知位置上。让我们假设帕西和哈莉都形成了一个他们用“那个茶杯是白色的”来表达的信念。我们可以暂时不对帕西和哈莉的信念的内容是否相同做出定论。当前主旨的重点是帕西和哈莉将会用同样的方式来表达其信念。毕竟，他们的环境对他们来说似乎是相同的。就帕西的信念比哈莉的信念获得了更多更好的证据的支持而言，帕西的信念较之哈莉的信念被更好地辩护了。更普遍地，当一个人基于知觉形成一个白色茶杯的信念，他的信念就会比基于错觉形成一个白色茶杯的信念获得更好的辩护。一个人在好例子当中的证据比在坏例子当中的证据能够在更高的程度上去辩护被支持的信念。②

现在如果一个人没发现证据当中有区别，更别说这区别究竟是什么，那么这证据当中的区别会对他的认知生活有什么影响呢？作为回应，我们可以说证据当中的区别对一个人在相信当中被辩护之物有一些影响。事实知觉证据是在认知者所在环境当中的个体的证据，因此能够辩护她对环境的单个思想。现象证据并不是对于认知者所在环境当中个体的证据。更普遍地，我们可以说任何知觉都可以产生一系列不同的信念，包括单称信念（singular beliefs）和普遍信念（general beliefs）。由我的知觉所提供的事实证据两种信念都能够支持。相对地，现象证据只能够支持普遍信念。超出经验地概括这个观点就是：如果你有对于单称信念“那个茶杯是白色的”的命题辩护，那么你也就有对它蕴涵的普遍信念“这儿有一个白色茶杯”的命题辩护。这是由一个相对简单的演绎闭合模型得出的。

简短来说，当事实证据能够像支持普遍信念一样支持单称信念时，现象证据只能够支持普遍信念。所以一个人不能够区分他究竟在一个好例子还是坏例子当中，也就不能够区分他在经验证据的基础上是否还有事实证据，这就关乎到了在认知上是否除现象证据外还有事实证据，因此也就决定了他其他的信念能否被辩护。

另一种表达同样观点的方式是关乎指示词的逻辑角色，以及我们如何表达经验的内容。主体不可分的知觉经验的内容类型和特殊内容能够用自然语言以相同的方式来表达。它们最好如此。毕竟，一段知觉和一段错觉在主体上可以是不可区分的，并且一个人能够以同样的方式来表达主体不可区分的经验。我们再考虑一下一个白色茶杯的知觉经验。内容类型和单称特殊内容都可以用“那个茶杯是白色的”来表达。然而这里的指示词“那个”将会在两个例子当中扮演不同的逻辑角色。在内容类型当中，指示词扮演一个特征角色——用卡普兰（Kaplan）的术语来说，它旨在指代任何可能出现的个体，更无需说它恰好发生在某一个特定的场合。相对地，在单称特殊内容当中，指示词扮演着一个内容角色——在卡普兰的“内容”意义上讲，它指代一个在特定场合中被挑选出

---

① 一种替代项是将认知位置的质量视作将知识同辩护区分的一个方面。以这种方式思考，人们会认为知觉者和错觉者是被平等地辩护的，不过知觉者因为具有知识，所以仍然处于一个能够区别知识和无知的更好的认知位置上。

② 一个有趣的问题是，我们对于一个命题的证据强度和我们对于这个命题的信心之间是什么关系呢？可以参考对于 p 有证据和 p 有信心之间的关系的讨论。[6]1-31;[7]89-119;[8]375-404

的特殊个体——在一段知觉的例子当中，同知觉者知觉地关联的东西。[9] 所以经验主体所不知道的是，两种内容将会在推理中扮演不同的角色，因此就有着不同的证据力。在下一节中，我将会细致讨论这一系列话题。

第三节 认知透明性

能力观点蕴涵着一个人并不总是处在一个知道他有何种证据的位置上。所以能力观点蕴涵着以下原则是错误的。

证据透明性：对任一证据 E 而言，一个人不论何时只要适当地警觉以及在概念上精细，他就处在一个知道自己是否有证据 E 的位置上。

证据透明性原则是一个更普遍的特殊版本原则，心智状态是认知透明的——假设一个人所具有的证据由其所在的心智状态构成。① 认为证据关乎人们所处的心智状态的这个主张并不暗含着证据的内在主义观点。毕竟心智状态能够被外部决定。事实上能力观点断定心智状态至少是部分地被外部决定的。依照威廉姆森的观点，我们能够以如下的方式来具体说明心智状态是认知透明的。

认知透明性：对于所有心智状态 M 而言，一个人不论何时只要适当地警觉以及在概念上精细，他都在一个知道自己是否处于 M 的位置上。②

证据透明性是**认知透明性**的一个特殊版本，因其断定主体 S 在一个适当的能够提供 E 的心智状态 M 当中，所以 S 有证据 E。能力观点蕴涵了**认知透明性**是错误的以及证据并不是认知透明的。现在拒绝认知透明性原则来支持能力观点是一种本末倒置。不过就像我即将要说的，有一些独立的理由来拒绝这个原则。

首先，让我们更清楚为何能力观点蕴涵着一个人并不总是在知道他有何种证据的位置上。考虑以下某人有证据 E 的例子，如果证据 E 是被外部决定的，那么一个人并不能总是处在知道他有证据 E 的位置上。类似地，如果一个人没有证据 E 并且证据是由外部决定的，那么这个人并不总是在一个知道自己没有证据 E 的位置上。为了说明这一点，我们可以做出如下论证。

我们在知觉和错觉中得出的证据论证：

(1) 如果一个人知觉到了一个白色茶杯，那么这个人就有关于那个白色茶杯的事实证据。

(2) 如果一个人在经历一段仿佛有白色茶杯的错觉，那么这个人并没有关于白

---

① 我在此认为处于一个心智状态当中是构造上闭合的：被心智所构造的是心智本身。对于这种认为一个人的证据与其所处心智状态有关的理论的论证，参看 Williamson (2000)。[1]

② 这两种原则都可见 Williamson (2000: 11)。[1] 对于这两种原则的批判讨论，参看 Smithies, D. (2012)。[10]723-741

色茶杯的事实证据。

(3) 无论一个人知觉到了白色茶杯还是错觉到了白色茶杯，都不是认知透明的。

(4) 这个人有没有关于一个白色茶杯的事实证据并不是透明的。

(5) 如果这个人是否有关于白色茶杯的事实证据不是透明的，那么心智状态就不是认知透明的。

(6) 因此，心智状态并不是认知透明的。

前提（1）和前提（2）都是能力观点的结论。前提（3）依据对知觉和错觉能够是主体不可分的理论普遍接受而得。如果前提（1）-（3）成立——那么根据能力观点来看——这个人并不是一直处在知道自己有何种证据的位置上。

现在我们有何种单独的理由来反对证据透明性，或者更普遍的认知透明性原则呢？知觉和错觉的主体不可区分性论证能够给我们一个这样的理由。

知觉和错觉的主体不可区分性论证：

(1) 如果心智状态是认知透明的，那么对于一个主体S来说，无论她是否在知觉或错觉当中都是认知透明的。

(2) 对于主体S来说，无论是否在知觉或错觉当中，都是认知不透明的。

(3) 因此，精深状态不是认知透明的。

考虑哈莉错觉到有一个白色茶杯在桌上的例子。对她来说似乎面前有一个特定的茶杯——就是说，似乎对她自己来说在一个好例子当中。这也是所谓的错觉和知觉的主观不可区分的意思。然而，似乎对她来说仅呈现了单个的茶杯。所以她并没有单个茶杯呈现的事实证据。她只有现象证据。然而她并不知道自己只有现象证据，没有事实证据。毕竟如果她能够知道自己究竟有事实证据还是现象证据，那么知觉和错觉就永远不可能是主观不可区分的了。所以对哈莉来说，她处于错觉当中并不是透明的。

参照那些质量上同一，而数量上有明显区分的个体的知觉，我们可以对知觉和错觉的主观不可区分性做出类比论证。

知觉数量上有别，而质量上不可区分的物体论证：

(1) 如果心智状态是认知透明的，那么对于假定主体S来说，无论她是否知觉数量上有别，而质量上无差的a或b，都是认知透明的。

(2) 无论S是否在知觉a或b，都不是认知透明的。

(3) 因此，心智状态不是认知透明的。

这两个论证都展示了事实心智状态不是认知透明的。如果它们是的话，那么一个人就总是知道他究竟是在知觉还是在错觉。进一步讲，一个人就会知道她是否在知觉a或b，即使a和b在质量上等同，在其他方面是均等的。这两者都是反直觉的。所以有单独的理由来反对心智状态是认知透明的。

如果这些考量是正确的，那么我们可以说因为对一个茶杯的知觉给予了我们特定茶杯存在的事实证据，而我们不因此“知道”我们对这个特定茶杯有事实证据。简单地说，我们有这就是那个茶杯的事实证据，而不必知道我们有这个证据。

结　语

当我们错觉和知觉时，我们的感觉状态提供给我们以现象证据。当我们知觉时，我们有额外的事实证据。现象证据和事实证据都是那种由于被世界导向的能力所构成的，因而是世界导向的证据。相对于事实证据不能因其本质而为假，现象证据可以是假的。这个现象和事实证据间的不一致可以大量运用在分析能力观点对于一些范围内熟悉示例的作用上。就像我想要展示的，能力观点尊重我们对于这些示例的直觉。

知觉经验在我们的生活中扮演了至少三个不同角色。它辩护我们关于环境的信念，它产生有意识的心智状态，并且它将诸如光和声波一样的多样信息输入转化成世界特征的表征。能力观点为对科学证据非常敏感的知觉经验提供了认识上、现象上和信息角色上的解释。现象证据和事实证据都基于我们在经验中运用的知觉能力。通过根植于经验的认知力，实际上是经验的形而上学结构，能力观点不仅是一个外在主义的观点，更是一个知觉经验认识论的自然主义观点。所以，它是一个可靠主义的外在主义和自然主义替代品。

参考文献与阅读书目

［1］Williamson，T. Knowledge and Its Limits. Oxford：Oxford University Press，2000.

［2］Schellenberg，S. Experience and Evidence. Mind，2013（122）.

［3］Byrne，A. Perception and Evidence. Philosophical Studies，2014（170）.

［4］McGrath，M.，Fantl，J. Evidence，Pragmatics，and Justification. The Philosophical Review，2002（111）.

［5］McGrath，M.，Fantl，J. Knowledge in an Uncertain World. Oxford：Oxford University Press，2009.

［6］Neta，R. Contextualism and the Problem of the External World. Philosophical and Phenomenological Research，2003（66）.

［7］Neta，R. What Evidence do You Have?. British Journal for the Philosophy of Science，2008（59）.

［8］Sillins，N. Deception and Evidence. Philosophical Perspective，2005（19）.

［9］Kaplan，D. Compassionate Phenomenal Conservatism. Philosophy and Phenomenological Research，1989（74）.

［10］ Smithies，D. Mentalism and Epistemic Transparency. Australian Journal of Philosophy，2012（90）.

［11］ Schellenberg，S. Ontological Minimalism about Phenomenology. Philosophy and Phenomenological Research，2011（83）.

［12］ Byrne，A.，Hilbert，D. Color Realism and Color Science. Behavioral and Brain Sciences，2003（26）.

思考题

1. 舍伦伯格版本的能力观点与表征主义有什么区别？
2. 根据舍伦伯格的观点，一个钵中之脑能否发生知觉或者错觉？为什么？
3. 舍伦伯格对现象证据和事实证据的区分在技术上有何优缺点？
4. 舍伦伯格如何开发“能力观点”的，其观点的核心是什么？
5. “能力观点”与认知透明性是什么关系？

第八章

自然化认识论：奎因、西蒙和实用主义的前景

引　言

近年来，关于“自然化认识论”的发展前景，已经有大量的讨论，虽然不同的作者倾向于用不同的方式解释这个标签。本章的一个目标是概述可能自认为可以被贴上“自然化认识论”这个标签的三种不同计划，并且论证它们并不具有同等的吸引力。的确，我将断言，三种计划中的第一种计划——我将这种计划归功于奎因——仅仅是不融贯的。通过从事奎因所建议的计划，从一个认识论中，我们无法获得自己所想要的东西。我的目录中的第二种计划是可靠主义的一个自然化版本。这种计划并不会不可避免地以奎因计划的方式而有缺陷。然而，我的论点是，这种计划所产生的那种理论并没有起初可能设想的那样令人感兴趣。

我将考虑的第三种计划真实地存在于实用主义的传统之中。关于这种计划，我将做出的一个断言是，如果它能够成功地进行下去，它的结果将会比可靠主义计划可能产生的结果更有趣并且更有用。我将做出的第二个断言是，有理由认为它可以成功地进行下去。的确，我将论证，十多年来，赫伯特·西蒙（Herbert Simon）和他的合作者在他们持续不断的尝试模拟科学推理过程中，所从事的这种计划的一个版本已经获得了相当大的成功。在最后一节中，关于西蒙的计划和实用主义的自然化认识论在未

来可能采用的各种不同路径，我将会提出一些想法。

然而，在开始讨论这些话题之前，我最好首先将我所讨论的自然化的认识论限定在哲学领域之中。为此，我需要讨论一下我所理解的认识论，并且区分关于“自然化”可能会涉及哪些内容的两种完全不同的观点。多数传统认识论，以及多数当代认识论，可以被视为从事三种虽然相互关联但不同的计划之中的一种。这些计划之中的一种是关于信念构成以及信念修正策略的评估。从事这种计划的那些人试图讨论构造和重建我们信念屋的哪些方式是好的方式，哪些是糟糕的方式，并且为什么。笛卡尔相当数量的认识论著作可以归于这个标题之下，培根的许多著名的著作也是如此。在许多最近的作者比如密尔、卡尔纳普和戈德曼的著作中，这也是一个焦点。第二种传统计划致力于为知识提供一个定义或者描述，解释知识如何与仅仅是真意见、无知和错误区分开来。第三种计划将拒斥怀疑论——真实的或想象的对手，他认为我们不能获得知识，或者确定性，或者某些被假定有价值的认识的商品——作为它的目标。虽然这三种计划明显地以各种不同的方式纠缠在一起，其中，我的关注点只在三种计划的第一种计划身上。认识论的分支即这里我所考虑的它的自然化，是这样的一个分支，它试图评估信念构成的策略。

现在让我们转到“自然化”。自然化认识论将会是什么样子呢？我认为，两种完全不同的答案可以呈现于此。我将会称其中的一种为强的自然主义，另一种为弱的自然主义。这些答案所共享的内容是这个中心观点，即经验科学在认识论中具有重要地位——认识论的问题可以通过使用自然科学或社会科学的方法研究和解决。强的自然主义和弱的自然主义存在分歧的问题是，在何种程度上，科学能够解决认识论的问题。强的自然主义认为，所有合法的认识论问题都是科学问题，因此认识论能够被还原成科学，或者被科学替换。相比较而言，弱的自然主义认为，只有某些认识论问题能够被科学解决。根据弱的自然主义，存在某些合法的认识论问题不是科学问题，并且不能被科学研究解释。我将支持的这种认识论的实用主义是弱的自然主义的一个版本。它认为，虽然某些认识论的问题能够通过科学实践解决，但至少存在一个基本的认识论问题，科学无法解决。

第一节　奎因（?）的强的自然主义版本

对于自然化认识论而言，讨论最多的是奎因在其《自然化的认识论》[1]和若干其他论文[2];[3]中所描述的那个建议。根据奎因：

> ［自然化的认识论］研究一种自然现象，即物理人类主体。这种人类主体以实验的形式符合受控的输入——比如某些具有各式各样频率的辐射模型——并且在适当的时候，该主体释放关于三维外部世界及其历史的描述作为输出。贫乏的输入和汹涌的输出之间的关系，正是我们要加以研究的。在某种程度上，这与推动认识论的理由相同；这就是，为了弄清楚：证据是如何与理论相关联的，并且人们的自然理论是以何种方式超越现成证据的。[1]82—83

感觉接收器的刺激是任何人最终获得其世界图像所不得不依据的全部证据。为什么不只是察看这种构造实际上是如何进行的？为什么不满足于心理学？[1]75－76

奎因式的建议可能以许多不同的方式被解释。一种读法认为，奎因是在建议，心理学的问题能够用来替换传统认识论的问题——而不是在追问：我们应该如何形成信念，并且在证据的基础上构建理论？我们应该追问：人们实际上如何从事这件事情？并且，后一个问题的答案（完全是心理学的问题）将会告诉我们，在认识论中，我们实际上希望一直以来都知道的东西是哪些。它将会告诉我们"证据如何与理论相关联"。我不能完全确定这是不是关于奎因的最佳解释。① 我所确定的是，许多人的确以这种方式解释奎因。我同样可以确定，在这种解释中，奎因的计划是没有希望的。

为了说明原因，让我们首先追问，奎因建议我们研究的到底是**哪个**"物理人类主体"或主体？奎因并没有说。这可能是因为，他认为这个问题并不重要，因为我们都很相似。但情况并非如此。比如说，假设这些"物理人类主体"患有卡普格拉综合征。这些人类通常会相信，他们身边的人已经被绑架了，并且被一个看起来和行动起来与原型完全一样的复制品替换了。有些患有卡普格拉综合征的人倾向于相信替换者并不是人类，而是其内部配有电子和机械成分的机器人。甚至在一些报告的案例中，为了揭露隐藏在"皮肤"之下的线路和晶体管，卡普格拉综合征患者企图通过使用斧子或刀攻击"复制品"，以证明它是一个机器人。不幸的是，即使这些攻击导致了非常真实的伤口和被切断的四肢的景象，仍然不足以使卡普格拉综合征患者相信"复制品"是真实的。如今，对于一个卡普格拉综合征患者而言，就像我们其他人那样，"他的感觉接收器的刺激是［他］最终获得其世界图像所不得不依据的全部证据"。并且，心理学可能也会探索"这种构造实际上是如何进行的"。但是可以确定的是，这个过程不是"推动我们研究的，由于同样的理由，总是推动认识论"。因为认识论学者希望知道的不是在任意的人类主体中，"证据如何与理论相关联"，而是他们希望知道证据如何在主体中与理论相关联，并且该主体在关联它们时做得很出色。在证据可能与理论相关的诸多现实和可能的方式中，哪些是好的方式，而哪些是坏的方式？正是这个问题"总是推动认识论"。而且，奎因似乎建议的这种研究不大可能给出答案。

当然，卡普格拉综合征患者是病理学上的案例。但是，同样的论点可以完美地应用于正常的主体。过去20年，认知心理学家在研究正常主体如何从事推理工作和信念修正方面已经花费了大量的注意力。这个领域中的某些著名发现揭示了，在许多案例中人们将证据关联于理论的方式在规范上，说得婉转些，似乎是可疑的。[4];[5]最近的工作已经证明了，在推理策略中，不同的人之间存在重大的不同，有些与先前的教育和训练有关。[6]253－292;[7]奎因式的自然化认识论学者可以详细讨论不同的人根据他们获得的证据构造他们"世界图景"的不同方式。但是他没有办法为这些构建世界描述的不同策略排名；他没有办法决定哪些是好的，哪些是差的。而且，由于奎因式的自然化认识论学者无法提供任何规范性的建议，认为他的问题和计划能够替换传统认识论的问题和计划多

① 的确，在本章的早期手稿中，我将这种观点归功于名为"奎因（？）"的那个人，以强调我对这种解释的不确定性。但是那种设计只在这一节的标题中存在过，并很快地消失。

少是不合理的。我们不能“满足于心理学”，因为心理学告诉我们，人们如何推理；它没有（实际上也不能）告诉我们，他们应该如何推理。

第二节　可靠主义：通过研究擅长形成真信念的推理者评估推理

奎因建议的问题在于，它没有告诉我们，“满足于”谁的心理学。但是一旦注意到这一点，将会有一个明显的建议以避免这个问题。如果某人希望提高她的象棋技术，她将会被建议使用好的棋手使用的象棋策略。类似地，如果某人希望提高她的推理能力，她将会被建议使用好的推理者使用的推理策略。因此，不是仅仅研究任何人，自然化认识论学者能够聚焦于擅长推理的那些人。如果我们能够刻画好的推理者采用的推理策略，那么我们将会拥有这样一个描述理论，它具有某些规范性的力量。①

当然，这直接会导致另一个问题。我们应如何选择我们将要研究他们推理策略的那些人？我们如何从坏的推理者中区分出好的推理者？这里至少有一个无法解决问题的答案。我们不能通过首先确定不同人使用的推理策略，然后将注意力限定在使用好的策略的那些人身上，来选择哪些人可供研究。因为那要求我们已经知道哪些策略是好的策略，我们将会尝试着通过自己的努力提升自己。然而，就像象棋的类比所建议的那样，存在许多不同的方法可以实施。我们通过观察棋手策略的后果来判断好的棋手——好的棋手是那些会赢的选手，并且好的策略是好的棋手使用的策略。因此，我们或许可以通过观察推理的后果判断好的推理者。但是这个建议引起了另外的问题：我们应该观察哪些“后果”，而且我们应该如何评价它们？在认识论中，什么算作“赢”？

在这里，一个看起来很自然的方法是关注真。就像奎因强调的那样，推理产生“关于……世界及其历史的描述”。少一些行为主义因素，我们或许可以说，推理产生推理者倾向于相信的理论。有些理论是真的，另一些则不是。而且，就像卡普格拉综合征患者的信念的例子非常清楚展示的那样，错误的理论能够导致灾难性的后果。因此，可能我们应该做的是确定擅长于形成真信念的推理者，并且尝试发展他们所采用的推理策略。这种计划与认识论中的可靠主义传统有明显的密切关系。根据可靠主义者，真是一个十分基础的认知美德，并且如果信念产生于一般产生真信念的信念形成策略，那么它们就得到辩护。因此，对于一个有自然主义倾向的可靠主义者而言，建议我们应该根据推理策略产生真信念的成功来评估它们将会完全地符合程序。②

或许有人会认为，这个建议的错误与某种循环相似。正是此种循环破坏了前面所提

---

① 很多人已经向我建议，认为主张研究擅长推理的那些人的推理的这种策略是奎因的真实想法。在奎因的文本中，我几乎不能发现任何证据以支持这种解释。但是在这个问题上，我并不打算成为一名严肃的学者。如果有任何人比我更了解奎因的工作，并认为这确实是他的意图，我将会非常高兴。我可以使用我能获得的所有支持。

② 我在这里概述的那种自然化的可靠主义与阿尔文·戈德曼（Alvin Goldman）拥护的在心理上复杂的可靠主义，具有明显的相似性。[8]

出的建议。因为除非我们已经知道了如何从假的理论中区分出真的理论，否则我们无法判断哪些推理者擅长产生真的理论。在我看来，这种循环的指责是站不住脚的。上述刻画的策略中，没有明显的循环，而且，唯一"隐藏"的循环完全是良性的，并且它可以在关于如何从坏的推理策略中区分出好的推理策略的所有其他解释中被发现。然而，我不会停下来去想反驳循环指责的论证，既然戈德曼已经做得很不错。

虽然可靠主义的计划并不是一个恶性循环，但是我认为，它远没有起初可能想象的那样具有吸引力。为了支持这个论断，我将提供两个原因，其中的一个原因，我已经在别处做了详细的论证。身边的这个计划建议根据推理策略如何产生真信念，从坏的推理策略中区分出好的推理策略。但是，有人可能会这样问，拥有真信念有什么好处？为什么拥有真信念应该被视为认知的基本目标？当然，此处的答案一定依赖于某人将真信念理解成什么。如果同意理查德·罗蒂（Richard Rorty）的观点，认为真信念只是那些当某人表述它们时，此人的共同体不会挑战的信念，那么为什么人们希望得到真信念将不是那么清楚，除非他将避免对抗视为陈述某人所想内容的重要价值。①

然而，我不是罗蒂真之解释的支持者。我所倾向的解释认为，信念是某种心理状态，它通过直觉上支持的"解释功能"映射到命题（或内容句子）上。粗略地讲，一个信念-类似的心理状态映射到的命题可以被认为是它的真之条件。真的信念是这些信念，它们通过这种函数映射到真命题上；假的信念则被映射到假的命题上。然而，我的观点认为，为直觉支持的决定真之条件的函数——将信念映射到命题上——既是任意的，又是具有特质的。存在许多其他的函数将同类的心理状态以完全不同的方式映射到命题上。而且，这些可选择的函数指派不同的（尽管是反直觉的）真之条件。被这些反直觉的函数映射到真命题上的信念类可能有点不同，或者与被直觉函数映射到真命题上的信念类完全不同。因此，使用反直觉的函数，我们可以定义信念类，并将其标记为真*信念，真**信念，等等。一个真*信念是这样的信念，它被反直觉的映射函数映射到真命题上。但是许多这些可选择的函数并不比直觉支持的函数更任意些，或者更具有特质。的确，直觉支持的函数所具有的唯一特征是，它是我们的语言和文化偶然遗传给我们的。如果这是对的，那么很难看出为什么我们会偏向于通常产生真信念的推理系统，而不是通常产生真*信念的系统。所有与此相关的细节，以及支持性的论证，已经在别处呈现出来了。[12]ch. 5;[13];[14]由于此处篇幅有限，重构它们不大可能，我将提出另一种完全不同的论证，挑战认为好的推理策略是通常产生真信念的观点。

如果某人希望下好象棋，他将会被建议使用好的棋手在他们最好的比赛中使用的策略。当然，比过去最好的棋手做得更好也是有可能的。他可以总是如此期望。但是，弄清最好的棋手在他们的能力最高峰使用的策略肯定是一个好的起点。因为揭去宇宙的偶然性，这些策略的确很有可能是非常好的策略。现在，假设我们试着将这种方法使用在推理策略上，而不是象棋策略上。我们应该研究谁的推理呢？

当然，有人可能有不同的意见。但是，我怀疑我们中的大多数人会把科学历史上的伟大人物排在我们名单目录的前面。亚里士多德、牛顿、道尔顿、孟德尔——有些名字

① 当然，这只是罗蒂观点的一种简化。完整的观点实际上反对简单的总结。[9]ch. 8;[10]xiii－xlvii;[11]215－228

将会出现在我的推理“游戏”大师目录中。然而，如果某人是可靠主义者，这个目录可能会非常奇怪。因为每一个思想者因之而闻名于世的理论，都是思想者在他们认知能力的最高峰时创造的理论，有的已经证明不再是真的理论。这也不是这些特殊思想家群体的一个特质。在科学的历史中，这是一个共同的现象，即过去很多最好的科学家的大量最好的成果已经被证明是错的。在有些情况下，历史中的人物似乎比他们的前辈“更接近于”真。但是在另一些情况下，他们似乎离得更远。而且，在很多情况下，“更接近于真”这个模糊概念似乎没有什么意义。

我在这里希望得出的结论是，如果我们采用这个策略，即通过评估推理者最好成果为真来确定好的推理者，那么我们最终将会研究错误的思想者群体。因为我们所知道的人类推理的某些最好的例子最后通常不会产生真的理论。如果我们想知道如何进行好的推理——如果我们希望能够像牛顿所做的那样——那么我们最好不要将注意力集中在得到正确答案的思想者身上。

第三节　实用主义：不存在特殊的认知目标或美德

上一节中所概述的计划可能被认为拥有两个部分。第一个部分完全是规范性的。它认为，真是一个特殊的认知美德，并且获得真信念是我们的目标，推理策略也应该根据这个目标来评估。第二个部分是经验性的。明确了好的认知是产生真信念的认知之后，我们尝试通过这个标准确定哪些人擅长推理，然后研究他们在推理工作时所采用的方法。使用第一节中建议的术语，这种计划是弱的自然主义的一个版本。宽泛地讲，科学能够告诉我们哪些推理者擅长产生真信念，而且他们使用的是哪些策略。但是科学既不能确认也不能否定最初的规范性步骤。科学不能告诉我们应该根据哪个标准评估推理策略。在上一节中，我对这种计划提出的批评完全针对规范性的成分。我认为，将产生真信念视为一个标准，并通过它检测推理规范，并不是那么清楚。

但是如果在认识论中，真不是标准，那什么会是呢？我所倾向的答案在实用主义传统中有重要地位。对于实用主义者而言，不存在特殊的认知或认识价值。存在的只是价值。推理、探索、认知被视为我们在努力追求我们所珍视的东西的过程中使用的工具。就像其他工具，通过确定它们在追求我们所珍视的东西的过程中如何做好工作，对它们进行评估。因此，在实用主义者看来，就一个人使用而言，好的认知策略是这些策略，它们很有可能促成他或她发现本质意义上的价值这个事态。当然，这是一个关于好的推理的彻底相对性解释。因为如果两个人拥有完全不同的内在价值，那么这可能会证明，一个推理策略对一个人可能是好的，但对另一个人可能会很差。在实用主义的传统中，存在某种贬低甚至否定实用主义导致的认知相对主义的倾向。但是在我看来，这种缺乏胆识的表现是一个巨大的错误。评估推理策略中的相对主义并不比评估饮食或投资策略或体育项目中的相对主义更令人担忧。不同的推理策略可能适用于不同的人这个事实是实用主义者应该平静接受的一个生活事实。

如我所预想的那样，评估推理策略的实用主义计划应该按照如下方式进行。首先，我们必须确定身边的评估感兴趣的是哪个目标或哪些目标。我们必须确定我们期望我们的推理想要获得的是哪些东西。当然，这个步骤从根本上说是规范性的。在做出决定时，经验性的探索可能会有帮助，但是仅凭科学无法告诉你什么是你的目标。因此，就像可靠主义者的计划一样，实用主义者的计划是弱的自然主义的一个版本。第二步是确定哪些人擅长获得已选择的那个目标或那些目标。第三步——通常情况下，最困难的工作会在此出现——是发现这些成功的主体在获得特定目标时使用的推理和探究策略。就像在象棋的例子中，我们的期望是，如果我们能够发现擅长获得我们珍视目标的那些人使用的策略，那么这些策略对于我们的使用而言也将是好的策略。但是，我们不需要假设它们是最好的可能策略。很可能会发生这种情况，即一旦我们能够理解擅长获得特定目标的那些人使用的策略，那么我们有可能会发现改善这些策略的方法。在实用主义计划中，探索改善成功的认知主体实际使用的策略的可能性是第四步。

第四节　赫伯特·西蒙的计算性的实用主义

上一节概述的实用主义计划与我在《理性的碎片》中所捍卫的认识论一致。在那本书完成不久，我惊喜地发现赫伯特·西蒙和他的同事已经努力从事计划超过二十多年了，而且这种计划拥有我所建议的所有必要特征。他们已经长时间地实践我最近才开始宣传的东西。

西蒙的计划在人工智能领域是非常有雄心的研究项目。他非常有煽动性地将这种计划刻画成构建“科学发现逻辑”的一种尝试。西蒙寻找的“逻辑”将会是一个清晰的推理原则和探索行为原则的集合。系统性地遵守这些原则，将会生产出好的科学假设和理论。作为人工智能领域中的一个普通案例，这些原则必须足够清晰，以便能够实现电脑编程。西蒙和他的合作者并不打算通过依赖于关于科学如何进行的先天原则或哲学论证来构建他们的发现逻辑；他们的方法更多的是经验性的。为了弄清如何产生好的科学理论，他们研究并试着模拟好的科学家的行为。在某些方面，他们的计划与人工智能领域中的“专家系统”非常相似。最初的目标是产生一个关于在研究科学方面是“专家”的那些人所使用的推理的计算模拟。

虽然西蒙并没有强调这一点，但是他承认，可以开展在很大程度上平行的另一种计划，它可能会以模拟某些其他“专家”类的推理为目标。比如说，我们可以关注那些在历史、文学评论或者神学领域中有杰出贡献的人的推理。在这些部分案例或者全部案例中，我们可能最终获得同样的推理规则。但是同样，也有可能不会。这可能会证明，不同的推理策略在不同的领域中会起到最好的作用。选择研究哪个推理者群体——并且最终，在个人自己的推理中选择使用哪种策略——在西蒙纲领性的计划中是最初的规范性步骤。

在西蒙的计划中，已经确定好他希望研究的推理是在科学中引起成功的那种推理之后，确定哪些人已经获得了科学上的成功是其计划的第二步。当然，作为一个实践性的问题，这非常简单。过去哪些人是伟大的科学家，这个问题已经有很多共识。但是当西蒙被要求为他所选择的科学家提供某些辩护时，他（半开玩笑地）建议采用以下方式“实施”选择：去图书馆收集各个领域中使用最广泛的基础教材，然后为其照片出现在教材中的人物做一个目录。我们应当研究的正是这些人的推理。虽然我很怀疑西蒙事实上真的这么做，但是这个玩笑提出了一个严肃的问题。西蒙使用的判断成功的标准不是科学家们产生的理论为真。就像西蒙所解释的概念那样，成为一个成功的科学家，必须要足够出名，使他的照片能够出现在教材中。

身边有了一个成功科学家的名单之后，西蒙计划中真正具有挑战性的部分可以开始了。他的目标是建立关于认知过程的计算模拟，这个认知过程引起了成功的科学家最著名的发现。为了做到这一点，需要相当数量的历史信息，因为最好的情况是，模拟的输入应该尽可能多地包括作为模拟目标的科学家可以通达的那些能够被发现的数据和关于科学家最有可能带入到计划中已接受的理论和背景假设的那些信息。与认知模拟中的其他努力一样，存在各种各样的证据，随着模拟的发展，它们可以用来肯定或否定模拟。首先，毫无疑问的是，模拟最终产生的规则或理论必须与目标科学家产生的规则或理论一致。其次，模拟经历的中间步骤应该与科学家在完成他或她的发现的过程中所经历的内容相平行。在某些情况下，实验室的笔记和其他的历史证据为目标科学家一路采用的推理步骤（和失误）提供了一幅内容十分丰富的肖像。但是在大多数情况下，科学家推理的细节最好是概略性的。为了产生模拟可以被测试的更多数据，西蒙和他的合作者已经使用了关于问题解释和“重新发现”的实验室研究。其中，有天赋的学生被要求提出一个能够解释一系列数据的规则或理论，而提供的这些数据至少大致与目标科学家所能接触到的数据相似。学生在工作时被要求“自由思考”，并解释他们采用的不同步骤。问题通常很难，很少有学生能够成功。但是成功的学生所产生的协议可以当作被测试的模拟项目另外的数据资源。[15]139—175;[16]426—433;[17]281—312

需要强调的是，没有任何先天的保证能够确保西蒙的研究计划会成功。有一个长期的传统坚持认为，科学创造（实际上，所有的创造）是一个神秘的过程，远远超出了计算理论能够达到的范围。而且即使我们不接受创造的神秘理论，努力模拟引起一个或其他重要科学家有重要发现的推理最终失败，这也是完全有可能的。使这些争议沉默的唯一办法是履行诺言。同样有可能的是，每个科学家的推理能够被成功地模拟，但每种情况都不一样。可能所有成功的科学推理都没有共享任何令人感兴趣的规律。可能成功的科学推理具有学科特性，并且不同的推理策略在不同的学科中是成功的。更糟糕的是，有可能会证明，没有任何两个成功的科学家采用同样的策略。成功推理的风格有可能完全是特质的。然而，注意到这些令人担忧的问题后，我应该同样注意到事情不是这个样子的。尽管仍然有很多工作需要处理，但西蒙和他的团队已经产生了令人印象深刻的模拟，其中包括关于开普勒第三定律的发现、克雷布斯尿素循环的发现，以及其他重要的科学发现的模拟。尽管这些模拟中使用的某些启发法相对于某个特殊的科学领域而言是特有的，但没有一个只针对个别的问题，而且有很多似乎具有领域的独立性。[18]255—274因此，尽管结论还有待分晓，我认为，将西蒙到目前为止的成功视为我在上一节中所提倡的那种认识论的实用主义自然化的一个优秀起点，完全是合理的。在本章的最后一节中，我希望思考西蒙式的实用主义计划在未来可能发展的某些方式。

第五节　超出历史之最：自然主义的实用主义的未来计划

模拟成功的科学推理的计划是西蒙和他的合作者到目前为止关注的计划。然而，一旦沿着这个思路获得了某些实质性成功——我所理解的现状是我们目前正处在这个阶段，那么探索某些新的和令人兴奋的领域就是有可能的。就像历史纪录揭示的那样，重大的发现总是来得很缓慢，并且它们总会涉及后来被视为不必要或者无效的步骤。在某种程度上，类似于西蒙式的模拟将理解引起发现的心理过程的细节视为它们的目标，当然，如果它们探索的困境正是它们模拟的科学家所处的困境，这也是一个优点。然而，如果我们希望获得的是关于发现的一个规范性理论，而不是一个描述性理论，那么模拟有天赋的科学家的错误步骤和无效的努力，将不再是特殊的美德。因此，最终的目的不是描述有天赋的科学家的认知策略，我们的目的可能是希望改善这些策略。通过修补这个程序——或者，更有趣的是，通过发展出关于它们如何并且为什么能起作用的一个实质理论——我们可能会设计出比真实的人类做得更好的程序，包括那些非常有天赋的和受过严格训练的人，成为重要历史人物的或者在实验室里推理研究的聪明学生。我认为，在某种程度上，这种修补和理论驱动的改进已经是西蒙计划的一部分了，虽然它总是很难与模拟实际的发现过程区分开。改进的过程可以沿着几个不同的方向展开。将它们区分开的是某些约束条件，它们在计算模型中非常重要。在这一节的剩余部分，我希望能概述某些可能被实施或者被忽视的约束条件，并且思考可能得到保证的那种计划。

第一种区分取决于我们认为这种观点即推理的规范性规则和策略必须能够为人类所使用到底有多重要。在某种程度上，我们认为这个约束条件很重要，我们并不建议那些对于人类认知系统而言是十分困难或者不可能的推理策略。我们的规范理论将会尊重人类心理和人类身体所能承受的极限。这种计划的一个自然标签可以是**人类认识论**（Human Epistemology）。当然，我们人类认识论的规范理论越尊重人类认知的极限和特质，那么它与关于好的推理的描述理论越相似。但是，没有理由认为这两者会崩溃。因为，有可能出现这种情况，即已经存在可以学习和可以使用的推理策略，它将会改进这些在科学发现的“典范”案例中实际被使用的推理策略。为了严肃地实施人类认识论，我们需要关于人类认知本性和约束条件严格性的详细信息。而且，获得这些信息的唯一办法是做与之相关的经验性工作。这是我所支持的那种自然化认识论需要从经验科学中获得输入的另一种方式。

如果我们并不关心根据关于人类认知实际状况的解释约束我们的认识系统，将会发生什么呢？我们无法远离所有的这些约束条件，因为我们承诺的是构建明确到足以被程序化的关于科学发现的理论，而这个承诺自身就为自己强加了约束条件。我们构建的理论用可利用的硬件和可利用的软件补充。但是，毫无疑问的是，存在很多事情，可利用的系统能够非常简单地处理，但人类大脑却不能够处理。因此，如果我们准备忽视人类认知的事实，我们将很有可能获得一类完全不同的关于科学发现的规范性理论。在最近的工作中，克拉克·格利莫尔（Clark Glymour）已经引进了**安卓认识论**（android epistemology）这个语词，而且我认为，对于类似于这些的规范性理论而言，这将是一个理想的标签。

如果有更多的空间，我将会利用它来探索安卓认识论的前景。因为对于我而言，它的确有非常令人兴奋的前景。从西蒙团体的工作和聚焦于相关问题的其他团体的工作中慢慢显现的东西，实际上是发现的一种技术。我们开始看到人工智能的发展能够发现有用的规则、有用的概念和有用的理论。当然，知道这些努力最终会多么成功是不可能的。但是就我而言，如果未来的历史学家将这份工作视为人类智能历史中的一个重要时刻，我一点都不会惊讶。

让我们回到人类认识论的领域。因为这里存在另一个区分需要厘清。再一次，约束条件这个概念为厘清这个区分提供了一个简便的方法。关于真实的人类认知的一个事实是，他们被嵌入到社会语境之中。他们从其他人那里获得信息和支持，他们用各种方式与其他人竞争，并且他们的工作被其他人评判。他们努力工作所获得的许多奖励作为这些判断的结果来自周围社会。在构建我们的规范人类认识论时，我们可以选择解释这些因素或者忽视它们。

到目前为止，西蒙和他同事的工作大多选择忽视这些社会约束条件。而且有很好的理由。因为在不打算考虑我们的模拟在一个复杂的社会环境中与其他的模拟竞争如何实施的情况下，事情就已经够复杂了。尽管如此，我认为，通过考虑社会约束条件，可能最终仍然有很多事情可供学习，并且探索那些我们可能称为**社会认识论**（social epistemology）的东西。比如，菲利普·基彻（Philip Kitcher，1990）[19]5—22最近已经尝试证明，科学中追求长远过程最可能的回报——关于努力工作以捍卫不合理理论的期望效用——在一些重要方面依赖于共同体剩余部分中智力劳动的分配。我认为，有理由希望，如果我们认真考虑为嵌入社会的认知行动者构建认识论这个观点，那么我们有可能开始发现爱追问的共同体组织自身可能被改进的方法。我们可以发现更好的方式来资助研究，引导智力劳动，处理不诚实的行为，以及分配奖励。作为一个实用主义者，我无法为认识论想象出更好的未来。

参考文献与阅读书目

［1］ Quine，W. Epistemology Naturalized//Quine，W. Ontological Relativity and Other Essays. New York：Columbia University Press，1969b. Reprinted in Kornblith，H. ed. Naturalizing Epistemology. Cambridge，MA：MIT Press，1985.

［2］ Quine，W. Natural Kinds//Quine，W. Ontological Relativity and Other Essays. New York：Columbia University Press，1969c. Reprinted in Kornblith，H.

ed. Naturalizing Epistemology. Cambridge, MA: MIT Press, 1985.

[3] Quine, W. The Nature of Natural Knowledge//Guttenplan, S. Mind and Language. Oxford: Clarendon Press, 1975.

[4] Nisbett, R. and Ross, L. Human Inference: Strategies and Shortcomings of Social Judgment. Englewood Cliffs, NJ: Prentice-Hall, 1980.

[5] Kahneman, D., Slovic, P. and Tversky, A. eds. Judgment under Uncertainty. Cambridge: Cambridge University Press, 1982.

[6] Fong, G., Krantz, D. and Nisbett, R. The Effects of Statistical Training on Thinking about Everyday Problems. Cognitive Psychology, 1986, 18 (3).

[7] Nisbett, R., Fong, G., Lehman, D. and Cheng, P. Teaching Reasoning. Science, 1987, 238 (428).

[8] Goldman, A. Epistemology and Cognition. Cambridge, MA: Harvard University Press, 1986.

[9] Rorty, R. Philosophy and the Mirror of Nature. Princeton: Princeton University Press, 1979.

[10] Rorty, R. Consequences of Pragmatism. Minneapolis: University of Minnesota Press, 1982.

[11] Rorty, R. Representation, Social Practice, and Truth. Philosophical Studies, 1988, 54 (2).

[12] Stich, S. The Fragmentation of Reason. Cambridge, MA: MIT Press, 1990.

[13] Stich, S. The Fragmentation of Reason—Precis of Two Chapters. Philosophy and Phenomenological Research, 1991a, 51 (1).

[14] Stich, S. Evaluating Cognitive Strategies: A Reply to Cohen, Goldman, Harman and Lycan. Philosophy and Phenomenological Research, 1991b, 51 (1).

[15] Kulkarni, D. and Simon, H. The Processes of Scientific Discovery: The Strategy of Experimentation. Cognitive Science, 1988, 12 (2).

[16] Dunbar, K. Scientific Reasoning Strategies in a Simulated Molecular Genetics Environment, Proceedings of the Eleventh Annual Meeting of the Cognitive Science Society. Ann Arbor, MI: Erlbaum, 1989.

[17] Qin, Y. and Simon, H. Laboratory Replication of Scientific Discovery Processes. Cognitive Science, 1990, 14 (2).

[18] Kulkarni, D. and Simon, H. Experimentation in Machine Discovery//Shrager, J. and Langley, P. Computational Models of Scientific Discovery and Theory Formation. San Mateo, CA: Morgan Kaufmann Publishers, 1990.

[19] Kitcher, P. The Division of Cognitive Labor. Journal of Philosophy, 1990, 87 (1).

[20] Buchanan, B. Mechanizing the Search for Explanatory Hypotheses//Asquith, P. and Nichols, T. Proceedings of the Biennial Meeting of the Philosophy of

Science. East Lansing，MI：Philosophy of Science Association，1982.

[21] Foerstl，H. Capgras' Delusion. Comprehensive Psychiatry，1990，31 (5).

[22] Kim，J. What is "Naturalized Epistemology?". Philosophical Perspectives，1988 (2).

[23] Kitcher，P. The Naturalists Return. Philosophical Review，1992，101 (1).

[24] Kornblith，H. ed. Naturalizing Epistemology. Cambridge，MA：MIT Press，1985.

[25] Kornblith，H. What is Naturalistic Epistemology? //Kornblith，H. Naturalizing Epistemology. Cambridge，MA：MIT Press，1985.

[26] Langley，P.，Simon，H.，Bradshaw，G. and Zytkow，J. Scientific Discovery：Computational Explorations of the Creative Processes. Cambridge，MA：MIT Press，1987.

[27] Nisbett，R. ed. Rules for Reasoning. Hillsdale，NJ：Erlbaum，1993.

[28] Quine，W. Ontological Relativity and Other Essays. New York：Columbia University Press，1969a.

[29] Shrager，J. and Langley，P. eds. Computational Models of Scientific Discovery and Theory Formation. San Mateo，CA：Morgan Kaufmann Publishers，1990.

[30] Shrager，J. and Langley，P. Computational Approaches to Scientific Discovery// Shrager，J. and Langley，P. (eds.) Computational Models of Scientific Discovery and Theory Formation. San Mateo，CA：Morgan Kaufmann Publishers. 1990.

[31] Simon，H. Scientific Discovery and the Psychology of Problem Solving// Colodny，R. Mind and Cosmos：Essays in Contemporary Science and Philosophy. Pittsburgh：University of Pittsburgh Press，1966.

[32] Simon，H. Does Scientific Discovery Have a Logic?. Philosophy of Science，1973，40 (4).

[33] Thagard，P. Computational Philosophy of Science. Cambridge，MA：MIT Press，1988.

[34] Zytkow，J. and Simon，H. Normative Systems of Discovery and Logic of Search. Synthese，1988，74 (1).

思考题

1. 作者区分了认识论的三种不同计划，你认为这三种计划之间是否存在某种关联？如果有的话，存在何种关联？

2. 作者倾向于认为奎因的自然化认识论版本是一种强的自然主义版本，这种版本的自然化认识论为何在作者看来是没有希望的？

3. 在何种意义上，作者认为可靠主义本质上不像我们想象的那样令人感兴趣？

4. 实用主义版本的自然化认识论有何特点？基于哪些理由，作者认为西蒙等人的工作是认识论的实用主义自然化的一个优秀起点？

5. 关于自然主义的实用主义的未来计划，作者有哪些进一步的设想？你认为这种设想是否合理，为什么？

第九章

知识、确证与盖梯尔难题

人类理智的发展史如同人类历史一样古老。我们在面对外在世界的时候，会不自觉地将目光投向远方，就像我们第一次到这个世界上，会用自己以为清楚的目光观察视野之内的人与物。之所以在我们身上会有这样的情形出现，很大程度上源于我们的本性，是与生俱来的内心冲动。我们会将这样的冲动解释为人的理性，一种蕴涵着怀疑精神的理性。在一个特定的情形中，这种精神持续渗透、施行，自然就产生了很多具体的问题，除了形而上学的问题之外，一个最重要的问题就是关于它我们能知道什么，而如何思考并言说它则是另外的问题，两者分别对应于知识论与逻辑学。相比之下，哲学家的第一任务或许就是确定我们获得关于这个世界的知识的途径和程度。

当代知识论与传统知识论，尤其是近代知识论相比，显得不那么波澜壮阔，倒像是涓涓细流。然而，两者之间的关系绝不是阵势庞大的江河湖海与精致简约的山涧溪水那么简单，既不是规模上的差异，也不是简单的源流之分，当然，这里并没有否定当代知识论对古代、近代知识论传统的承继与延续。当代知识论可以有不同的叙述方式，比较常见的则是从盖梯尔难题（Gettier problem）开始。不过，盖梯尔（Edmund L. Gettier）在提出这一问题时所针对的是知识，也即什么是知识，因此，这样就不得不回到柏拉图那里，从他对知识的三元定义开始。盖梯尔难题提出之后引起了广泛的讨论，发展至今的大多知识论理论似乎都可以视为对盖梯尔难题的回应，各式各样的回应使得盖梯尔难题渗透到当代知识论的众多话题之中。本章旨在通过围绕知识及其定义的阐释，以盖梯尔难题为连接点，在一定程度上呈现当代知识论的架构与图景。

第一节　知识之辩

人类的文明或许可以视为是在知识寻求过程中实现的，这种探求意识除了源自人类自身的冲动外，或许还有可能是出于寻找自己心灵故乡的需要、回家的愿望，这使得人类有着旺盛的精力认识自我及自己的族群。波兰尼（Michael Polanyi）做出显性和隐性的二元知识划分，给我们带来的启示则是很多知识尽管真实，却是隐性的，我们也不知晓知识的相关状态。人类似乎一直在无知与模糊中继续着探寻之路。这一点类似于我们的某些心理状态，因为人类心理状态的存在并不要求他们意识到那些状态。

自柏拉图的《泰阿泰德篇》（*Theaetetus*）开始，知识的定义就是三元的，即信念（belief）、真（truth）和确证（justification），它们构成知识成立的充分条件，并被称为三元定义下的"标准的分析"。根据这个观点，命题知识可以定义为确证的真信念（Justified True Belief，JTB）。然而，正如我们将要看到的那样，这种知识的定义为当代知识论留下充足的讨论空间。

在不同的人文社会科学乃至自然科学中，有不少学科对知识或多或少均有自身特有的认识，尽管没有完全形成有关知识定义的共识。比如，认知心理学中把知识界定为"对具体事物和普遍原理的回忆，对方法和过程的回忆，或者对一种模式、结构或框架的回忆"。显然，这是从知识所包含的内容来说，属于一种现象描述。实际上，在人们的日常认识中，"知识"这一术语的通常用法，往往趋于遮蔽这样一个重要事实，即知识实际上并非同质，与此相关的问题则是，知识是否存在某种"质"的内涵？这样的内涵能够使它们彼此相区别吗？按照我们的理解，知识确实存在某种类似于事物的"美"或"美感"等"本质"的东西。这种东西成为知识的固有特性与内容，我们或许可称之为"知性"，意为"知识之性"，如果说存在相对于本质的个体或个别的东西，那么它们与本质之间的关系就相当于是殊型之于类型。

知识同样还涉及方法论问题，威廉姆斯在对知识解析中提到五个问题，其中之一就是"方法问题"。[1]1-2 比如，是否可以把知识论理解为人的概念及其分布的理论？也就是说，知识或许是个非常模糊的、不确定的概念，而只有在特定条件下，比如讨论怀疑论与反怀疑论、可靠主义（reliabilism）与反可靠主义时，知识才会有明确的应用。这一点或许会提醒我们，在分析知识时有必要对其进行什么样的限定，应该设定在什么样的应用域中，当然对于知识论中的知识而言，所指称的内容应该是一致的，或至少是相近的。

当代知识论中的自然主义者们，比如像科恩布利斯（Hilary Kornblith）[2]，他就一直强调，知识论的主体内容是知识本身，而不是我们对知识的概念，因此他们认为知识就是自然的种类，与其他自然界的东西一样。传统的知识定义因为"盖梯尔难题"而使得满足传统的三个条件并不能成为知识。比方说，ZZ 通过视觉表象，看到在他面前有一支点亮的蜡烛。尽管确实有一支蜡烛，但 ZZ 看到的只是蜡烛的全息图，并不是真正的蜡烛，它是被遮挡的。在这种情况下，ZZ拥有知识吗？尽管他有确证的真信念，但我们只能得出结论ZZ并不知道有一支蜡烛在他面前。其后以因果论（causal theory）、可靠主义为代表的外在主义（externalism），以基础主义（foundationalism）、融贯主义为代表的内在主义（internalism）也分别对该问题做出回应。那么这里的“知识”概念应该如何理解呢？可否说是一种命题性的、形式上的内容，含有某种独立本质？比如在“S知道p”中，S是“知道”的行为主体，指向认识对象，而p则为“知道”的对象，指向认识的命题。[3]447－448认识对象与认识命题之间无疑是有关系的，但哪一个才是本质、才是真正的知识呢？这个问题我们不做讨论，我们只承认对知识成立条件的限定，其形式是“S知道p，当且仅当……”。如果条件满足，就可以说S拥有某个方面的知识。

当然作为知识论的研究内容，除了涉及命题之外，还可能涉及事实、能力、行动等。比方说，认识一个地方或某个人，知道如何做某事等，它们的形式就不会是“S知道p”的命题性知识。不过，作为当代知识论的主流之一，知识论学者所指向的多为命题知识。从形式上看，通过陈述各自均为必要、累加之后则为充分的诸条件，形成“知识即为某某事物就是如此”，就像柏拉图对知识的界定。这样分析的有效性靠什么来检验呢？以上所指称诸条件都得到满足是否意味着“S知道p”？或者反过来，任何“S知道p”的情况是否意味着这些条件均得以满足呢？前者是确定这些分析要素对于“S知道p”而言是否充分，而后者则确定分析要素中的每一个条件是否必要。然而，无论属于哪一种类型，仍然属于威廉姆斯所称的“标准的知识分析模式”，这种模式可能有不同的变体，但无论如何，都是在柏拉图提出的三个基本要素基础之上的增减、调整。之所以出现这样的情形，其根本原因或许就是盖梯尔难题，它引发了在知识成立条件问题上，持续几十年的争论。

第二节　盖梯尔难题

1963年，盖梯尔发表了题为《确证的真信念就是知识吗?》(“Is Justified True Belief Knowledge?”)[4]421－423的两页纸论文，它或许是20世纪知识论领域影响最为深远的论文。不过他在发表了这篇也许他自己都不以为然的论文之后，就放弃了对这一话题的关注，对由此引起的海量文献与各式争论没什么兴趣。

盖梯尔针对知识传统的三元定义，提出两个反例，表明认知主体S拥有获得证据支撑的假信念p，根据p进行推论，就有理由相信某个碰巧为真的东西，由此获得确证的真信念，但这并不构成知识，由此形成盖梯尔难题。尽管这一难题因为反例的可靠性以及其他方面的问题，面临着众多质疑与批评，但却又不得不承认它确实对传统知识定义构成根本性威胁，在它的影响之下，根据休普（Robert Shope）的统计，截至1983年，学界针对盖梯尔难题构造的反例达到近百种。盖梯尔化（gettierize）、去盖梯尔化（degettierization）、盖梯尔情形（gettier-cases）等甚至成了讨论知识定义这个话题常用的语汇。

盖梯尔从知识的三元定义出发，形成构造其反例的基本思路，一是有可能确证地相信一个命题，但它是假的；二是如果S确证地相信p，且p蕴涵q，S通过从p推出q而相信q，那么S就是确证地相信q。

自盖梯尔难题之后，不同学者对盖梯尔所提出反例的重述大同小异，这里采用扎格泽博斯基的描述方式。[5]115-116 假设史密斯有强证据表明琼斯有一辆福特车。他在很多场合都见过琼斯开着一辆福特车，并且琼斯说过他有一辆福特车（如果你认为形成确证需要证据，你或许会设想他拥有更进一步的证据）。因此史密斯就是确证地相信

(i) 琼斯有一辆福特车。

再假设史密斯完全不知道他的朋友布朗的行踪，但是从（i）中史密斯可以演绎得出：

(ii) 要么琼斯有一辆福特车，要么布朗在巴塞罗那。

（不要想为了得出这一推论史密斯究竟拥有什么。）

现在假设（i）实际上为假。琼斯对史密斯撒谎了，他现在开的车是租来的，但完全巧合的是，布朗在巴塞罗那。(ii) 为真，并且有鉴于第一和第二个假设，尽管史密斯确证地相信（ii），但史密斯不知道（ii）。这样的话，知识的一个定义就是错误的。确证的真信念不是知识的充分条件。

根据盖梯尔的解释，对照知识最开始的三个条件，由此得出的结论是我们会认为史密斯不知道（ii）。然而，这里仍然不能排除有些人，比如没有经过哲学专业训练凭直觉认为史密斯知道（ii），其中原因可能是他们对因为运气而形成的真信念有着不同的看法。按照扎格泽博斯基的解释，经过反思之后，绝大部分人会同意，史密斯的信念（ii）存在某种认识上的有缺陷的东西，这个东西影响到他的信念没有达到知识状态的地位。出问题的地方似乎就是，史密斯尽责地努力实现真理，并且他确实也实现真理，尽管有如此事实，但是他并不是通过其尽责的认识活动而达到真理的。不幸的是，他成为琼斯撒谎的无意识受害者；一个通常会产生真理的过程导致他出现有关（i）的谬误，这只是个偶发事件。因为这一情形的第二个偶然特征，史密斯最终还是获得了真信念（ii），这一特征与史密斯本人毫无关系。她把这个情形描述如下：偶然出现的坏运气被同样偶然的好运气抵消了。尽管获得了真理，但它是因为运气而获得的。扎格泽博斯基提示我们盖梯尔情形中的双运气结构，注意到这样的结构或许就能明白盖梯尔难题为何会出现在各式各样的知识定义中。如果知识是真信念＋X，那么X是否就是诸如确证、可靠性、恰当功能、尽责之心、理智德性或者其他什么东西并不重要，X是否就是内在主义因素或外在主义因素也不重要，是否像在三元定义中增加条件同样不重要。扎格泽博斯基认为只要任何知识定义中存在着X与真理之间的关系，类似难题就必然会出现，因为正是这样的关系才造成有可能拥有一个称为X的假信念。

正如扎格泽博斯基这里所解释的那样，盖梯尔的反例从最基础意义上说，意味着知识的JTB理论所列出的三个条件不能构成知识的充分条件。那么，究竟应该怎样对知识进行正确的分析和说明？怎样确定命题知识的充分条件？扎格泽博斯基提到的X可能指向的几个方面，实际上已经表明哲学家们回应盖梯尔难题的不同的路径，他

们对知识的本质进行了分析和解释，笼统地加以区分的话有内在主义与外在主义这两个路向，也有学者比如陈真认为，除此之外还存在介于两者之间的解释以及实用主义的解释。

第三节　内在主义与外在主义之争

一般认为，邦儒（Laurence BonJour）在《经验知识的外在主义理论》（*The Externalism Theory of Empirical Knowledge*）中开始了当代知识论中“外在主义”与“内在主义”两个词的现有意义的使用。然而，毫无疑问，这两个理论都可以追溯到近代知识中，甚至更早。而且笛卡尔曾经有过统一内在主义与外在主义的理想。众所周知，笛卡尔是从清理知识的基础开始，他认为如果从内部的视角，就能够准确地理解从基础开始之后究竟是如何的，并且与此同时，信念获得原则必然会形成对周围世界的准确信念。笛卡尔以一种显示其理智统一性的方式形成信念，他的目标在于希望形成完全符合于他自己的主观标准的信念。然而，他又希望以一种客观达到真理的方式形成信念。前者对应于内在主义者主张，即把确证的信念与满足这里第一个目标的信念相等同，而外在主义者则相反，他们把确证的信念等同于满足第二个目标中的信念。尽管笛卡尔认为如果满足了第一个目标，就会自动满足第二个目标，事实显然并非如此。否则，我们只好说，我们可能会拥有一种将会同时回应两个目标的确证观念的想法，这样则有悖于常识和逻辑。因此，笛卡尔统一内、外两个视角的理想似乎遭遇了失败，不过他的思路无疑对当代知识论中内在主义与外在主义的争论有一定的启发，这个争论的本质根源于认识主体内、外视角的差异，也是对认识主体的不同要求。内在主义要求主体对自身状态有把握能力，而外在主义则仅仅假定一个正常人的正常认知能力存在即可，两相比较，内在主义的要求显然要高于后者。

1. 内在主义

面对盖梯尔难题，内在主义者的反映会像笛卡尔一样，增加对认识主体的要求。也就是除了知识原有的三个要素之外，增加第四个条件，实际上可以认为是对“确证”这一要素更进一步的细化，以弥补 S 相信 p 为真的确证所存在的缺陷。事实上，沿着这条认识主体内部的路径，有很多哲学家依次对第四个条件到底是什么给出不同的说法。根据盖梯尔的反例，可以看出 S 的确证包含了一个有理由相信但却为假的前提，即（i）为假，如果前提不为假，那么盖梯尔的反例就不成立。因此，在盖梯尔文章发表之后，克拉克（Michael Clark）随即在《分析》（*Analysis*）杂志的下一期上，建议增加第四个条件为：

> （I）S 相信 p 的理由不包括任何错误的信念。[6]46−48

然而，这里“不包括任何错误的信念”意味着什么呢？哈曼（Gilbert Harman）给出的解释作为第四个条件似乎更为清楚一些：

(II) 在S相信p的证据中，本质上与确证有关的理由不为假。[7]120

如果这个条件构成X的话，那么知识的定义就变成了JTB+(II)——“知识就是得到确证的真信念(JTB)，并且本质上与确证有关的理由不为假。”

然而，也许一个简单的知觉经验就可以构成上述定义的反例，戈德曼(Alvin Goldman) 1976年就构造过一个真谷仓与假谷仓的例子，波洛克(John Pollock)的例子则更为简单。假设S看到一个看上去是红色的球，在此基础上他正确地判断球是红色的。然而S并不知道球是被红光照射而呈现红色的，对他而言球看起来是红色，尽管球不是红色的。那么S不知道球是红色的，尽管他有“球是红色的”的确证的真信念。此外，他相信球是红色的理由并不涉及他相信球不是被红光照射。球被红光照射与他的推理有关，但它只是个击败者(defeater)，并且存在这样的击败者就可以认为S不知道球是红色的。[8]364-366索伯(Elliott Sober)的彩票反例也有此功能[9]155，S在一个公平的抽奖活动中买了一张彩票。这次抽奖活动共售1 000张彩票，只有一张中奖。由于S中奖的概率只有千分之一，因此S有充分理由相信他不会中奖，即他相信他不会中奖的信念是得到确证的。假定S事实上也没有中奖。这样，S相信自己不会中奖的信念是一个得到确证的真信念，又由于S相信的理由(即他只有千分之一的中奖机会)是真的，因而S的信念满足了JTB+(II)。这样，按照JTB+(II)，S知道他不会中奖，但我们认为S并不知道他不会中奖，因为S有可能中奖。因此，JTB+(II)依然不能构成知识的充分条件。

这样看来，这里的第四个条件需要进一步修正，以避免彩票反例。细究之下，我们会发现，我们之所以认为S不知道他自己不会中奖，是因为他的“知道”/知识有可能被其他因素所击败，但S不知道这样的可能是否会成为现实，而一旦这个击败者出现，就会使S的确证变得无效，因此第四个条件应该是：

(III) 没有击败者能够击败S相信p的确证。

由此形成波洛克的知识定义JTB+(III)[10]181——“知识就是不可被击败的、得以确证的真信念。”也被称之为可废止性(defeasibility)的知识分析理论。然而，莱勒(Keith Lehrer)与帕克森(Thomas Paxson) 1969年提出的格雷比特孪生兄弟一例却导致这一分析模式依然没有对知识给予充分条件的界定。[11]225-237假设S看到一个人把图书馆的书夹在衣服中偷走，他与这个偷书人汤姆很熟悉，因此报告称他知道汤姆从图书馆偷书了。假定汤姆的妈妈格雷比特太太确定那天汤姆不在图书馆，而是远在千里之外，并且汤姆的孪生兄弟约翰在图书馆。进一步假设S不知道格雷比特太太所说的这些事情的真相，那么来自这位母亲的陈述就击败了S相信汤姆偷书的任何理由。这样说似乎完全合理，然而，后面的故事是，这位母亲患有强迫症并且经常撒谎，约翰在图书馆是她编造的谎言。这样的话，就可以说S知道汤姆从图书馆偷书。

那么如何应对这样的反例呢？如果说格雷比特太太称不是汤姆而是约翰在图书馆，它构成真的(true)击败者，这是正确的，但是还有可能存在真的击败者的击败者(true defeater defeater)——她是强迫症患者而且谎话连篇，而这也是正确的。这就意味着，即使得到确证的真信念被击败或者可能被击败，也可以成为知识。(III)所蕴涵的要求太高，导致即使没有得到满足，也可以成为知识，它不构成知识的必要条件。也就是波洛克所说的，“很难通过要求真的击败者和真的击败者的击败者构造一个精确的原则来恰当处理这样的情形”。甚至，如果完全满足这样的条件，导致另一个可能的结果就是我们几乎不能拥有任何知识。

针对前述彩票反例还有一种可能的解释，我们之所以认为 S 不知道 p——“S 不会中奖”，是因为 S 掌握的支持 p 的证据不是决定性的（conclusive），这样才造成 S 的确证存在着可击败性。[12]43 换言之，如果 S 相信 p 的证据和 p 之间有某种必然的逻辑关联，且 S 的确证能够保证他所相信的 p 为真，则彩票反例似乎可以避免。这样，X 就是：

> （IV）S 辩护中的证据为真，且 p 逻辑上不可能为假，那么 S 相信 p 的辩护就是决定性的。

由此形成的知识定义就可以表示为 JTB＋（IV）——知识就是得到确证的真信念，并且其确证是决定性的。然而，这里还会出现与前面的可废止性理论相似的问题，即要求太强，几乎少有能够满足这一条件的认识情形与主体。因此，按照通行的内在主义思路，无论是在 JTB 的基础上增加第四个条件或者更多条件，还是对这些条件如何细化与变化，都意味着对认识主体提出了更高的要求，需要主体对真信念具有完备的确证能力，这种属于认识主体心智之中的关系才能够保证他拥有相应的知识。

然而，内在主义这个要求的不可企及，或者说内在主义自身蕴涵的无法克服的困难逐一被发现，使得外在主义者寻求一种更为简便、直观的方式，以期在认识主体（包括他所拥有的东西，如资源、能力等）与他的（真）信念之间，以及外在于认识主体的世界（或事实）与（真）信念之间建立某种关系。

2. 外在主义

戈德曼认为，传统的认识论一直被内在主义者所控制，始终是自我中心主义的。或许这种内在于认识主体的视角正是其自身蕴涵困境的根本所在。“外在主义”在当代知识论中的运用开始于阿姆斯特朗（David Armstrong），尽管他将这一荣誉又归于奥黑尔（Gregory O'Hare）。阿姆斯特朗的外在主义理论主要针对非推论信念，认为某种关系使得一个真的、非推论的信念成为知识，它存在于信念状态以及使得信念为真的情境，强调信念与世界之间存在某种关系。[13]157 这种关系性理解几乎成为外在主义者的普遍共识，尽管外在主义阵营中不同的理论形态可能在这种关系的具体表述上有所不同。当代知识论的外在主义主要有概率主义（probabilism）、可靠主义（reliabilism）以及恰当功能论（theory of proper function）等。如果说是为了回应盖梯尔难题的话，那么要从因果论开始，更主要的理论形态则是可靠主义，恰当功能论则是对可靠主义加以修正的结果。

在盖梯尔反例中，使史密斯相信前面命题（ii）为真的原因，并不是使其为真的原因。使他相信（ii）的原因是他相信（i），而使（ii）为真的原因是“布朗在巴塞罗那”这一事实。如果这两个原因是一致的，则盖梯尔反例就没有什么威胁了。也就是说，真的事实和认识主体的信念之间应该存在着某种恰当的因果关系或因果链。戈德曼将之称为因果论（the causal theory），可以表述为，“知识是由使得 p 为真的事实所因果地产生与保有的真信念”[14]。换言之，使得 p 为真的事实，通过某种恰当的因果链，成为使得 S 相信 p 的原因，这是戈德曼对因果链解释的其中一种情形，即一个经验事实能够使得主体相信相应的经验内容。通过存在于事实与信念之间的因果链确保了信念为真。还有一个情形则是，p 与 S 相信 p 有着共同的原因。这个理论的优势通常被解释为它是确证取消论的重要代表，当然在用“因果地产生与保有”“替代”确证这一条件时，客观上似乎确实可以避免盖梯尔反例。然而，作为一种知识理论，它的应用范围具有非常明显的局限性，比如它不能有效解释普遍命题知识、未来事件的知识、没有因果关系的知识，以及因果关系在知识之成立中是必要条件还是充分条件等问题。更重要的是，它作为一种知识的界定形式，容易遭到来自反例的质疑，尤其是对经验知识来说。戈德曼的真假谷仓就是这样的反例。[15]771-791

比方说，某市有一个特色乡村，它在每年春季有大量的油菜花供游客观赏，S 作为一个游客慕名而去，在路边下车看到了漫山遍野的油菜花，他相信这些是油菜花，而且确实有很多油菜花在他眼前。根据因果论，S 的信念就是因果地产生并保有的真信念。然而，S 不知道的是，在他去观赏油菜花之前，因为游客太多，很多油菜花被踩倒了，毁坏情况比较严重，当地政府为了继续吸引游客，用很多足可以假乱真的塑料花来替换其中被损坏的花，并规定不能进入花丛中。在这个情形中，我们不会认为 S 真的知道山上有油菜花，或许他看到的是真花，但这是运气使然，而不是真的知道那是油菜花。因此，因果关系无法为知识提供充分条件。

当然，这里的因果关系没有成功达到应有的结果，或许可以将其归于视力、光线等因素，是它们使得 S 不能成功辨识真假油菜花。如此就可以进一步提高要求，增强这一关系，或者获得真信念（即知识）的过程或方法的可靠性。由此就形成可靠主义对知识的标准定义——知识就是由可靠的过程所产生的真信念。这个理论在一定意义上是成功的，确实可以成功解释内在主义屡屡碰壁的反例。既然只有某种可靠过程产生的真信念才是知识，那么无论是盖梯尔反例、彩票反例，还是谷仓反例，甚至格雷比特夫人的情形，之所以认为 S 并不知道 p 为真，是因为 S 产生真信念的过程不可靠。这样就可以避免类似的可能反例。

更进一步说，可靠主义之所以能有效地解释上述反例，根源于它作为外在主义理论与内在主义之间的分歧，就是 S 的真信念产生过程外在于或者独立于 S 的主观状态，它不是通过推论，或者至少不是在强意义上的推论而产生。阿姆斯特朗用温度计与温度读数来进行类比[13]157-169，只要温度计功能正常，它就能够记录并正确显示温度，并可以认为温度计“知道”温度。同理，认识主体正常运行自己的认知官能，就能够成功产生相应的真信念（即知识）。然而，认识主体的信念与外在世界之间的外在关系尽管是其理论优势，但同时也成为易于遭受诟病的地方。莱勒就提出，这种外在关系是模糊的，对于主体而言甚至无从知晓，不清楚其信念有一个可靠的信念形成过程，乃至恰当的功能性认知能力所产生、引致或者因果性地保有。进而可以认为，外在主义只是提供了拥有信息（或观念）的论述，而不是获得有关知识的论述。这样的关系对于记录信息可能是充分的，但如果认识主体并不知晓这样的关系，那么就可以说他缺乏知识。对于阿姆斯特朗的温度计类比，莱勒将温度与温度计之间的关系归为一种法则性关联，对此，德雷茨基（Fred Dretske）、诺齐克（Robert Nozick）也有不同理解。因此他认为一个可能的结论是，温度计不知道其记录的温度，当然这样的结论有些仓促。不妨来看看他提出相当于思想实验的反例。[16]187—188

一位实验外科医生为某人S做脑外科手术，这位医生发明了一个非常精巧的温度计和计算装置构成的小器械，能够产生思想，称之为X。X被植入S头部，S没任何感觉。X作为一个传感器把有关温度的信息发送到大脑的计算系统。在操作中，X连续将信息发送至大脑，使他想起外部传感器所记录的温度。假定X相当可靠，能产生温度报告，也就是说，这既是一个可靠的信念形成过程，也是一种恰当的功能性认识能力，具有过程与恰当功能的特征。S对于X的植入毫无知觉，只是在觉得为何他思考温度时会分神，又感到别扭，但S从未尝试通过验证温度计来确定这些关于温度的想法是否正确。S未做任何验证就接受X的作用结果，这样他就认为并接受p——温度为华氏104度。那么S知道p吗？当然不知道。这样看来，可靠主义至少无法清楚地表明知识的本质。究其原因，根本上在于S不清楚他或者他有关温度的想法是否可靠。尽管他所接受的p为真，但他并不知道他的想法是正确的。尽管他有关p的想法是正确的信息，但他并不知道这一点。尽管他因为X的作用而记录了这个信息，但他并不知晓有关X及其温度判断的可靠性的事实。所有这些都相当于是对证据或理由提出了要求，它属于认识主体的内在活动，这样就不得不再一次把确证这一要素请进来，这就表明外在主义试图废除确证这一要素所做出的努力的前景不容乐观，似乎不得不向内在主义寻求理论支持。同时也表明，传统的JTB知识分析框架依然有其基础性意义。如果说内在主义与外在主义是JTB基础上的两个相互竞争的不同路向，或许更应该说它们谁也离不开谁。

结　语

以上通过对知识相关概念的辨析，将当代知识论中知识界定的分歧归因于盖梯尔难题，在对盖梯尔难题展开分析的基础上，以内在主义与外在主义这两个主要进路为线索，表明当代知识论在知识与确证问题上的辩驳与争论。从某种意义上说，这就展现了当代知识论的整体架构与理论图景。

值得再次强调一下的是，在内在主义与外在主义所遭遇的不同困难中，很多问题实际上是理论自身所蕴涵的，比如外在主义遭到的模糊性责难就是如此，是它自身无法克服的。就像可靠主义一样，如果这种模糊性被放置进来，就相当于是它的普遍性难题(generality problem)，该理论无从摆脱。当然可靠主义所遭遇的异议远不止这一个，还有新恶魔难题（new evil - demon problem）、自举难题（problem of bootstrapping）以及价值难题（value problem）等。正是由于一个又一个难题，可靠主义自身框架也得到了丰富，出现了不少新的可靠主义形态，如行动者可靠主义、内在主义可靠论、规范性可靠主义、证据主义的可靠论以及德性可靠主义等，它们或者是新的发展与延伸，或者是同类变体与派生，在当代知识论中引起了广泛关注与讨论。

参考文献与阅读书目

[1] Williams, Michael. Problems of Knowledge: A Critical Introduction to Epistemology. Oxford, N. Y.: Oxford University Press, 2001.

[2] Kornblith, Hilary. Knowledge and its Place in Nature. Oxford, N. Y.: Oxford University Press, 2002.

[3] Honderich, Ted. The Oxford Companion to Philosophy. Oxford, N. Y.: Oxford University Press, 1995.

[4] Gettier, Edmund L. Is Justified True Belief Knowledge?. Analysis, 1963, 23 (6).

[5] 琳达·扎格泽博斯基. 认识的价值与我们所在意的东西. 方环非，译. 北京：中国人民大学出版社，2019.

[6] Clark, Michael. Knowledge and Grounds: A Comment on Mr. Gettier's Paper. Analysis, 1963, 24 (2).

[7] Harman, Gilbert. Thought. Princeton: Princeton University Press, 1973.

[8] 约翰·波洛克. 葛梯尔问题//保罗·K. 莫塞，阿诺德·范德·纳特，编. 人类的知识：古典和当代的方法. 厦门大学知识论与认知科学研究中心，译. 厦门：厦门大学出版社，2018.

[9] Sober, Elliott. Core Questions in Philosophy (3rd edition). Upper Saddle River: Prentice Hall, 2001.

[10] Pollock, John. Contemporary Theories of Knowledge. Lanham: Rowman & Littlefield, 1986.

[11] Lehrer, Keith, and Thomas Paxson. Knowledge: Undefeated Justified True Belief. Journal of Philosophy. 1969 (66).

[12] 陈真. 盖梯尔问题的来龙去脉. 哲学研究，2005 (11).

[13] Armstrong, D. M. Belief, Truth and Knowledge. Cambridge: Cambridge University Press, 1973.

[14] Goldman, Alvin L. A Causal Theory of Knowing. The Journal of Philosophy, 1967, 64 (12).

[15] Goldman, Alvin L. Discrimination and Perceptual Knowledge. The Journal of Philosophy, 1976 (73).

[16] Lehrer, Keith. Theory of Knowledge (2nd edition). Colorado: Westview Press, 2000.

思考题

1. 日常认识实践中，对知识通常是什么样的理解？根据不同的分类标准，知识论中所讨论的知识可以分为哪些不同的类型？

2. 盖梯尔针对传统知识观构造的反例蕴涵什么内在的逻辑？它们如何构成对传统知识定义的反驳？

3. 如何评价盖梯尔难题的有效性及其在当代知识论中引起的争议？

4. 内在主义与外在主义对盖梯尔难题做出的回应分别有什么优势和潜在的困难？

5. 在知识的构成要素中，你认为哪一个（几个）要素是必要的？认识活动的目标是什么？

第十章

从可靠主义到德性知识论

可靠主义的难题之一表现为，它无法解释相比较真信念所具有的善(good)①，是什么使得知识之善比它更高。我之前曾经只针对过程可靠主义（process reliabilism）提出这一反对的理由。[1]301－302 在本章中，我将更为详细地阐述这个异议，进而提出，这个难题首先按照过程可靠主义的三个变体（offspring）——能力（faculty）可靠主义、恰当功能论与行动者可靠主义——把我们向前推进，并最终走向一种德性知识论，它建立在伦理学意义的德性的基础之上。

第一节　价值：过程、能力与功能可靠性的共同难题

可靠的过程之为好，原因仅仅是该过程的产品好。一个可靠的咖啡机之所以好，是因为它制作出的咖啡好。一个滴水的水龙头之所以不好，其原因在于滴水不好。可靠性自身没有价值或负价值（disvalue)，其价值或负价值只会源自得以可靠地产生的产品的价值或负价值。因此，一个过程

① 扎格泽博斯基教授在本章中所讨论的是知识的价值问题，good 是她在伦理语境中阐述其知识理论最为常用的词汇，作为名词或形容词，放在句子的不同位置中。翻译中用“好”“好的”来对应实为万难之选择，同时“好”具有的丰富语义也是重要考虑之一。此外，出于语境所需，偶尔用“善”来表达作为名词的 good。——译者注

的产品的价值就被转移到生产出该产品的过程之中。然而过程的价值并没有被再次转回到该产品中。这样，尽管是因为咖啡好才使得一个可靠的咖啡机好，但是现在做出来的咖啡并没有因为它由可靠的咖啡机制作出来而变得更好。而滴水现在同样也没有因为它是由可靠的滴水的水龙头所产生而变得更好，两个也都没变得更为糟糕。

与之相似，可靠的真理（truth）产生过程之所以好，是因为真理是好的。不过如果我们从这样的过程中获得真信念，那么相比于非此情况下的真信念，这不会使得我们的信念更好。当然，因为过程是好的，我拥有它自然就更好一些，而且也许运用这样过程的话就更好，但是我所拥有的任何由它产生的信念的状态不会因此而得以改善。所以，如果亚当（Adam）有着可靠的记忆力，并且获得了他运用可靠的记忆力而形成的有关过去经验的真信念，他的信念不会因此而比夏娃（Eve）的信念具有更高的认识价值，后者同样有着可靠的记忆力并获得相同的有关过去经验的真信念，尽管她是通过不可靠的过程而获得。夏娃或许不比亚当更为糟糕，但是这里的关键是亚当没有比夏娃更好。

这一反对的理由可以类比于有时会被用于规则效用主义（rule utilitarianism）的异议。如果我们假定，效用最大化就是好的，那么从行为中概括而来、可靠地导致效用最大化的规则同样也是好的；但是对于遵从这一规则的任何特定事实而言，并没有什么额外的善增加进来。如果一个特定的行为使效用最大化，其价值的增加不是通过以下事实得以实现——它是某一类行为表现之一且大部分这样的行为都使得效用最大化。而且，如果一个行为没有使得效用最大化，那么它就不会从它作为这类行为的表现之一这一事实中获得价值。

我们从中可以吸取的教训之一就是，价值的转移只能按照一个方向进行，而不是前后两个方向。尽管产品的价值被转移到可靠地产生这一产品的过程的价值之中，但任何情况下，该产品都不会从过程中获得额外增加的价值。因此真信念的价值被转移至可靠的、产生真理的过程的价值中，但是对具体的真信念而言，它没有从这样的过程所产生的产品中获得任何额外的价值。这样的话，过程可靠主义无法解释是什么使得知识比真信念有更高的价值。我将称之为价值难题（the value problem）。

相比之下，证据主义没有遭遇这样的价值难题。将信念建在证据的基础之上之所以是好的，原因在于这样做就可靠地导致真理的产生，同时也是因为，认识到证据与真理之间的关联就意味着存在认识上好的某种东西。因此，当一个人将信念建立在证据之上时，她拥有真理，就是一种善；她拥有证据，就是一种善；她的真信念建立在证据这一基础之上，就是一种额外的善。她将其信念建基于证据之上，这一事实之所以好，其中原因不是这样做一般情况下会实现真理，也不是它在这个情形中导致真理的出现，而是因为在这种情况下，她认识到证据与她相信的真命题之间的关联，并因此而获得非在此情况下而不能拥有的、达到一定层次的认知地位。当我们说，即使对于一个恰当地基于证据的假信念来说，也存在某种认识上有价值的东西的时候，就意味着我们认同这一点。相比之下，如果说一个产生于可靠过程的假信念存在任何认识上有价值的东西，就显得问题重重。我们会说，由一个可靠的咖啡机做出来的味道糟糕的咖啡，会比不可靠的咖啡机做出来的味道糟糕的咖啡更好一些吗？我们当然不会这么说，而且我们也不应该说，可靠的真理产生过程所形成的假信念，会在任何意义上好于不可靠的信念过程所产生的假信念。如果一个可靠的过程并没有赋予假信念以价值，它也就同样不会为真信念增加价值。

因此，无论一个人如何理解证据主义，它都不会因为没有辨识出除了获得真理之外的任何独特认识之善而有什么问题。事实上，它的麻烦之处恰恰相反：它所辨识出的这两类善似乎彼此隔得太远。证据主义试图把握在同一个确证性概念下的两个认识之善的来源——利真性（truth-conduciveness）与合理性（rationality）。究竟是什么使得它出现麻烦呢？其答案就是，没有什么初始理由来期待两者之间存在任何关联。或许显而易见的是，将信念建基于证据之上就是合理的（rational），但如果那就是所谓的合理性的话，为什么认为它与获得真理没有任何关联呢？我在其他地方将这一点称为校准难题（alignment problem）。① 不过我这里不打算讨论校准难题，因为在本章中，我主要的旨趣在于另一类不同的理论。按我的假定，可靠主义者无疑是正确的，也就是除了真信念之外，知识的价值与利真性存在某种联系。不过我已经提出，不可能只是利真性这一个。可靠主义者的直觉——信念的合理性（确证性、保证性）及真理之间应该存在关联，就是该理论的优势之一。证据主义无法解释这样的关联，可靠主义则将这样的关联变成其所主张的知识定义的一部分。

过程可靠主义在价值难题上遭遇了滑铁卢。它的改进版就是，或者也许就是索萨（Ernest Sosa）所支持的那种能力可靠主义。有可能的情形是，可靠能力的产物因为它是这样的产物而在认识意义上得以加强，但是这一点并不明显，原因在于能力是个模糊的概念。如果说确实有这样用来衡量证据以及基于证据形成信念的能力，那么根据我前文中对证据主义已经给出的评论，它们的认识价值高于它们所产生的真理的价值。但是，它们并不只是从可靠性那里获得其价值。另一方面，如果能力就是像记忆那样的心理机制，它就不会加强信念持有者的认识地位，除非这样的能力存在于不止一个可靠的过程之中。如果能力只不过是产生真信念的可靠的过程，它为其产品所赋予的额外价值就不会超出咖啡机所做的。因此，能力可靠主义同样适用于我对过程可靠主义提出的反对意见，除非对于能力而言，在产生信念方面其中所蕴涵的东西要多于器官/过程。而且那个所谓多出来的东西必定拥有会被转移至产品的价值。

因此，无论是哪一类可靠主义，它们面临的难题都是，无论是什么使得可靠能力的产物之为好，可靠性都难堪此任，而是其他什么东西将起到这个作用。可以合理地认为，这里所说的其他什么东西构成了这种可靠性的基础，并且解释了能力或过程的可靠性。因此，在得以可靠地形成的真信念与知识之间存在密切关联这一点上，即使可靠主义者有可能是对的，但知识价值的来源是比可靠性更为深远的东西。

普兰丁格（Alvin Plantinga）的恰当功能论（proper function theory）试图辨识出

---

① 这个难题在《证据与探究》[3]中被哈克（Susan Haack）称为核准难题（ratification problem）。在布朗特鲁普（Godehart Bruntrup）主编的《宗教信念的合理性》（*The Rationality of Religious Belief*. Dordrecht：Kluwer，2000）一书中，我在我的论文《实践理性与基督教信念》（"Phronesis and Christian Belief"）中将其称为校准难题。该文的修改版重印于《知识、信念与品质》（*Knowledge*，*Belief*，*and Character*. edited by Guy Axtell，Rowman and Littlefield，2000）第十六章。

比可靠性更有价值的东西，并对它做出解释。一般来说，可靠的能力之所以是可靠的，原因在于它按照设计好的方式施行其功能。因此，普兰丁格早已经提出，知识就是得以保证的（warranted）真信念，大致说来，一个得以保证的真信念指的是根据致力于实现真理的设计方案，在相应的环境中产生于恰当施行其功能的能力的信念。[2]这一理论的缺点，在于除了能力概念的模糊性之外，它在恰当功能以及设计这两个概念上同样含混不清，即便如此，它仍然带有一定的真知灼见，这表现在可靠性自身没有在认识上强化某个具体的信念，也没有强化一个信念持有者拥有那个信念。尽管一个恰当施行其功能的能力是可靠的，但是其可靠性的根据在于，普兰丁格所提出的想法使得其**真**有价值，也即它恰当地施行其功能这一事实。而且，恰当施行其功能是件好事情，这一点为真，或许是在分析意义上为真，不像可靠性，按我的理解，其自身并不好。当然，一个可靠的咖啡机几乎始终是一个恰当施行其功能的机器，一个可靠的滴水水龙头几乎始终是功能不正常的水龙头，而且有人或许会说，对于咖啡机和滴水水龙头的情形而言，它们的功能**只不过**是可靠地产生相应的结果——而不是其他什么结果。恰当的功能是好的，不过这个意义上的好并不是我们在知识的构成中所需要的那一个。一个功能恰当的能力，就像可靠的能力一样，是在它恰当施行其功能时，从它所引致的结果或产生的东西那里获得其价值。一个功能恰当的癌细胞不是善，甚至即使它**作为**一个癌细胞而恰当地施行其功能。它可能是个好癌细胞，但它不是善。功能恰当的神经毒气不是善，甚至即使它按照神经毒气所应该施行其功能那样恰当地施行功能。癌细胞与神经毒气都不是善；事实上，恰当地施行功能甚至使得它们更为糟糕。

在这一点上，普兰丁格的理论的另一个要素变得至关重要。在普兰丁格的理论中，将额外价值赋予恰当施行其功能的能力的东西，指的是它们均为有着特定目标的智力设计的产物。根据这一立场，功能恰当的咖啡机就是好的，不仅仅是因为咖啡是好的，还因为它实现了其设计者的目标。或许这就赋予它除了其产品价值之外的价值。因此，如果我的咖啡机功能恰当的话，那么因为它正在按照它被设计的那样施行功能，所以它就是个好的机器。只是因为咖啡好的话，它就是好的了。一个功能不当的水龙头之所以是坏的，是因为它没有按照它所被设计那样施行其功能，而且它的糟糕之处不只是源自滴水这样的糟糕情形；或许这一点还可以再做讨论。

不过，一个按照其设计来施行功能的机器所制作出咖啡的价值，要高于可靠但未按设计来施行功能的机器吗？甚至，一个不可靠而且又没有根据设计来施行其功能的机器所制作出的咖啡的价值会更少吗？我认为并不是这样的。不妨看看三个被当作螺丝刀来使用的物体：第一个是功能恰当的螺丝刀，它在拧螺丝时做得很好；第二个是一角钱硬币，尽管按照其设计并不是作为一个螺丝刀，但在拧螺丝时表现得非常完美；第三个是手柄已经松了、不可靠的、功能不当的螺丝刀，尽管如此它在拧螺丝时也做得非常好。① 如果那个不可靠的、功能不当的螺丝刀直接来拧螺丝的话，其结果会与一角钱硬币或功能恰当的螺丝刀所拧出来的结果一样好。而且由前者所拧进去的螺丝会跟后者所拧进去的螺丝一样好。换言之，以上三个情形中无论哪一个，都没有理由把螺丝弄出

① 感谢麦吉尼斯（Frank McGuinness）向我提出这一类比。

来，然后再重复拧螺丝的过程。如果结果都是一样好，那么过程是不是那个通常得到好结果的过程就没什么差别，同时，过程是否就是被设计以那样的方式来使用的过程也无关紧要。尽管事物与过程按照设计而运行这个事实可能是个不错的东西，但是它作为一种善外在于相应的生成物。生成物自身既非更好，也非更差，因为它是设计的结果。

这里的结论就是，无论是可靠性还是恰当功能都没有辨识出，知识中除了真理之外究竟什么才是认识上有价值的东西，尽管如此，可靠性仍然表明它是某种深远的、**确实又**有价值的东西。普兰丁格提出的依照设计来施行功能的理论，试图辨识那个东西到底是什么。他认为，使得信念持有者可靠的东西乃在于真正有价值的什么东西。鉴于我针对普兰丁格已然提出来的反对理由，我们或许可以补充一点，恰当功能关键之所在就是那个真正有价值的东西。同时，它还必须是内在于信念持有者或者信念的东西，而不是某种外在的东西。设计就是外在的。

第二节　知识之善与行动者的视角

如果可靠性或恰当功能都不足以解释是什么使得知识比真信念更好，那么为什么这么多的哲学家仍然会有如此想法呢？在我看来，答案就是他们误会了各式盖梯尔难题（Gettier problems）所带来的教训。通常认为，盖梯尔情形中的关键难题在于它们只是一个人的信念得以确证并且为真的具体实例，但是她偶然地获得了真理。在她得以确证/保证的状态与她达至真理之间只存在着偶然性关联。因为这一点，经常会有人提出，知识应该被界定成非偶然为真的信念。要么是作为可靠的过程、可靠的能力，要么是恰当功能的产物，它们又都是根据瞄准真理的设计而得以实施，既然这样的信念并不是偶然地实现真理，那么就会让人以为，这就足以好到避开盖梯尔难题，并成为知识的实例。然而我并不相信它在这两个目标上会取得成功。我在其他地方已经论证过，可靠主义与恰当功能论均无法避开盖梯尔难题的藩篱①，不过我这里要说的关键是这两个理论均没有辨识出，知识中究竟有什么成分解释了是什么使得它比真信念更有价值。非偶然性尽管有其价值，但并不足以将我们所认为的知识应该有的价值赋予我们。

当然，诸多盖梯尔情形所属的那一类反例，表明通过极端情形来进行界定到底会出什么问题。在这些情形中，真理是碰巧实现的，而且这就足以阻止它们成为知识的具体实例。不过，我们不能根据**这一点**就错误地得出结论，即那种不是碰巧获得的东西就好得不得了。当然，对于一个信念而言，为了成为知识的实例，它必须不能是碰巧为真的，但这只是我们对它所提出的最弱的要求。偶然性无疑在认识上是糟糕的，但不能随之得出，任何程度或形式的非偶然性在认识上就是好的。真正的困难之处在于辨识出信

---

① 我第一次给出这个论证是在《盖梯尔难题无可逃避》[The Inescapability of Gettier Problems. *Philosophical Quarterly*，1994 (44)：65-73] 一文中。该文的修改版出现在《心智的德性》(*Virtues of the Mind*) 第三部分第三节中。该论证最近的形式则出现在索萨与格雷科 (John Greco) 主编的《布莱克韦尔知识论指南》的《什么是知识?》(What is Knowledge?. *Blackwell Guide to Epistemology*. Oxford：Blackwell，1998) 一文中。

念或信念持有者的使善（good-making）属性，正是它解释了除真信念之外，知识的额外价值是什么，而且它也不会遭遇盖梯尔难题的困扰。

苏珊·哈克已然提出，针对可靠主义，有一个显而易见的修正路径，就是用那些**确实**（are）可靠的事物的指称，来替代我们**相信**其可靠的过程（或能力）。[3]ch.7 大概也可以认为，用类似的方式，普兰丁格的理论同样能够加以修正。使一个信念得以保证的东西，就是我们相信它是那种根据以真理为目标的设计方案，来恰当施行其功能的结果。我认为，尽管这一想法正在朝正确的方向前进，但是可靠主义与恰当功能论拒斥它又颇为明智。针对是什么可靠地导致真理，或者有关作为设计计划构成的功能，一个人愚蠢而又毫不理性地，或者甚至错误地形成一个信念，它并不足以为真信念赋予我们正在寻求的额外价值。如果可靠性与知识根本上有什么关系的话，它不只是依据信念持有者相信它所获得的这一事实来确立。或许我们应该说，信念持有者必须要**觉知到**（aware）她的可靠性。不过很显然，这样的觉知同样有可能是非理性的，或者是基于一个错误，而且那会使它变得无价值（disvalue）。那么我们或许应该说，信念持有者必须要**确证地觉知到**其自身的可靠性。然而，这就是非解释性的，因为我们这里所讨论的话题是价值难题，弄清楚这一话题的方式之一就是要确定确证性（justifiability）关键在于什么。尽管如此，有意思的是，反思可靠主义的价值难题会让我们回到证据主义最为重要的特征之一——知识之善到底是什么，它关涉到那些最为显要的行动者主观视角的特征。

格雷科已经以最新近的可靠主义形式——行动者可靠主义进入这一方向。按照格雷科的看法，如果一个行动者的信念 p 源自稳定而可靠的、构成其认知品质（character）的倾向，那么他的真信念 p 就有相应的价值——它将真信念转化为知识。① 格雷科打算用这一界定来衍推出主体认识确证的条件的满足。一个认知者受到获得真理的愿望的激发，在他以这样的方式来思考时，这个认知者的可靠性必定建基于他所展示出来的认知倾向。行动者可靠主义能够避开价值难题吗？与能力可靠主义一样，答案取决于构成行动者认知品质的那种倾向，也取决于它们为什么可靠。如果认知品质的价值不过是其可靠性的价值，那么就像其他可靠主义一样，咖啡机类比同样可以用来反对这种形式的可靠主义。依照直觉，品质是那种与可靠性不一样的、有价值的东西。尤其是，追求真理的动机之所以是有价值的，其原因不仅仅是它可靠地产生真理，而且也是因为有这样的动机的人具备值得称许的认知品质。如果是这样的话，知识的额外价值源自一个人动机或品质的属性；可靠性本身并非这样的价值的来源。如果这就是格雷科意图要说的，那么我会认为这个理论更应该被冠以类似于“品质可靠主义”（character reliabilism）而不是“行动者可靠主义”。不过如果这个理论把那种使得真信念转化为知识的价值，置于行动者认知倾向的可靠性之上，而不是品质的价值之上，那么这一理论将完全处于本章论证所要反对的范围之内。

至此，我已经表明，知识比真信念更有价值，并且它的价值必定会在信念持有者拥

---

① 格雷科的“行动者可靠主义”这一术语所指代的理论范围要大于他自己的理论，它包括了索萨、普兰丁格以及我早期的理论，不过正如我将要表明的，相比于能力可靠主义和恰当功能论，他自己的那个版本更接近于解决价值难题。请参看《行动者可靠主义》[Agent Reliabilism. *Philosophical Perspectives*，1993（13）]。

有该信念时增加进来。对于一个信念而言，无论它源自可靠的、功能恰当的过程、能力，还是倾向，都不具备这样的额外价值，除非可靠性与恰当功能是建立在其他什么东西之上，比如信念持有者有价值的认识属性之上。

证据主义不会碰到类似的、需要辨识额外的价值来源这样的难题，这就意味着证据主义者或许是对的，额外的价值来源是某种关于信念持有者的主观视角、值得称许的东西。从过程可靠主义到能力可靠主义再到行动者可靠主义，这样的演进通往同一个方向。格雷科讨论了源自追求真理动机的认知倾向，他希望他的可靠主义形式可以衍推出主观确证。

我没有否认，行动者知道她或她所运用的过程什么时候是可靠的，并且又恰当施行其功能。不过使得知识有其价值的东西，与构成过程和/或行动者的可靠性以及恰当功能的基础并且解释它们的是同一个。在可靠主义内部，从过程到能力再到倾向的转换，可以被合理地理解为那些试图转向更深层的行动者品质的特征，它们构成它的可靠性的基础并对它加以解释。无论是可靠主义还是恰当功能论都面临着价值难题，我们从这一事实中得到的教训，就是当我知道 p 时，关于我的信念 p 和获得信念 p 的方式，蕴涵着某种有价值的东西，正是这种东西解释了它为什么是由可靠的和/或功能恰当的过程/能力/倾向所形成，而且我们从证据主义不存在价值难题这一事实中所获取的教训，在某种意义上正是建基于信念持有者那些值得称许的主体视角的特征。

第三节　动机与知识

是什么使得有意识的生物产生可靠的行动呢？当然，他们可能是碰巧才有如此行动的，尽管如此，我们早已认识到偶然性不会增加价值。或者，他们之所以能做到这样，是因为那是本性使然，他们甚至有可能未曾觉知到这样的本性。不过那样的话，他们与之前已经讨论的咖啡机就没什么差异了。或者他们行动如此可靠的原因是他们在激发之下才做到这样。我在其他地方曾经提出知识的定义，其中最首要的构成元素就是追求真理的动机，以及按照这个追求真理的动机以相应方式行动的动机（比如做到心智开明、理智上的公正、专注、细致等）。将知识建立在追求真理的动机之上，这融合了可靠主义与证据主义各自的优势。如果像证据主义而不像可靠主义，它就不会遭遇价值难题，因为它辨识出了除真信念的善之外知识所拥有的一种善。如果像可靠主义而不像证据主义，那么它就不会碰到校准难题，原因是它揭示了这真理与合理性/确证性之间的关联。姑且让我们仔细审视在界定知识时，追求真理的动机是如何服务于这些目标的。

与增进人类福祉以及用相应的方式——被视为可靠的增进人类福祉的方式来行动的动机是个好东西一样，因为相同的理由，实现真理以及通过相应的方式——被视为可靠的实现真理的方式来行动的动机，同样也是个好东西。

我们将增进人类福祉看作一个好东西，即使它是在无意识状态下完成的。与之相似，我们把实现真理视为好东西，甚至即使它是在无意识状态下完成的。这就是为什么拥有真信念就是好的，无论它是如何获得的。不过我们认为，某些增进人类福祉的方式并不像其他方式那样好。很显然，偶然情况下增进人类福祉并不像特意增进人类福祉那般好，而且要再次说明的是，它们之间的差异不是程度上，而是种类上的差异。需要注意，我对比了偶然情况下获得真理与专门有意图获得真理。不过偶然行为与意向行为是一连串意识控制的不同目的。在两者之间还有非常宽阔的区域，而且我们已经认识到，尽管盖梯尔情形以及猜测情形留给我们的教训，就是知识领域中并没有将偶然情况下成功获得真理排除出去，但不能由此得出，任何偶然的成功都好到足以成为知识。与之相似，偶然情况下增进人类福祉并没有被排除出道德上值得称许的领域之外，但是不能随之认为，任何人类福祉的偶然增进好到足以值得道德的褒扬。有意图地增进某种善通常值得最高的称许，但是即便并非在有完全意识的意向状态下做好事，它或许也足够好了，甚至即使只是在略好于偶然的状况下做好事并不始终会足够地好。

动机的概念在这个语境中很有意义，因为动机远不是以偶然的方式与成功实现目标关联在一起，甚至即使它们并非始终都是在有意向的状态或完全有意识的状态下。一个人有可能受到激发而增进他人的福祉，甚至即使在并不是每一个她的动机得以运行的情况下，她都有意识地将增进他人福祉视为其目标。几乎同样道理，一个人可能受到激发而获得真理、避免错误，甚至即使在并非每一个他的动机得以运行的情况下，他都有意识地将这一点当作其目标。不管是在我们的认识行为还是在我们的外在行为中，我们只是在有些时候才意识到我们的动机，尽管如此，我们的那些动机所带来的无论是值得称许还是该受责备，并不局限在我们所意识到的那些情形中。我们几乎很少有意识而又郑重其事地认为，在我们形成信念时我们是受激发之下才获得真理，甚至即使事实情况经常就是这样——我们的动机就构成了我们行为的最佳解释。与之相似，几乎不会出现我们有意识而又郑重其事地认为，我们是受激发而增进人类福利的，甚至即使我们行为的最佳解释就是因为我们的动机。

按照我的看法，获得真理的动机在我们的信念形成活动中是个好的动机，而且增进人类福利的动机在我们外在行为中就是个好的动机。是什么使得这些动机为好呢，这是个重要的问题，我会在其他地方阐述它。① 我这里要说的关键只在于，这些动机**确实**（are）是好的，并且它们蕴涵的善（goodness）就是它转移至它引起一个行动者所行之事的善。除了随后获得的真理的价值之外，追求真理的动机所激发的认识行为还有其价值。同样道理，除了随后获得的福祉的价值之外，增进人类福祉的动机所激发的外在行为仍有其价值。当然，成功实现真理或者福祉在上述两个情形中都没有得以完全确保（guarantee），尽管如此，在我看来，当它得以实现的时候，成功实现它的那一行为就获得了它非此不会获得的价值。因此，无论是受激发而实现某种善，还是成功实现善，所涉及的行为都比受到激发但未实现其目标的行为，或者是实现其目标但并非源自实现其目标的动机的行为，要更有价值。

最后，如果它成功实现其目标是因为相应的好动机，那么不管是受到激发而实现一

① 在《心智的德性》（*Virtues of the Mind*）[1]以及《神圣的动机理论》（*Divine Motivation Theory*. Cambridge：Cambridge University Press，2004）中，这个话题得以更加充分的展开。——译者注

种善，还是成功地实现一种善，它所涉及的行为都更具有价值。

倘若一个行动者——他受到动机激发而增进人类福祉，并且除动机对其行动以及行动的结果存在的因果影响之外，是因为其他机制的缘故而如此行动，那么他所应获得的那种道德赞誉，就不同于另一类行动者——他以相似方式受到激发，并因为动机引发其行动的方式，以及行动带来人类福祉的方式而成功地增进了人类福祉。与之相似，如果一个行动者——他受到动机的激发而获得真理，但他是因为其他某种机制，不是动机引发其认知行为及其后果的方式而偶然地获得真理，那么他所应得到的那种认识赞誉，不同于另一类行动者——他同样是受到激发，并因为动机以及动机所引起的认知行为而偶然地获得真理。

如果某一特定的行为在某种情况下导致了一个好的结果出现，那么这通常意味着，像这样一类的行为可靠或者典型地导致那类结果的出现。某一类行为与某一类结果之间可靠的关联并不完全就是一个行为与它所导致的事态（state of affairs）之间关系的全部，尽管如此，它仍然有可能是这一因为关系（because relation）① 最为常见也是最为重要的特征。由于这一点，可靠主义者把注意力集中在可靠性——作为信念持有者与真理之间关系的关键特征之上，无疑是没问题的，但是如果他们认为它构成了那样的关系，他们就大错特错了。

简言之，我的想法是这样的：如果一个认知行动者受到激发而实现真理，并因为那个动机而以可靠的方式行动，同时**因为**（because of）这个动机以及该动机所引发的可靠的过程，而成功实现真理，那么这个行动者就达到一种认识状态，它值得拥有的不仅是真理，还有知识。

第四节　为什么是德性理论？

这个理论之所以是德性理论（virtue theory）的形式之一，原因在于它基于行动者的动机，辨识出知识中除了真信念之外的价值，这样的动机是德性最重要的构成部分。因此，它就得以避免遭遇价值难题。同样，这个理论还避开了校准难题，因为在阐述知识时辨识出的这两个价值之间存在天然的关联——追求真理的动机与获得真理。实际上，除了真理之外，知识的价值指的是因为追求真理的动机与可靠的认知行为而达成的真理，如果我这样的说法没错，那么在上述两个价值之间同样存在明确的关联。相比之

① 译者曾就这一关系的理解与扎格泽博斯基教授交流，她的解释大致如下。假定你说“我会去参加会议，因为（because）我答应我要去”。你的意思是说，你的承诺是你去开会的理由（reason），但不是一个原因（cause）。尽管理由可能像原因那样起作用，但这不是你说“因为”的时候所意指的东西。可以对比“我的车撞到墙上，因为（because）路面湿了”。你要表达的是，路面湿导致（cause）你的车滑了而撞到墙上。还可以举个“因为”的例子，但不是不具有因果关系（not-causal）。“她努力学习准备考试，因为（because）她想获得好成绩。”这里的“因为”指的是学习与取得好成绩这一目标之间的关系，这一关系既不具有因果性，也不是全然的因果关系。简言之，如果你说“A 因为 B”，那么就相当于是 B 解释了 A。原因能够解释，但意向、理由以及欲念（desire）同样也能够解释。——译者注

下，证据主义必须要解释为何真理和建基于证据的信念之间应该存在关联。当然，毫无疑问它将表明，被视为可靠的真理获得途径之一就是要将信念建立在证据之上，不过以证据为基础的信念，是从以下这样的事实中获得其价值，即它就是那些有追求真理动机的人所要做的事情。

通过将认识评价的重心从命题间的证据性关系转到人以及品质，可靠主义与恰当功能论在知识论中实现一个重要的转向。不过无论是可靠性还是恰当功能均为衍生性价值。可靠性的价值源自那种与它得以可靠关联的东西的价值。恰当功能的价值则来自恰当施行其功能的东西的价值。同样，按照设计施行功能的价值也是衍生性的，因为它只是与设计本身一样好而已。所有这些理论没有哪一个能够解释真信念之外知识所具有的价值。自柏拉图之后，知识一直被视为一种崇高的状态，拥有知识的人值得称许。人们为此而受到称赞并不只是因为获得真理。拥有可靠的能力/倾向，以及运用可靠的过程，这些都很好地**标志着**这样的认识行动者值得称许，尽管如此，它们仍不是行动者之所以被称许的品质。正如我所提出的，那些品质是促使他们因某些方式行动的动机，这些方式源自追求真理的动机，同时也引出与获得真理有着可靠关联的行动。

参考文献与阅读书目

［1］Zagzebski，Linda. Virtues of the Mind：An Inquiry into the Nature of Virtue and the Ethical Foundations of Knowledge. Cambridge：Cambridge University Press，1996.

［2］Plantinga，Alvin. Warrant and Proper Function. New York：Oxford University Press，1993.

［3］Haack，Susan. Evidence and Inquiry. Oxford：Blackwell，1993.

思考题

1. 文中所呈现的对知识的界定究竟有什么困难？或者说，是什么使得知识之善要好于单纯的真信念之善？

2. 什么是可靠主义？如何区分过程可靠主义、能力可靠主义、行动者可靠主义，以及恰当功能论？

3. 扎格泽博斯基咖啡机类比的要点是什么？它如何提出可靠主义难题？

4. 扎格泽博斯基对格雷科的行动者可靠主义是如何回应的？它是否会遭遇咖啡机类比中的价值难题？

5. 在她对知识的论述中，扎格泽博斯基是如何将求真的动机、可靠性与成功实现真关联在一起的？

6. 知识的价值是什么？为什么价值对于知识是重要的？

7. 咖啡机、水龙头等在什么意义上可以类比心智的过程？这样的类比是否始终恰当呢？

8. 与证据主义相比，如何理解可靠主义可能具有的优势？

9. 由过程、能力、机制转向行动者自身来考量知识的价值，其中蕴涵着什么样的内在理路？

10. 以动机来评价知识、真理等认识成就，会遭遇什么样的困境？如何评价它与可靠主义之间的相容性？

第十一章

知识与价值

知识的价值问题是当代知识论的核心论题之一，而且这个问题由来已久，至少可以追溯到柏拉图的《美诺篇》。知识的价值问题不仅自身是重要的，而且与知识的本质问题息息相关，不少哲学家明确表达了两者的紧密关系，例如柯万维戈（Jonathan L. Kvanvig）、扎格泽博斯基（Linda Zagzebski）、索萨（Ernest Sosa）、格雷科（John Greco）和普里查德（Duncan Pritchard）。这些学者正是本章故事的主角。柯万维戈认为如果“什么是知识”的问题的回答很难让我们看到知识为什么是有价值的，那么我们就应该反对这个答案，反之亦然。扎格泽博斯基的观点更强，她认为任何充分的知识理论必须解释知识的价值。普里查德的观点稍弱，他认为任何充分的知识理论必须解释知识为什么是有价值的直觉。索萨和格雷科则直接付诸实践，直接从价值问题入手发展出一种更完善的知识理论。本章将系统引介当代知识论对知识的价值问题或认知价值研究的成果。

第一节　当代知识论为什么发生价值转向？

当代知识论的“价值转向”（value turn）是一场正在酝酿着巨大变革能量的运动，即将深刻改变当代知识理论的基本版图，并不断创造新的观念，为当代日渐枯竭的以证成为核心的知识分析路径寻找新的动力。“价值转向”这个说法最早由里格斯（Wayne D. Riggs）提出，在这个略显浮夸的标题之下其实想要表达的却是一种相对温和的理论主张和期许。他主要是在方法论语境中来介绍“价值转向”的蕴涵，与罗蒂率先提出并迅即在英美哲学界掀起一股风潮的“语言学转向”进行类比。

当前知识论存在一种试图用新的方式来解决知识论问题的倾向，这种倾向虽然细微但正持续发酵。为了更为清晰地刻画这种倾向，有必要为其先立个“名目”。这种倾向与“语言学转向”类似的地方在于，它们都试图为旧问题寻求新的理论资源，就像“语言学转向”为形而上学、知识论、伦理学引入了逻辑学、语言学、语言哲学的资源，其中特别是语义分析与句法分析的方法更为深刻地揭示了实在、知识和道德的本质。

不过，价值转向及其所形成的“价值驱动的”知识论并不试图要求取消其他方法：“它在很大程度上是一种辅助性而非竞争性的思考知识论问题的方式。进而，它带来一种比传统定义知识论更不受局限和理智上更丰富的设想知识论的方式。但价值驱动的知识论不需要否认知识及其追求的重要性，甚至核心性，它只是在最低限度内为把知识论的兴趣拓展到其他认知现象而辩护。”[1]1

但这种从单纯方法论角度来探讨价值转向的方式能够揭示的东西其实非常少，事实上我们应该回到让我们感受到这种“价值转向”倾向的历史与现实背景中去，如此我们才能真正理解这种转向的缘起。惠特科姆（D. Whitcomb）认为价值转向有三个动机：一是，知识论是一种价值理论这一观念的古老根源；二是当代关于知识和证成本质的争论；三是知识论应该评价诸如推理和研究计划等各种“应用”现象。[2]270—271 关于第一个动机，正如麦克休（C. McHugh）和怀廷（D. Whiting）指出，知识论正在进行一场所谓的“价值转向”，其中包含了这样的想法，即知识论是一门规范学科，涉及揭示或系统化统摄信念的规范。[3]699 事实上，这种看法一直不显于当代知识论，主要是因为当代知识论继承的是逻辑实证主义或分析哲学的传统，基本上忽视了知识论的价值维度，这种势头在奎因的自然化知识论中走到了极端，主张知识论是心理学——一门完全经验性的科学——的一章。然而，从更久远的历史角度来看，柏拉图和亚里士多德都认为诸如知识和理解等认知状态具有特殊的价值，扎格泽博斯基比较系统地梳理了知识与理解概念在柏拉图和亚里士多德传统中的变化，特别阐明这个传统的核心其实是理解的认知价值，而且明确指出“在提供了一条通向被忽视的理解价值全新且有效的路径方面，德性知识论具有最大的希望”[4]237。事实上，当代知识论的价值转向与德性知识论具有密切的关系，因为在当代知识论的诸多流派之中，只有德性知识论明确把知识论是一门规范理论作为其理论的核心或主导原则。

这就说到第二个动机，德性知识论对于当代许多知识论问题，如认知回溯问题、盖梯尔问题、语境论问题和自然主义问题等都提出了自己的解决方案，这些方案背后的主旨都是相同的，即最终诉诸认知主体的认知德性以及由此把知识视为是一项认知成就或价值。不过，惠特科姆在这一点上有点混淆，因为“价值转向”实际上是德性知识论所结出的果，而并非当代知识论问题本身的必然产物，所以，第二个动机实际上是当代知识论的德性转向。

至于第三个动机，与第二个类似，德性知识论让我们从知识的单纯构成性研究转移到知识和信念形成的认知机制或德性的研究，从而让知识论开始关注认知能力或过程本身，因此，自然地开始关注各自具体的认知能力的应用。所以，第三个动机同样源自德性知识论。

综上所述，当代知识论的价值转向其实是当代知识论的德性转向以及由此引发的知识论与伦理学深入融合的一次自然延伸或副产品，正是索萨在试图解决基础主义与一致主义之争时引入亚里士多德的理智德性来解决，从而引发了当代德性知识论的潮流，同时也吸引许多知识论者开始挖掘亚里士多德的古希腊知识论传统，从而让我们关注到了我们长期所忽视的知识论的价值维度。事实上，当初极力提倡并正极力推进的主力正是德性知识论者们。经过二十多年的酝酿与发展，当代知识论的价值转向早已不仅仅具有里格斯所说的方法论意义，而且已经成为一种具体且饱满的理论现实，许多知识论者如索萨和葛雷克等从认知价值角度重新构建其知识理论。

什么是价值问题？“知识就是力量”。培根的这个口号可能是世界上流传最广的一个口号，可谓妇孺皆知。我们的父母、亲朋好友和老师们也从小教育我们要好好学习知识。问题是，知识为什么就是力量？我们为什么要学习知识？志向高远的回答可能是报效祖国、为人类做出贡献，务实低调的回答可能是赚钱养家、好好生活。这些回答共同指向一个主张：知识具有实践价值，或者说，知识因为能够用于实践而具有价值。

作为普通人，除了知道知识具有实践价值，我们可能还想知道知识为什么以及如何具有实践价值；作为哲学家，尤其是知识论学者，我们想进一步证明知识具有超越同等实践价值的单纯意见或真信念的价值。这就是柏拉图在《美诺篇》中想要证明的观点。在《美诺篇》中，在苏格拉底的追问下，美诺陷入哲学迷思，追问苏格拉底：为什么知识比真意见得到更高的奖励，知识与真意见是否有区别？[5]532 这便是著名的“美诺问题”（Meno problem），具体对话如下：

> **苏格拉底：**让我来解释一下。如果有人知道去拉里萨的路，或者随你喜欢去别的什么地方，那么当他要带着别人去那里时，他是一个好向导，一个能干的向导。你同意吗？
>
> **美诺：**当然同意。
>
> **苏格拉底：**但若一个人能够正确地判断该走哪条路，那么尽管他从来没有去过那里，也不知道该走哪条路，他不也能正确地带领其他人到达目的地吗？
>
> **美诺：**对，他能够做到。
>
> **苏格拉底：**只要他对那件其他人拥有知识的事情拥有正确的意见，那么他也会像一个向导一样好，他相信真理，但并不知道真理。
>
> **美诺：**没错。
>
> **苏格拉底：**因此对行为正确这一目的来说，正确的意见也像知识一样可以起到一个好向导的作用。这就是我们刚才在讨论美德的性质时出差错的地方，我们当时说知识是正确行动的唯一向导。现在看起来，正确的意见也是正确行动的向导。
>
> **美诺：**似乎如此。[5]531—532

柏拉图给出了此问题的一种解答方式，他借古希腊著名的雕塑家戴达拉斯（Daedalus）的雕塑的隐喻来回答：如果不把这些雕塑用锁链紧紧锁在基座上，这些雕塑就会很容易逃走。柏拉图把知识与戴达拉斯的雕塑的境遇相类比，指出只有知识才能紧紧与真理绑在一起。但这种回答很难令人满意，因为它太含糊，我们根本不清楚知识为什么能够与真理紧紧绑在一起。而且这种回答即使成功，也还只停留在实践的层面上，知识因为与真理更紧密地绑在一起，所以更有利于实践，也就是说，知识比单纯真信念具有更大的实践价值。柏拉图的实践路径在当代也有继承者，威廉姆森（Timothy Williamson）认为知识比单纯真信念更稳定。还是试想一下那个想去拉里萨的人。如果这个人只是单纯相信一条特殊的小路能够通向拉里萨，那么稍有一丝犹豫他就可能放弃这条路或掉头而回，比如这条小路出现了一个分叉口或路上碰到某个恶作剧的人说此路不通，等等。也就是说，即使他的信念是真的，如果他获得了新的误导性证据，他可能会放弃这条路。然而，一个知道怎么去拉里萨的人不太会被这种误导性的证据所愚弄或干扰。[6]

作为当代版本的美诺问题，淹没问题（swamping problem）是价值驱动的知识论的核心问题之一，一经提出便被视为是对可靠论的一种标准反驳之一。它最早由柯万维戈提出，而扎格泽博斯基构造了经典的咖啡案例来说明可靠论是如何“被淹没的”：

> 想象你面临一个选择，选择你面前的两杯咖啡中的一杯，你所知道的信息仅仅是，咖啡 A 是通过一台可靠的咖啡机生产出来的，而另一杯咖啡 B 则是由一台不可靠的咖啡机生产出来的。你自然地就会选择咖啡 A。但是，假设告诉你一个新的信息，这两杯咖啡的味道同样好。你这时很可能就是无所谓选哪一杯了。[7]13

这就是我们所谓的“淹没”现象。一开始，通过一台可靠的咖啡机生产出来这一属性是一个增加价值的属性，并且使得你偏向于咖啡 A；但是，随后你知道两者的味道是一样时，这种属性随即消失了，即这种价值被好味道这种价值淹没了。这个例子特别形象地描绘了可靠论在知识的价值问题上将要遭遇的情况：可靠的信念形成过程的价值被真信念的价值淹没。琼斯（Ward Jones）、柯万维戈、索萨、扎格泽博斯基、里格斯和斯文博纳（R. Swinburne）等纷纷响应，提出了类似的反可靠论论证，其中最有代表性的表述来自斯文博纳：“显然，我们的信念满足可靠论的要求是一件好事……但是，如果我的一个给定的信念是真的，那么我看不出满足可靠论要求有任何更多的价值。只要该信念是真的，产生它的过程通常产生真信念的事实似乎并没有让那个信念变得更有价值。”[8]58

这个淹没论证更形式化的刻画可以表述如下：

> （S1）知识等于可靠地产生的真信念（可靠论的主张）。
>
> （S2）如果一个给定信念是真的，其价值将不会是由它是可靠地产生的这一事实所引起的。
>
> （S3）因此，知识并不比不可靠地产生的真信念更有价值。[9]25

S3 显然有违直觉，因为当代绝大多数的知识论者都同意知识比单纯真信念更有价值，而 S2 这个前提则是扎格泽博斯基所谓的认知价值一元论（epistemic value monism）的基本主张，即除了信念的真之外，任何认知价值都是源自真的价值[10]191，或者戈德曼和奥尔森所谓的“求真主义”（veritism）。这种主张也通常被知识论界所认可，因此，很自然地 S1 就成了头号的怀疑对象，并且普遍地得出一个结论：可靠论无法解决淹没问题，不能够解释知识从哪里获得其价值。

有些学者认为真正的罪魁祸首并不是可靠论，而是求真主义。根据这种观点，从认知的角度来看，唯一的最终善就是真，认知的唯一目的就是获得真信念，而任何在认知上有价值的东西都必须与真相关。以上述的咖啡案例为例，戈德曼和奥尔森认为问题的症结就在于口味成为选择咖啡的最终依据，因此必然会导致淹没现象的发生。因此，他们认为淹没问题不仅是由可靠论引发的，而且是可靠论与求真主义结合的产物。[9]27—31 然而，普里查德认为，淹没问题的适用范围更广，他认为只要假定了求真主义，任何以真信念＋X 的形式来分析知识的方式最终都要遭遇淹没问题：X 的价值最终都会被真的价值所淹没。[11]

所以，根据对淹没问题的这种分析，要为可靠论辩护，存在两种可能的解决思路：一种就是放弃求真主义，选择认知价值多元论；另一种就是保留求真主义，即坚持认知价值一元论，但是细化可靠的信念形成过程的认知价值。第一种思路要能够成功必须正确地选择其他认知价值，否则很容易最终被真的价值淹没。例如有学者认为可靠的信念形成过程本身具有价值，即作为真的标记（sign）的价值，然而，这种辩护是无效的，因为这种属性具有价值，仅当由此形成的信念是真的，所以，它的价值最终还是依赖于真。索萨、里格斯和扎格泽博斯基等德性知识论者提倡的信誉理论属于这种思路，他们为知识寻找到了区别于真的独立价值，即理智德性。戈德曼和奥尔森的条件概率解决方案则属于第二种思路，这一点在奥尔森那里表现得比较明显，他在《可靠论、稳定性和知识的价值》一文中说："这篇文章的目的就是要证明价值问题本身不是放弃可靠论或求真主义的好理由。"12[345]

条件概率解决方案主要体现在如下这段话中：

> 什么额外有价值的属性把知识同真信念区分开来？就是让我们的未来信念以相似的方式很可能也是真的属性。更精确地说，在可靠论的视野下，S 有条件地知道 p 与比 S 单纯真的相信 p 相比，在未来拥有更多真信念的概率更大。让我们把这种解决知识的额外价值问题的解决方案称为条件概率解决方案。在此，概率应该被客观地解释。[9]28

戈德曼和奥尔森认为这种方案要成为可行的，需要如下四个经验条件：

> **非唯一性：**一旦你遭遇一个特定类型的问题，你就有可能在未来面对同样类型的其他问题。
>
> **跨时间通达：**一个方法一旦被使用，通常对未来产生的类似问题都是适用的。
>
> **学习：**一个方法一旦被毫无问题地使用就倾向于在未来的类似问题上再次被使用。
>
> **普遍性：**一个方法在某种情境下是可靠的（或不可靠的），那么在未来的类似问题上也很可能是可靠的（或不可靠的）。[9]29

这四个条件是为了保证我们可靠的信念形成过程能够被重复使用，然而，正是因为它是经验的，所以需要我们对可靠过程本身有所把握和理解，确认或相信它们是可靠的，从而最终导致这种方案与外在主义的精神冲突。具体论述在下一节中展开。

而且，这个方案既然诉诸经验条件，那么它就不可能是先天必然的，因此必须首先把他们所理解的价值问题与扎格泽博斯基等提出的价值问题稍作解释。以柯万维戈为例，他认为价值问题指的是：知识是否**必然**比真信念更有价值？这是这种方案的一个明显的问题，他们自身也对此了然于胸，也正是因为这一点，他们进一步提出价值自主化（value autonomization）方案作为补充，以期获得某种内在的必然性。

针对条件概率解决方案，一方面柯万维戈认为，戈德曼和奥尔森显然没有抓住淹没问题的核心，即没有回答知识总是且必然是对真信念状态的一种价值提升的性质；另一方面他指出，条件概率的主张依赖于某些偶然的规则，即四个经验条件，因此他说："所以，不是条件不平等（conditional equity）解释知识超出真信念的价值。毋宁说是，当某些偶然条件满足的时候，我们应该期望未来真信念的条件概率更高，如果我们知道而不是仅仅真的相信。"[13]100—101

柯万维戈认为淹没问题的核心主旨在于证明价值附加原理（principle of value additivity)是失败的，这个原理指"把某物当成是有价值的，增加某种有价值的东西到它上面，然后你会获得某种更有价值的东西"[14]89。条件概率方案包含了价值附加原理，即通过该真加上真的可能性来增加额外价值，而这根本不是解释知识额外价值的正确方式。为此，他举了如下一个案例：

> 假设我想买巧克力。我在谷歌搜索了我周边的几个地方。我搜出了两个帖：一个名为"在韦科出售巧克力的地方"；另一个名为"在韦科很可能出售巧克力的地方"。我们假设两个清单都是精确的，并且第二个清单源自相互关联：卖食物的地方很可能卖巧克力，卖硬糖的地方同样如此，等等。那么，我们注意到如果我所关心的只是巧克力的话，那么同时使用卖巧克力的地方和很可能卖巧克力的地方的清单并不只包含卖巧克力的地方的清单。[14]96

奥尔森认为柯万维戈的论证是一个乞求问题的（question-begging）论证，因为柯万维戈的案例实际上讨论的是信念的客观可能性，而抽离了任何关于一个可靠过程不等于指示（indicate）信念真的过程的东西，因为在条件概率方案中，可靠的获得物不仅仅指示由其产生的信念的真，而且指示真信念的未来获得。并且指出，条件概率方案背后的理念不是如柯万维戈所说的为真的工具价值附加上另一种工具价值，而是增加一种另外的外在价值，即指示价值（indicator value），它指的是知识具有指示某些好的东西的额外价值。[14]98—102

在另一篇专门反驳柯万维戈的文章中，奥尔森对第二方面做出了回应，他认为柯万维戈误解了条件概率方案，认为它依赖于某些偶然的规则，即四个经验条件。他说："在我们看来，条件不平等（conditional inequity）确实解释了知识超出真信念的价值，而柯万维戈提及的偶然特征是作为判断那种不平等是否成真的一个强有力的理由。"[15]178不过，他承认条件概率方案只适用于可废止的（defeasible）价值问题，即存在一个从"x 是知识"到"x 在认知上比单纯真信念更有价值的"可废止的推理，而不适用于柯万维戈的更严苛的价值问题，并且认为后者违反常识观察。[16]179所以，柯万维戈与戈德曼和奥尔森之间的争论最后落到了谁的"价值问题"更合理的问题，而这却是一个仁者见仁、智者见智的问题。

这种方案最好的应对方式应该是指出他们在解决价值问题时超出了可靠论的范畴，因为在这种方案中，他们要求对可靠过程本身有一个把握，并且能够追踪信念的来源，而这显然是一种内在论的主张，与作为外在论的可靠论相悖。事实上，奥尔森早已意识到，在提出条件概率方案之前，他试图通过稳定性（stability）概念来解决价值问题，那时他承认要完全解决这个问题“要求一种温和的内在主义条件”[12]352。不过他随后就否决这种做法，明确表示“我解决价值问题的路径完全是外在主义的”[15]99。奥尔森的这种前后不一致的做法实际上凸显了可靠论者在面对价值问题时的两难处境：一方面是坚守外在主义的基本立场，另一方面又要挖掘可靠过程的内在价值，从而违背外在主义的精神。

我们可以看到，戈德曼和奥尔森的方案的主旨是试图挖掘可靠过程本身的价值来为知识的额外价值提供辩护，也就是说，他们已经意识到了可靠论遭遇价值问题的根源在于它根本上坚持的是一种外在价值论，即所有的价值都体现在真信念本身上面，可靠过程的价值也是如此，然而，他们的解决方案要么为了寻求可靠过程本身的内在价值违反了可靠论的理论界限，要么就是这种寻求本身就是失败的。

在这一点上，德性知识论似乎明显优越于可靠论。索萨和格雷科等德性可靠论者认为知识就是由主体的理智德性所产生的真信念，即其持久和可靠的认知能力的产物。因此，德性可靠论者实际上把知识的重心从信念本身转移到了主体所处的状态，正是在这种状态中，主体要为其所相信的东西负责。因此，在这个意义上，德性可靠论在处理价值问题上拥有更多的资源。

总体来说，一个德性地产生的真信念，那么这个信念的真可归属于真，相反，一个信念是碰巧成真的，那么这个信念的真就只能归功于幸运的环境。因此，一个德性地产生的真信念比碰巧成真的信念更有价值，因为前者的主体更值得信赖。这个主体所获得的信誉虽然没有为这个信念本身增加什么额外的价值，但是它为整个知道 p 的状态增加了价值。所以，与简单可靠论者不同，德性可靠论者改变了对知识的一个基本看法，即后者把知识看作拥有理智德性的主体积极参与的一种状态，而不像前者那样，仅仅把可靠的过程视为一种工具，知识是这种工具单纯的一个结果。

根据扎格泽博斯基的观点，德性可靠论者们能够解决价值问题，仅当他们拒绝知识的“机器-生产模型”（machine-product model），因为正是这个模型无法让简单可靠论者从信念中心转移到知道 p 状态。[7]15 为了说明这个模型，她举了著名的咖啡案例：

> 一杯咖啡并不会因为如下事实变得更好，即它是由一台可靠的咖啡机生产出来的。如果这杯咖啡味道好，即使它是由一台不可靠的咖啡机生产的也没什么差别。[7]13

类似地，一个可靠地形成的真信念并不变得更有价值，哪怕这个可靠的形成过程本身是有价值的，因此，如果知识是通过某物变得更好的真信念，那么知识就不能够是其相信者的外在产物，就像那杯咖啡是咖啡机的外在产物一样。因此，扎格泽博斯基建议我们不要把知识理解为是一种由所知道的信念组成的状态，而是把它当作一种由真信念及其来源构成的整体，如果知识是这样一种整体，并且该信念的来源拥有独立的价值，那么知识比真信念更有价值。

从可靠论到德性可靠论的转变的本质在于从外在价值向内在价值的转换，同时也是从成功（success）到成就（achievement）的转换，而这种转换得以可能的基础就是抛弃可靠论继承自奎因所提倡的自然化知识论的机器-生产模型。这个模型准确地把握到了可靠论在解释知识的价值方案的困难的根源，德性知识论者实现价值内化的秘诀在于进行视角转换，即从 know that p 转到 knowing p。这种转换要求知识论从对命题的关注回归到对认知行为的关注，进而对认知主体的认知德性的关注，把整个认知活动本身作为评价的对象，而不仅仅把评价的对象定位在真信念或真命题上，也就是说，不仅仅追求达到真信念的成功，而且还追求适切地（aptly）（即展示主体的认知胜任力）达到真信念的成就。

除了淹没问题或美诺问题之外，其实还存在其他类型的价值问题。普里查德把价值问题分别称为“初级价值问题”“二级价值问题”“三级价值问题”。初级价值问题就是美诺问题，即追问知识如何比单纯真信念更有价值；二级价值问题追问知识如何比其部分的任何恰当子集（例如达不到知识的证成的真信念）更有价值；三级价值问题追问我们为什么偏好知识，胜过任何渐进地（incrementally）达不到知识的东西，也就是说，追问知识为什么具有独特的最终价值。格雷科增加了一个一般价值问题，即为什么一般而言知识比非知识更有价值?[16]222

由于淹没问题的巨大影响，初级价值问题获得了最大程度的关注和讨论，而讨论三级价值问题的文献非常少，但某种意义上它却是最重要的，因为解决了三级价值问题也就解决了其他两个问题。

解决价值问题的路径有三条：验证主义（validationism）、毁灭主义（fatalism）和修正主义（revisionism）。验证主义者试图通过证明知识如何具有独特的价值来验证知识具有独特的认知价值，戈德曼、奥尔森、索萨和格雷科等就采取这一条路径。里奇（Michael Ridge）和贝尔（Jason Baehr）等毁灭主义者主张我们没有必要回答价值问题，因为知识根本不具有独特的认知价值。在他们看来，无论是知识还是其他任何相关的认知状态都没有独特的认知价值。修正主义者赞同毁灭主义者，主张知识不具有独特的认知价值，但同时主张其他东西拥有独特的认知价值，也就是说，他们认为验证主义者错误地把独特的认知价值归属于知识。普里查德和柯万维戈是修正主义的主要支持者，他们都主张理解才具有真正的最终价值，并主张用理解代替知识成为知识论的核心。上面，我们已经讨论了验证主义路径，接下来，我们逐一讨论剩下的两条路径，看看它们各自的优缺点。

第二节　价值问题真的存在吗？毁灭主义路径

与验证主义不同，毁灭主义抛弃了验证主义的假设，即一种充分的知识论必须能够处理价值问题，特别是能够解释知识的独特价值。毁灭主义者认为这个假设是不存在的，至少不能从我们关于知识比单纯真信念更有价值的直觉推导出来。因此，验证主义所谓的“价值问题”根本不存在。

1. 里奇的毁灭主义路径

里奇用来消解价值问题的主要武器是吉奇（Peter Geach）关于修饰词的谓语性用法（predicative use）和定语性用法（attributive use）的区分。吉奇指出，我们有时候使用“某某东西是一个 F G”时，这意味着“它是 F”和“它是一个 G”，然而，有时候这个蕴涵并不成立。吉奇认为当用谓语性用法时蕴涵成立，而用定语性用法时蕴涵不成立。用吉奇的例子来说明，“这是一只死苍蝇”这个表达是谓语性的，因为它意味着“它是死的”和“它是一只苍蝇”；相反，“这是一只大苍蝇”这个表达是定语性的，因为它不意味着“它是大的”。

此外，里奇的另一个武器是斯坎隆（T. Scanlon）关于价值的“推诿观”（buck-passing view of value）。斯坎隆倡导一种非目的论的价值观，主张有价值的东西不是一种提供给我们理由的属性。毋宁说，宣称某种东西是有价值的就是宣称它拥有提供以某些方式行动的理由的其他属性。特别是，宣称某个东西是好的（good）就是宣称它拥有看重（valuing）它或以某种具体化看重它的方式行动，其中看重能够采取多种方式，例如偏好、钦佩和尊重等等。[17]96 根据这种观点，我们是根据与之相关的理由的种类来区分价值的种类，而不是根据价值的来源。这一点对于里奇的论证是至关重要的。

根据上述的区分，我们可以对知识的价值直觉进行两种解读，即谓语性解读和定语性解读。根据谓语性解读，“知识是认知上好的”意味着我们必须解释哪种理由是与认知价值特别相关的，也就是说，需要寻找某种同构的（isomorphic）积极态度来评价知识，从而问题也就转变为：什么积极态度或行动是与认知善恰当地相关的？然而，这个问题在知识论史上并没有被回答。里奇大致猜测了一下理由：大多数知识论学者默认如果我们把某种东西视为一种认知成功，而且那种东西能够证明自身就是好的，那么这足以蕴涵它在认知上是好的。然而，里奇认为这个理由并不成立，因为一个认知成功所关涉的价值可能不是认知的，而是审美的、审慎的或道德的。一个认知成功可能在鉴赏的理由相关的意义上自身就是好的，那么，它关涉的是审美价值。或者，一个认知成功可能因为部分构成了一个人的福祉而是好的，那么它关涉的是审慎或道德价值。

这种价值传递结构可以用于说明知识的独特价值。通常，我们说当某个东西提供信念一个理由时，它是“好的证据”。所以，某个东西在认知上有价值这个主张可以理解为与相信的理由相关。如果我们采取这种解释，那么知识就很难说具有独特的认知价值。知识也许确实能够提供证据，但知识绝不是我们所拥有的唯一的证据，知觉、证言甚至实用因素也能够成为信念的合法理由。在这个意义上，知识没有理由比其他类型的证据在认知上更有价值。

里奇得出结论说，从谓语性解读来看，知识自身就是好的主张很难是真的，从而它也不可能成为一种知识理论合法的约束条件。在他看来，这是一个显而易见的拆穿解释（debunking explanation），即解释为什么知识论者错误地假设一种充分的知识理论必须要么解释为什么这是真的，要么至少解释为什么人们把它当作真的。[18]193

由此，里奇开始转向他自己所支持的定语性解读。里奇采取一种视角主义方案，他说："一般而言，也许说某个东西是'F地好的'就是说从与谓词'F'相关的某种语境的说明的视角来看，这个东西算是好的。因为那个视角可能被认为是完全无价值的或道德上有悖常理的，这并不意味着这个东西本身实际上是好的。那么，在'认知地好的'这个短语中相关的视角是什么呢？"[18]195

里奇给出的回答是，这个视角就是一个理性的探究者或相信者的视角。一个完全理性的行动者至少承诺了探究的标准，这些以某种重要的方式赋予知识优先地位。例如，一个完全理性的行动者不会完全满足于一个命题是不是真的回答，而是试图知道这个命题是不是真的。所以，从这个角度，知识比单纯真信念在认知上更有价值。为了说明这种视角主义的价值来源，里奇引入了元伦理学中的建构主义观点。根据这种观点，价值主张最好根据从某种优先的视角出发被选中的东西的在先说明来理解，也就是说，价值在某种意义上是由我们从一个合适视角所看重的东西构成的。相应地，认知价值就是由一个理性探究者的视角所看重的东西构成的。

但是，这并不意味着知识具有独特的认知价值，也不意味着一种充分的知识理论必须解释这种价值直觉："从一个完全理性的行动者的视角出发，当探究一个给定问题时，知识比达不到知识的状态更令人满意。这个事实并不意味着每一个理性行动者以一种独特的方式看重某种（在谓语意义上）事实上有价值的东西，但不难看到它为什么看起来是合乎情理的。实际上，一般先验论证的直觉合理性就是一个这种传递能够做出的容易程度的函数。"[18]197

综上所述，里奇给出了最终诊断：现成文献的问题在于，绝大多数人都遗忘了谓语性解读和定语性解读的区分（索萨是一个重要的例外），结果导致他们不知不觉地滑向不合理的谓语性解读，主张知识是独特地、认知地好的。那么，这种遗忘或迷失的代价是什么呢？里奇指出了四类代价：

第一，第一个也是最重要的，这导致某些理论者把一个过分强的约束条件强加于知识理论；

第二，这条路径很容易导致价值的不同种类和不同来源之间的混淆；

第三，这种构造争论的方式导致理论者在制定"探究的目的"时颠倒乾坤；

第四，必定存在关于相关主张的谓语性解读的预设，后者将导致理论者在一阶价值理论中为了理解那些主张而采取不合理的举措。[18]198—199

归根结底，这四类代价都是从谓语性解读的角度误解了知识具有独特的认知价值的结果，当我们放弃这一主张转向定语性解读之后，我们放弃寻找知识的独特价值，从而也就放弃了给知识理论增加不必要的约束条件。然而，正如里奇自己指出的那样，索萨是一个重要的例外，他所主张领域内的价值（domain-internal value）或孤立的价值（insulated value）实际上就是一种定语性解读的产物。但索萨是知识的价值约束条件的积极支持者，那么如何解释他们之间的分歧呢？

事实上，价值问题并不必定预设知识具有独特的价值。与里奇类似，索萨也并不主张知识具有独特的认知价值，而是把知识视为人类一般表现行为的一个特例，也就是说，知识的价值也只是人类一般行为的价值，在本质和类型上是同一的。但这并不意味着价值问题不存在，也并不意味着价值约束之于知识理论不成立。从表现规范性的角度，知识比单纯真信念更有价值，比达不到知识的其他认知状态更有价值，因为前者展现了我们的胜任力，因而是一种认知成就。一种完善的知识理论应该能够解释知识与单纯真信念、其他达不到知识的认知状态的区别，而这反过来构成了知识理论的必要约束。

2. 贝尔的毁灭主义路径

贝尔把价值问题背后的直觉称为指导性直觉（guiding intuition），即知识比单纯真信念更有价值。他认为这个直觉并不能用于知识的必要或充分条件的分析，而只能用于确认认知价值的完整范围，也就是说，确定一个信念或其他认知状态可能有价值的方式的完整范围。为了证明为什么指导性直觉不能用于知识分析，他从指导性直觉的内容角度进行批判，指出指导性直觉的内容既不满足普遍性要求，又不满足形式性要求。

2.1　指导性直觉的普遍性

贝尔认为，指导性直觉并不具有普遍性，因此，它也就不构成知识总是比真信念更有价值的一个理由，而这反过来又意味着这个直觉不能成为知识分析的一个约束条件。

通常，我们会认为指导性直觉指的是知识**必然**（necessarily）或**绝对**（categorically）比单纯真信念更有价值。然而，贝尔认为，也存在这样一种解读，即知识在某些特性方面必然比单纯真信念更有价值。按照这种解读，指导性直觉顶多指的是，一类特定知识或具有某种属性的知识比单纯真信念更有价值。所以，他说："换言之，我们并不打算把相关主张视为一个毫无例外的必然真理：仿佛适用于任何可能的知识实例。相反，这个判断似乎是某种类似于粗略概括（broad generalization）的东西，就是否知识在每一种情况下都比真信念更有价值而言，其内容可能是非常不确定的。"[19]48

贝尔认为，这个结论并不违反我们的直觉，即完全可能存在至少一个知识，其价值没能超过相应的真信念的价值。所以，这便导致了一种直觉的冲突，而我们看不出有任何理由更偏向其中一个直觉。

不仅如此，贝尔还进一步指出，事实上存在一些案例表明，知识并不总是比单纯真信念更有价值，例如：在面对某个即将到来的灾难时，如果试图逃离某个陌生的地方，我可能信任有恰当出路的预感比待在原地，然后获得关于这个问题的知识（例如寻找一张地图、从可靠的路人那里获得指引，等等）更好。这表明知识有时比单纯真信念更少有价值。[19]49

此外，还存在许多案例表明知识根本没有什么价值，例如沙滩上有多少粒沙子的琐碎知识（trivial knowledge）或者关于明星八卦的知识等。在这种情况下，很难说拥有知识比单纯真信念更具有价值。

由此，通过引入与指导性直觉相对立的直觉以及案例，贝尔提供了一些理由说明知识并不总是或绝对比单纯真信念更有价值。如果这些理由成立，这意味着我们这个指导性直觉不能直接或没有问题地产生知识分析的一个约束条件，也就是说，知识价值问题根本不成立，价值-驱动的知识论不过是"黄粱一梦"而已。

不过，我们不用这么悲观，贝尔的上述理由并非没有瑕疵，因为他的案例明显全部涉及的是知识与真信念在实践价值方面的差异，而无论是验证主义者还是后面要讨论的修正主义者，他们心中的价值问题是单纯认知的价值，实际上，我们很难设想一个单纯真信念的认知价值超越知识的认知价值的案例，因为在“知识＝真信念＋X”的基本框架下，哪怕X本身没有认知价值，最差的结果也只是知识与相应的真信念的认知价值是相等的。

2.2　指导性直觉的形式性

当我们认为知识比单纯真信念更有价值时，我们认为它是纯粹抽象的，而不用涉及任何由于知识更有价值的特征。贝尔认为这种理解是非常不可信的，因为很难想象知识之于真信念的偏好与知识所拥有的任何合理的特性无关。如果后一种考量成立，那么指导性直觉的内容可能多少有点形式的，但它显然不是完全形式的，因此，它也就不能成为知识分析的单纯形式条件。

贝尔提供了四种方式来解释为什么我们可以合理地得出上述观点[19]52—54：

其一，指导性直觉不是完全形式的，是提出某种价值问题解决方案或回应异议的前提条件。贝尔以扎格泽博斯基的解决方案为例来说明，扎格泽博斯基把知识定义为来自理智德性动机和行为的真信念，而动机本身具有内在价值，因此，知识因具有这种内在价值而比相应的单纯真信念更有价值。我们可以提出异议说，相关动机不能真正解释或理解知识所增加的直觉性价值，因为在以直觉方式认为知识比真信念更有价值时，它们并不能表达我们心中所想的东西？贝尔认为，这种异议是完全合理的，但如果指导性直觉是完全形式的，那么这种异议就是不合理的，所以，指导性直觉不是完全形式的。

其二，指导性直觉不是完全形式的，是我们通过反思指导性直觉的内容更好地理解知识为什么比单纯真信念更有价值的前提条件。贝尔认为，指导性直觉的内容本身至少可以提供知识额外增加的价值的某些指示。但如果我们直觉上认为知识比真信念更有价值，并且理解它为什么更有价值，那么我们理所应当关注这个判断的直觉基础。然而，如果指导性直觉的内容是完全形式的，那么这种关注就是毫无希望的甚至是误导性的，所以，指导性直觉不是完全形式的。

其三，第三个理由与上述两个理由相关。如果价值问题根植于知识比单纯真信念更有价值这一结果的完全形式的直觉之上，那么事实上就会存在无数种解决这个问题的可能方式。或者说，不存在一种非常确定或单一的知识额外增加的价值。这意味着以上述方式回应扎格泽博斯基的回答是否合理和通过反思指导性直觉的内容更好地理解知识为什么比单纯真信念更有价值的问题从根本上来说就是混淆不清的。因为，两者都预设了存在一种合理地确定的和单一的知识的额外增加的价值。贝尔认为，这是非常不合理的，因为没有一种处理价值问题的方式是混淆不清的，因此，把指导性直觉的内容视为完全形式的是一个错误。

其四，我们的指导性直觉与我们人类自身的认知处境息息相关。贝尔是通过一个案例来说明的。想象一个被恶魔控制的世界，人类只具有动物知识，即高等灵长类动物或儿童所具有的那种知识；这种知识代表了人类认知成就的上限。那么，与这个世界相对应的指导性直觉会怎样？我认为，在最低限度上，与现实世界相对的指导性直觉相比，恶魔世界的指导性直觉会没有那么牢固。如果是这样，指导性直觉的内容不可能完全是形式的。

通过上述论证，贝尔表明我们的指导性直觉的内容不仅与价值问题的解决方案以及我们对价值问题的理解、人类自身的认知处境密切相关，而这些关联表明指导性直觉的内容不可能完全是形式的。贝尔进一步诊断说，他与验证主义者或修正主义者的不同之处在于，他并没有把指导性直觉当成一个必然的自明真理，而是试图深入揭示这个直觉背后的某些特性及其蕴涵。这种差异使他导向了价值问题的另一种解读。

2.3　价值问题的另一种解读

贝尔认为，尽管指导性直觉不能产生一个知识分析的约束条件，但它确实产生了一个替代性的问题，即它至少提供了一个原初的指示说真不是唯一的认知价值，因此，价值问题应该变成如下问题：认知价值的完整范围是什么？也就是说，一个知识可能有价值的各种方式是什么？他把这种价值问题称为“价值多元主义的价值问题”[19]57。

贝尔认为这种价值问题的好处在于[19]57—58：

第一，这种价值问题的概念比形式约束条件概念更宽泛、更开放，因为它不再仅仅局限于知识的本质或定义性特征。比如说，它不用再局限于探讨知识比相应的单纯真信念更有价值的方式，还可以关心它更有价值的各种方式。这个问题同样适用于信念及其他相关的认知状态。

第二，这种价值问题不再局限于认知范围。根据价值多元论的观念，价值问题关心一个信念或相关状态可能有价值的各种方式，因此，没有理由认为各种方式本身是“认知的”，它们也可以是实用的、审美的、道德的或其他种类的价值。

第三，这种价值问题免受理论-负载的分歧的困扰。我们知道，当代有各种理论来分析知识，它们之间的分歧在于什么才是知识的核心或本质特征，因此，就价值问题而言，往往不同的理论之间会造成什么特征才真正承载了知识的认知价值的分歧。价值多元论就不存在这方面的分歧，因为它只要承认每一种理论所支持的核心特征拥有独立于真的价值，是一种增加知识或信念价值的方式就可以。

综上所述，无论是里奇还是贝尔，他们都为我们提供了另一种解读价值问题的思路，他们的主要贡献在于避免像有些学者一样过分夸大价值问题对于知识论的影响。诚然，指导性价值可能不是知识的充分条件，但它可能是知识不可或缺的一部分，从单纯认知的角度探究知识与真信念之间的价值差异无疑有助于我们更好地理解知识的本质和价值。在这个意义上，毁灭主义路径并不可取，贝尔的价值多元论至多是不相关的。

第三节　谁具有最终的认知价值？修正主义路径

1. 柯万维戈的修正主义路径

在《知识的价值与理解的追求》一书中，柯万维戈开创性地把知识的价值研究与理解的研究结合在一起，发展出了一条探究认知价值的独特路径。在这本书中，他认为知识具有独特价值的观念实际上建立在一个混淆之上，也就是说，知识并不具有独特的认知价值，相反，与知识邻近的理解才具有最终价值。

1.1　理解不是一种知识

柯万维戈并没有给出一个关于理解的精确定义，而只是强调理解具有的一个核心特征："对我来说，理解的核心特征近似于关于证成的内在主义的融贯理论所说的东西。理解要求在一个大量和全面的信息体中的解释性和其他引起-融贯性的（coherence-inducing）关系的把握（grasping）。我们能够知道许多不相关的信息碎片，但理解只能当信息项被拼凑在一起时才能达到。"[20]192 "当我们思考理解的本质时，最先出现在我们心中的东西就是信息碎片彼此关联的方式。理解就是把握这种关系。它包含洞见解释性的关系，意识到概率性的相互关系和领会信息的逻辑蕴涵。"[20]96

这个核心特征构成了知识与理解的关键区别。在具体解释这种区别之前，我们还是先谈谈理解与知识的共同之处，以免造成错觉认为柯万维戈完全反对它们之间的共性。与理解一样，知识的对象也能够是一个信息体，例如一个人也可以说他知道狭义相对论。同时，知识与理解都具有事实性（facticity）。知识不用说，正如柯万维戈自己所说，知识典型地不是一个相对概念，这种非相对性典型地体现在真假上面，知识必然是真的。理解同样具有事实性，有学者主张，理解 p 要求 p 是真的。① 有趣的是，理解概念具有含糊的使用，他举了一个例子来说明：

> 假设我被告知你对我很生气，于是我决定通过谈论这一点来补救。在没有完全被这个主张的真所说服的情况下，我可能会说："我理解你对我的生气。"在这种情况下，我对你对我生气这个主张的真有一点含糊其辞，所以即使你实际上没有对我生气，我所说的也能够是真的。[20]190

柯万维戈认为，理解的这种含糊的用法意味着关于如此这般的东西的理解不需要蕴涵真，也就是说，理解可以是非实际的。知识与理解的这种区别进一步体现在如下这一点上。通常，对于某个主题，与我们倾向于根据这个主题相关的个体命题来解释理解相比，我们更倾向于根据包含在某个主题中的真的知识来解释这个主题的知识。也就是说，我们能够根据知道信息体中个别的真完全解释知道一个信息体。那么，按照这个思路，如果理解是知识的一个类别，那么我们也应该能够通过知道信息体中个别的真完全解释理解一个信息体。柯万维戈把这个条件称为理解的"充分条件"（condition of adequacy）。

柯万维戈认为这个条件不成立，因为理解所独有的东西与个体把信息碎片结合成一个统一体的方式有关，他说："一旦我们抛开其事实性，信息项之间的关系的把握是理解的本质的核心。相反，当我们抛开知识的事实性，它的核心特征包含心灵与世界之间的非偶然的联结。所以，我们对这两类现象的第一眼印象表明如下可能性，即理解是知识的一个类别的标准观点是不正确的。"[20]197

为了进一步说明这种观点不正确，柯万维戈举了如下例子：

---

① 关于理解与事实的关系问题是当代理解研究的一个核心论题之一，引发了大量的争论，但笔者不打算深入探讨这个话题，因为本章的重点在于处理知识与理解在价值上的差异，而非事实性方面的差异。

> 试想一下，某个人关于科曼奇从17世纪后期到19世纪后期北美南部平原的统治的历史理解。假设如果你问这个人任何关于这个主题的问题，她都能正确地回答。进一步假设这个人是根据存储信息来回答的。她不是瞎猜或编造答案，但她真诚地主张她自信地相信是真的东西。这样一种能力当然构成了理解，并且问答的经验如果能够持续一段足够长的时间就能够产生令人信服的证据说，这个人理解科曼奇对南部平原的统治这一现象的理解。但她拥有知识吗？通常来说，她是有知识的；但这里并不要求她有知识。因为，根据通常的知识理论，所有这些回答都能够由被拥有的信息提供，但还是不知道它是真的，因为回答可能只是碰巧为真的。例如，绝大多数历史书可能都是错误的，只有正确的历史书才能成为这种理解的来源，这个主体缺乏偏向被咨询的来源超过那些被忽视的来源的基础。这样一个案例符合标准的盖梯尔案例模型（特别是假谷仓案例），其中碰巧为真的信念不是以信念成为知识所需的方式确证的。[20]198

这个案例的要点在于，与知识不同，理解是运气免疫的（luck-immune），也就是说，正如这个案例所表明的，即使我们假想的主体没有历史知识（因为她形成的历史知识只是碰巧为真的），但她依然还是有对历史的理解。对此，柯万维戈解释：“因为理解并不注意病原学方面，而这对知识是至关重要的。理解的独特之处在于，一旦我们已经满足了真要求，它是内在于认知的。对理解来说，关键的是在一个信息体中的解释性和其他引起-融贯性的关系的内观或领会。然而，当我们思考知识时，如果我们接受盖梯尔的教训，我们的关注立即转向：我们就会思考幸运、偶然和碰巧为真的可能性。也就是说，我们关注心灵与世界之间存在的进一步的各种外在关系，超越了信念成真所要求的符合。”[20]198

因此，我们可以把柯万维戈的思路概述如下：理解的核心特征是信息体中解释性和其他引起-融贯性的关系的把握，因此它更重视信息体内部的融贯性，而知识则指向心灵与世界的外在关系，而这种差异表现在事实性方面；因为这种差异，运气构成了理解与知识区分的关键，即与知识不同，理解与运气是相容的。因此，理解不是知识的一个类别。

1.2　理解的价值

正如上述，信息体中的解释性和其他产生-融贯性的关系的把握赋予了理解之于知识的独特之处，同样，它也赋予了理解独特的价值。正如柯万维戈所说：“总体来说，理解是有价值的，因为它是由贯穿于一个恰当地个体化的信息体主观地证成的真信念构成的，这个信息体在达到理解的过程中被系统化和被组织，并以这种方式被系统化的主观地证成的真信念是有价值的。”[20]202

因此，柯万维戈是从理解与主观证成（subjective justification）的类比中阐明理解的价值的。那么我们首先来看一看什么是主观证成及其价值。当一个人基于其自身关于真假的主观标准形成或持有信念时，他就获得了主观证成。这个人追寻通过他们自身对世界的主观视角限定的真之标记。这类确证的价值因其有意采取某种达到真之目标的方式而具有某种外在价值，但它并没有工具价值，因为它与外在世界的真并没有直接的联系。

理解的价值非常类似于主观证成的价值，因为它的核心就是把握信息体中的解释性关系。但区别在于，理解还具有事实性的一面。对理解来说，除了解释性及其他融贯性关系的把握之外，存在一种获得包含在理解的成就之中的真的需要。正如柯万维戈所说：

> 超越真理，包含在理解之中的要素最好根据被把握的融贯性关系来理解。在这种语境下，这种融贯性关系有助于证成。这种证成是主观的，因为为了正确把握信息体内的解释性关系，这个人必须在那个信息体范围内把握真之标记。然而，这种证成不能是单纯主观的，因为为了获得理解的事实性要素，这种觉知必须是正确的。而且，掌握这种解释性关系是有价值的，不仅是因为它包含新真理的发现，而且还因为发现这种关系组织和系统化了我们在一个主题上的思想，超越了更多真信念或甚至证成的真信念的单纯叠加。这种组织在实用上是有用的，因为它允许我们从一个信息推导到另外一个能够用作行动基础的信息，而未组织的想法不能提供这种推论的基础。[20]202

1.3　来自德鲍尔和格林姆的批评与柯万维戈的回应

与柯万维戈不同，德鲍尔与格林姆认为理解同样不能对运气免疫，他们举了如下案例来说明：

> 假设你的关于世界杯进球和分析的来源是一种杰森·布拉尔风格式的新闻报道，他只是凭空捏造他的报告。你没有特别的理由怀疑他，所以，从你的视角来看，他的报道似乎值得你默认信任。由此，你的来源说（在一个特别梦幻的时刻）美国队以2∶1击败了意大利队，并且美国队的制胜球是意大利守门员滑倒脱手所致，你也接受了这种解释，认为它是真的。在这种情况下（非常幸运!），你的所有主张结果都是真的；碰巧，他精确地描述了比赛中实际发生的事情。现在聚焦理解的角色，我们也能添加如下：你不仅（基于他的解释）接受美国队因为守门员滑倒赢得了比赛，而且你也“把握”或“看到”报道者所描述的解释性关系；也就是说，你“把握”或“看到”这个制胜球是因为守门员滑倒了。也就是说，在你心中，这就是这个制胜球为什么进了的原因。[21]512

根据柯万维戈的观点，这个案例包含了所有理解所需的要素：内观（internal seeing）和解释性关系的真。但你真的理解这个制胜球为什么进了吗？德鲍尔和格林姆认为，你似乎并不理解，因为这些细节都是报道者凭空捏造的，所以尽管你获得了实际“看到”或“把握”的关联，你并不比你知道美国队进的制胜球更理解美国队为什么进了这个制胜球。就像你关于制胜球的信念因为事物在世界中如何定位的偶然关系而不能成为知识一样，你对这个制胜球为什么进了的把握因其与世界的偶然关系而不能等同于理解。[21]513

进而，德鲍尔和格林姆提出建议：“然而，所有这些都建议，除了理解的组成部分的内在‘把握’或‘观看’和外在的真组成部分之外，理解也至关重要地似乎要求两者之间的一种非偶然关系：也就是说，内在把握与被把握的外在关联之间的一种非偶然关系。如果两者之间的关系是一个碰巧的问题，那么我们似乎不愿授予这种幸运的把握

‘理解’的头衔，就像我们不愿意为碰巧击中真的信念授予‘知识’的头衔一样。”[21]513

作为回应，柯万维戈首先承认理解-为什么（understanding-why）与命题知识（know that）之间所谓的一体性是正确的，也是意料之中的事情，至少就日常语言中是如此。但他同时指出，单纯指出术语的语言用法上的差异是不够的，还需要对象和命题层次的现象差异。具体来说，在世界杯案例中，我们需要增加对象理解以某种方式呈现的情况。这样一来，上述反例反过来依赖于你不理解为什么制胜球进了，而其中一个标志就是，你不知道美国队的制胜球是如何得分的。从这个角度来看，对象理解与理解-为什么的失败有某种关联。

柯万维戈指出，这个反例要成立需要预设三种关联：一是，基于现象的对象理解与理解-为什么之间的一种蕴涵；二是，理解-为什么与知识-为什么之间的一种关联；三是，知道-为什么与命题知识之间的一种关联。同时指出，对象理解在心理上包含任何呈现出来的解释性关系的把握或领会，但这并不意味着对象理解蕴涵理解-为什么。对象理解蕴涵理解-为什么这一主张取决于知道-为什么与理解-为什么之间的紧密性，而后者又取决于理解与知识之间的同义。如果我们坚持同义，那么恰当的回应就是否定对象理解蕴涵理解-为什么。如果反对同义，那么在某些其对象理解包含关于为什么某些事情发生了或是真的之认知的案例中，我们能够认为一个人由此理解为什么那些事情发生或是真的。然而，我们不知道为什么，因为我们缺乏命题知识。

总之，柯万维戈认为世界杯案例不能证明没有关于比赛结果的对象理解，即便它是一个好的案例证明我们不知道或不理解美国队为什么赢了。而且，他认为这个案例中存在理解-为什么，即使他不知道为什么，因为通过理解与知识之间的差异，我们可以认识到对象理解与解释性理解之间存在某种关系。

2. 普里查德的修正主义路径

普里查德的修正主义路径把德性知识论的认知成就观与柯万维戈的理解具有独特价值的观点结合在一起，主张从认知成就的角度来看，知识并不具有最终价值，而理解才是最终价值的承载者，理由与柯万维戈的理由如出一辙，即知识不是运气免疫的，而理解是运气免疫的。

2.1　反运气德性知识论

普里查德指出，假谷仓案例表明巴尼的认知品格是关于他的信念为什么是真的因果解释中最为突出的因素，毕竟他确实看到了一个真的谷仓；但是直觉告诉我们巴尼并不拥有知识，因此，德性知识论要求提高认知能力的标准。与此相反，拉琪的芝加哥案例则表明杰妮并不因为他自己的认知能力而拥有一个真概念，而是因为证人的认知能力；但是直觉告诉我们杰妮拥有证言知识，因此，为了解释这种证言知识，德性知识论需要降低认知能力的标准。[22]263

所以，德性知识论陷入了一种尴尬的两难境地。那么是否有一种德性知识论能够解决这种标准的分歧呢？普里查德认为他的反运气德性知识论能够做到这一点：一方面，在他看来，假谷仓案例实际上是一个运气问题，巴尼的信念的真完全出于运气，所以他建议引入安全性原则来消除认知运气（即反运气条件）；另一方面，为了应对问路案例这样的证言知识的情况，它要求认知成功是认知能力的产物（即能力条件），不过，他只要求知识是“在实质部分归功于能力”，而不是像强德性知识论者那样要求“必然因为能力”。

此外，为了整个系统内部的融贯性，普里查德还要求保证反运气条件与能力条件是相互独立的，即独立性论题（independence thesis），并且他还认为它们在知识论中具有同等重要的分量。而这正是其反运气德性知识论的关键，因为在他看来，以往的知识理论并非没有注意到两个条件的存在，只是它们都错误地认为“它们是同一个直觉的两面”，然而事实上，它们在知识理论中扮演不同的认知要求。[22]249

因此，反运气德性知识论整体框架可刻画如下：

第一，能力条件：S知道p，仅当S获得关于p是否真是S的认知能力运用的结果。

第二，反运气或安全性条件：S的信念是安全的，当且仅当在绝大多数切近的可能世界中（在其中，S继续以与现实世界一样的方式形成关于目标命题的信念），并且在所有非常切近的可能世界中（在其中，S继续以与现实世界一样的方式形成关于目标命题的信念），该信念继续是真的。[23]292

第三，独立性论题：满足能力条件并不意味着满足反运气条件，反之亦然。

第四，因此，反运气德性知识论：“S知道p，当且仅当S的安全真信念p是其相关认知能力的产物（使得他的安全的认知成功在一种有意义的程度上是由于其认知行为而是值得信赖的）。”[22]273

总之，反运气德性知识论是一个反运气知识论和德性知识论的杂交品种，它试图吸收两种知识论各自的优点以满足我们对于知识的运气直觉和能力直觉的解释，从而构建一种更具解释力的知识理论。

2.2 从知识到理解：理解具有最终价值

普里查德认为知识不是成就，所以也就不具有最终价值，但他并不由此否认任何认知状态都没有最终价值，而是像柯万维戈那样主张理解具有最终价值。不过，与柯万维戈不同，他所讨论的理解指的是理解-为什么，而不是对象理解。在阐明理解为何具有最终价值之前，普里查德先区分了两种成就概念：

> （弱成就论题）成就是因为能力的成功。
>
> （强成就论题）成就是因为能力的成功，其中成功包含克服一个重大的障碍或运用一种高水平的能力。[24]70

强德性知识论通常认可弱成就论题，而不是更严苛的强成就论题。在普里查德看来，弱成就论题可能是对一种内包性的成就的充分解释，但这种成就不能解释成就为何具有最终价值。为了说明这种区分的合理性，他提出了两个案例来进行对比说明：

> 假设我在正常环境下通过观看形成我面前的墙是白色的真信念。在此，我们拥有一种认知成功，并且这种认知成功直觉上是与我们的相关认知能力恰当地相关的。然而，在我看来把这种成功视为一种成就太过怪异，因为这是一种既不是克服成功之重大障碍的结果，也不是重要的认知技能的使用。
>
> 与之相对，相信一个相关意义上克服障碍的案例。例如，某些击败者出现了，亦即某些欺骗发生了——例如，一个可靠的来源告诉我们当识别房间里物体的颜色

时里面的灯光很容易误导。现在，假设我们通过恰当的手段击败这些击败者。例如，我们在灯光帮助下和不在灯光帮助下确定灯光到底对墙的颜色有什么影响。在完成这个过程之后，我们满意地知道墙实际是白色的。这个认知成功算是一项认知成就吗？我认为是的，至于原因，最自然的解释是，我们为了恰当地克服认知成功的重大障碍而使用了我们的认知能力。[24]69

在普里查德看来，强成就论题具有许多优点，其中他关注如下三个优点：第一，它让成就具有最终价值的这个主张更稳当；第二，它也能够处理那些困扰弱成就论题的其他问题案例；第三，它能够让我们更好地处理理解-为什么是具有最终价值的认知状态的问题。[24]71这里我们只讨论第三点。

根据普里查德对强认知成就的定义，在克服障碍与技能运用之间存在一种倒转关系（inverse correlation），使得一个理解-为什么的实例包含的需要克服的障碍越少，所展示的能力则越突出。相应地，一个人只要达到理解-为什么，他就或者克服了一个巨大障碍，或者如果这个障碍不是巨大的，这是因为他展示了重要的技能。由此，这个观点很好地解释了理解-为什么总是包含强认知成就，因为它保证理解-为什么总是满足他的强认知成就定义中的两个析取项中的一个。

不过，这个框架要产生普里查德需要的结果，就必须有如下预设：这里所提到的障碍，即汇集获得理解-为什么的相关信息的障碍，不是一个平均能力的人能够轻易克服的障碍。因为如果是这样，那么我们既不能从一个人在达到理解-为什么时并没有克服一个巨大障碍这个事实推断出他必须已经展示了重要的技能，也不能从一个人没有展示重要的技能这个事实推断出他因此克服了某个巨大障碍。卡特和高尔顿就是从这个假设出发批评普里查德的方案的。

2.3　来自卡特和高尔顿的批评

卡特和高尔顿反对理解-为什么具有最终价值，而是主张对象理解具有最终价值。我们知道，普里查德批判强德性知识论时，主张尽管认知成就具有最终价值，但因为知识与认知成就是可分离的（即存在不是认知成就的知识和不是知识的认知成就的情况）。卡特和高尔顿对普里查德的修正主义路径提出了类似的批评，主张理解-为什么与强认知成就也是可分离的，并非所有理解-为什么都包含强认知成就。

卡特和高尔顿提出两个案例来表明达到理解-为什么可以不需要克服重大的困难或展示重要的技能。他们把第一个案例称为容易理解 vs. 困难理解案例。

劳伦面临两个障碍：第一个障碍是弄明白为什么 M-理论（不多不少）要求 11 维空间的假设，而弦理论则只要 10 维空间。第二个障碍是弄明白滚筒式烘干机为什么停止运作了。只有强大的理智能力才能汇集理解为什么 M-理论要求 11 维空间的假设所需要的信息，而我们只要展示稀少平常的能力就能够弄明白滚筒式烘干机为什么停止运作了：电源没开通。但如果这个评价是正确的，那么显然理解-为什么所需的信息汇聚并不总是包含相同的（或甚至相似的）障碍。尽管有时达到理解-为什么确实要求克服一种巨大的障碍或重要的能力的展示，但它并不总是如此。因此，如果这是正确的，那么理解-为什么确实本质上不包含强认知成就。[25]5

第二个案例是肤浅理解 vs. 丰富理解案例。

假设在我们对比的两个案例中，问题是为什么房子失火了。现在，让我们假设福瑞斯特是一个初出茅庐的消防官，不是特别聪明，只有几周的工作经验。他看了一下着火点，很快注意到了短路的线路。在随之而来的纵火案中，他作证说：“这是一件明摆着的事情。”他合乎情理地理解房子为什么失火了：毕竟，他正确地看到了短路的线路，进而他能够轻易地把这些信息汇集在一起——线路短路是他的入职训练一开始就讲过的失火原因。[25]6

理解有程度之分。尽管福瑞斯特理解房子为什么失火，但在某种意义上他的理解不是特别丰富和深入。除了观察到线路短路引起火灾这一点之外，他没有什么好说的，而比他拥有更多高级知识背景的人能够说得更多一点。例如，一个专长于放热化学反应的首席科学家系统研究了这个房子的线路，检测了火焰的频谱照片，并对着火点做了详尽的化学计量分析。显然，这个科学家对房子失火的理解大于福瑞斯特的理解，前者包含了科学家重要的科学技能或克服巨大的障碍。

综上所述，卡特和高尔顿得出结论：“所有理解-为什么都包含强认知成就的主张与我们日常的理解-为什么的归属的两个观察是冲突的。正如劳伦案例所表明的那样，理解某种东西的信息汇集是一个巨大的障碍，但理解其他东西的信息汇集则不是，只需稀少平常的努力就能够实现。第二个观察是，理解-为什么中呈现的解释融贯性和信息能够随个体（都拥有理解-为什么）的不同而发生变化。”[24]6

但卡特和高尔顿并不反对理解具有最终价值，只是否认普里查德把理解-为什么视为最终价值的载体。与柯万维戈类似，他们主张对象理解才具有最终价值，同时也接受了德性知识论的认知成就观，并最终把最终价值的载体限定在丰富的对象理解（rich objectual understanding）上。通过用对象理解取代理解-为什么，他们认为可以很好地避免和解释普里查德上面所遭遇的反例或问题。

在他们看来，一种类型的对象理解总是具有最终价值，即丰富的对象理解。肤浅 vs. 丰富理解案例中的丰富理解最好被描述为拥有丰富的对象理解，而不是丰富的理解-为什么。丰富的对象理解具有三个特性：宽泛的主题，倾向性，能力。具体来说，首先，丰富的对象理解涉及一个包含大的命题网络和它们之间的关系的主题，而理解宽泛的主题在认知上往往更高；其次，那些拥有一个主题的丰富理解的人能够轻易回答更宽泛的相关问题，正如格林姆所说，能够看到或把握这些因素中某些变化如何导致其他因素的变化；最后，那些具有丰富对象理解的人拥有一种特定类型的能力，即轻易又准确地把构成该主题的核心部分的新的信息汇聚在一起。

回答容易 vs. 困难理解案例。在容易理解案例中，劳伦并不需要克服一个巨大的障碍，也不需要展示一种重要的技能。卡特和高尔顿提醒我们注意，劳伦在这里的理解-为什么也不要求拥有某些主题的丰富的对象理解。例如，他不需要理解电学、烘干机的工程学等。相反，在困难理解案例中，理解 M-理论为什么要求 11 维空间的假设包含丰富的对象理解，因为他需要理解关于 M-理论和弦理论的宽泛的主题。以这种丰富的对象理解作为背景，她的理解-为什么似乎是高度有价值的，并也必须包含克服一种巨大的障碍或展示一种重要的能力。通过这样的分析，我们看到理解-为什么的真正价值最终来自丰富的对象理解的价值，而后者符合强认知成就的定义，因此丰富的对象理解才具有最终价值。而鉴于理解-为什么与对象理解的这种紧密关系，我们很容易像普里查德那样弄错最终价值的真正载体。肤浅 vs. 丰富理解案例也可以这样解释。

结　语

综上所述，我们系统回顾了知识的价值问题提出的背景和动机，评述了各种解决方案及其相互之间你来我往的激烈争论。总体来说，价值问题的提出是一次“矫枉”行为，正如扎格泽博斯基指出，当代知识论深受笛卡尔传统的影响，应对和回应怀疑论问题成为知识论的核心，从而知识探究的主要任务是追求确定性，忽视了对包括知识的价值之内的其他维度的应有关切。总之，经过二十多年的努力，知识的价值问题正成为一种全新的知识探究的路径和视角，正在快速地、大规模地改变当代知识论的基本格局和内涵。

无疑，知识的价值维度是知识的本质维度之一，因为知识的价值关切其来有自，是我们对知识的一种自然的关注倾向，这种自然关注也体现在古希腊知识论的源头。尽管如此，当代学者对它的关注却并非完全出于历史的兴趣，而是一种现实的关切和需求。在过去半个多世纪，盖梯尔对当代知识论的巨大影响虽然为知识论开辟了一个全新的局面，但同时也造成了许多负面影响。正如格雷科指出，从方法论角度，盖梯尔时代的知识论盛行的是齐硕姆所谓的“特殊主义”或罗尔斯意义上的“反思平衡的方法”，其核心关切是获得概念的正确外延，即提供知识的充分和必要条件；这种方法对当代知识论已经不敷使用，严重限制了知识论的深度和广度，相反，知识的价值、社会知识论、认知规范性的本质等新方法论解释了当今知识论日益增长的丰富性和深度。[26]422—423

当然，知识的价值问题所带来的不仅是知识论的方法论层面的变革，而且也带来知识论的实质改变。在很大程度上，价值问题的不同解决方案之间的争论实际上是关于知识论的基本目标和核心价值的争论。可靠论者把真作为基本的认知价值，因此，它们的解决方案始终围绕着实现这种认知价值展开，而德性知识论者则认为真并非唯一的认知价值或最终的认知价值，最终的认知价值应该回归认知主体自身的理智德性，不管这种理智德性是从能力的角度还是从品格的角度来定义。里奇和贝尔等毁灭主义者并不反对知识的价值本身，而是反对验证主义者们把知识的价值视为知识的一种属性（里奇），或者反对把知识的价值作为像盖梯尔反例那样成为新的知识分析的一个约束条件，倡导一种价值多元论（贝尔）。修正主义者则主张把知识论的基本目标或核心价值从知识迁移到理解上，以应对许多知识缺乏独特价值的批评。由此，理解开始重新成为知识论关注的核心，一如古希腊传统的知识论对理解的重视，目前几乎成为知识论学界的一个共识的是，“episteme”这个源自古希腊的词不应该只翻译为“知识”，它至少兼具“理解”的意思。由此，“epistemology”这个词也不应该仅仅指“关于知识的理论”，而是更广义上的“关于认识的理论”，应该包含一切人类认知现象或状态。

总之，知识的价值问题在很大程度上是当代知识论学者做出的一种主动选择，以摆脱日益贫乏的盖梯尔时代的知识论，让知识论开始走向后盖梯尔时代。这种选择不仅为当代知识论带来了方法论的变革，而且实质地改变了知识论的基本格局和内涵。沿着这条道路砥砺前行，我们可以发现一个更加丰富的理智世界。

参考文献与阅读书目

[1] Riggs，W. The Value Turn in Epistemology//Hendricks，V.，and Pritchard，D. eds. New Waves in Epistemology. London：Palgrave Macmillan，2008.

[2] Whitcomb，D. Epistemic Value//Andrew Cullison ed. The Continuum Companion to Epistemology. Continuum，2012.

[3] McHugh，C. and Whiting，D. Recent Work on the Normativity of Belief. Analysis，2014 (74).

[4] Zagzebski，L. Virtues of the Mind：An Inquiry into the Nature of Virtue and the Ethical Foundations of Knowledge. Cambridge：Cambridge University Press，1996.

[5] 柏拉图. 柏拉图全集：第1卷. 王晓朝，译，北京：人民出版社，2002.

[6] Williamson，T. Knowledge and Its Limits. Oxford：Oxford University Press，2000.

[7] Zagzebski，L. The Search for the Source of Epistemic Good. Metaphilosophy，2003 (34).

[8] Swinburne，R. Providence and the Problem of Evil. Oxford：Oxford University Press，1999.

[9] Goldman，A. and Olsson，E. J. Reliabilism and the Value of Knowledge//Haddock，A.，Millar，A. and Pritchard，D. eds. Epistemic Value. Oxford：Oxford University Press，2009.

[10] Zagzebski，L. Epistemic Value Monism//Greco，J. ed. Ernest Sosa and His Critics. MA：Blackwell，2004.

[11] Pritchard，D. What Is the Swamping Problem? //Reisner，A. and Steglich-Petersen，A. eds. Reasons for Belief. Berlin：Springer，2009.

[12] Olsson，E. J. Reliabilism，Stability，and the Value of Knowledge. American Philosophical Quarterly，2007 (44).

[13] Kvanvig，J. L. The Swamping Problem Redux：Pith and Gist. Haddock，A.，Millar，A. and Pritchard，D. eds. Social Epistemology. Oxford：Oxford University Press，2010.

[14] Olsson，E. J. In Defense of the Conditional Probability Solution to the Swamping Problem. Grazer Philosophische Studien，2009 (79).

[15] Olsson, E. J. Reply to Kvanvig on the Swamping Problem. Social Epistemology: A Journal of Knowledge, Culture and Policy, 2011 (25).

[16] Greco, J. The Value Problem//Sven Bernecker and Duncan Pritchard eds. The Routlege Companion to Epistemology. New York: Routledge, 2011.

[17] Scanlon, T. What We Owe to Each Other. Cambridge: Harvard University Press, 1998.

[18] Ridge, M. Getting Lost on the Road to Larissa. Nous, 2013 (47).

[19] Baehr, J. Is There a Value Problem? //Haddock, A., Millar, A., and Pritchard, D. eds. Epistemic Value. Oxford: Oxford University Press, 2009.

[20] Kvanvig, J. The Value of Knowledge and the Pursuit of Understanding. Cambridge: Cambridge University Press, 2003.

[21] DePaul, M. R and Grimm, S. P. Review Essay on Jonathan Kvanvig's The Value of Knowledge and the Pursuit of Understanding. Philosophy and Phenomenological Research, 2007 (325).

[22] Pritchard, D. Anti-Luck Virtue Epistemology. The Journal of Philosophy, 2012 (109).

[23] Pritchard, D. Anti-Luck Epistemology. Synthese, 2007 (158).

[24] Pritchard, D. Knowledge and Understanding//D. Pritchard, A. Millar and A. Haddock. The Nature and Value of Knowledge: Three Investigations. Oxford: Oxford University Press, 2010.

[25] Carter, J. Adam and Gordon, Emma C. Objectual Understanding and the Value Problem. American Philosophical Quarterly, 2014 (51).

[26] Greco, J. Post-Gettier Epistemology. Veritas, 2015 (60).

思考题

1. 什么是价值问题？你认为哪一种解读价值问题的方式更合理？为什么？

2. 你认为哪一种价值问题的解决方案最有前景？尝试给出理由。

3. 你认为德鲍尔和格林姆对柯万维戈的批评是否合理？柯万维戈是否做出了恰当的回应？如果没有，请尝试为柯万维戈给出一个恰当的回应。

4. 理解与知识的区别是什么？请尝试给出一个理解的独特价值的证明。

5. 理解是否能够或应该取代知识成为当代知识论的核心？

第十二章

心身问题

灵魂（心灵）和肉体（身体）是什么关系、人死后是否还有灵魂等，自古以来，人类都在思考这些问题。在距今大约3万年的古老岩画中，我们的先祖就用图形展示了灵魂在身体之外漂浮的设想。围绕灵魂是什么，衍生了人类早期对自然、神灵、自我的初步认识。对心灵与身体相互关系的探索，始终受到当时社会环境和各种思潮的影响。近代机械主义盛行，笛卡尔运用机械原理对身体结构的论述产生了深远影响。他提出以是否具有空间延展性来区分心灵与身体后，心身关系就成为心灵哲学的一个基本问题。围绕心身问题，历史上出现了多种形式的心身关系理论，如笛卡尔的实体二元论、莱布尼茨的平行论、斯宾诺莎的双面论、洛克的白板论等。近半个世纪以来，物理主义逐渐流行，演变成多种版本的物理主义心身理论。与此同时，不少学者试图从其他领域来探讨心身问题，形成了丰富多样的心身关系理论。对当代心身理论的系统介绍和梳理，是从事心灵哲学研究的一个首要任务，也是开展对心灵哲学中其他问题研究的基础。本章主要介绍当代具有代表性的心身关系理论，着重分析物理主义的基本立场及其背后的形而上预设，并详细探讨近来一些学者从世界的层次结构等视角对心身问题的解答。

第一节　物理主义

近几十年来，各种形式的物理主义逐步占据了心身理论的主流，主要表现为同一论、取消论、还原论、随附论等，著名的学者有阿姆斯特朗、斯马特、普赖斯、丘奇兰德、戴维森等。尤其在 20 世纪 80 年代，随着金在权（J. Kim）对随附性的深入研究，在基础是物理的世界中为心灵找到一个恰当的位置已成为多数物理主义者的共识。不仅在心灵哲学领域，其他学科也在以物理主义的态度探索这个问题。神经科学试图从大脑过程中揭示意识的机制，人工智能则通过计算机模拟人类的思维，生物学从进化的角度认为心灵在根本上是生物的，除了物理生化原因外，没有别的。这些研究极大地帮助了我们对心灵的认识，但存在两个问题：第一，没有明确什么是“物理的”，仅是遵循物理主义的原则在物理世界中为心灵寻找位置。第二，按照物理和非物理的区分来描述世界，把问题转变为心灵在根本层次上是不是物理的。许多人认为心灵最终一定是物理的，这使他们不是去论证心灵是物理的，而是想办法论述心灵如何能够是物理的。于是，就按照还原、实现、同一、随附、取消等来解释心灵，目的是使它与世界在基本层次上是物理的观点相适应。

物理主义以物理/非物理的标准看待世界，试图解释心灵如何能够是物理的，但对什么是“物理的”并不明确，这使它内在地包含着不融贯性因素。若以心理/非心理划分，心身关系就是解释心灵是否最终依赖于非心理现象，但它蕴涵着心理性是世界的基本特征。物理主义和二元论是否相互冲突？本节将以心理/非心理为划分标准来重新思考心身问题所产生的优点和缺陷，进而从整体上论述物理主义面临的深层问题。我们首先介绍对“物理的”几种定义，指出它们对心身关系来说都是明显不足的；然后讨论以心理/非心理为标准，把心理性作为世界的基本特征所产生的问题；最后探讨物理主义该如何对待笛卡尔提出的空间性。

1. 什么是“物理的”

物理主义的流行，与现代科学尤其是物理学的巨大成功密不可分。物理主义解释心灵如何是物理的，而什么是物理的依赖于科学提供的知识，这个知识又在不断变化。就心身问题来说，我们对什么是“物理的”理解相当贫乏，远不足以刻画心灵的特征。丘奇兰德和其他的取消论者认为，心灵并不相容于我们现在科学的世界观，即使心灵有独特属性，它也会像燃素一样随着科学的发展而被排除。普赖斯、斯马特等则把心灵同一于大脑过程。帕皮诺（Papineau）认为心灵随附于物理并和物理一致，我们不能区分内在物理属性没有区别的两个系统。[1]231

塞尔（Searle）认为心身问题是在关于世界的科学概念中定位心灵的问题，主张心灵和消化、光合作用一样是生物自然的一部分。[2]36 丘奇兰德等多数物理主义者实际上沿袭了塞拉斯的立场，即在世界的解释和描述方面，科学是所有事物的尺度，是事物是什么和不是什么的尺度，当涉及事物的本根时，科学是最终的权威和裁判。然而，包括物理学家在内，他们都没有澄清到底什么是“物理的”。

根据豪厄尔（Robert Howell）的观点，“物理的”定义应包含三个方面。第一，明确物理主义的领域。要说明科学研究中发现的对象是否都是物理的，它是否包括数和其他抽象物。第二，提供一个“物理的”基本定义或者最小条件。第三，阐明这个定义所描述的对象和属性之间的关系。[3]339 例如，一些物理主义者把“物理的”定义为每一个可能属性都同一于当代物理学解释的属性。它的领域是“可能属性”，基本定义是“当代物理学解释的属性”，对象和属性的关系是“同一”。这个定义的问题是：首先，没有涉及像数这样的抽象物；其次，由于物理学的不断发展，无疑它将会时常发现新的粒子和属性，即使它们是物理的，也不一定可延展，如力、电荷、场，难以适用于笛卡尔的范畴；最后，对象和属性的同一是明显荒谬的，如汽车的属性并不同一于物理学对轮胎、引擎的描述。所以，这个定义经不起推敲。一个属性或对象是不是物理的，部分地取决于对物理的定义和这个定义有多严格。豪厄尔认为可以从以下几个方面来考查什么是“物理的”。[3]342

1.1　物理学的定义

物理学的定义有两个层面。一是任何对象都先验地被物理事物或属性所决定，在物理学研究中已经发现的或将要出现的每一个新奇事物，如电子、夸克和场都属于物理世界。若从这个角度理解，笛卡尔把“物理的”定义为在空间中可延展肯定是不全面的，但是，现实的物理学并不完备，预言任何对象最终都是物理的，只能作为一个先验判断，而该判断本身并非物理的。二是能够被物理学描述或解释的对象就是物理的。当代物理学可以对心灵进行部分解释，但正如格林菲尔德、彭罗斯、埃克尔斯等科学家所说，科学对意识的探索并未触及心灵最本质的领域，还处在蹒跚学步的阶段。况且，没有人会知道物理学未来像什么，也不能确保物理学的方法和标准不会改变或永远正确，科学最终会解决心身问题只是科学的乐观预期。因此，从这两方面可以看出，物理学对“物理的”定义预设了一种理想的物理学，它把一切都看作是并且仅仅是物理的。这实际上采取了自然主义的态度，把问题转手交给了未来的科学领域。

1.2　方法论的定义

从牛顿以来，物理学的方法论都在明显地发生变化。物理学揭示事物是什么，一个对象被认为是物理的，是因为能够以特定方式认识它。实验结果在科学共同体中以集体意向性的方式被接受，或者基于一定规律解释某个对象，这已在对象中形而上地插入了认识的因素。物理主义就变为什么东西在特定的物理方式中能够被知道。这面临着亨普尔式的悖论，即物理学方法解释的东西是物理的，不是物理的东西不能被物理学方法解释。而心灵一方面可以在物理学上去描述，另一方面它又有非物理的质的特性。

1.3　表现性（demonstrative）的定义

一些人认为若某对象满足于相似的材料，就可以说它是物理的，如灰尘、房子、椅子，或者其他明显表现出来的物理的事物。心灵的物质基础是大脑，大脑的微观材料和石头的类似，如塞尔所说，世界上的一切事物在根本上都由基本粒子构成，粒子形成的大脑产生高层次特征的意识，由此认为心灵是物质大脑的物理属性。但什么才算是“满足”相似的材料？微观材料相似能否说明宏观属性也相似？比如水晶和石墨。另外，我们在何种程度上能够说对象之间有充分的相似性？这涉及还原的层次和类比。

1.4　否定的定义

物理主义的问题是把一般认为是非物理范畴的对象作为物理的。在心身问题中，还可以尝试从否定的角度来定义什么是物理的，按照它们所不是的东西来理解。否定的定义是：如果没有包含不可排除的心理性特征，一个对象或属性即是物理的。问题是不可排除的心理特征是什么？通常认为有两种基本的心理特征：意向性和现象性。如果最后证明物理和心灵的东西都从叫 X 的属性中产生出来，它既不是物理的也不是心理的，这种中立一元论是否还应该被当作物理主义？对一个事物，我们更倾向于说它的物理属性是什么，仅指出它不是什么对心身问题来说显然是不够的。另外，即使否定的定义满足当前对心身问题的争论，它也不会改变物理主义的缺陷，因为我们会发现其他一些心灵的特殊属性根本不能按照微观物理学来解释。即便微观粒子及其属性是物理的，它的存在状态也不能完全排除观察者的心理性因素。

很明显，一个满意的“物理的”和“物理主义”的定义是相当困难的，一些哲学家声称这种定义至少在目前找不到。柯瑞恩（Tim Crane）和梅勒（Mellor）认为，即使把物理主义看作严谨的理论，在心理和非心理之间也没有明显的分界线，物理主义对心灵的常见特征的回答是错误的。乔姆斯基早前也表达过类似的观点，他说，不管如何，没有关于身体的明确定义，虽然科学揭示了身体的许多物理属性，我们仍然没有先验的划界将它作为身体。因此，不能形成心身问题，该问题也不能解决，因为连清晰表达它的方式都没有。[4]17 蒙特若（Montero）认为，解决心身问题的方法，或者至少一个可以帮助我们更好地理解它的方法还没有到来。范弗拉森主张通过把物理主义解释为一种态度，放弃传统的“物理的”定义，进而使物理主义既不真也不假。[5]167

这些学者的观点实际上表明了依据现有的路径和框架试图圆满地定义物理主义是很困难的。科学告诉人们关于世界的物理关系，它的范畴和概念一方面提供了一个认识心身问题的自然主义态度，另一方面在一定程度上也限制了对心身问题的多元思考。假若没有物理的确切概念，以物理/非物理的标准来二分世界，进而界定心身问题，其根基就显得不牢靠。蒙特若认为如果以心理/非心理为标准，情况将有所改变。心理/非心理的视角若有可能，它首先需要解释心理性是否或者在何种程度上是世界的基本特征。

2. 心理性是否世界的基本特征

乔姆斯基和范弗拉森等人看到了物理主义的不足，人们可以理智地谈论物理现象，就好像在谈论真理和真实的世界一样，但没有充分意识到是否还有这之外的其他世界或真理，就轻易地把物理主义充斥一切。[6]77 范弗拉森认为物理主义者通常把“科学上出现的任何事物”都当作物理的，这会导致物理主义的论题缺乏内容。[7]212 同样，戴利（Chris Daly）认为在物理主义和二元论之间实质上没有争论，由于缺乏“物理的”概念，问心理如何是物理的就没有多少意义。[8]207

物理主义缺乏明确的关于“物理的”哲学概念，在心身问题中包含着某些不融贯因素。但没有回答“物理的”能力，并不说明心物问题就不存在。即使哲学上的心身问题解决起来困难巨大，仍然有心灵本身的特殊问题需要研究。比如，不管是否有“物理的”概念，我们依然能够通过研究意识和神经过程的关系实现对心理世界的更深理解，仍旧可以追问心理性是不是世界的基本特征。换句话说，心理在根本上必然依赖非心理现象吗？这实际上是心身问题的关键。物理主义拒绝二元论的一个主要原因是因为二元论坚持心理也是基本的。

主张心身问题是处理心灵如何是物理的，实际上假设了人们对什么事物完全是物理的有一个直观的理解。物理主义者反对心灵的反科学观点，二元论者则反对取消心理性的基本特征。物理学的巨大成就使人们有理由相信物理主义是对的，但物理学的成功和乐观预期不能解决物理主义者和二元论者之间的争论。在心身关系中，心理属性怎么能因果地影响基础是物理的世界？对这一问题的回答，我们预设了三个条件：（1）心理存在但不同一于任何物理的。（2）没有因果过度决定。（3）物理世界是因果封闭的，所有物理结果仅有物理原因。许多哲学家有很好的证据接受这三点。当用心理/非心理的区分来取代物理/非物理时，条件（2）和（3）就不再适用，会出现过度决定的问题。例如，塞尔在解释行动的因果性时，就承认了因果过度决定。意向性导致身体行动，同时又是产生该意向性状态的神经元激发引起身体行动。金在权说，如果物理世界不是因果封闭的，那么一些物理事件的解释就会超出物理领域，引入非物理的因果能动者或法则。[9]351金在权认为心灵随附于物理并被物理决定，在根本层次上没有心灵材料。查默斯期待心灵可能在未来扩大的物理学中被解释，他对心理性是不是基本的不做判断，不论是物理现象还是心理现象，他认为“现象”属性本身是基本的。[10]136

物理主义者否认心理性在世界中的基本地位，但很少对这个立场本身进行辩护，而是集中在科学问题上，变为科学是否将会解释心灵，进而消解心物对立。这两种方式有同样的结果：科学可以解释心灵，但心理性依然是世界的基本特征。例如，魏格纳（Wigner）认为纯粹意识行为在解释波函数塌缩中是必要的，在一定意义上可以说意识完美地符合科学的世界观：纯粹意识将是物理学展示的许多基本现象中的一个，心理性也是世界的基本属性。这表明有可能物理学混合心理性共同是世界的基本层次。物理学在原则上可以解释心灵，不必然排斥心理性的基本地位，在这个意义上，物理主义不是反二元论的论证。尽管物理主义者通常把心理性排除在基本本体论之外，但他们宣称科学或物理学将能够解释意识，并非断言二元论错误，这就可以理解埃克尔斯在脑科学上获得了巨大成就，却依然坚持实体二元论。所以，即便科学是一切事物的标准，它揭示了心理实体或属性，物理主义也不能排除心理的基本性。因为，心身问题的关键不是心灵是不是物理的，而是心灵在根本上是不是非心理的。

人们都熟悉心理的质的特征，即第一人称视角的心理状态，如疼痛、快乐、苹果的味道以及其他美好的体验和不愉快的体验等。取消主义者认为它们都是大脑的物理状态，不存在常识心理学语言指称的实际现象，没有对它们的心理性理解。实际上，人们可以区分各种质的、意向的、现象的心灵属性，但当表达特有的心灵现象种类时，为什么不能同时表达出相应的特有的物理现象？我们没有特殊的物理理解吗？[11]187不过，以心理/非心理来描述心身问题，容易产生以下几个问题。第一，属性二元论。若心理性是世界的基本特征，那么这个世界上的对象就蕴涵着心理性因素，这会导致泛心论。或许，即使泛心论是真的，一切事物在根本上都是心理的，也并不意味我们没有非心理性的理解，因为可以轻易地设想一些事物在根本上是非心理的。问题是如果心理性是世界的基本特征，同时又有不可否认的物理基础，它和属性二元论有何区别？以心理/非心理为标准来划分世界，实则为属性二元论提供了一个更坚实的依据。第二，因为很难确定哪一个特定层次是最终层次，定义世界的基本本体也很困难。所以，在何种意义和层次上我们可以说心理性是世界的基本特征？如果世界在某种意义上是无限可分的，没有最终层次，那么在某一特定层次之后，则是无限的非心理的。但是，把心理性作为世界的基本特征，即使不排斥在科学上对它进一步解释，也会导致心灵的神秘主义，如何在心理和非心理之间画一条清晰的界线并不是容易的事。

总的来说，心理/非心理的划分看到了物理主义的问题，更明确地维护心灵的独特本体地位。对心身问题来说，心理/非心理的区分比物理/非物理的区分在某种程度上能够减少物理主义和本体论意义之间的争论。但是，既把心理性作为世界的基本特征，又不把它排斥在科学领域之外，从而使心理得到进一步的科学解释，如何处理好这个关系现在还显得很棘手。副现象论、随附性、突现论等都在尝试处理这个关系。另外，如何把心理与非心理的区别保持在一定范围，使它不至于导致二元论又是一个难题。心理/非心理的划分尝试从一个新的视角来描述心身问题，蒙特若认为它开启了后物理主义时代。那么，物理主义在发展中，该如何对待笛卡尔留给我们的遗产？

3. 物理与空间性

当代对心身关系的争论从笛卡尔提出的实体二元论开始，他的影响深远的观点是，物质的东西在空间里是延展的，心理的东西不能分割并且不可延展。笛卡尔的看法至少有两个问题：第一个问题，这个定义不能扩展至物理属性。物理属性不能简单地认为是物理事物的属性，许多属性二元论者，那些相信感受质是非物理属性的人，认为心灵是物理大脑的属性，由此被当作物理主义者。物理属性的物质承担者在空间中并不必然是可延展的，比如作为事态，许多人认为电子拥有电荷，但不是延展的。这自然导致第二个问题：在现代科学中，人们愿意接受一些事物是物理的，但不是延展的，如场、力等。如果把笛卡尔的定义修改为：一个事物是物理的当且仅当它占有空间。但这似乎又太宽泛了。一些二元论者可以很好地坚持灵魂和思维占有空间，因为它们处于身体空间中，这种二元论显然已不是物理主义了。

根据笛卡尔的经典论述，心灵是没有空间的，至少不可延展，身体是空间延展的。但这没有抓住物理主义和二元论之间争论的焦点。如果心理性真如蒙特若所说的，在世界中也是基本的，而不是它的存在是非空间的，这将更能刻画二元论者对心灵的立场：心灵不能还原为其他东西，它在世界中有自身特殊的位置。而且，非空间性既不是二元论的必要条件也不是充分条件。心理性不是空间的，隐含着我们以现有的三维时空理论为基准，并且物理学家也不认为这是有价值的二元论。最后，如果心理性是世界的基本特征，非空间的也不是二元论的必要条件。[12]328

集中于心理性是不是自然现象、物理现象或空间现象，避开了心身问题中真正的困难问题。当被问及心理性是不是世界的基本特征，物理主义者可以理直气壮地摆出自然主义的态度，正如塞拉斯所说，科学是一切事物的标尺，或者科学家可以提出一个关于心灵的一般本性的其他替代假设。然而，物理主义虽紧跟科学进展，但并不能终止心身问题，它把问题转手给了未来的科学。我们不能仅说心灵是大脑的物理过程，还需要指明它是如何产生的，与大脑关联的细节是什么。在一定程度上，把心身问题看作心理性是否在根本上是非心理的，就避免了自然主义的托词，物理主义者也可以开诚布公地进行物理的探索。[12]335

在这种意义上，他们将不是自然主义者，不再是简单地借助科学独断地告诉人们心灵是什么、不是什么。因为似乎物理主义越发展，越凸显心灵的独特性。可见，物理主义和二元论在根本上不是此消彼长的。

经过物理主义与二元论的长期博弈，发现在关于世界基础的本体论上，在物理主义和心灵之间可以寻找一个中间立场，使心灵符合我们科学的世界观。一方面物理主义者关于世界现象的种类、关系和规律等，坚持科学能够揭示出相应的方法，这将取决于科学本身；另一方面他们也可以和二元论者一起坚持心灵自身基本的属性，因为基础是物理的世界并不排斥心理性的基本特征，心理/非心理的区分标准也不排斥世界的物理属性。因此，未来的物理主义应适当地调整方法与视角，给心理性和二元论一定空间，这才符合人类心灵的本来面貌。

第二节　物理主义的深层问题

在物理主义内部，有还原和非还原之争。排他性论证对非还原论是一个重大挑战，它揭示非还原论是一种不融贯的立场，会导致副现象论或二元论。可设想性论证和知识论证试图为非还原论辩护，但它们预设的前提使论证的有效性减弱。生物自然主义和非还原论一样，试图维护心灵在本体上的不可还原，但又承认因果上的还原性。前面提到在物理主义的预设中，存在因果过度决定问题。本节通过对排他性论证结构的分析，指出它基于物理因果完备性而断言非还原物理主义会导致过度决定，实际上是对过度决定的错误认识。通过对过度决定的重新界定，认为排他性论证混淆了纯粹物理系统和心身混合系统的本质，非还原论并不会导致纯物理系统意义上的过度决定。

1. 排他性论证

排他性论证是金在权构造的一个反对非还原论的知名论证，在还原物理主义和非还原物理主义中引起激烈争论。排他性论证有三个关键前提。一是完备性（completeness）：每一个物理结果有一个充分的物理原因。二是心理因果性：一些物理结果有心理原因。三是排他性（exclusion）论题：如果一个物理结果有一个充分的物理原因，那么它没有其他原因，除非它被过度决定。完备性意味着物理世界是因果封闭的，追溯物理事件的原因不能超出物理领域。排他性拒绝过度决定，如果一个事件同时有两个不同的充分的物理原因，该事件就被过度决定了。在这些前提下，可以构造一个同一性论证。假设 M 为心理事件，P 为神经事件，B 是身体行为。

（1）M 引起 B。（心理因果性）

（2）B 有一个充分的物理原因 P。（完备性）

（3）B 不是分别由 M 和 P 充分引起的。（排他性）

（4）因此，M 和 P 是同一的。[13]39

得出心理事件 M 同一于神经事件 P 的关键是排他性原则，即身体行为 B 只可能有一个充分原因。由于 M 和 P 都充分地引起了 B，因此，M 和 P 必然同一。所以该论证也被称为排他性论证。

我们需要逐一考查排他性论证的几个前提。首先看完备性，一个物理结果有一个充分的物理原因。不论对非还原或还原论，这是普遍接受的一个物理主义原则。其次是心理因果性。门铃响起，想去开门的愿望引起双腿走向门口。如果身体正巧是在门铃响起时走向门口，这种偶然性几乎得不到任何规律性的解释。在直觉上和日常生活中，不承认心理因果性，会导致不可思议的后果。福多曾说，若愿望或信念不能引起身体行动，那么实践中我们相信的任何事情都将是错误的。他认为不仅心理事件对身体行为有因果力，并且心理事件也会引起其他心理事件。我们有必要接受心理因果性。最后是排他性。它宣称一个物理结果最多有一个充分的物理原因。如果引入心理原因，就会违背物理因果律的封闭性，出现过度决定。我们认为这是非还原论的症结所在。排他性拒斥过度决定，实际上排除了心理事件与身体行为的联系。这会导致两个结果：一是副现象论。承认心理现象的存在，但否认心理因果性。二是二元论，心灵和身体是不同的属性或实体。所以，排他性原则实质上就是同一论原则，它的要旨是通过引入过度决定得出心理事件同一于神经事件。

2. 非还原论证

很多学者不接受排他性论证得出的同一论，认为意识是不可还原的非物理现象，典型的有可设想性论证、知识论证和生物自然主义。

2.1 可设想性论证

笛卡尔在论述他的心身二元论思想时，遵循了两个原则。一个是可设想性（conceivability）：如果一些事情是清晰（clear）明辨（distinct）地可设想的，那么上帝就使它可能。换言之，如果一些状况符合一定条件，即清晰明辨，那么上帝就保证它事实上的可能性。另一个是莱布尼茨定律：如果两个事物同一，那么它们具有所有相同的属性。可设想性在休谟的《人性论》中也被提到过，但他没有引入上帝，他认为心灵可以清晰明辨地设想任何可能的存在，没有我们能设想的东西是绝对不可能的。查默斯在现象概念的论证中也沿用了可设想性原则，他设想一种“僵尸”（zombies），它和人具备完全相同的身体，但没有心灵。通过可设想性原则，查默斯试图说明存在非物理的心灵是可能的。笛卡尔则推断，若心灵同一于身体，则身体具有的空间延展性，心灵也必然具有。然而心灵不具有这个属性，所以心灵不同于身体。按照笛卡尔的方式，对照排他性论证（M 为心理事件，P 为神经事件），可设想性论证是[13]41：

假设 M 同一于 P，
1）如果 M 是 P，那么 M 必然是 P。（同一性）
2）可以设想 M 不是 P。（“僵尸”有身体，但没有心灵）
3）因而，M 不是 P 是可能的。（可设想性）
4）因此，M 不是 P。
所以，M 不同一于 P，假设是错误的。

2.2 知识论证

知识论证是杰克逊（F. Jackson）提出的一个著名的反还原论论证。假设掌握全部物理知识的玛丽从小生活在仅有黑、白两种颜色构成的房间里，她只有对黑色和白色的知觉。若玛丽走出房间，首次看到西红柿的颜色，那么玛丽是否增加了新的知识？杰克逊认为，红色属性是玛丽完备的物理知识外的新知识。因而，同一论是虚妄的，意识是物理世界之外的非物理现象。应该说知识论证切中了排他性论证的一个重要前提：完备性。同一论隐含的前提是：世界上的一切事实和现象在本体上都是物理的，拥有完备的物理知识就掌握了全部事实和现象。而知识论证揭示了同一论这个预设含义的矛盾性，它要得出的结果是：或者意识现象是非物理的，或者物理知识本身不完备。

可设想性论证的思路是：设想一个可能世界，它所有的物理元素和真实世界相同，但不具有意识。显而易见，可设想性原则是可设想性论证能否成立的关键，但可设想性原则本身是被“设想”出来的。塞尔认为“可设想性”是荒谬的，原因在于它声称可设想的就是可能的甚至是现实的。设想一种与人类物理事实完全相同的“僵尸”，却没有意识，这只具有逻辑可能性。我们也可以设想这个世界存在着会飞的猪，这并不违背物理世界的逻辑一致性和协调性，但由此不能得出“飞”就是非物理特征。

在知识论证中，杰克逊基于玛丽经验到的红色现象溢出了玛丽的物理知识而声称物理知识不完备，这是一种不充分推理。[14]4 因为即使玛丽第一次看到红色，也不能否定玛丽知道红色是特定频率光波的物理知识。也即玛丽的物理知识依然是完备的，只是对同一事实产生了不同类型的知识描述。比如，感到疼痛时，可以用“C 纤维刺激”这样的物理知识表述，也可以用“疼”来表达，不能因一个人首次经历痛感而断定“C 纤维刺激”知识不完备。在这种情况下，现象概念策略就应运而生，它在本体论上维护物理主义的基本原则，但在认识论上，它承认在物理知识外，还有主观意识的现象概念。然而这两种知识的关系依然难以回答。查默斯认为现象概念和物理事实不可桥接（bridge），它们之间存在着认识鸿沟（epistemic gap）。他接受排他性论证中的物理完备性原则，并且承认神经过程引起意识，但又认为意识不可还原。这并没有摆脱金在权的指责：非还原物理主义会滑向特定形式的二元论或副现象论。[15]252

2.3　生物自然主义

塞尔认为意识是一种生化现象。[16]6 他的生物自然主义由以下命题构成：

(1) 意识是真实的。因为它在本体论上是主观的，有第一人称的本体论。它不能被还原为任何本体上客观的第三人称现象，如大脑过程。

(2) 意识完全由大脑过程引起，它可以因果地还原，但不能本体还原。

(3) 意识完全在大脑内实现，它作为生物神经的高层次特征存在于大脑内。

(4) 意识在我们的行为中发挥因果作用。

生物自然主义和非还原论的主要观点基本一致，即神经事件引起意识，但意识有不能被还原为物理过程的主观特性。然而一些人认为在生物自然主义的命题之间会产生矛盾。例如，(1) 和 (2) 蕴涵着二元论，如果意识被其他某物引起，那么它们必然是两种不同的事件：原因和结果。若结果不能还原为心理，那么它至少会导致属性二元论。但属性二元论又使 (4) 不可能，因为物理世界是因果封闭的，没有一个物理结果来自物理世界之外的超物理原因。并且二元论隐含着副现象论，同时也蕴涵着意识和大脑的同一关系，果真如此，那它又与 (1) 和 (2) 不一致。

可设想性论证、知识论证和生物自然主义在为非还原论辩护时，竭力想解决的问题是，如果同时接受物理因果封闭性和心理因果性，那么引起同一物理行为的心理事件和物理事件是何种关系。在这个过程中，由于要维护心灵的不可还原和心理因果性，就面临着排他性所指责的过度决定问题。非还原论可以通过对过度决定不同含义的澄清，来深入揭示排他性论证中似是而非的问题，从而坚持自己的立场。

3. 对过度决定的一般理解

非还原论的主张可用命题表示为：物理结果的心理原因不同一于这些结果的物理原因（非还原性）。排他性论证以物理完备性和心理因果性之间的矛盾为出发点，指责非还原论导致过度决定。因此，非还原论要保证这样一个主张成立：一些物理结果有心理原因，但不是过度决定，即心理因果性不会导致过度决定。

在理论上有三个理由反对过度决定。第一，形而上学的理由。赛德（Theodore Sider）认为心理因果性中的过度决定是因果性在形而上学上的不融贯。正确的因果理论应该真实地阻止所有心理因果性中的过度决定。他把因果性定义为：在结果的潜在原因中分散的流动性。如果在流动性中，一个潜在原因发生作用，产生了结果，就没有其他潜在原因再发挥作用了。[17]721 如果这个定义恰当地反映了因果性的过程，那么所有情形中的过度决定看起来都是形而上地不可接受。赛德认为尽管这种因果性可能不合理，但排他性也有一些相似的问题。例如贝内特（Karen Bennett）说，物理元素引起和产生一切，没有心理的空间，即使心理事件似乎完美地引起某些事件，但实际上没有什么东西它们能够引起。[18]487 第二，偶然性的理由。如果拒绝心理因果性，那将有许多不可解释的偶然性。比如一个偏执狂顽固地认为他的朋友会遭到枪杀，而确实在某天两个没有任何关系和约定的恐怖分子竟同时袭击了他的朋友。如何说明他的信念和真实事件的因果联系？其中一个解释就是袭击事件极其偶然地正巧发生在同一时间同一地点，但这种偶然性难以给出规则性的阐明。因果规律缺乏解释，所以因果论证有缺陷。[17]722 第三，认识论上的理由。选择相信过度决定中多个理由中的一个，会使我们的理性陷入无序。由于原因始终是过度地产生了结果，所以也就没必要去解释任何情形，既然找不到确定的原因，就没有必要去相信它们。因此，在过度决定中，我们没有理由去相信这些原因，那我们就选择不相信。

从赛德这些反对过度决定的理由中可以看出他论证的视角是：过度决定是不好的，它会导致荒谬的结果，因此要反对过度决定。对非还原论来说，是明显不够的。我们应当详细考查过度决定本身是什么。在排他性论证和非还原论中，它们对过度决定的一般理解是一种词源学定义：

> x 是过度决定，即 x 有一个充分原因，并且 x 还有其他原因。[19]256

这个定义使排他性论题简化为一个同义反复。但这一定义不能有效驳斥排他性论证的诘难。以因果链 P→M→B 为例：

P 是 M 的充分原因，M 又是 B 的充分原因，但 P 也会充分地引起 B。一方面，P 和 M 不是分别地、相互竞争地引起 B。另一方面，当 M 引起 B，我们会知道必然有 P 存在，对 P 的解释不存在偶然性。塞尔对它的刻画是：

神经元 P→心理事件 M
↓　　↓
神经元激发→身体行为 B

这个过程出现了两条产生同一结果的因果链：神经元→心理事件→身体行为和神经元→神经元激发→身体行为，这表明塞尔与查默斯一样试图用桥接原理来解释它们之间的关系。但根据对过度决定的词源学定义，它无法避免过度决定，因为除了神经元激发引起身体行为，心理事件也是原因。所以，塞尔只好接受心理因果性造成过度决定，但他认为这对生物自然主义无关痛痒，只要阐明意识的基本事实就够了。不过，如果承认过度决定，那么在回答总是伴随神经元激发而产生的心理事件是何种地位时，就会最终落入副现象论或二元论。这正是金在权认为非还原物理主义立场不稳固的原因所在。

4. 对过度决定的重新定义

非还原论应对排他性论证的挑战集中在构想主观意识不同一于物理属性的各种可能。但根据以上对过度决定的词源学定义，它始终未能摆脱在主张意识本体不可还原的同时，避免过度决定的窠臼。这就有必要进一步厘清心身互动系统中的过度决定到底是什么含义。根据凯瑞（B. Cary）的论述，我们可以从常识性和定律性两方面对过度决定重新进行定义。

4.1　常识性定义

假若一支警察分队受命要击毙一名匪徒，任何一名警察开枪对结果来说都是充分的。即使有警察没有开枪，也会产生同样的结果，这是很容易理解的过度决定。依照前面的排他性论证，对过度决定的常识性定义是：

> B（身体行为）通过 M（心理事件）和 P（神经事件）被过度决定，即：(1) 如果没有 M，有 P；B 会发生。(2) 如果没有 P，有 M；B 仍会发生。[19]254

我们可以根据神经事件引起心理事件的上向因果关系，认为（1）和（2）在无意义或反事实的条件下才会成立。假设 B 是大拇指敲击键盘的行为，如果（1）为真，可以设想一个大拇指被单独培育在器皿的培养液里，它敲击键盘，却没有相应的心理状态 M。在（2）中，可以设想宇宙中漂游着没有物质载体的灵魂，它通过神秘力量引起了身体行为。这些例子正是可设想性论证和知识论证中所设计的思想实验。所以，依据对过度决定的常识性理解，只有在接受（1）和（2）的反事实或无意义的情况下，才可能说心理因果性导致过度决定。

4.2　定律性定义

在一群警察击毙匪徒的事例中，任何一名警察开枪对结果来说都是充分的。因为原因之间是因果独立的，即便只有一名警察开枪，也会产生匪徒被击毙的结果。但有很多情况不是如此，在西班牙斗牛舞中，研究发现不论斗牛士拿红色或深红色的斗篷都能引起公牛的攻击，也就是说，红色和深红色都是公牛进攻的充分原因。但这两个原因相互独立吗？显然不是，深红色形而上地必然是红色。考虑到这些事例，我们可以定律性地把过度决定界定为：

> x 是过度决定，即 x 有两个同时存在的充分原因，它们是形而上的、定律性的

因果独立的。[19]259

把该定义代入排他性论题，便是：如果一个物理结果有一个充分的物理原因，那么它没有其他原因，除非它有两个同时存在的充分原因，它们是形而上的、定律性的因果独立的。从这个角度来看排他性论证，它的反例就很多。例如，在因果链中，虽然身体行为B有神经事件P和心理事件M两个充分原因，但它不是过度决定，因为心理事件M不是因果独立于神经事件P的。把这个定义代入心理因果性命题是：一些物理结果有心理原因，但没有两个同时存在的充分原因，它们是形而上的、定律性的因果独立的。在心理因果性中，神经事件和心理事件也不是相互独立的。因此，心理因果性为真并且不导致过度决定。

总之，排他性论证有两个主要原则：完备性和排他性，但它们有意义的前提是同在一个物理系统内。心身系统不同于纯物理系统，在纯物理系统里，多个物理原因可以在时空上各自独立；然而在心身系统中，心理事件和神经事件不可分离，它们相互伴随、共生共存。非还原论在回应过度决定时，没有注意到多个物理原因和心理物理混合原因之间的本质不同。而排他性论证混淆了这两者的区别，它把多个物理原因导致一个物理结果的过度决定，移用到了心理物理混合原因导致一个物理结果中。换言之，排他性论证非常隐秘地预设了心物等同，同一论是它循环论证的结果。因此，非还原论并不产生纯粹物理系统中的那种过度决定。

第三节　物理主义是否走向不可知论？

叔本华把心身问题称为世界之结。一种常见的回答是不承认它，如当前各种形式的还原物理主义。麦金认为心身问题是真实的，大脑与意识的关联也是确实的，它应该有一个理论形式的解决方案，但我们无法理解这个理论，它对我们认知封闭。当麦金宣称心身问题超出了我们的认知极限时，他究竟说出了什么？以麦金为代表的这个观点可称为不可知论或神秘主义，本节就考查这种理论是否解释出与我们对心身问题的传统认识有明显不同的东西。

1. 认知封闭

麦金讨论的意识现象是心身问题的硬核。他说：

> 黏湿的灰质是如何产生多姿多彩的现象的？……无数没有知觉的神经元的集合怎么会产生主观的知觉？……从物理的大脑中产生意识就像从水变酒一样，但我们对这种转变的性质却一无所知。……对心身问题的研究就是要理解这一奇迹是如何发生的，从而消除它的神秘感。[20]74

按照麦金的理解，心身问题是要回答大脑如何产生意识。他把心身问题的解决方案归结为两种：一是自然主义形式，用大脑或身体的自然性质来解释意识。二是非自然主义形式，它引入超自然实在来解释意识。麦金认为意识根源于大脑的性质，但由于知觉封闭性所决定的认知封闭性，我们不能通过内省（直接考查意识本身）或知觉（直接研究大脑）直接连通意识与大脑的性质。麦金的论证步骤是：

第一步：定义认知封闭。当且仅当某一类心灵 M 的概念构造程序在其自由支配下无法应用到对性质 P（或理论 T）的理解时，对于性质 P（或理论 T）而言，心灵 M 在认知上是封闭的。[20]75

第二步：把心身问题转换成能否产生并理解关于大脑性质 P 的理论 T。由于大脑是意识的基础，因此，存在特定的大脑性质 P。这样，就存在某种关于 P 的理论 T，该理论完整（fully）解释了意识对大脑的依赖。只要我们掌握了 T，心身问题就有了一个建设性的解决方案。所以，心身问题就变成了我们能否获得理论 T 并借此理解 P。[21]253

第三步：因为大脑性质 P 对我们认知封闭，所以，不能产生理论 T。即便有了理论 T，我们也无法通过掌握 T 来理解 P。

结论：我们不能解决心身问题。

为了支撑这一观点，麦金需要说明为什么大脑性质 P 对我们认知封闭。对它的论证可以用麦金自己的语言表示如下：

(1) 由于大脑是意识的基础，故存在某些被大脑所例示的性质 P。

(2) 我们识别 P 的方式有两种：其一，直接考查（内省）意识本身；其二，直接研究（知觉）大脑。

(3) 内省不能识别 P。

(4) 对大脑的直接研究不能识别 P。

(5) 因此，我们不能识别大脑性质 P。[22]198

以上是麦金声言我们无法解决心身问题时的主要论证过程。一句话概括便是，由于大脑性质超出了我们的认知极限，不能获得一个关于大脑性质的理论来回答心身问题。

但是，通过对麦金相关著作的梳理，我们发现他在同一个文本里先后有以下表述：

表述 1：……我想要表明，问题出在我们的认知结构，是它限制了我们的认知能力，让我们无法获得关于大脑之自然性质的某种概念以说明心理与物理之间的联系。我们构造概念和发展理论的方式决定了我们不可能理解这种因果联系。[20]75

表述 2：……存在某些必然无法通过对大脑的感知而被认识到的大脑性质，现在的问题是，它是否就是这样一种无法被感知到的性质。我的论证如下。首先，我将论证大脑性质 P 的确超出了我们的感知能力；而后，我将坚持任何以感知对象为起点的推演都不能将我们引向这一观点，以此论证这种认知封闭是彻底的……[20]80

表述 3：……我们无法知悉何种大脑性质可以解释意识，因而心脑之间的联系是不可理解的。[20]81

这些引文表明，在麦金的论述中，大脑性质、心脑联系、大脑如何产生意识这三者是同一的。当他说大脑性质对我们认知封闭时，实际上也是说心脑联系、大脑如何产生意识对我们认知封闭。因此，麦金提出的认知封闭至少包含三个方面：

(A) 大脑作为意识之基础，使它产生意识的那种大脑性质对我们认知封闭。

（B）心脑的因果关系对我们认知封闭。

（C）大脑如何产生意识对我们认知封闭。

麦金认为心身问题如果得到解决，就必须能够完整地解释大脑活动如何产生意识经验。所以，当他说我们无法解决心身问题时，他是在断言（C）。但根据前面对他论证过程的分析，我们知道其主旨是在说明（A）大脑性质P对我们认知封闭。这就是说，麦金论证的是（A），但得出的结论是（C）。那么，问题便是，能否从（A）大脑性质对我们认知封闭得出（C）大脑如何产生意识对我们认知封闭？答案是否定的。

例如母子之间亲密感产生的过程。越来越多的研究发现，催产素通过对母亲和婴儿的大脑产生作用，使母亲和婴儿之间建立联系。因此，催产素又被称为亲密荷尔蒙。它是喜爱、慷慨、和平、信任和承诺的信使。当催产素作用于杏仁核，便会抑制恐惧感。在此过程中，催产素从下丘脑产生，作为神经激素在垂体后叶被释放到血液中。它还被传递到许多其他脑区，在那里，它们作为神经递质（化学信使）从神经纤维末梢释放出来，从而产生各种各样充满爱意的行为。[23]13－14

在这些过程中，我们详细地知道它们的发生，但每一个过程中的属性我们无从知晓。脑科学虽然不能把握某个意识状态的属性，但它可以阐释该意识状态发生或缺失时的神经过程。这样的事例很普遍，正如我们知道打印机打出彩色照片的过程，而不知道这些过程中发生的属性一样。因此，对过程的属性认知封闭，不能推出对过程本身认知封闭。

麦金仅论证了（A）我们不能识别大脑性质，得出的结论却是（C）我们不能知道大脑如何产生意识。因而，他的论证出现了推理谬误。这是我们要指明的第一个问题。下面我们还要讨论他的（A）和（B）是什么关系，并且考查命题（A）本身是否如麦金主张的那样一定为真。

2. 心脑关系

麦金认为（B）心脑关系认知封闭是从（A）大脑性质认知封闭得出的。他说，大脑状态引起意识状态，关于心理与物理的联系的理论必然存在，这种因果关系必然经由特定的大脑性质关联起来。[24]6（A）是麦金的主要论题，他断定心身问题无法解决便是基于（A）。为了澄清（A），根据麦金的论述，我们可以把（A）用（A*）来更加明确地表示：大脑性质P认知封闭是因为P是非空间属性，我们对P如何关联大脑的空间属性认知封闭。麦金自己也认为（A*）是可以从（A）中直接得出的等价结果。[24]20－21同时也可以说，我们不知道大脑性质P如何关联大脑的空间属性是因为非空间的大脑性质P对我们认知封闭。

麦金宣称根本没有哪种空间属性可以给心脑关系带来满意的答案。我们不理解意识状态会从空间结构中产生，因为我们不能想象和理解空间属性如何能够产生非空间的意识。这也是自笛卡尔以来心身关系的主要难题，查默斯称之为意识的硬问题。麦金以他自己的方式也指出了这一点，他是诉诸我们能够想象和理解的东西来建立他的判断的。但是，一个事物是否可以想象或理解依赖于我们的理论和经验背景以及想象能力。例如，月食现象、地球是圆的、量子的波粒二象性等，这些都曾一度是我们无法理解和难以想象的。也许此时我们无从想象可以通过定位大脑空间属性来解释大脑性质P，不能理解 P 如何从空间结构中产生。但这些缺陷没有给我们理由得出 P 不是从空间结构中产生，没有大脑的空间属性来解释 P。[22]199 也就是说，麦金诉诸想象力和可理解性不能确定大脑性质 P 必然不是大脑的空间属性。这样，（A*）就不一定成立。所以，作为（A*）等价形式的（A）也就不能仅诉诸想象力和可理解性而被断定为真。

接下来，再看命题（B）即心脑关系认知封闭如何。其实，麦金在为（B）进行辩护时，他提出的理由反而说明我们已经知道了心与脑的某些联系，比如大脑是意识的基础，它们是因果关系，意识经验和大脑性质 P 之间是一种必然联系等。换言之，麦金是在对心脑关系的认知基础之上再断言（B）的。这表面上看是个逻辑问题，实际上则恰恰说明心脑关系并没有对我们认知封闭。我们可能在形而上学层面对物质与精神的关系还存在诸多思辨性问题，但这不影响在对心脑关系的认识基础上，发展出高超的人工智能。

从这些分析中可以看出，麦金提出的认知封闭的三个方面均是不成立或不能确定的。这是我们指明的第二个问题。然而，透过对麦金论证结构的梳理，我们还需要从更深层次上澄清一个关键问题，即他论证中的核心假定是否可能。如果厘清了这一点，就可以在形式和内容上进一步明确当麦金声称我们不能解决心身问题时，他是否解释出了新的东西。

3. 大脑性质

在麦金的理论中，下面这个假定是他整个论证的起点和中心。

> 核心假定：由于大脑是意识的基础，因此，存在特定的大脑性质 P。这样，就存在某种关于 P 的理论 T，该理论完整（fully）解释了意识对大脑的依赖。[21]353

麦金认为大脑决定意识状态对我们来说是神秘和无法了解的。但它既然发生，就必定有一个解释。这种解释必然包括一些特定的大脑性质 P，从而使大脑状态产生意识状态。但 P 对我们是未知的，并将永远保持未知。这是不少人称麦金为神秘主义者的缘由。其实他应该是个自然主义基础上的神秘主义者。若把麦金作为自然主义者，把 P 解释为大脑的自然属性，那么显然可以通过实证研究来识别 P。这与他坚持的不能通过直接研究大脑来识别 P 相矛盾。因此，P 不是大脑的自然属性。

麦金的假定能否成立，关键在于要搞清楚他提出的大脑性质 P 到底指什么。麦金本人没有直接说明 P 是什么。不过从他的论述中，我们已知道 P 不是大脑的物理属性，但也不是意识现象本身，而是解释大脑为什么能够产生意识的某种关键的非空间性质，它和意识状态一样对我们认知封闭。麦金认为有两种方式来认识 P：一是直接考查意识；二是直接研究大脑。但这两种方式都不能使我们知道 P。首先，单纯靠持续又细致的内省不能给我们提供关于性质 P 的知识。因为内省只能获得对心身关系一端的直接认识，对这一关系的性质却没有这样的认识。[20]78 所以，在意识内部进行的概念分析不会使我们识别 P，现象学描述不能为心身关系的硬核问题提供有效的解决方案。其次，直接研究大脑无法使我们认识 P。P 虽然被大脑例示，但不能用物理词汇定义。心身问题来自大脑和意识两种相互关联的实在的完全不同的差异性。大脑纯粹被现代物理学的空间词汇所描述，而这种描述不适用于意识。[25]436 心身难题正在于，无从通过解释可观察的物理数据来掌握 P。

所以，我们将永远困惑于大脑如何引起意识。但大脑性质 P 关联了大脑空间属性和意识经验，充当了两者的中介。关于大脑性质 P 的理论 T 即是解决心身问题的理论。心身问题的解决就在于能否获得理论 T，使它能够充分解释意识现象对大脑状态的依赖。为什么麦金认为在特定科学里会对大脑性质有一个彻底的非神秘解释，但该解释理论在我们的认知能力之外？这很大程度上取决于如何理解“完整解释”。总之，在麦金看来，现象学的内省和物理主义的实证等这些人们已知的方式都不能“完整解释”意识。

麦金在论述他的核心假定时，运用了内格尔的观点：存在某些特定类型的意识经验是我们无法把握的，如蝙蝠的主观经验。[25]437 如果大脑性质对我们开放，即如果我们可以获得一个满意的理论，该理论能完整解释意识的特殊形式是如何依赖于不同类型的生理结构的。那么，通过这个理论我们将能了解蝙蝠的大脑如何产生蝙蝠的主观经验。接下来，会有一个关于蝙蝠大脑的解释性质 P1，它把蝙蝠的主观经验与蝙蝠的大脑连接起来，借助 P1，即便我们没有蝙蝠的主观经验，也会完整地理解蝙蝠的大脑如何产生它的经验。在此论述中，麦金预设的前提是蝙蝠的经验是由神经或其他物理事件构成的。只有这样，才可能形成一个理论解释，经过它，我们从发生在蝙蝠身上的相关物理过程中掌握关于蝙蝠主观经验的概念，而这些概念给予了我们和蝙蝠一样的经验特征。[26]18

也就是说，蝙蝠对自己经验的体验是直接的、透明的，但通过关于蝙蝠大脑性质 P1 的理论，我们也获得了透明的蝙蝠的经验。至此，可以看出，麦金提出的“完整解释”是要达到这样一个要求：任何关于大脑性质 P 的理论 T 自身都必须使我们能够掌握所有具有主观经验特征的概念，即使不是亲身经历，这些概念也赋予了我们透明性经验。这是麦金的核心假定所蕴涵的一个内在要求。只有这样，理论 T 才可能解答心身问题。它要求掌握一个经验概念，就必定同时赋予对该经验性质的理解。就像拥有蝙蝠主观经验的概念，必然也会拥有和蝙蝠一样的主观体验。但是，当表征意识经验的概念被掌握时，这种经由概念解释的经验本身已经不是透明的了，它是间接的。为了把握这样的概念，我们必须知道拥有那种经验是什么感觉。正如麦金自己所说，若你没有亲自体验到某些经验的性质，你就无法构造关于这些性质的概念。[20]78 这意味着，除非经历那种类型的实际经验，没有任何理论能把我们从关于蝙蝠的物理事实中带向拥有蝙蝠那种经验是什么样子。因此，麦金的假定实际上本身就是不可能的，没有任何理论能够满足它。

麦金的意图是要表明，由于大脑性质 P 的认知封闭性而不能产生关于 P 的理论 T，所以没有理论 T 能完整解释意识对大脑的依赖。但问题是，麦金却坚称有这样的理论。他说：

> 心理-物理联系的性质在特定科学中可以得到彻底且非神秘的解释，这种科学解释理论 T 像其他任何自然规律一样自然平常，并无任何神秘可言；它以普通的方式解释了意识和大脑的联系，就像我们描述肝脏和胆汁的关系一样。在心身问题这里，只不过是人类天性当中存在一种完全超越了我们认知能力的实在。[20]83

因而，可以这样概括麦金的逻辑：他先从一个不可能的假定本身得出这个假定不可能，然后又声称这个不可能的假定真实存在，只是它超越了我们的认知能力。总结起来，麦金的论证由三个层面构成：一是假定本身是不可能的，但这是他论证的前提和基点；二是从这个不成立的假定自身推出假定不可能，出现了循环推演；三是断言这个不可能的假定超越人类理解之外而存在。所以，我们认为麦金的观点是由他的前提预设决定的，论证过程有循环解释的倾向。由于前提假定的不可能性以及论证过程的循环性，使他最终不得不把心身问题引向神秘主义。

在麦金看来，我们永远不能找到联结心理-物理的那种大脑性质 P，但存在关于性质 P 的理论 T，只是原则上我们无法建立起这样的科学。就心身问题来说，他认为任何完整解释意识的满意的理论，都必须能够把经验概念赋予那些没有这些概念的人。这个标准其实也可以用来反对物理主义。内格尔对物理主义的批判便是缘于物理学概念不能达到这样的要求。但内格尔和麦金都没有去质疑这个标准本身的可能性，内格尔把它归于物理主义的缺陷，而麦金把它归于认知能力的缺陷。通过梳理麦金的论证结构，并考查他的核心假定，发现：第一，麦金在论证过程中产生了他自己没有注意到的推理谬误，使他得出了不恰当的结论；第二，麦金提出的认知封闭的三个方面皆是不成立或不能确定的；第三，麦金的论证结构中的核心假定是错误的，因为它隐含着不可能。所以，当麦金声称由于认知封闭我们不能解决心身问题时，是基于一些错误的推理和假定。

心身问题可以看作是在世界的物理空间结构中来协调意识的位置，它的心理因果性和主观现象性是自笛卡尔以来困扰我们的主要难题。麦金深刻地认识到了这一点，并提供了某些具有一定启发意义的论述。但他基于认知封闭性而声称我们不能解决心身问题时，他对认知封闭的论证以及他的前提假定是经不起深入推敲的。首先是出现推理谬误，论证的是大脑性质认知封闭，得出的结论却是我们无法知道大脑如何产生意识，而这两者是有本质不同的。其次是认知封闭的三个命题不成立或者不能确定为真。最后是他的核心假定本身是不可能的，又从这个不可能的前提得出了一个不可能的结论，并宣称这个不可能的结论竟然存在。可以说，麦金似乎没有权利断言心身问题无法解决。当他这样断定时，除了把意识引向神秘领域，他给出的解释实质上并没有超出笛卡尔以来人们对心身问题的传统认识。

第四节　世界层次结构中的心身问题

心身问题涉及心理与身体活动之间的关系。随着脑科学的发展，人们认为心理状态的基础是大脑特定区域的神经活动。如 C 纤维刺激能使人感受到疼痛，C 纤维刺激是物理事件，疼痛是心理事件。因此，心身关系也被称作心物问题。但具体来说，心身关系可分为三个方面：第一，心理下向因果性。心理活动诸如意愿、信念等是如何引起身体行动的。第二，心理上向因果性。大脑特定区域的神经活动如何引起相应的心理状态。

第三，涉及实在的最终层次，当前流行的各种心身关系理论都与这个问题相关。如笛卡尔最初提出的实体二元论，认为世界有两类最终的实在：心理的和物理的。物理主义（physicalism）认为世界中的一切最终都是物理的，唯心主义（idealism）认为世界的最终实在是心理的。所以，对心身问题的研究不仅局限于心理与身体的互动机制，还需要揭示世界根本的形而上学结构。从起源到现在，中西方哲学似乎一直在追问世界的基础（本原），如泰勒斯认为宇宙万物的本原是水；阿那克西曼尼认为气是本原；中国古代的五元素说，认为水、木、金、火、土相生相克形成了万物。在这个意义上，可以说心身问题是探索世界本原的现代形式，对世界形而上学基础的不同看法，就产生了不同的心身关系理论，如物理主义、唯心主义、一元论、二元论、中性（neutral）一元论等。本节根据奈格沙瓦（Nagasawa）的观点，把这些心身关系理论看作不同类型的基础主义，同时，引入世界的无限可分性，深入分析心身问题。认为由于不存在一个底层的最终实在，这些心身关系理论需要从整体上重新审视对心身问题的解答。首先讨论基础主义和各种心身关系理论；然后介绍无限可分性，它是各种心身关系理论需要处理的潜在问题；最后分析既承认无限可分性又能坚持物理主义基本立场的两种努力。

1. 基础主义与心身关系理论

基础主义涉及实在的最终层次问题。依据沙弗尔（Schaffer）的观点，我们用三个论题来说明基础主义。

(1) 层次论题：世界是分为层次的。

(2) 基础论题：存在一个作为基础的最底层次。

(3) 首要论题：基础层次上的实在是首要实在或根本实在，其他实在由它构成或者是它的衍生物。[27]507

基础层次上的实在是最终实在，例如，物理主义作为一种基础主义版本，认为最终实在是物理的，其他一切包括心理，都随附于它之上。基础主义有多种解释方式：一是按照可分性。在不可分的基础层次上一级一级地衍生出了更高层次的事物，如量子力学和分子生物学中的亚原子微粒等。二是随附性。高层次的实在都随附于最基础层次。三是还原。高层次的事物都可以还原为最基本实在。其他的还有如实现（realization）、决定等。我们采用更符合直观的可分性，把基础主义表示如下[28]359：

$$| E_0 < E_1 < E_2 < E_3 < E_4 < \cdots < E_n \cdots$$

符号“|”表示基础层次，在这一层次就不能再向前分解了。“E_n”表示不同的层次，$E_2 < E_3$ 表示 E_3 是 E_2 的更高层次，或者说 E_3 由 E_2 构成，E_2 是 E_3 的部分等。可分性可以理解为一种次序，它有自反性、非对称性、传递性等特征。即（1）X 是 X 自身的一部分；（2）如果 X 和 Y 是不同的，那么它们相互不是对方的一部分；（3）如果 X 是 Y 的部分，Y 是 Z 的部分，那么，X 也是 Z 的部分。

在心灵哲学中，对心身关系有各种解释，主要有物理主义、唯心主义、二元论、中性一元论等，它们都可以看作不同形式的基础主义。依照上面基础主义的形式，物理主义可以表示为[28]360：

物理主义：| $P_0<P_1<P_2<P_3<P_4<\cdots<P_n\cdots$

P_n表示物理实在，更高层次的东西都依赖于最终的物理实在。同样，唯心主义认为世界的最终实在是心理的；中性一元论认为最终基础既不是物理的也不是心理的，而是中性的。它们可以分别表示为[28]361：

唯心主义：| $M_0<M_1<M_2<M_3<M_4<\cdots<M_n\cdots$

中性一元论：| $N_0<N_1<N_2<N_3<N_4<\cdots<N_n\cdots$

M_n表示心理实在，N_n表示中性实在。二元论中有实体二元论和属性二元论，但它们都认为基础实在同时是物理的和心理的。其中，一些二元论者认为物理的东西由基础层次是物理的实在构成，心理由基础实在是心理的东西构成。该二元论可以表示为[28]364：

| $P_0<P_1<P_2<P_3<P_4<\cdots<P_n\cdots$

| $M_0<M_1<M_2<M_3<M_4<\cdots<M_n\cdots$

在这种二元论里，物理实在和心理实在是严格区别的。物理实在如汽车，可以分为发动机、轮胎等，最终分为亚原子层次上的微粒；心理实在如感受质（qualia），可以分解为更基本的心理要素，诸如查默斯的“现象属性”[29]247或埃克尔斯的“神经素”（psychons）[30]34等。还有一些二元论者认为，只有物理实在可以分解，但心理现象不能，心理就是心理本身。这种二元论是[28]365：

| $P_0<P_1<P_2<P_3<P_4<\cdots<P_n\cdots$

| M |

“| M |”表示 M 既是最低层次又是最高层级，即它不可分。在这种二元论视野里，还可以说世界是分层次的，只不过物理世界是多层次的，心理世界只有一个层次而已。

根据以上论述，我们认为，当前的各种心身关系理论在特定意义上都是不同形式的基础主义，它们包含着各自对世界形而上学结构的不同看法。

2. 无限可分性

在基础主义的三个论题里，第二个论题“基础论题”更为重要，因为在它的基础上构成了世界。无限可分性是看待世界的一种基本方式，也是心身关系理论隐含的预设。沙弗尔和蒙特若认为如果世界是无限可分的，那么物理主义就面临严重问题，因为永远达不到一个最底层的基础，进而导致基础论题在物理主义中不存在。如果物理主义真的因此而面临指责的话，这不仅是物理主义本身，其他的心身关系理论，如二元论、唯心论等，由于它们也都假设了某个基础层次的存在，它们需要重新审视自身的潜在预设。因为：

(1) 如果物理主义、二元论、唯心论、中性一元论是真的，那么基础主义是真的。

(2) 如果基础主义是真的，那么存在一个最底层的基础层次。

(3) 不存在基础层次。

因此：

(4) 基础主义是错误的。

因此：

(5) 物理主义、二元论、唯心论、中性一元论是错误的。

前提 (1) 表达的事实是：物理主义、二元论、唯心论等是不同形式的基础主义；(2) 表示基础论题是基础主义三个论题中的核心。结论 (4) 和 (5) 都是从不同前提中充分得出的，因此，这个推理是有效的。沙弗尔认为“(3) 不存在基础层次”在形而上学中是可能的。首先是可以设想一切东西由部分构成，它们在空间里是延展的，而延展又可以分为更深层次的延展。其次是逻辑融贯性，分体学 (mereology) 上的模型允许无限可分。由于有逻辑融贯的模型，我们没有先验的理由拒绝 (3) 的形而上学可能性。此外，由于 (3) 在现代科学中是被严肃对待的，它也可能是真实的。如玻姆在他的量子力学中说他的物理学形式与层次无限性一致；另一位物理学家德赫梅特 (Hans Dehmelt) 描述了亚电子结构的无限衰退现象。但 (3) 是否真实，这纯粹是一个经验问题。关键是，如果 (3) 是真的，不仅物理主义，而且其他的心身关系理论都需要对自身进行反思。正如麦金所说，由于人类的认知局限性，我们永远不能解决心身问题。

如果把心身关系理论看作不同版本的基础主义，将会帮助我们从另外一个角度更好地理解麦金的这个看法。因此，对基础主义者来说，他们面临的任务就是，在即使 (3) 是真的情况下，仍要想办法为自己的理论辩护，不必放弃他们对心身关系的主要观点。物理主义是被广泛接受的一种心身关系理论，下面我们就分析试图既承认无限可分性又想坚持物理主义基本立场的两种尝试。

3. 无限可分性下的物理主义

现代物理学逐步揭示了世界的深层次结构，物理主义的流行无疑离不开现代物理学的辉煌成就。然而，无限可分性预示着没有最底层的基础实在，这是物理主义需要解决的关键问题。一些哲学家尝试在无限可分性与物理主义之间做出协调。首先是蒙特若，她认为即使世界是无限可分的，也不应该抛弃物理主义，为此她提出了一种能够容纳无限可分性的物理主义形式：

> 如果一切心理现象最终由物理实在所决定，那么物理主义是真的；如果有一些现象最终取决于心理实在，那么物理主义是假的。[31]187

蒙特若的这段话可以理解为：

如果符合下列条件之一，物理主义是真的：(1) 一切东西最终的实现层次只有物理实在；或者 (2) 保持无限可分性，但至少在某一点之上，一切东西最终只能由物理实在构成。

如果符合下列条件之一，物理主义是假的：(1) 最基础的层次是心理实在或包含着心理现象；或者 (2) 保持无限可分性，但在某一点之后，对象的最终构成是心理实在。

根据蒙特若的看法，如果物理主义是真的，那它必须在无限可分的所有层次上，始终保持着物理性。如果在无限可分链条上的某一点出现非物理实在，物理主义就是假的。但是，不难发现，在无限可分的过程中，很难确定哪一点才算是最终层次，因此就无法对物理主义的真值做出判断。对任何反物理主义者的观点，物理主义者都可以轻描淡写地说最终还是由物理实在决定，因为反物理主义者没有有力证据表明心理现象最终不是由物理实在决定。同样，对任何物理主义的观点，反物理主义者也可以因无法对物理主义的最终实在做出断定，而拒斥物理主义。出现这种现象的原因在于无限可分性没有一个终点。

蒙特若试图在无限可分性的前提下为物理主义辩护，但她给出的论证只是充分条件，而不是必要条件。正如前面所说，物理主义依赖于现代物理学提供的证据，预设了物理学将来会更深入地揭示世界的根本结构，它的预期完全是物理的。在基础主义中，需要一个作为基础层次的形而上学根基。蒙特若的物理主义真值难以确定，并不表明物理主义是假的，这是一个认识论问题，主要原因在于一旦假设了无限可分性，物理主义的形而上学基础就被抽调了。如果世界无限可分，就隐含着世界的一部分比整个世界更基础，在一个最基础的层次，形成了整个世界。但是又没有一个最终的实在，因为任何层次的实在，都可以有比它更基础的实在。这样的话，就出现了世界是如何基于最终实在被创造出来的难题。因此，蒙特若的论述实际上把物理主义置于一个更不利的境地，它缺乏一个稳定的形而上学根基。

如果说蒙特若是自下而上地为物理主义辩护，那么沙弗尔就是自上而下地尝试维护物理主义。他认为如果寻找最基础的层次，不应该是在最底层，而应从最高层着手。他把整个世界作为最基础的层次，而不是通常认为的世界的某一特定部分。此即沙弗尔的优先（priority）一元论。该理论认为，存在一个最基本的具体对象：世界。世界中其他的具体对象从这个基本的整体中衍生出来。这似乎有点反直觉，因为我们一般认为整体对部分没有优先性，比如，先有一块砖，才能建造一座房子。然而，沙弗尔指出，有许多整体优先于部分的现象，如圆优先于半圆，身体优先于器官等。[32]44

但优先一元论关注的领域是具体（concrete）对象，沙弗尔说："我重点仅关心实际的具体对象。"为什么他不把自己的理论扩展至非具体对象领域呢，比如信念、意向等心理对象？因为一旦扩展，就会丧失支持它的证据。正如沙弗尔所讲，他的理论有直觉和经验上的支持。[33]52 在直觉上，自然语言提供了一个单一的整体词汇：世界（cosmos）。在经验上，天文学把宇宙作为一个研究对象。天文学中对宇宙的研究并不涉及心理现象，若把心理对象引入进来，优先一元论就失去了这些支持。显然，沙弗尔的理论无法用来解释心身问题。

笛卡尔的二元论深受机械论的影响，我们对心身关系的讨论是沿着机械论和活力论这两条路线前进的。[33]3-4 物理主义的基本主张是世界中的一切最终都是物理的，它把物理性赋予世界。沙弗尔把它颠倒了过来，物理性的世界整体才是最基础的，它是最终实在，其他世界中的具体对象从世界整体中衍生出来。也就是说，在优先一元论看来，不能通过部分来看待整体，部分不能决定整体的类型和属性，只能是从整体到部分的单向方式。果真如此，那我们就不能说物理主义是真的，因为部分衍生于整体，即使所有部分都是物理的，也不能断定世界在整体上就是物理的。说整体世界是物理的，只能作为一个形而上学判断。因此，即使沙弗尔的优先一元论是合理的，它既不能在无限可分下拯救物理主义，也不能解答心身关系问题。

物理主义、唯心论、二元论等，都是不同形式的基础主义，它们预设了不同的最终实在。然而在无限可分的预设下，它们内部都面临着难以消解的矛盾。蒙特若尝试维护物理主义，但无限可分性使实在越来越基础，从而使物理主义丧失了稳固的形而上学根基。这就导致沙弗尔走向了另一面，把层次链条中的最高层次整体世界作为基础实在，从而使优先一元论与传统的基础主义显得不一样。但它已经不是一般意义上的基础主义了，它蕴涵着某种类似于中国古代道家学说的色彩，试图寻找一个超出常规的形而上学视角。但正如前面所讲，它对物理主义和心身问题来说，都是不成功的。

目前来看，我们对待心身问题主要有两种方式：一是根据现代科学提供的证据，在自然界中为心理现象寻找一个恰当的位置；二是坚持心理状态独特的现象属性，为心理现象安排一个特殊的位置。但是，不论选择哪种方式，心身问题在我们现有的知识框架内还无法获得一个统一的彻底解答。物理主义是当前流行的心身关系范式，但与它对立的竞争性理论也同样出色。生物学、形质说等试图跳出传统框架来解释心身问题，但仅能作为一种拓展和补充。如果无限可分性是各种心身关系理论无法回避的形而上学预设，那么由此所导致的内在张力，将不得不促使我们从更深的整体层面去反思心身问题。可以说，心身问题将始终伴随着人类的智性发展与对世界的探索进程中。

参考文献与阅读书目

［1］ Papineau, D. Philosophical Naturalism. Oxford: Blackwell, 1993.

［2］ Searle, J. The Rediscovery of the Mind. Cambridge, MA: The MIT Press. 1992.

［3］ Howell, R.J. Physicalism, Old School. Consciousness and the Mind-Body Problem. Torin Alter edited. Oxford: Oxford University Press, 2012.

［4］ Chomsky, N. Language and Thought. Rhode Island: Mover Bell, 1998.

［5］ Van Fraassen, B. Against Naturalized Epistemology. Cambridge: Cambridge University Press, 1995.

［6］ Chomsky, N. Language and Mind. New York: Harcourt Brace and World, 1968.

［7］ Van Fraassen, B. The Empirical Stance. New Haven: Yale University Press, 2002.

［8］ Daly, C. What Are Physical Properties? Pacific Philosophical Quarterly, 1998 (79).

［9］ Kim, J. Philosophy of Mind. Colorado: West View Press, 1996.

［10］ Chalmers, D. The Conscious Mind. Oxford: Oxford University Press, 1996.

［11］ Montero, B. The Body Problem. Nous, 1999 (33).

［12］ Montero，B. Post-Physicalism. Consciousness and the Mind-Body Problem. Torin Alter edited. Oxford：Oxford University Press，2012.

［13］ Jesper，K. The Mind-Body World-Knot. Think，2009，8（21）.

［14］ Searle，J. Biological Naturalism. Series of Class Lectures. Berkeley，2013（1）.

［15］ Kim，J. The Myth of Nonreductive Materialism//The Mind-Body Problem：A Guide to the Current Debate. Edited by Richard Warner. Cambridge：Blackwell，1994.

［16］ Searle，J. Biological Naturalism. Series of Class Lectures. Berkeley，2013（2）.

［17］Sider，T. What's So Bad about Overdetermination?. Philosophy and Phenomenological Research，2003（67）.

［18］ Bennett，K. Why the Exclusion Problem Seems Intractable，and How，Just Maybe，to Tract It. Nous，2003（37）.

［19］ Brandon，C. Overdetermination and the Exclusion Problem. Australian Journal of Philosophy，2011（89）.

［20］ 柯林·麦金. 我们能够解决心身问题吗?. 吴杨义，译. 世界哲学，2014（4）.

［21］ McGinn，C. Can We Solve the Mind-Body Problem? Mind，1989（98）.

［22］ Garvey，J. What does McGinn Think We Cannot Know? Analysis，1997，57（3）.

［23］ 迪克·斯瓦伯. 我即我脑：在子宫中孕育，于阿尔茨海默病中消亡. 王奕瑶，等译. 北京：中国人民大学出版社，2011.

［24］ McGinn，C. The Problem of Consciousness. Oxford：Blackwell Publishers，1991.

［25］ Nagel，T. What is It Like to be a Bat? Philosophical Review，1974（83）.

［26］ Kirk，R. Why Shouldn't We be able to Solve the Mind-Body Problem?. Analysis，1991（51）.

［27］ Schaffer，J. Is There a Fundamental Level?. Nous，2003，37.

［28］ Yujin，N. Infinite Decomposability and the Mind-Body Problem. American Philosophical Quarterly，2012（49）.

［29］ Chalmers，D. Counsciousness and Its Place in University. New York：Oxford University Press，2002.

［30］ Eccles，J. C. How the Self Controls Its Brain. Berlin：Springer-Verlag，1994.

［31］ Mentero，B. Physicalism in an Infinitely Decomposable World. Erkenntnis，2006（64）.

［32］ Schaffer，J. Monism：The Priority of the Whole. Philosophical Review，2007（119）.

［33］ 费多益. 心身关系问题研究. 北京：商务印书馆，2018.

思考题

1. 笛卡尔划分心灵和身体属于不同实体的依据是什么？他认为心灵和身体是如何相互作用的？

2. 查默斯所说的心身问题研究中的“容易问题”和“困难问题”是什么？

3. 还原物理主义和非还原物理主义有何区别？

4. 现代科学能否解答心身问题？

5. 物质与精神的二元论范畴如何影响人们对心身问题的研究？

第十三章

可设想性论证

可设想性论证在当代心灵哲学的讨论中具有举足轻重的作用。著名的可设想性论证有：（1）克里普克（S. Kripke）的反类同一论证；（2）查默斯（D. Chalmers）的僵尸论证（zombie argument）；（3）法兰克西（K. Frankish）的反僵尸论证。前两者是反物理主义论证，后者是对反物理主义论证的反驳。这三个论证的工作前提都是查默斯的可设想性理论。

第一节　可设想性论证的局限性

基本上任何一个可设想性论证都可能面临来自以下两条路径的反驳：一是认为论证的可设想性前提，即被讨论的命题 p 是不可设想的；二是认为可设想性蕴涵可能性这条原则不成立。然而，第一条路径是相当困难的。某个命题是可设想的意即这个命题并非先天为假，或者说，它不蕴涵逻辑矛盾①。[逻辑必然性（logical necessity）（并非形而上学必然性）等同于先天性是毋庸置疑的，也是贯穿本章的基本前提。[1]一个命题逻辑上是可能的意味着它不蕴涵逻辑矛盾，因此，不蕴涵逻辑矛盾就意味着并非

① 这里所提的“逻辑矛盾”“逻辑可能性”“逻辑必然性”等词汇中的“逻辑”并不是指狭义的某种逻辑，如命题逻辑或模态逻辑。它是一个宽泛的概念，包括逻辑、语义、概念等一切先天概念。所以，“逻辑矛盾”包括狭义的逻辑矛盾、语义矛盾、概念矛盾等。

先天为假。下文中，“并非先天为假”“并非先天排除”“不蕴涵矛盾”都是同义词。] 比如说，如果我们能反驳疼痛≠C 神经激发是可设想的，我们必须指出“疼痛≠C 神经激发”这个命题蕴涵矛盾。也就是说，我们必须证明其否命题“疼痛＝C 神经激发”先天为真。但现实证据对反驳一方来说是不利的。基本上，物理主义中的任何宣称都还处于假说阶段。我们只是根据某些科学实验的结论猜测疼痛等同于 C 神经激发。我们连这个论断是否为真的都没有足够的证据，更谈不上能够先天地证明它为真。所以，通过反驳可设想性前提来反驳这可设想性论证的路径是比较困难的。

第二条路径是反对“可设想性蕴涵可能性”这条原则（即 CP 论题）。这条原则最初面临克里普克式后天必然语句的威胁。但是在查默斯的二维语义学理论体系中，后天必然语句的威胁被解除了。当然，我们完全可以抛开克里普克式的反例不谈，通过寻找其他的反例来反驳 CP 论题，但是目前所能找到的“反例”是不是真正构成反例仍然争议多多。① 有些哲学家会认为，即便 CP 论题在其他领域是成立的，但唯独在现象意识领域是不成立的。然而这个处理又有做作（ad hoc）之嫌。因篇幅所限，我不一一讨论这些反驳 CP 论题的处理方法。必须承认，这些反驳路径并不是毫无希望的。但问题是，无论哪一条路径，彻底驳倒 CP 论题的工作量将是庞大的。我们大可不必通过反驳 CP 论题来反驳可设想性论证。

我们采取了与上述两条路径完全不同的论证策略。第一，我们假设查默斯版本的 CP 论题是正确的。第二，我们并不探讨所列举的可设想性论证的可设想性前提是不是真的。所以我们并不是在形而上学的意义上探讨这些论证是不是可靠，而是讨论这些论证的可靠性是不是能够为我们所知。如果我们无法获知它们的可靠性，那么我们无法利用任何一个可设想性论证判断物理主义正确与否。可设想性论证因而失去它的实用价值。我们首先考查了查默斯的可设想性理论并推论出其蕴涵的两个理论后果：一是所有的必然命题都是先天命题。“后天必然命题”因而不是融贯的概念。再者，虽然不同版本的物理主义有着不同的承诺，有强有弱，但这些物理主义宣称都是必然命题。因此，如果 CP 论题为真，那么这些物理主义承诺不得不成为先天命题。这样一来，后天物理主义无法成立。二是我们无法利用可设想性论证判断一个先天命题是否可能为真。由于这个局限性，我们无法利用可设想性论证判断先天物理主义正确或失败。此外，我们将逐一分析文中所列举的三个可设想性论证，并指出它们对于打击先天物理主义都是无用的。② 综上，我们的结论是：在 CP 论题为真的假设下，只能利用可设想性论证击败后天物理主义，却无法判断先天物理主义正确或失败。

1. 查默斯的可设想性理论

查默斯的可设想性理论的基石是他的模态理性主义（modal rationalism）和二维语

---

① 可能的反例被查默斯称为强必然性（strong necessity）。一个强必然性真命题，粗糙地说，是一个必然真命题，但其真值是后天认识的，也就是所谓的后天必然命题。后天必然命题与克里普克后天必然语句不同。后者在两维内涵上都不是后天必然命题。CP 论题的论域是命题，因此后天必然语句的存在对 CP 论题并不构成威胁。但如果后天必然命题存在，CP 论题则失败了。[2]473－496;[3]785－800

② 我们的目的只是指出这些可设想性论证不具备实用性，因为我们无法对这些论证的可靠性做出判断。我们并不是要论证它们无效（invalid）或不可靠（unsound）。

义论（two dimensional semantics）。模态一元论的奠基者是康德（I. Kant），其宗旨是：先天性（apriority）（也就是逻辑必然性）和形而上学必然性等价（metaphysical necessity）。① 换句话说，对于任何语句 s，s 先天为真当且仅当其必然为真。② 由于必然性和可能性相互定义，康德式的模态理性主义又可以表达为：

（MR_K）对于任何语句 s，s 并非先天为假当且仅当其可能为真。

MR_K论题是个双条件句。这个双条件句从右至左的蕴涵关系是毋庸置疑的，并为大多数哲学家所接受：如果 s 先天为假，这意味着 s 本身蕴涵矛盾，所以 s 不是逻辑可能为真的。此外，任何逻辑必然为假的句子都不会是形而上学可能为真的。所以，如果 s 先天为假，那么 s 不会是形而上学可能真的。因此，如果 s 形而上学可能真，那么 s 并非先天排除的。但这个双条件句从左至右的蕴涵关系却遭到了克里普克的挑战。[4]99－105 克里普克提出，有一类后天必然语句，比如“水＝H_2O”，它们是必然为真的，但它们的真值只能通过后天的经验所认识。所以，“水≠H_2O”并非先天为假，但它不可能为真。

为了应对克里普克的挑战并恢复康德传统，查默斯引入了二维语义学。他指出，任何语句都为两个命题（proposition）③ 所表达。或者用查默斯的术语说，任何语句都关联二维内涵（intension）。[5]159－162 当我们把任一可能世界当成现实世界时，我们可以获得一个语句的第一维内涵；当我们把任一可能世界当成反事实的世界时，我们可以获得这个语句的第二维内涵。以“水＝H_2O”这个语句为例，如果我们把某一可能世界当成现实世界，那么这个世界上的水状物就是水，无论它的化学成分是什么。由此，“水＝H_2O”的第一维内涵是“水状物＝H_2O”。而如果我们把任一可能世界当成反事实的世界，那么这个世界上的 H_2O 才是水，它的外形状态功能等性质反倒无关紧要。所以，“水＝H_2O”的第二维内涵是“H_2O＝H_2O”。然而，我们发现，“水＝H_2O”的第一维内涵“水状物＝H_2O”这个命题是后天命题，但并不是必然为真的命题；“水＝H_2O”的第二维内涵“H_2O＝ H_2O”是个必然命题，但同时也是个先天命题。所以，区分语句的二维内涵的理论后果就是：一个后天必然为真的语句其第一维内涵是后天偶然命题；其第二维内涵是先天必然命题。所以在命题的维度，后天必然性消失了。也就是说，克里普克式的后天必然性只在语句的层面成立，但不在命题的层面成立。这样一来，模态理性主义在命题的层面仍然不受影响。我们把经过查默斯二维语义理论处理之后的模态理性主义称为 MR_C论题，它可以表述为：

（MR_C）对于任何命题 p，p 并非先天为假当且仅当其可能为真。

---

① 提醒：康德以及查默斯试图证明先天性和形而上学必然性的等价关系，也就是逻辑必然性和形而上学的等价关系。这两者的等价并不是自明的或被大多数哲学家认可的。请读者不要混淆这两者的等价与前面所提的先天性和逻辑必然性的等价。先天性和逻辑必然性的等价是绝大多数哲学家所承认的，是本章也是查默斯理论最为基本的工作前提。

② 为了使行文简洁，本章的“可能性/必然性”在没有任何修饰词的情况下，指的是形而上学的可能性/必然性。

③ 语句和命题的关联是：后者是前者的真值承担者。

MR_k论题与MR_C论题的唯一区别就在于论域不同，前者的论域是所有语句，后者的论域是所有命题。在后文的论述中，我们的讨论对象是MR_C论题。进一步，查默斯用“并非先天为假”这个概念定义可设想性：

（可设想性）对于任何命题 p，p 并非先天为假当且仅当 p 是可设想的。

所以，如果我们将MR_C论题中的“并非先天为假”替换成“可设想的”，我们就得到了MR_C论题的等价表达，也就是 CP 论题：

（CP 论题）对于任何命题 p，p 是可设想的当且仅当 p 是可能为真的。①

此处的 CP 论题是个双条件句。由于在哲学讨论中，我们关注的是如何由可设想性推论出可能性，所以一般而言，我们关注的是 CP 论题由左至右的蕴涵关系。很明显，CP 论题的实质是逻辑可能性到形而上学可能性的蕴涵关系，可设想只不过是逻辑可能（也就是并非先天排除）的另一个说法而已。

2. CP 论题的理论后果

由于 CP 论题是从康德的先天性与形而上学必然性等同的假说出发，通过区分语句的二维内涵消解克里普克式的后天必然性得到的。也就是说，建立在命题层面的 CP 论题使康德先天性与形而上学必然性等同的假说得以重新成立，这样一来，CP 论题的直接理论后果就是：

（CP 理论后果）对于任何命题 p，p 是必然命题当且仅当 p 是先天命题。

如果以上推理并不直观的话，通过以下推理我们也能得到这个结论：

（1）对于任何命题 p，p 并非先天为假当且仅当 p 可能为真。（MR_C论题）

（2）对于任何命题 p，p 并非先天为真当且仅当¬p 可能为真。（将MR_C中的 p 替换为¬p）

（1）和（3）等价：

（3）对于任何命题 p，p 必然为假当且仅当 p 先天为假。

（2）和（4）等价：

（4）对于任何命题 p，p 必然为真当且仅当 p 先天为真。

合取（3）和（4），我们有（5）：

（5）对于任何命题 p，p 必然为真或必然为假当且仅当 p 先天为真或先天为假。

一个必然为真或必然为假的命题即必然命题，一个先天为真或先天为假的命题即先天命题。所以，CP 论题的理论后果是使康德传统在命题层面得以恢复：必然命题都是

---

① 本章所述的可设想性概念实际上是查默斯的理想的、负面的可设想性概念，由此建立的 CP 论题是查默斯提出的 CP－论题。此外查默斯还提出了理想的、正面的可设想性概念，由此建立的 CP 论题被称为 CP＋论题。但两种可设想性的概念实际是用不同的方式来刻画逻辑可能性，它们实际上是等价的。所以，为了简化论证，本章只讨论负面的可设想性概念和 CP－论题。

先天命题。这个理论后果使“后天必然命题”成为不融贯的概念。这个结论对于后天物理主义者来说是致命的。

物理主义者认为意识属性就是物理属性。不同版本的物理主义承担着不同的物理主义承诺，它们有强有弱，但这些承诺有个共同的特点：它们都是必然命题。我们以类同一理论和随附性理论为例来解释这一点。类同一的物理主义者认为，疼痛等同于C神经的激发。[4]144-155 “疼痛”和“C神经的激发”都是严格指称，因此，两者如果等同，则必然等同；同样，如果两者不等同，则必然不等同。这个结论等价于：“疼痛＝C神经的激发”这个命题要么必然为真，要么必然为假。也就是说，“疼痛＝C神经的激发”是一个必然命题。根据前文论述，如果CP论题成立，那么“后天必然命题”成为不融贯的概念。因此，如果CP论题成立，“疼痛＝C神经的激发”只能是一个先天命题。后天类同一理论不攻自破。持有随附理论的物理主义者认为任何在现实世界中例示的现象意识属性都随附于现实世界中的所有微观物理属性。如果用P表示现实世界中的所有微观物理事实，用Q表示现实世界中的现象意识事实，那么物理主义者必须承诺：$\Box$（P→Q）为真。[6]249 这样，如果坚持随附理论的物理主义者认同CP论题，他们无法融贯地相信P→Q为真是后天获知的。① 总而言之，如果CP论题成立，那么后天物理主义注定是失败的。（所以，后天物理主义者的唯一出路在于驳倒CP论题。如何驳倒CP论题超出了本章的讨论范围，因此不在此处讨论这方面的策略。）

如果CP论题成立，后天物理主义的确是失败的。那么接下来的问题是：CP论题能击败先天物理主义吗？在下面，我将论证，我们无法借助CP论题判断先天物理主义正确与否。

首先我们讨论一个一般的例子。令p为任一必然命题（根据CP论题，p也是先天命题），也就是要么必然真、要么必然假的命题。如果将其符号化，我们有，$\Box p \vee \Box \neg p$ 成立。它等价于$(\Diamond p \rightarrow p) \wedge (\Diamond \neg p \rightarrow \neg p)$。那么我们可以建立两个平行论证：

论证1：

p是可设想的。（即p不蕴涵逻辑矛盾）
可设想性蕴涵可能性。（CP论题）
如果p可能为真，则p为真。（$\Diamond p \rightarrow p$）
结论：p为真。

论证2：

¬p是可设想的。（即¬p不蕴涵逻辑矛盾）
可设想性蕴涵可能性。（CP论题）

① 请读者注意“疼痛＝C神经的激发”和“$\Box$（P→Q）”这两个表达式与“水＝H_2O”这个表达式的区别。对前两者而言，如果我们将其看成一个语句的表达式，这两个语句的二维内涵都是相同的，其二维内涵都可以分别用“疼痛＝C神经的激发”和“$\Box$（P→Q）”这两个表达式来表达。而“水＝H_2O”这个语句的二维内涵是不同的，且都不能用“水＝H_2O”本身来表达。这个区别的结果就是：对于前两个语句而言，它的第一维内涵如果是可能的，其第二维内涵也是可能的；对于后一个语句而言，它的第一维内涵的可能性并不蕴涵其第二维内涵的可能性。而一个语句的第二维可能性才能刻画这个语句的形而上学可能性。

如果¬p可能为真，则¬p为真。（$\Diamond\neg p \to \neg p$）

结论：¬p为真。

显然，两个论证都是有效的，但是只有一个是可靠的。问题的关键在于任何一个必然性命题p都是其可能真蕴涵其为真、其可能假蕴涵其为假的命题。因此不可能p和¬p都可能为真。又因为可设想性蕴涵可能性，因此，不可能p和¬p都是可设想的。从另一个角度来说，CP论题的成立“迫使”所有必然性命题成为先天命题。在任何一个先天命题p和其否命题¬p之间，一个先天为真，因而不蕴涵矛盾，所以是可设想的；另一个先天为假，因而是矛盾的，所以是不可设想的。因此，对于任何一个先天命题p，不可能同时出现p和¬p都是可设想的情况。

接下来的问题是，我们能够判断出这两个可设想性论证哪一个可靠吗？换句话说，对于任一必然命题p，我们能判断出p和¬p到底哪一个是可设想的吗？我们的结论是不能。假设我们能做出判断，进一步，假设我们判断p是可设想的，这就意味着我们认为p本身不蕴涵矛盾，或者说p并非先天为假。因为p是必然命题，因而是先天命题，p并非先天为假意味着¬p先天为假，也就是说p先天为真。所以说，如果我们认为p是可设想的，那么意味着我们认为p先天为真。如果我们判断p不是可设想的，这就意味着我们认为p蕴涵矛盾，也就是说p先天为假。所以，不管我们认为p是可设想的还是不可设想的，其必要条件都是我们必须知道p的真值。这样一来，如果我们不知道p的真值，那么我们就无从判断p是不是可设想的。因此，我们无法判断上述一对可设想性论证到底哪个是可靠的。但是，如果我们已经知道p的真值了，我们为何还需要建立可设想性论证呢？上述一对论证对于我们而言完全是多余的。总而言之，可设想性论证在应用于必然性命题的时候会陷入两难，要么我们无法判断其可靠性，要么其是多余的。在哲学论辩中，我们不仅要提供论证，我们还必须解释其为何是可靠的。如果无法展示其可靠性，这个论证在哲学论辩中将不具有任何实用价值。接下来，我将以物理主义与反物理主义之争中出现的典型可设想性论证为例详细阐释这个结论。

3. 可设想性论证的范例

3.1 克里普克的模态论证（modal argument）

如前面所述，支持类同一的哲学家认为疼痛＝C神经的激发。因为“疼痛＝C神经的激发”蕴涵“疼痛＝C神经的激发是必然的”，所以，“疼痛≠C神经的激发是可能的”蕴涵“疼痛≠C神经的激发”。因此，如果疼痛≠C神经的激发是可能的，那么类同一理论就失败了。假设CP论题成立，我们可以重构克里普克的模态论证：

（1）疼痛≠C神经的激发是可设想的。

（2）可设想性蕴涵可能性。

（3）如果疼痛≠C神经的激发是可能的，那么疼痛≠C神经的激发。

结论（1）：疼痛≠C神经的激发。

很多哲学家包括查默斯在内都认为这个论证是可信的。毕竟，“疼痛”和“C神经的激发”不存在能够一眼发现的任何语义关联。因此，“疼痛≠C神经的激发”这个命题看上去并不存在矛盾，按照可设想性的定义，这个命题很容易被认为是可设想的。但是他们忽略了模态论证的反转论证，它看上去同样可信：

(1*) 疼痛＝C神经的激发是可设想的。

(2*) 可设想性蕴涵可能性。

(3*) 如果疼痛＝C神经的激发是可能的，那么疼痛＝C神经的激发。

结论 (1*)：疼痛＝C神经的激发。

同样，“疼痛＝C神经的激发”看上去也不蕴涵任何矛盾，因而也很容易被看成是可设想的。但两个论证的第一个前提不可能同时为真。问题是我们为何会认为两个论证都看上去是可靠的呢？这是因为，在CP论题的“迫使”下，所有的必然命题都成为先天命题，所以“疼痛＝C神经的激发”这个要么必然真、要么必然假的必然命题只能是先天命题。作为一个先天命题，在它和它的否命题之间，为真的那个才不蕴涵矛盾，为假的那个是矛盾的。所以，如果我们不知道这个命题的真值（显然我们不知道“疼痛＝C神经的激发”这个命题的真值，否则我们也不会依赖可设想性论证来讨论它是否为真），那么我们就无法判断它和它的否命题到底哪一个不蕴涵矛盾，所以我们无法判断这两个命题到底哪一个是可设想的。在得知一个先天命题p的真值之前，p和¬p两个看上去都是无矛盾的，但这绝不能成为我们判断其中一个真正无矛盾的证据。如同我们无法判断哥德巴赫猜想和其否命题到底哪一个不蕴涵矛盾，我们绝不能说，因为找不到其中一个命题的矛盾，就判断它是无矛盾的。因而，模态论证和其反转论证都是看上去可靠的，但我们无法判定两者的可靠性。所以，这两个论证既无法帮助我们击败类同一理论，也无法帮助我们支持类同一理论。它们在物理主义与反物理主义之争中不起作用。

3.2 查默斯的僵尸论证（zombie argument）

僵尸论证的攻击对象是随附性的物理主义。随附论物理主义认为：现实世界所有的现象意识事实形而上学地随附于现实世界所有的微观物理事实。其核心思想是，如果所有的微观物理事实被固定住，那么所有的现象事实也被固定住了。如果用P和Q分别表示现实世界的微观物理事实和现象事实，那么随附论者必须承认P→Q必然为真（其中P→Q是实质蕴涵）。随附论物理主义是所有物理主义类型中最弱的一类，因而，P→Q必然为真是任何版本的物理主义都无法放弃的最小承诺。如果P→Q必然为真被成功驳斥了，那么物理主义全线溃败。反驳P→Q必然为真即是要证明P∧¬Q可能为真。利用CP论题，僵尸论证可以被构造如下[7]148−149：

(4) P∧¬Q是可以设想的。

(5) 可设想性蕴涵可能性。

结论 (2)：P∧¬Q可能为真。

现在的问题是：P∧¬Q是不是可以设想的？也就是说，P∧¬Q是不蕴涵矛盾的吗？支持P→Q必然为真的物理主义者有两类：先天物理主义者和后天物理主义者（也就是查默斯所说的类型A和类型B物理主义）。前者认为P→Q的真是先天获知的，后者认为P→Q的真是后天获知的。前面已经论述过，如果CP论题成立，那么“后天必然命题”将是不融贯的概念。后天物理主义不攻自破。着眼于僵尸论证，对于后天物理主义者而言，既然 P→Q 的真值是后天获知的，那么意味着它的否命题 P∧¬Q 必定不被先天排除，或者说，不蕴涵矛盾，因而是可设想的。所以，利用僵尸论证击败后天物理主义是毫无问题的（当然前提是 CP 论题成立）。①

那么，僵尸论证能否击败先天物理主义？答案是否定的。先天物理主义宣称 P→Q 是一个先天真命题，如果要击败先天物理主义，那么我们必须提出一个论证使得其结论是：P→Q 并非先天为真。然而，僵尸论证的前提是 P∧¬Q 是可设想的，意味着其前提恰好是：P→Q 并非先天为真。所以，如果用僵尸论证来反驳先天论证，则犯了循环论证的错误。[8]因此，僵尸论证无法反驳先天物理主义。

3.3 法兰克西的反僵尸论证（anti-zombie argument）

为了反驳查默斯的僵尸论证，法兰克西利用模态逻辑 S5 系统中的公理构造了一个反僵尸论证。这是一个元模态论证。称其为“元模态”是因为这个论证所讨论的命题本身就是一个模态命题。法兰克西没有讨论 P→Q 的可设想性，而是讨论“必然 P→Q 为真”整个模态命题的可设想性。如果这个命题是可设想的，那么必然 P→Q 就是可能为真的。在 S5 系统中，对于任何命题 p，◇□p→□p 是公理，因此从“必然 P→Q 可能为真”中可以推出“必然 P→Q 为真”。他的论证可以被重构如下[9]654：

6. P→Q 必然为真是可设想的。
7. 可设想性蕴涵可能性。
8. 对于任何命题 p，如果 p 可能必然为真，则 p 必然为真。（◇□p→□p）
结论（3）P→Q 必然为真。

如同克里普克的模态论证一样，我们也可以构造这个论证的反转论证。

6*. P→Q 并非必然为真是可设想的。
7*. 可设想性蕴涵可能性。
8*. 对于任何命题 p，如果 p 可能并非必然为真，则 p 并非必然为真。（◇¬□p→¬□p②）
结论（3）P→Q 并非必然为真。

两个论证的结论完全相反。前者可以看作对物理主义的辩护，后者则是元模态版本的反物理主义论证。这两个论证和克里普克模态论证及反转论证所遇到的问题一样。由于“P→Q 必然为真”这个命题是一个如果可能为真则为真，如果可能为假则为假的命题③，因此，“P→Q 必然为真”本身是一个必然命题。因而，在 CP 论题的“迫使”下成为一个先天命题。这就意味着，“P→Q 必然为真”和“P→Q 并非必然为真”两者之间，只有一个是不蕴涵矛盾的，也就是，只有一个是可设想的。所以，法兰克西的元模

① 所以说，一个后天物理主义者如果也是 CP 论题的拥护者，质疑僵尸论证第一个前提的做法是完全多余的，因为他自己的信念就是不融贯的。而这种做法在哲学讨论中并不鲜见。

② ◇¬□p→¬□p 也是 S5 系统的公理。

③ 因为对于任何命题 p，◇□p→□p 和◇¬□p→¬□p 都是公理。因而，对于任何命题□p，如果其可能为真则其为真，如果其可能为假则其为假。

态论证和其反转论证之中，只有一个论证是可靠的。但是，在我们获知“P→Q 必然为真”真值之前，我们无法判断这个命题和它的否命题到底哪一个是可设想的。因而，我们无法判断这两个论证到底哪一个是可靠的。所以，它们在物理主义与反物理主义之争中不起作用。

任何版本的物理主义者都承担着或弱或强的模态承诺，即一个关于某命题必然为真的承诺。反物理主义的可设想性论证意在论证该命题可能为假从而击败物理主义。原则上，这个必然性命题既可以是先天的又可以是后天的。然而，我们论证了：如果 CP 论题成立，那么“后天必然命题”成为不融贯的概念。因而，“后天物理主义”也成为不融贯的概念。后天物理主义在 CP 论题成立的假设下必定失败。同时，我们论证了：利用 CP 论题打击先天物理主义是无用的，因为我们无法判断可设想性论证的可靠性，因而我们无从判断物理主义是否失败。

第二节　构造可设想性论证的一个必要条件

当我们做出一个模态断言，即某个命题 p 可能为真时，我们在认知上的根据是什么？我们是因为什么而持有这个模态信念，或者因为什么而具有这个模态知识呢？这是当代模态认识论亟待解决的问题。为了回答这个问题，很多哲学家将目光投向了可设想性，认为可设想性就是通达可能性的认知来源。他们之中，一派的立场较弱，认为可设想性论证为可能性提供证据（即证据描述）；另一派立场较强，支持可设想性蕴涵可能性（即蕴涵描述）。后者往往希望通过构造一个可设想性论证，从“命题 p 是可设想的”直接得到“命题 p 是可能为真的”。这类论证，比如查默斯的僵尸论证[6]247−272，是二元论者在当代心灵哲学关于现象意识的讨论中攻击物理主义的核心利器。二元论者往往从一个可设想的情形出发，根据可设想性蕴涵可能性这条原则，得到反物理主义的结论。因此，可设想性论证的成功与否是衡量物理主义与二元论之争成败的关键。

但是，对坚持可设想性论证策略的二元论者来说，模态错误（modal error）的出现一直是他们难以克服的困难。如果他们不能排除模态错误的干扰，他们对物理主义攻击的力度就会大大降低。而我将论证，模态错误的出现是难以避免的，这是因为哲学家们在构造一个可设想性论证时忽略了某个必要条件。在这种情况下建立的可设想性论证，其可靠性是缺乏保障的。而二元论者所坚持的可设想性论证恰恰就是在这个必要条件未被满足的条件下所建立的。所以，这个论证并不能作为二元论者攻击物理主义的有效武器。

我将论证，存在某些命题，它们形式上具有“如果为真，则必然为真；如果为假，则必然为假”的特点。对于这类命题，如果我们还未确定其真值，我们就不知道其是可设想的。而**知道**这个命题是可设想的，恰恰是对这个命题构造可设想性论证的必要条件。如果这个条件没有满足，即如果我们**不知道**这个命题是可以设想的，我们就不能贸然构造一个可设想性论证。因而，对于坚持可设想性论证的哲学家来说，存在某些命题，他们无法通过建构一个可设想性论证来得知这些命题是可能的。①

进一步将论证，哲学家们在寻找什么是可设想性方面的工作可能也陷入某种误区。

1. 可设想性论证的问题

1.1 可设想性与可能性关系的两种描述

追溯模态认识论的历史，毫无疑问，可设想性被认为是在模态方面沟通认识世界和形而上学世界的桥梁。很多哲学家认为，如果某个命题所刻画的场景是可以设想的，那么我们就能得到这个命题是可能为真的。

在支持可设想性导向可能性的哲学家中，一般有两派观点。[10]一派的立场较弱，比如亚布罗（S. Yablo）、麦金（C. McGinn），认为可设想性为可能性的信念提供辩护证据，即如果一个命题p是可设想的，那么我们有理由相信可能p为真；一派的立场较强，比如休谟（D. Hume）、查默斯，认为可设想性蕴涵可能性，即如果一个命题p是可设想的，那么它就是可能为真的。即关于可设想性与可能性的关系存在两种描述。

（1）证据描述：可设想性为可能性提供证据。

（2）蕴涵描述：可设想性蕴涵可能性。

证据描述的立场太弱，以至于在论证中难以起到实质性的作用。比如说，假设在某个论证中，我们需要得到“p是可能的”这个结论。并且，我们也有“p是可设想的”这个命题作为前提。但是，根据证据描述，我们只能得到“‘p是可能的’这个信念得到了辩护”而并不能得到“p是可能的”。因此，我们并不能通过证据描述得到我们所需要的结论。所以，在下面的讨论中，我将暂时搁置对证据描述的讨论，而只讨论对于坚持蕴涵描述的哲学家而言，利用可设想性构造论证时需要注意什么问题。

1.2 可设想性论证的失败

我将建立在蕴涵描述的基础上的这类论证称为“可设想性论证”。这类论证的典型结构如下：

> 前提1：p是可设想的。
> 前提2：可设想性蕴涵可能性。
> 结论：p是可能的。

但是，模态错误对这类论证构成了威胁。以下是两个例子。

例一：我们似乎可以设想哥德巴赫猜想——任何一个大于2的偶数都可写成两个质数之和——既是真的又是假的。[11]145－200根据蕴涵描述，我们可以得到哥德巴赫猜想可能既是真的又是假的。但是，作为一个数学定理，哥德巴赫猜想如果为真，则其必然为真；如果为假，则其必然为假。因此，不会出现哥德巴赫猜想可能既是真的又是假的的情况。所以，这个可设想性论证失败了。

例二：我们似乎可以设想水不是H_2O。[4]99－105比如说，我们可以设想一个场景，在其中，水并不是H_2O这种物质，而是另外一种和H_2O的理化性质极其相似的物质——XYZ。每当我们口渴时，喝下XYZ就能解渴；当被加热到一定温度时，XYZ就能汽

① 本章只讨论对于坚持蕴涵描述的哲学家来说，建立可设想性论证需要什么条件，而不讨论如果坚持证据描述，构建可设想性论证需要什么条件。

化；江河湖海里流动的也都是XYZ。根据蕴涵描述，我们可以得出，水可能不是H_2O。但克里普克论证说，如果水是H_2O，则水必然是H_2O。因为“水”和“H_2O”都是严格指示词（rigid designator），而任何一个严格指示词在所有可能世界的指称都是相同的，所以，如果它们在现实世界指涉同一个东西，那么它们在每个可能世界都指涉同一个东西。即如果水在现实世界是H_2O，那么水在所有可能世界都是H_2O，即水必然是H_2O。那么，水就不可能是XYZ。如果克里普克是对的，那么这个可设想性论证也失败了。

为何可设想性论证会失败呢？毫无疑问，可设想性论证的有效性（validity）是没有问题的。如果它失败了，只能是它的可靠性（soundness）出了问题。下面我将论证，对于以上两个命题，即哥德巴赫猜想为真（或为假）和水不是H_2O，在我们得知它们的真值之前，我们并不知道它们是可设想的。在这种情况下，我们就不能通过构造一个可设想论证来得到它们是可能的，否则可设想性论证的可靠性就得不到保证。

2. 未知的可设想性

在阐述我的理论之前，我将先讨论查默斯有关可设想性的理论。[12]313—335 查默斯从不同的维度对可设想性和可能性做出了区分，明确地提出了各种可设想性和可能性之间的一一对应关系。通过对可设想性和可能性更加细致的区分，他解释了以上两个可设想性论证为何会失败。但是，在我看来，他的区分以及建立在此区分上的理论所隐含的结论是，我们在对某一类命题构造可设想性论证时注定是会失败的。这个结论也正是我的理论的线索。

2.1 知识优先于可能性

我将先介绍范因瓦根（P. van Inwagen）的模态怀疑论。[13]67—84 范因瓦根承认我们确实具有模态知识。比如，我们知道明天可能会下雨，我们知道苏格拉底可能不是柏拉图的老师。但是，他认为我们的模态知识仅限于日常生活方面。而存在大量命题，尤其是他认为具有哲学趣味的命题，他认为我们无法获知它们是否可能为真。范因瓦根给出了一些例子，包括（但不限于）：

（1）逻辑或数学命题：例如哥德巴赫猜想是否为真；π的小数点后面是否会出现四个连续的7，等等。

（2）同一性命题：比如疼痛是不是C神经的激发；水是不是H_2O；启明星是不是长庚星，等等。

（3）关于是否有必然的存在物（即上帝）的命题：比如是否有具体的必然存在物；是否有全知全能全善的必然存在物，等等。

尽管范因瓦根并未清晰地解释具有哲学趣味的命题到底是什么样的命题，但是从他所列举的例子中，我们可以发现，这些命题都具有一个共同的特点，即它们都具有“如果为真，则必然为真，如果为假，则必然为假”的形式。显然，对于逻辑或数学命题而言，它们都是要么必然真、要么必然假的命题。下面我们先解释一下另外两类命题为何也具有这个特点。

对于等号的左边和右边都是严格指示词的同一性命题而言，如果两者在现实世界的指涉相同，则在所有可能世界的指涉都相同；如果在现实世界指涉不同，则在所有可能世界指涉都不同。因而第二类命题也是如果真，则必然为真，如果假，则必然为假的命题。

对于第三类命题，即关于必然的存在物是否存在的命题，显然，如果一个必然的存在物存在，即在现实世界中存在，则根据“必然存在物”的定义，它必然存在。普兰丁格（A. Plantinga）在《上帝、自由与恶》[14]104－111这本书中论证过，如果可能存在一个必然的存在物，那么现实世界中就存在一个必然的存在物。如果我们能够接受这个论证，那么，我们也会接受它的逆否命题，即如果现实世界不存在一个必然的存在物，那么就不可能存在一个必然的存在物，也就是必然不存在一个必然的存在物。

所以，对于以上三类命题，亦即对于具有“如果为真，则必然为真；如果为假，则必然为假”的形式的这类命题，我们可以将其形式化，建立以下两个条件句：

（1）$p \rightarrow \Box p$

（2）$\neg p \rightarrow \Box \neg p$

同时，（1）和（2）的逆否命题也是成立的，

（3）$\neg \Box p \rightarrow \neg p$

（4）$\neg \Box \neg p \rightarrow p$

而且，我们知道可能算子和必然算子是相互定义的，即

（5）$\Diamond p =_{df} \neg \Box \neg p$

根据（3）和（5），我们得到

（6）$\Diamond \neg p \rightarrow \neg p$

根据（4）和（5），我们得到

（7）$\Diamond p \rightarrow p$

接下来我们考虑一下，对于一个我们无法确定其真值的命题，我们关于它的认知状态是怎样的。我们无法确定一个命题 p 的真值的情形有以下两种：第一，我们既无法确定其为真；第二，我们也无法确定其为假。需要说明的是，无法确定 p 的真值并不同于不知道 p。根据“知道”的一般定义的三个必要条件——得到辩护的真信念[15]，不知道 p 可以是这种情形：p 为假，且某个认知主体不相信 p。但这个情形与以下情形是相容的：这个认知主体相信$\neg$p，而且他的信念得到了辩护，而此时$\neg$p 是为真的。那么，在这种情形下，这个认知主体是知道$\neg$p 的。换句话说，一个不知道 p 的认知主体是可以知道$\neg$p 的。而在我们无法确定某个命题的真值时，我们的认知状态又是怎样的呢？我认为有以下两种情况：

（1）我们缺乏对 p 和$\neg$p 的信念。

（2）我们持有对 p 或$\neg$p 的信念，但是我们的信念缺乏辩护。

无论在哪种情况下，我们都可以说，我们不知道 p，且我们不知道$\neg$p。因此，我们可以建立下述论题。

论题 1：对于任何命题 p，如果我们无法确定其真值，那么我们不知道 p。①

接下来我将引入认知闭合原则，即“对于任意命题 p，q，如果某人知道 p，且如果他/她也知道 p 蕴涵 q，那么他/她知道 q”[16]55—63。而且我假设大多数哲学家都接受这个原则。

那么，根据（7）和认知闭合原则，我们有，

论题 2：存在某些命题 p，如果我们知道可能 p，且如果我们知道可能 p 蕴涵 p，那么我们知道 p。

根据论题 2，显然我们可以得到其等价命题，即

论题 3：存在某些命题 p，如果我们不知道 p，且如果我们知道可能 p 蕴涵 p，那么我们不知道可能 p。

根据论题 1 和论题 3，我们可以建立论题 4。

论题 4：存在某些命题 p，如果我们无法确定其真值，那么我们不知道可能 p。

论题 4 说明，对于这些“如果为真，则必然为真；如果为假，则必然为假”的命题而言，我们对于其真值的判定是优先于我们对于其可能性的认知的。

2.2 可能性优先于可设想性

接下来我将论证，我们对于任何一个命题可能性的认知又是优先于我们对于其可设想性的认知的。也就是说，对于任意命题 p，如果我们不知道其是可能的，那么我们就不知道其是可设想的。对于支持蕴涵描述的哲学家来说，如果他们也接受认知闭合原则，那么他们会接受论题 5。

论题 5：对于任意命题 p，如果我们知道 p 是可设想的，且如果我们知道 p 是可设想的蕴涵 p 是可能的，那么我们知道 p 是可能的。

当然，他们也会接受论题 5 的等价命题，即

论题 6：对于任意命题 p，如果我们不知道 p 是可能的，且如果我们知道 p 是可设想的蕴涵 p 是可能的，那么我们不知道 p 是可设想的。

根据论题 4 和论题 6，我们可以建立论题 7。

论题 7：存在某些命题 p，如果我们无法确定其真值，那么我们不知道 p 是可设想的。

论题 7 解释了我们为何不能总是依赖可设想性论证得知某个命题是可能的，因为在我们确定其真值之前，我们甚至不知道其是可设想的。而只有在我们知道了某个命题确实是可设想的之后，我们才有资格去建立一个可设想性命题。所以说，在很多时候，其实我们是缺乏建立一个可设想性论证的条件的，但我们在哲学讨论中却往往非法地使用了可设想性论证。以可设想性论证在当代心灵哲学中对于现象意识的讨论为例：物理主义者认为这个世界的物理事实一旦固定，这个世界的所有事实就被固定了，当然也包括关于现象意识的事实。因此，在物理主义者看来，不可能出现两个人在物理性质上完全

---

① 根据前面论述，如果我们不确定 p 的真值，那么我们既不知道 p，也不知道¬p。下文为了简化讨论，只讨论了在我们不知道 p 的情况下，我们是否拥有“p 是可设想的”的知识。我的结论是，如果我们不知道 p，那么我们不知道 p 是可设想的。这个结论同样适用于我们不知道¬p 的情形，即如果我们不知道¬p，那么我们不知道¬p 是可设想的。也就是说，如果我们不确定 p 的真值，那么我们既不知道 p 可设想，也不知道¬p 可设想。

相同，但是两个人的现象意识是有差别的情况。所以，二元论者只要能够证明上述情形是可能的，就能成功地反驳物理主义。而为了证明上述情况是可能的，二元论者的武器往往是设想上述情况的出现，比如设想僵尸的存在或者感受性质（qualia）反转。但是，根据前面的论述，如果我们无法确定僵尸真的存在，或者真的有感受性质反转的情况，我们也不知道僵尸或者感受性质反转是可以设想的。那么我们如何能够试图构造一个可设想性论证来攻击物理主义呢？即便我们自以为设想出了上述情形，此时构造出来的可设想性论证的可靠性也要大打折扣。

但是，如果我们已经确定世界上真的有僵尸存在或者有感受性质反转，我们直接就能判定物理主义是错的了，我们既不需要讨论僵尸或者感受性质反转是不是可能，更不用花费力气去建构一个可设想性论证了。

2.3 关于可设想性标准的误区

进一步，我将论证哲学家们在寻找什么是可设想性的道路上可能陷入了某种程度的误区。很多哲学家，比如亚布罗、盖尔森（H. Geirsson）、门切斯（P. Menzies）等，都在讨论什么是可设想性。他们希望为可设想性提供一个标准。他们希望回答“当某人在设想时，他到底在做什么？”[10]，他是在相信什么，或是想象什么，还是在做什么别的事情？另外，他们希望回答我们往一个场景中填充怎样的内容才称得上是设想了这个场景。比如，当某人在设想树下有一只猫时，他需要设想猫的品种、毛色、花纹等诸多细节吗？对细节的设想到了怎样的程度才称得上是真正的设想呢？

但是，关于第一个问题，现存的解决方案，无论是将设想解释成相信[17]35-45，还是想象[18]1-42，或是别的意识活动，都不尽如人意。关于第二个问题，更是争论多多。所以费尔克（M. Fiocco）评论说：“关于可设想性的阐述，还没有一个普遍令人接受的答案。”[19]387-399

那么，为什么我们一直找不出一个被大多数人认可的可设想性的标准呢？我认为，这其中的原因部分地是因为哲学家们在对可设想性理论进行评价时出了一些问题。每当某个哲学家提出了一个对于可设想性的刻画后，我们总会对这个理论进行评估，看看它是不是能够真正刻画可设想性。而评估的方法就是看看这个刻画是不是适用于所有的例子。但是，在评估的过程中，哲学家们所使用的例子往往是上文中所列举的命题，比如哥德巴赫猜想、疼痛是不是C神经的激发，等等。我认为选取这些例子是不恰当的。

举例来说，亚布罗提供了一个关于可设想性的描述：“如果（认知主体）x能想象一个世界，在其中x能证实p，那么p对x而言是可设想的。”[18]1-42艾德亚（A. Vaidya）批评这个描述，他认为这个描述“缺乏‘怎样才称得上是对一个证实了p的世界的想象’的普遍规则”[10]。当然这个质疑是合理的。但是接下来，艾德亚继续提问，我认为问题本身并不恰当。艾德亚问道，怎样的世界才算是哥德巴赫猜想被证实为真的世界呢？这个世界是几位数学家在其中宣称了“哥德巴赫猜想被证明为真”的世界呢？还是设想主体在想象中提供了一个证明，证出哥德巴赫猜想为真的世界呢？显然，前者的要求太弱，即便还未有人提供一个证明哥德巴赫猜想为真的证明，或者哥德巴赫猜想已被证明为假，都可以有数学家宣称“哥德巴赫猜想被证明为真”；而后者的要求又太强了，如果设想主体在想象中已经提供了一个证出哥德巴赫猜想为真的证明，实际上他已经把哥德巴赫猜想证出来了。

但是，我们并不能确定哥德巴赫猜想是否为真。因此，根据论题 7，我们也不知道其为真是可以设想的。那么我们如何用一个我们并不知道其是可设想的例子去检验亚布罗关于可设想性标准的描述是否成功呢？在我看来，如果我们真能确定一个关于可设想性的标准是否适用于每个例子，我们必须事先保证检验这个标准的例子是可以设想的。就好像如果我们要判断一件衣服是否对每位女性都合适，我们必须保证来试穿这件衣服的人是位女性，否则我们很难保证我们的判断是公允的。因此，如果我们要确保我们对某个标准是否刻画了可设想性的评判是公正的，我们在验证这个标准时，应当避免那些我们不知道其可以设想的例子。

参考文献与阅读书目

［1］Kment，B. Varieties of Modality. The Stanford Encyclopedia of Philosophy. winter 2012 edition. Edward N. Zalta ed. URL＝https://plato. stanford. edu/archives/win2012/entries/modality-varieties/.

［2］Chalmers，D. Review：Materialism and the Metaphysics of Modality. Philosophy and Phenomenological Research，1999，59（2）.

［3］Chalmers，D. Strong Necessities and the Mind-Body Problem：A Reply. Philosophical Studies，2014（167）.

［4］Kripke，S. Naming and Necessity. Cambridge：Harvard University Press，1980.

［5］Chalmers，D. Epistemic Two-Dimensional Semantics，Philosophical Studies，2004，118（1-2）.

［6］Chalmers，D. Consciousness and Its Place in Nature//Chalmers，D. eds. Philosophy of Mind：Classical and Contemporary Readings，2002.

［7］Chalmers，D. The Two-Dimensional Argument Against Materialism//Chalmers，D. The Character of Consciousness. Oxford：Oxford University Press，2010.

［8］Richard，B. Deprioritizing the A Priori Arguments Against Physicalism. Journal of Consciousness Studies，2010，17（3-4）.

［9］Frankish，K. The Anti-Zombie Argument. The Philosophical Quarterly，2007，57（229）.

［10］Vaidya，A. The Epistemology of Modality. The Stanford Encyclopedia of Philosophy. winter 2011 edition. Edward N. Zalta ed. URL＝http://plato. stanford. edu/archives/win2011/entries/modality-epistemology/.

［11］Chalmers，D. Does Conceivability Entail Possibility//Gendler，Tamar and Hawthorne，John eds. Conceivability and Possibility. Oxford：Oxford University

Press，2002.

[12] Chalmers，D. The Two-Dimensional Argument Against Materialism. Oxford Handbook to the Philosophy of Mind. McLaghlin，Brian and Walter，Sven eds. Oxford：Oxford University Press，2009.

[13] Van Inwagen，P. Modal Epistemology. Philosophical Studies，1998 (92).

[14] Plantinga，A. God，Freedom and Evil. New York：Harper & Row，1974.

[15] Ichikawa，J. and Steup，M. The Analysis of Knowledge. The Stanford Encyclopedia of Philosophy. fall 2013 edition. Edward N. Zalta ed. URL=http://plato. stanford. edu/ archives/ fall2013/ entries/ knowledge-analysis/.

[16] Bogdan，R. Cognition and Epistemic Closure. American Philosophical Quarterly，1985，22 (1).

[17] Van Cleve，J. Conceivability and the Cartesian Argument for Dualism. Pacific Philosophical Quarterly，1983 (64).

[18] Yablo，S. Is Conceivability a Guide to Possibility?. Philosophy and Phenomenological Research，1993 (53).

[19] Fiocco，M. Conceivability and Epistemic Possibility. Erkenntnis，2007，67 (3).

思考题

1. 查默斯是如何定义理想的可设想性的？
2. 查默斯如何建立理想的可设想性和形而上学可能性的蕴涵关系？
3. 在查默斯的理论体系中，后天物理主义为何失败？
4. 在查默斯的理论体系中，我们是否能够判断先天物理主义成功还是失败？
5. 如果我们能够判断一个可设想性论证的可靠性，如克里普克的反类同一论证，在认知上我们需要满足怎样的条件？

第十四章

忒修斯之船与跨时间的同一性

谈论物，就要谈论物的同一性。在某种意义上，没有同一性，就没有物。同一性让一个物是它自身而不是他物。忒修斯之船问题是关于物的跨时间同一性的经典问题。这个问题最早由普鲁塔克提出来，后来霍布斯在《论物体》[1]136 中对这个问题进行了深入讨论。本章先陈述什么是忒修斯之船问题①，然后列举了六种已有的具有代表性的解决方案，并给出了两种新的解决方案。接下来指出，这些方案均存在着难以克服的直觉和技术困难。更进一步，本章论证了为大多数方案提供支持的背景理论——最佳候选者理论与唯靠 XY 原则——相互冲突，且各有难题：前者基于认识论考虑，却有本体论困难；后者基于本体论考虑，却有认识论困难。最后，本章建议，克服这些困难的一个有效途径是将跨时间的同一性视作基于利益关切的逻辑虚构。可以说，这是一个实用主义的解决方案。

第一节　忒修斯之船问题

设想有一艘船，因为一个伟大的人物忒修斯曾经驾驶它建功立业，我们就叫它忒修斯之船（图 14-1 中的 a），它停泊在港口。为了简化问题，我们令这艘船并没有复杂的结构，完全是由一块块木板拼装而成，拼装过

① 这里的陈述并不是历史事实。

程类似于搭积木。当发现其中的任何一块可能不再适用时，我们就用同规格的木板替换它。时间一长，所有的木板将会替换完毕，在这一过程中和这个过程结束时，这船就成了图中的修补船 b。无疑，我们会认为，b 船就是 a 船（记作：a＝b）。这是情形一。

再设想，同样是船 a 停泊在港口，这次我们一块块地拆下木板，然后重装，最后得到拆装船 c′。为了简化问题，我们假定，边拆边装。无疑，我们会认为，c′船就是 a 船（记作：a＝c′）。这是情形三。

最后设想，情形一与三同时发生，结果我们会得到两艘船：修补船 b′和拆装船 c。这是情形二。在情形二中，哪一艘船才是原船呢？

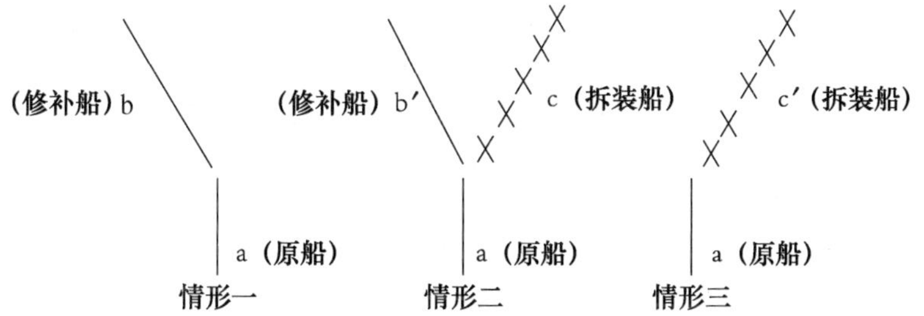

图 14-1 忒修斯之船

表面上这是一个关于原船的辨认难题，但其中还有更为深层的问题：无论我们把哪一艘船当作原船，都会导致内在的不一致。具体推论如下：

在三种情形中，a 船是讨论的出发点，无疑是同一艘船。因此：

（1）情形一中的 a＝情形二中的 a＝情形三中的 a

常识告诉我们，对一件物品的适度、连续的维修并不会导致它变成另外一个东西。因此：

（2）情形二中的 a＝b（维修保持同一原则）

常识同样告诉我们，对物品的拆装，尤其是人工物品的拆装，并不会让它变成另外一个东西。因此：

（3）情形三中的 a＝c′（拆装保持同一原则）

根据假定，b 和 b′是同一批工人在同时同地点利用同一批木板对同一艘船进行修补后得到的结果。因此：

（4）b＝b′（同一事件造成同一结果）

同理，c 和 c′也是同一批工人在同时同地点对同一艘船进行拆装后得到的结果。因此：

（5）c＝c′（同一事件造成同一结果）

同一性是可传递的，即如果甲与乙是同一个东西，乙与丙是同一个东西，那么，甲与丙就是同一个东西。因此：

(6) a=b′(2，4，同一性的传递性)
(7) a=c(3，5，同一性的传递性)
(8) b′=c(6，7，同一性的传递性)

但是，同一个东西不可能同时在两个地方存在，普通物体不可能有分身术。因此：

(9) b′≠c(一物不可能同时异地存在)

然而，(8)与(9)矛盾：修补船b′跟拆装船c既是同一艘船，又不是同一艘船。这表明，从(1)到(9)，我们肯定在某一步错了。

第二节　各种代表性的解决方案

既然从(1)到(9)中的某一步错了，那么，原则上我们就可以通过否认其中的任何一步，来消除矛盾。

第一种方案是否认(1)。这种方案主张，情形二中的a跟其他两种情形的a并不相同，因为，情形二中的a是两艘船叠加而成。其思路如下[2]63—64：如果不对替换下来的木板进行重装，船可以经历修补而保持同一(a=b)；如果拆下木板后不在相应位置补充并不属于原船的新木板，船可以经历拆装而保持同一(a=c′)。然而，船经过修补而保持同一，与对替换下来的木板做何种处理没有关系；同理，船经过拆装而保持同一，与把原来不属于该船的木板放在什么位置没有关系。所以，在情形二中，修补船b′、拆装船c分别跟原船保持同一。如果情形二中的原船是一艘船a，根据同一的传递性，b′=c。但是，修补船b′不可能是拆装船c，因此，情形二中的原船不是一艘船，而是两艘不同的船。

第二种方案是否认(2)。例如，齐硕姆等人就持部分学本质主义(mereological essentialism)立场，认为物体的任一部分，对于该物而言都是本质性的，失去则不复为该物。[3]ch. 3，app. B 根据这一理论，维修无法保持同一，因此(2)不成立。

我们可以反证部分学本质主义的正确性。假定部分学本质主义不正确，那么，对一个物体的部分进行替换，就能让该物保持同一。以船为例，试设想，我们在一瞬间把原船所有的木板都换完，得到的船还是原船吗？当然不是。与其说是原船，不如说是在原地造的新船。为了便于理解，我们可以认为原船是一艘独木船，正好用一块木板构成。一瞬间换完这一块木板，正好等于把原船推开，在原地新造了一艘船。因此，维修保持同一，就涉及了换多少保持同一的问题。假设保持同一的最高换板率为50%。第一次换板50%，得到原船1，原船1当然是原船。接下来，针对原船1再次换板50%，得到原船2，原船2跟原船1保持同一。由于同一关系是传递关系，我们就得到，原船2跟原船保持同一。但是，相比于原船，原船2的换板率高达50%+50%×50%=75%，已经超过保持同一的最高换板率，因此，原船2不再是原船。矛盾。又因为，上述论证中的50%可以换成任何百分比，由此可见，任何换板率都无法保持同一。

第三种方案是否认（5）。这一方案的代表是勒韦。他首先区分了两种相关性："原船跟拆装船在疑难情况下"的相关，及它们"在普通拆装情况下"的相关[4]30—31，即情形二中拆装船跟原船的相关与情形三中拆装船跟原船的相关。然后，他指出，这两个相关性并不相同：情形三中，拆装船的木板是原船的木板；而情形二中，拆装船的木板不再是原船的木板。之所以如此，是因为，在情形三中，拆下的木板在未拆之前没有被它物占用；而在情形二中，拆下来的木板在未拆之前，已经被它物占用。勒韦提醒我们注意以下原则："如果一个东西足够多的部分被整合进另一个东西，那么，这些部分就被另一个东西所占有，并且，也就不再是它的部分。"[4]33 如果我们假定 c 船就是原船，那么，在情形二中，我们就得承认，"有那么一段时间，这艘所谓的原船，它有许多部分都被另一艘不同的船，即修补船，所占用。这些被占用的部分，后来再一次成为原船的部分"[4]31。这显然违背了上述原则。这些被占用的部分，在某个时间当然会达到 50%。勒韦提醒我们，"说两艘不同的船在同一时间共有它们一半的部分"[4]30，这是没有意义的，它不是我们世界中的事实。因此，勒韦的最终答案是，唯有修补船是原船。[4]32

第四种方案是否认（6）或者（7），连带着也否认（8）。这种方案的实质，是不承认同一性无限制的传递性，其代表人物是皮卡普。他的主要思路是[5]979—981：虽然在情形一中 a＝b，情形 3 中 a＝c′，并且，b＝b′，c＝c′，但是，由于情形二的场合（situation）不同于情形一和情形三，因此，我们无法断定，a＝b′和 a＝c 在情形二中为真。这就好像，下围棋时，局部的最优解，并非全局的最优解。在 AlphaGo 战胜李世石的过程中，很多资深围棋选手都认为 AlphaGo 下了缓手，然而随着棋局的进行，这些缓手成了妙着。个中原因在于，场合变了，结论也会发生变化。根据这一场合主义（situationalism）立场，在情形二中，a＝b′和 a＝c，"它们不是假的，而是既不真又不假的"，因为缺少足够的条件让我们做出判断。

以上四种方案都以承认难题为前提。还有一些釜底抽薪的方案，它们要么认为上面对这一难题的表述是错的，要么根本不承认存在着相应难题。

例如，对四维主义者（four-dimensionalist）而言，问修补船 b′与拆装船 c，哪一艘才是原船，这是一个错误的问法。事实上，b′与 c，哪一艘都不是原船，因为，它们都算不上是一艘船，而只是一艘船的某个时间部分。在四维主义者看来，任何物体，都既有空间部分，又有时间部分。构成一整艘船的，不是某个瞬间的船，而是所有瞬间的船。因此，问题的正确提法是：在情形二中，a＋b′是原船，还是说，a＋c 是原船?①布伦南就明确地重构了这个问题。[6]430 我们把四维主义的方案称为方案五。

合成上的虚无论（nihilism about composition）根本就不承认存在着类似难题。这一理论相信，世界是由部分学意义上的简单体（mereological simples）构成的，这些简单体无论如何组合，都不会形成新的物体。其中的温和者，如范因瓦根，认为唯有简单体组合形成了生命，才算构成新的物体。[7]82 在这种理论之下，像船这样的普通物体，其实只是简单体的摆放方式而已。没有什么忒修斯之船，因此，也就没有忒修斯之船难题。如果我们问，在情形二中，b′与 c，哪一个是以原来的"忒修斯之船的方式"堆放

---

① 为方便讨论，我们假定 a＋b′或 a＋c 就是原船的全部。

在一起的？这一理论就可以回应说，这是一个错误的问题。通常理解下的“物体”忒修斯，是“物质的摆放方式”，b′与 c，就都可以呈现这一方式。就像慢是一种跑的方式，你跑得慢，我也可以跑得慢，并不存在哪一个是原来的慢这个问题，我们可以同样地慢。要是问，情形二中哪艘船才是原来那堆简单体，当然是 c。我们把合成上的虚无论记作方案六。

第三节　遗漏的方案？

不难发现，以上各方案，似乎遗漏了对（3）或者（4）的否定。虽然相关文献较为少见，但我们还是可以设想出相应的解决。

比如，否认（3），不承认拆装保持同一，我们称之为方案七。事实上，有直觉支持我们这样做。设想你手上戴的金戒指被熔成金水，铸成了一只小金猴送去展览，展览结束后再次熔化并铸造成先前金戒指的样子，你会认为这是你原来的金戒指吗？恐怕不会。

当然，这个例子跟情形三中船的例子有一个不同：在情形三中，木板拆下来后，没有挪作他用；而金戒指的例子中，分拆之后挪作他用了。既然这样，我们可以把问题简化：金戒指熔化以后，没有被铸成金猴，只是持续保持高温供人们参观，然后再冷却并铸成先前金戒指的模样。这回的金戒指是原先的金戒指吗？恐怕也不是。材料中途挪不挪作他用（只限于不改变实质的他用），按道理应该跟它们最终是什么成品没有关系。就像在情形三中，我们可以设想，在船重装时，来了一批小学生，他们仔细观看了每一块木板，这一新添的场景并不改变情形三的实质。

当然，还会有反驳认为，唯有不剧烈的分拆重装才会保持同一。情形三中的拆装不那么剧烈，而金戒指的拆装太剧烈了。对于这种反驳，我们可以做如下回应。首先，拆装的剧烈程度完全是任意的认定，缺乏一个客观标准。除非我们说，如果拆装不能保持同一，那么，这种拆装就太过剧烈。然而如此一来，我们就在用同一解释拆装的剧烈程度，犯了窃取论题的错误。

其实，就算给出了一个客观的抗拆装剧烈程度的标准，也会导致自相矛盾。跟反证部分学本质主义的论证过程类似，我们设保持同一的最大拆解剧烈程度是 50%，超过 50%，物体就不再保持同一。我们对金戒指 0 做两次拆解，第一次，拆解 50%，这时得到金戒指 1，它跟金戒指 0 保持同一。我们再对金戒指 1 进行 50%的拆解得到金戒指 2，金戒指 2 跟金戒指 1 也会保持同一。由于同一关系可传递，因此，金戒指 2 就跟金戒指 0 保持同一。然而，跟金戒指 0 相比，金戒指 2 的拆解程度是 50%＋50%×50%＝75%，已经超过抗拆程度，它不再与金戒指 0 保持同一。这样，金戒指 2 跟金戒指 0 既同一又不同一。又因为，上述论证中的 50%可以换成任何百分比，由此可见，对抗拆程度的任何精确表述，都会带来自相矛盾。这就表明，所谓客观的抗拆程度并不存在。

否认（4）相对困难一些。我们可以通过进行以下思想实验来达到目的。设想，甲、乙两组工人分别在甲、乙两处同时组装甲、乙两船，木板规格同一，图纸同一。虽然组装出来的船极其相似，但它们是不同的船。我们知道，改变木板的堆放地点、对未组装入船的木板进行有序摆放、优化组装顺序，并不会对所组装船只造成实质改变。因此，我们进行的以下调整，并不会改变结果：A. 将乙船所需木板的位置摆放到甲船组装完成时所在的位置；B. 对这些木板进行编号摆放，使得每一块编号的木板正好被放在甲船组装成功后对应编号木板的位置上；C. 两艘船的组装顺序是，每从堆放乙船木板处取一块木板进行乙船装配，我们就从堆放甲船木板处取一块对应的木板进行甲船装配（事实上，正好填补了堆放乙船木板处因取走木板所留下的空间）。就实际效果而言，以上设想情形跟情形二是完全一致的，只不过，原船 a 被视为以严格有序的方式进行堆放的拆装船 c 的原料木板，修补船 b′被看成是正好在拆装船 c 的木板堆放处用另外的材料组装而成的新船。如果用以上设想情形来理解情形二，那么，在情形二中，a≠b′。然而，在情形一中，a＝b，因此，b≠b′。由于所设想的情形对于情形二来说，是一种可能情况，因此，在情形二中，a＝b′是不确定的；但是，在情形一中，a＝b 是确定的，由此，我们可以得出，情形一中的修补船 b 与情形二中的修补船 b′拥有不同的性质：一个拥有“跟 a 船同一”这个性质，一个并不确定是否拥有这个性质。根据莱布尼茨同一者不可分辨的逆定理，它们不是同一艘船。我们把这个方案叫作方案八。

第四节　这些解决方案为什么让人失望？

以上列举了八种消除矛盾的方案，其中有两种是新设想出来的。它们并非全部可能的方案，但它们是有代表性的：为了消除忒修斯之船难题中的矛盾，它们或者拒绝推理过程中的某一步，或者修改问题，或者不承认这个问题的存在。

这些方案，都不太令人满意。这主要是因为它们违背了一些根深蒂固的直觉，同时，在一些技术细节上也成问题。

同类的不同物体不能以时空重叠的方式存在。许多哲学家已经明确了这一点。如，霍布斯认为，“两个物体不能同时在同一个地方出现”[1]108；洛克则说，“同一类事物中的任两个不可能同时同地点存在”[8]27。方案一显然违反了这一直觉。它认为，在情形二中，原船所在位置有两艘一模一样的船，它们时空重叠。

如果物体有部分，那么，其中一些部分是非本质性的。方案二违背了这一直觉，它主张，所有部分都是本质的，这就意味着，要是我们剪去衣服上多出的线头，就会导致一件旧衣服的消失和一件新衣服的产生。方案二还可能会引发 1 001 只猫悖论。若所有部分都是物体的本质部分，那么，猫掉一根毛就不再是原来的猫。现在垫子上有一只猫，它有 1 000 根毛处于掉与未掉之间，这时，就得分 1 001 种情况来讨论：不掉、掉 1 根、掉 2 根……掉 1 000 根，每种情况都会得到不同的猫。因此，我们似乎就可以说，这只垫子上有 1 001 只猫。

无因果效应，则无实质影响。两个东西（事件）之间不存在因果关系，那么它们中的任何一个都不能让另一个发生实实在在的改变。风吹倒了树，是因为风与树之间有因果关系。织女星上的风暴，并不会让同一时间西安街头的树倒下来，因为我们知道，它们之间不存在因果关系。违背这个直觉的有方案一、方案三、方案四、方案五。

在方案一中，原船所在位置到底有几艘船，并不取决于当时的情况，而取决于后来所发生的事情，比如，后续是否有维修，是否有拆装，这两个事件是否同时发生等。然而，我们知道，时间在后的事件，对时间在先的事件，没有因果效应，因此时间在后的也就不能影响时间在先的。方案一违背了我们的这一认知。

在方案三中，勒韦承认，情形三中拆装船 c′是原船，情形二中拆装船 c 不是原船。可是，拆装船 c 与 c′没有任何实质的不同：它们由相同的工人以同样的工序在同一时间用同一批木板装配而成。情形二跟情形三的最大不同是，修补过程在前者中存在，在后者中不存在。这一修补过程发生在同一时间的另一个地点（b′处），并形成修补船 b′。就算没有修补过程，拆装船 c′或 c 也会形成，因此，拆装船 c 或 c′的形成独立于修补船 b′，它们之间不存在因果关系。可是，按照勒韦的结论，在一个地点（b′处）发生的修补过程对同时独立地发生在另一处（c 或 c′处）的事件却有实质影响：要是没有修补船 b′的形成过程，拆装船就会是原船。

在某个意义上，方案四也可能形成无因果却有实质影响的局面。修补船和拆装船，它们在三个情形中都是一样的，仅仅因为情形二相比于单独的情形一或情形三，多出来无因果关系的第三者（在情形二中，它们互为第三者），就造成了它们是不是原船的差别。

在方案五中，四维主义者把问题重构为：a＋b（b′）是原船，还是 a＋c（c′）是原船？金斯利指出，其中的“是”有歧义，是“同一”还是“构成”。[9]356 其实，不管取哪一种涵义，都会造成无因果效应却有实质影响的后果。例如，在情形一中，a＋b 同一于/构成了原船，在情形三中，a＋c′同一于/构成了原船，在 b 外的、跟 b 无因果关系的 c′决定了 b 是不是原船的一个构成成分；同样，在 c′外的、跟它没有因果关系的 b 也决定了 c′是不是原船的一个构成成分。

跨时间的同一关系是一个内部关系。即，不同时间的 X 和 Y，它们是不是同一个东西，只取决于 X 和 Y，跟外物无关。研究文献把这一观点称作“唯靠 XY 原则”。[10] 实际上，凡是违反了无因果效应则无实质影响这个直觉的，都会违背唯靠 XY 原则，因为，对 XY 无因果效应的东西，如果对 XY 的同一性造成影响，那就意味着，独立于 XY 的东西对其同一性造成影响，这就相当于宣布，同一关系是一个外部关系。

在违背以上直觉的过程中，还涉及对同一的必然性、同一的传递性等直觉的违反。

这些方案也存在着明显的或潜在的技术问题。

方案三中，勒韦提到，“如果一个东西足够多的部分被整合进另一个东西，那么，这些部分就被另一个东西所占有，并且，也就不再是它的部分”[4]33。他并没有明确，“足够多”是多少。他举过这样一个例子[4]31−32，把你汽车的轮胎拆下来，装到我爆胎的车上；等到我的车换上新轮胎之后，再把你的轮胎装回到你的车上，这个过程并不能表明，拆下的轮胎就不再是你的轮胎。然而，如果把你车的四个轮胎连同底盘全部换到我的车上呢？我的车修好之后，再把轮胎和底盘重新装回到你的车上，这些轮胎和底盘还是原车的吗？重装后的车还是你的原车吗？类似于在方案七中关于抗拆程度的论证，我们容易知道，勒韦对“足够多”是多少的回答，要么是武断任意的，要么是窃取论题的。并且，不管足够多是多少，一旦给出具体比例，都会引起内在的不一致。此外，方案三还谈到，我们的世界里，同类的不同物体无法共享部分，这显然是一个事实错误。我们知道，在一些不幸的情况下，一些双胞胎共有躯干和四肢。

方案四的“场合主义”有一个突出的概念偷换的问题。皮卡普在两个意义上使用到了“不真不假”这个概念。在基于场合（situation）和部分性（parthood）定义真值时，他说：当一个命题所关涉的殊相或关系在相关场合中不存在时，这个命题既不真也不假。[5]977 关于情形二中的 $a=b'$ 与 $a=c$ 不真不假，他的理由却是，因为我们无从判断。[5]979

方案六中的合成上的虚无论者似乎可以很好地回避以上所有困难。但是，由于他们坚信，没有办法通过合成来构成新事物，这就造成在他们的理论世界中，东西太少了。我们日常生活中的许多东西，因为是合成的，所以就都不是东西。并且，他们还为维修保持同一性设置了苛刻的条件：必须100%地保留原材料和原形式。更为致命的是，他们假定了不可分的简单体存在。我们所说的物体，都只是简单体的摆放方式，我们在通过名词谈论方式，在他们的理想语言中，普通的名词全部转换成了副词，充当状语而不是主语或宾语。这就意味着，在指认出这些不可分的简单体之前，我们没有谈及任何物体。这一代价太大了。

至于方案七，它的问题很可能出在，不存在客观的抗拆程度，跟拆装保持同一性，两者没有直接的冲突。我们完全可以承认，拆装保持同一，并同时接受，不存在客观的抗拆程度，然后得出结论，100%的拆装会保持同一。为了否认100%的拆装能保持同一，这一方案诉诸金戒指熔成金水再完美重铸这一例子。事实上，人们并非真的不接受重铸后的金戒指是原来的金戒指，而是不愿意接受让金戒指无端被熔化再重铸的过程，尤其是金戒指为自己所拥有的时候。人们所担心的，不是同一性，而是金戒指的可能受损。

方案八的实质是，将情形二想象成以下两个事件的叠加：原船向 c 位置的移动（通过拆装进行），同时在原船位置对 b' 船的组装。由于情形一也可以想象成这两个事件的叠加，只不过，原船向 c 位置的移动（通过拆装进行）才进行了一半，即只拆未装。这样处理之后，在情形一中，$a\neq b$。由此，方案八将无法得到 $b\neq b'$。

第五节　最佳候选者理论、唯靠 XY 原则与虚构的同一性

除开技术细节，我们发现，大多数方案都违反了无因果关系则无实质影响的直觉（和同一关系是内部关系这一直觉）。下面，我们就着重讨论这一点。大多数方案都希望在情形二的 b' 与 c 中选出一艘船来作为原船。然而情形一与情形三的存在使得，不管我们选哪一艘船，甚至我们不做出选择，都会导致以下事实出现：如果没有在另一地点独

立发生的另一个事件，或者，如果没有在另一地点独立存在的另一个对象，这个对象就会是原船。很明显，b′和 c 互为另一个对象，对 b′的修补和对 c 的组装互为另一个事件。由于 b′或 c 在对方不出现的情况下都会跟原船同一，因此，当它们一起出现，就面临权衡，即，我们在比较，b′与 c，哪一艘才是原船的最佳候选者。这一思路之下的理论被称作“最佳候选者理论”（the best candidate theory）。[6];[11];[12]

然而，我们的另一直觉告诉我们，不同时间的两个东西 X 和 Y 是否同一，只跟它们自己有关，而跟第三者没有关系，对这一直觉的理论表达就是唯靠 XY 原则。[9];[10]在唯靠 XY 原则看来，我们在情形二中难以判断，只是因为关于 X 和 Y 的信息不够，而不是因为无从判断哪一个是最佳候选者。在 b′或 c 中，无论哪一艘船跟原船是同一艘船，都跟另一艘船没有关系。很明显，由于最佳候选者理论承认在同一关系的判定上存在着竞争，也就意味着，一艘船是不是跟原船同一，就像比赛能不能拿第一，是一个外部关系，而不是一个内部关系。这样一来，它就跟唯靠 XY 原则理论直接冲突。如果说，最佳候选者理论主要基于认识论来考虑问题，那么，唯靠 XY 原则主要基于本体论来考虑问题。

基于认识论考虑问题的最佳候选者理论，存在着不可克服的本体论困难。努南和金斯利都指出，最佳候选者理论存在着以下三个困难①：第一，纯剑桥物困难。如，在情形二中，拆装船 c′不存在。因为，情形三中的拆装船 c′是原船，情形二中的拆装船 c 是不是原船却是不确定的，因此，拆装船 c 与 c′并不相同。同理可知，在情形二中，维修船 b 也不存在。这就相当于说，一个东西存在还是不存在，要依赖于发生在另一处、跟它没有因果关系的事件。这是“明显荒谬的”。[9]343−344;[11]8一些学者把这样的对象叫作“纯剑桥物”（mere-cambridge entity）[9]346−348;[10]82，我们把这一困难称为纯剑桥物困难。第二，起源悖论。同一个事件在一种情形下构成了某个对象的起源，在另一种情形之下却不构成任何对象的起源。对拆下来的原船木板进行组装，在情形二中构成了船 c 的起源（因为船 c 相对于原船而言，是新船）；在情形三中，却不构成任何船只的起源；因为，船 a 是对它自身进行拆装的起源，而非拆装是船 a 的起源，而在此情形中，船 c′＝船 a，所以，拆装就不是船 c′的起源。[9]344;[10]80−81第三，历史悖论。任取两个事件，在一种情形下是同一个东西的历史，在另一种情形下却分属不同东西的历史。我们在拆装原船 a 之前取一事件 A，在拆装后再取一事件 B。在情形二中，A、B 分属两艘不相同的船：A 属于船 a 的历史，而 B 属于船 c 的历史；在情形三中，A、B 却属于同一艘船的历史（因为 a＝c′）。[9]344;[10]81

与此同时，基于本体论考虑问题的唯靠 XY 原则，存在着不可克服的认识论困难。这一原则实质上在假定，一个东西经历了跨越时间的变化，还是不是从前的那个东西，取决于它所经历的变化是否改变了它的本质。将不同时间的 XY 放在一起加以比较，就是要看一看它们是否拥有同一个本质（部分）。如果本质同一，那么它们就是同一个东西，这跟它们经历了多么剧烈的外在变化，跟发生在它们之外的事件没有关系。然而，

① 下面的讨论设定，在情形二中，b′或 c 是不是原船，是不可判定的。不过，任何一艘是原船，也不会影响以下的讨论。

问题在于，极端言之，我们无从知道一个东西的内在本质。对于木船来说，木板、构成木板的分子、构成分子的原子、构成原子的亚原子结构……哪一个才是本质部分？当然，本质就是本质，跟它的现象、跟认识者所认识到的东西并不相同。因为，如果相同，那么唯靠 XY 原则就会向最佳候选者理论靠拢，它们不再有差别。也许上帝知道一个东西的本质，但对我们而言，建立在本质同一之上的唯靠 XY 原则没有用处。更严重的是，就算这一原则成立，也只是把跨时间的同一性问题往后推了，而不是解决了它：因为我们还可以继续追问，本质同一是怎么回事？所有关于物的跨时间同一的讨论，又会在本质跨时间同一上重复一遍。

还有一些方案，我们没有讨论，但是它们中的大多数都可以归结为以上两种理论的具体化，或者是它们的综合。比如，诺齐克的最接近的连续者（the closest continuer）理论，无非是在说，最接近的连续者才是最佳候选者。[13]note 9&10 又如，昆顿的时间连续且实质不变理论，则是最佳候选者理论与唯靠 XY 原则的综合。[14]ch. 3 至于不能归结到这两个理论的方案，正如我们上一节所讨论的，它们相互冲突，也各有困难。事实上，已经有学者指出，根本就不存在关于跨时间同一的标准。[15]106－124

这就启发我们，也许跨时间的同一性并不是一个事实，而只是一个虚构。如果我们将同一性视作利益关切下的逻辑虚构，则所有困难迎刃而解。跨时间的两个东西，是不是同一个，并不取决于本体上这两个东西是否同一，而只取决于我们的目的。如果它能同样地满足我们的目的（在效果上没有不同），它们就是同一个，如果不能，就不是。以这个视角来看忒修斯之船，哪一艘才是原船，完全取决于我们所关切的利益。如果我们只关注形式的相似性，b′和 c 都是；如果我们有原装和收藏嗜好，则都不是，因为它们经历了质料或形式的变化；如果我们更看重船的正常功能，则 b′是而 c 不是，c′太破了。如果我们有某种特殊癖好，比如，喜欢一个叫忒修斯的人并收藏他接触过的东西，那么 c 是，忒修斯显然没有接触过 b′。

这些回答完全符合我们的生活直觉。维修和拆装可不可以保持同一性，同一性可不可以传递，一个物体有没有本质部分，完全取决于所讨论的两个物体能否满足我们的利益诉求。当然，在同等满足利益诉求情况下，会出现一个物体同时存在于不同地方的现象。这造成了同时的同一性问题。但是，这并不悖理：首先，并没有任何理论证明，同一个东西不能同时存在于不同的地方。其次，量子理论表明，同一个量子可以同时存在于不同的地方。再次，我们的日常生活也表明，我们接受一个物体可以同时存在于不同的地方，比如，不同的佛教徒可以同时在不同的寺庙里参拜同一个观音菩萨。也许有人反对说，观音菩萨是遍在的：她不但同时存在于所有的寺庙里，也同时出现在所有地方。这一反对意见并不是信徒日常生活的信念，因为，他们更愿意去寺庙里的观音像前参拜，而不是随处就拜。最后，也是最重要的，我们认为，同一是虚构的，虚构的同一者当然可以同时存在于不同的地点，这没有问题。

由于目的之满足有个程度问题，所以，将同一性视作基于利益的虚构，在形式上就是最佳候选者理论的一种。最佳候选者理论的三大困难，是否对它也构成挑战呢？答案是否定的。这三大困难之所以成为问题，有一个必要条件：同一是实在的，不是虚构的。即，在实在层面，并没有任何不同，可是最佳候选者理论却造成了实在层面的种种不同，因此，最佳候选者理论是错的。如果我们取消同一的实在性，这些困难也就不存在了。事实上，坚持唯靠 XY 原则的金斯利已经论证，纯剑桥物连同以其为基础的起源悖论和历史悖论，描绘的都不是实在的差别；唯靠 XY 原则，只能应用于实在的对象，而非虚构的对象。[9]III,IV 他的结论是，因为唯靠 XY 原则只能应用于实在的对象，所以，最佳候选者理论对它的反驳就并不成功。当然，由于金斯利并没有解决 XY 的本质到底是什么的问题，他也就没有为相应原则提供正面支持。

因此，我们可以说，将跨时间的同一性看成是基于利益的虚构，不但回避了现行方案的困难，而且保留了几乎所有的生活直觉。缺少了本体，缺少了基于本体的同一，我们并没有真的缺少什么。在这个意义上，基于本体的同一性，就是一个多余的虚构，应当用奥卡姆剃刀来加以剃除。

结　语

跨时间的同一性，不是基于本体的同一，而是基于利益的虚构。这一观点可能比较接近帕菲特，他认为本体论上的同一性不重要，但是，它更是实用主义的。[16]267—273 鉴于这一理论几乎保留了我们所有的直觉，同时又克服了现行方案的种种困难，我们有理由选择这一观点。

让我们以更极端的忒修斯之船难题来检验我们的理论，并结束本章：伟大的忒修斯死后，原船 a 在码头风吹日晒，木板完全散架并被腐蚀，这时，船主用同规格新木板在原地重装了一艘船 b；而原船水手则收集所有的旧木板并将其付之一炬，最后得到一堆灰烬 c。问题来了：哪一个才是原船 a，停在原处的船 b，还是岸边的那一堆灰烬 c？游客更愿意选择 b，而原船水手，伟大的忒修斯的手下，可能更愿意选择 c。他们都没有错，按照我们的理论，跨时间的同一性是基于利益关切的逻辑虚构，b 和 c，分别满足了不同人群的目的。

参考文献与阅读书目

[1] Hobbes, T. The English Works of Thomas Hobbes of Malmesbury. Vol. 1. London: John Bohn, 1969.

[2] Hughes, C. Same-Kind Coincidence and the Ship of Theseus. Mind, 1997 (1).

[3] Chisholm, R. M. Person and Object: A Metaphysical Study. London: George Allen and Unwin, 1976.

[4] Lowe, E. J. A Survey of Metaphysics. Oxford: Oxford University Press, 2002.

[5] Pickup，M. A. Situationalist Solution to the Ship of Theseus Puzzle. Erkenntnis，2016 (5).

[6] Brennen，A. Best Candidates and Theories of Identity. Inquiry，1986 (29).

[7] Van Inwagen，P. Material Beings. Ithaca：Cornell University Press，1995.

[8] Locke，J. An Essay Concerning Human Understanding. Oxford：Clarendon Press，1975.

[9] Kingsley，A. C. The Only X and Y Principle. Inquiry，2004 (4).

[10] Noonan，H. W. The Only X and Y Principle. Analysis，1985 (3).

[11] Noonan，H. W. Wiggins，Artefact Identity and "Best Candidate" Theories. Analysis，1985 (1).

[12] Garrett，B. J. Best Candidate Theories and the Ship of Theseus. Analysis，1985 (4).

[13] Nozick，R. Philosophical Explanations. Cambridge：The Belknap Press of Harvard University Press，1983.

[14] Quinton，A. The Nature of Things. London：Routledge & Kegan Paul，1973.

[15] Merricks，T. There Are No Criteria of Identity over Time. Nous，1998 (1).

[16] Parfit，D. Reasons and Persons. Oxford：Oxford University Press，1987.

思考题

1. 试构造这样一个例子，它在生活中的发生是合情合理的，并且其中存在着忒修斯之船难题。

2. 复述忒修斯难题的典型论证、典型解决方案及困难。

3. 最佳候选者理论和唯靠 XY 原则，哪一个更能打动你，为什么？

4. 两艘同型号木船 A 与 B，相互交换木板，当全部木板换完之后，哪一艘船是 A，哪一艘船是 B？为什么？要是 A 船是木船，B 船是铁船呢？这一题设条件的改变会影响到你的判断吗？

5. 试设想一种社会生活形式，其中不需要承认物的同一性。

第十五章

恺撒难题与跨范畴的同一性

引　言

自然数 3 与罗马大帝恺撒是同一的吗？这类怪异的问题是弗雷格在《算术基础》中试图从逻辑推导算术过程中遇到的。我们称这类问题为恺撒难题（the Julius Caesar problem），即跨范畴的同一性成立的问题。该难题表明构成弗雷格的概念的外延理论和由该理论推导算术的过程之间不可完美契合。一方面弗雷格纲领秉持概念实在，另一方面弗雷格对算术的推导要通过“等数”来确立，而在“等数”关系的确立过程中，“恺撒难题”的解决运用了蕴涵“罗素悖论”概念的外延理论①，导致恺撒难题悬而未决。这一难题要求在避开“罗素悖论”的前提下对其求解，进而实现弗雷格计划。但保留概念的外延理论，同时又不放弃基本定律 V 对数的显定义，显然无法解决恺撒难题。近年来，以黑尔（B. Hale）和莱特（C. Wright）为代表的新弗雷格主义者，在对弗雷格计划恢复过程中，以语言分析为工具，为恺撒难题做出了不同回应，试图最大限度地坚持弗雷

① 弗雷格试图通过休谟原则（HP）给出数的定义，通过休谟原则可以辨别属于一个概念的数是否同一，但不能判定不属于该概念对象的同一性，即恺撒难题。为此弗雷格建立外延理论定义数，不幸的是概念的外延理论蕴涵罗素悖论。

格的逻辑基础主义。

新弗雷格主义者对恺撒难题基本有三种回应。第一种回应认为该难题的回答是否定的。因为数 3 是一个抽象对象，而恺撒不是，不同类别的对象不能同一，由莱布尼茨定律可知他们是不同的。第二种认为该难题的提出毫无意义。同一性这一概念只能针对在句法上的同类对象，比如考虑数 3 时，我们只会讨论 3 是素数、3 是 2 的后继等算术性质。因而对 3 真正重要的是它的等价类，而非它是否和恺撒同一。第三种回应则认为恺撒难题的答案是开放的，两者可以是不同的，也可能在某语言实践下是同一的。

黑尔与莱特给出了第一种回应，指出“在一个范畴内，对象的所有差别根据该范畴独有的同一性标准都可以得到说明，而跨越范畴的话，对象只是由于它们分属不同的范畴而被区分开来”[1]389。根据这种观点，我们的本体论分为不同范畴，每个范畴中的对象都有其自身的同一性标准。比如，自然数的同一性或差别是由等势性决定的，而在物理实体的情况下，同一性标准是时空的连续性。由于自然数和物理实体属于不同的范畴，通过任何方式都不能判断“3 等同于恺撒”这种陈述为真或为假。对于黑尔和莱特而言，人们根据事实本身（ipso facto）区分属于不同范畴的对象。因此，3 不等同于恺撒。

黑尔-莱特的求解模式很大程度上取决于对范畴的依赖。而“范畴”是否存在，或者对“范畴”的划分是否必要、是否存在统一的同一性标准成为消除黑尔-莱特求解恺撒难题的重要一环。基于对范畴概念的界定不确定性以及归属范畴的类表述不明确（例如集合和数是否属于不同的范畴，不同种类的数是否属于不同的范畴）等困难，赫克（R. Heck）、佩德森（N. J. Pedersen）等人试图只依据类上的等价关系降低对“范畴”的依赖，从而提出消解恺撒难题的方案，即做出了第二种回应。赫克提出同一性的概念应只是在纯粹句法意义上的，它应是针对同一类对象的等同关系。只存在一种语言——逻辑语言，在该语言中探讨可以被作为同类对象的同一性。任何范畴的本体论都是句法意义上的，因而无需存在多种语言，故而讨论由于允许多种语言而引起的混合同一性问题毫无意义。这种回应遭到了反实在论者的质疑，菲尔德（H. Field）指出它对同一语言的预设与弗雷格主义的实在论立场相悖。如果数学对象是客观的、独立于我们而存在的，那么就应该能回答自然数 2 作为特定的对象是否与作为特定对象的{Ø，{Ø}}同一。[2]22佩德森的无范畴方案在本质上并未取消对“范畴”的预设，因而在技术上没有真正推进黑尔-莱特的工作。

林纳玻（Ø. Linnebo）则对恺撒难题做出了第三种回应。他反对黑尔-莱特提出的“每个对象都属于一个唯一的范畴”，认为范畴间存在交叉。当我们发展语言实践时，对于是否允许范畴间交叉是有一定选择度的。在处理同一性陈述时，我们需要概念上的裁定，而不只是事实上的发现。然而，他一方面反对黑尔-莱特的唯一性论断，而另一方面承认他们的原理论断（两个类只有在相关的同一性标准吻合时才会交叉），这两个立场存在逻辑上的不一致。此外，以隐含的语言实践约定而来的同一性原则无法确定究竟哪个对象才是真正、特定的数学对象，因此这种回应也有悖于弗雷格的柏拉图主义立场。

本章首先澄清何为恺撒难题，然后分析黑尔和莱特的范畴、佩德森的无范畴以及林纳玻范畴交叉的具体论证方案及其局限，最后指出求解恺撒难题要求新弗雷格主义者必须预先划定不同范畴的标准，即预先已有了关于数学对象同一性的分类，这实际上是一种循环论证。因此，恺撒难题的根源在于把数学对象的同一性与抽象对象的存在划为一谈。在探讨数学对象的同一性之前，数学的本质究竟是什么应首先得到阐明，即这要求一种至少在逻辑上一致的本体论说明。

第一节　何为恺撒难题？

弗雷格在《算术基础》中给出方向抽象原则时发现了恺撒难题，他指出，该原则不能“决定英格兰与地轴的方向一致——如果我允许看起来荒谬的例子存在。当然没有人会否认英格兰与地轴方向不一致；但原因并不在于我们给出的方向定义”[3]161。这表明恺撒难题只是针对弗雷格的逻辑主义纲领及其后继者的。显然，英格兰与地轴的方向不同，这一点不能由相关的抽象原则得到，因此把抽象原则作为“方向”的定义并不充分。但我们应看到，恺撒难题的提出事实上具有更深刻、更一般的哲学意义。

深入来看，我们如何真的知道恺撒与自然数不同？一种直观的想法是，根据关于先天知识的莱布尼茨定律①可直接判断：比如，恺撒在公元前 44 年被暗杀，而数 3 没有。但我们如何真的知道数 3 没有被暗杀抑或以另外的不同形式存在？通过日常经验的方式很难说明我们知道这一事实。那么这是哪类知识？如何知道数 3 不具有超出我们对其已形成的概念的性质？

广义地看，恺撒难题比表面上更具一般性。只要我们有多种语言而且想知道是否可以通过制定某种相关的归一语言对多种语言进行混合，这类问题就会出现。比如对于某种语言，其中既有“基本”对象，也有通过抽象原则引入的新对象。是否应该把这两种对象混为一谈或者探讨两者之间的同一是否可能等问题对于新弗雷格主义而言都是根本性的。

考虑抽象原则系统，令 ABS($\mathrm{x}R\alpha$) 指 x 是 α 的 R 抽象，即 x 是对 α 在偏等价关系 R 下进行抽象的结果。假定抽象是在某个偏等价关系族 R 上允许的：

$$(\mathrm{ABS}_R\,\exists)$$

$$R\alpha\alpha \rightarrow \exists \mathrm{x}\,\mathrm{ABS}(\mathrm{x}, R, \alpha)$$

$$(\mathrm{ABS}_R =)$$

$$\mathrm{ABS}(\mathrm{x}, R, \alpha) \wedge \mathrm{ABS}(\mathrm{y}, R, \beta) \rightarrow (\mathrm{x} = \mathrm{y} \leftrightarrow R\alpha\beta)$$

可把以上抽象原则系统简写为：

$$R\alpha\alpha \wedge R\beta\beta \rightarrow (\S_R\,\alpha = \S_R \leftrightarrow R\alpha\beta)$$

---

① 对于任何东西 x 和 y，x 与 y 同一当且仅当 x 与 y 具有一样的性质。(对象与其他对象之间的区分在于它具有其他对象不具有的性质。)

每一个算子都对应于一个偏函数，其定义域是 R 的域。在任何情况下，我们的概念都是在（$ABS_R \exists$）与（$ABS_R =$）中所揭示的关系概念。但对于混合同一性的形式 $\S_R u = \S_S v$，如何确定其中的概念呢？即混合同一性何以可能？

以黑尔和莱特为代表的新弗雷格主义方案从本质上讲是对弗雷格主义两大板块（概念外延的哲学理论与从外延理论中定义算术概念及推导算术公理的过程）进行修饰处理。[4]62 为了避免由于构建概念的外延理论而蕴涵罗素悖论，黑尔和莱特采取基于类概念的抽象原则引入概念，以实现其系统内部的一致性。但恺撒难题仍以新的形式显现出来。

抽象原则的一般形式如下：

$$(AP):(\forall \alpha_{\varphi})(\forall \alpha_{k})[\sum(\alpha_{\varphi}) = \sum(\alpha_{k}) \leftrightarrow (\alpha_{\varphi} \approx \alpha_{k})]$$

其中 $\sum$ 是一个由 α_{φ} 和 α_{k} 的表达所引入的概念形成算子，≈是 α_{φ} 和 α_{k} 所指实体之间的等价关系。（AP）引入算子 $\sum$ 来扩大语言表达能力，该式假定了{‘α_1’…‘α_k’}可以表达语言中特殊相关谓词间的相等关系。（AP）的成立暗含了两个相关的约定：（1）算子可使已知表达(‘α_j’,‘α_k’)与未知表达之间建立联系。（2）引入等式的真值条件与已知句子($\alpha_j \approx \alpha_k$)的真值条件相同。（AP）说明了引入等式的用法，从语法上看引入的词就是单称词，所以按照句法决定理论①，（AP）通过算子成功引入了单称词。关于如何引入单称词，黑尔和莱特进一步给出如下规则。

> （MA1）句法新颖性（syntactic novelty）：通过约定抽象原则（AP），可以通过描述单称词的句法特征机械地引入新的表达（“$\sum(\alpha_j)$”,“$\sum(\alpha_k)$”）。

抽象原则的意义不只是引入新的单称词，更重要的是它提供了一种从已知表达来判断未知表达的方法。如果能确认“$\alpha_j \approx \alpha_k$”的真值，根据约定一致的真值条件就能确定形如‘$\sum(\alpha_j) = \sum(\alpha_k)$’的陈述语句的真值。如果可以证实一个句子的真值，根据（SP2）和（SP3），就可以确定语言所指称的对象和世界相对应。由此抽象原则保证了从语言到真实世界的可靠性，把我们没有认知的事物转换成已经熟悉的事物。黑尔和莱特进一步对抽象原则做出了如下约定。

> （MA2）语义新颖性（semantic novelty）：当日常语言不能够刻画满足 AP 所需的质料时，如果新的表达 $\sum(\alpha_j) = \sum(\alpha_k)$ 通过抽象原则指称了某些事物，它们就会指称已知表达不会指称的对象。

---

① （SP1）句法决定性（syntactic decisiveness）：如果一个表达可以阐明对一个单称词的句法特征，那么它也就决定了该表达具有一个单称词的语义功能。

（SP2）指称最简性（referential minimalism）：如果一个指称表达出现在一个真的原子句中，那么这一事实决定了世界上存在一个条目，它与表明该表达的那个指称相对应。

（SP3）语言优先性（linguistic priority）：语言范畴优先于本体论的范畴；一个条目属于对象范畴，只有当一个单称词指称它时才可能。参见 F. MacBride，Speaking with Shadows：A Study of Neo-Logicism. British Society for the Philosophy of Science，2003：108－109。

(MA3) 指称实在论 (referential realism)：如果引入单称词是可指称的，则这些语句中所指称的对象应该获得一个实在论意义的解释，而且这个解释可以有效应用在我们熟知的表达中。[5]111—112

应用抽象原则来说明数字单称词的概念时，该原则就是著名的休谟原则：

$$(HP):(\forall F)(\forall G)[\# F = \# G] \leftrightarrow (F \approx_{1-1} G)$$

其中“#F”表示F的基数，“#G”表示G的基数，“$\approx_{1-1}$”表示一一对应。借助休谟原则，可以给出数字单称词的一种隐定义。把休谟原则加入二阶逻辑，就可以得到皮亚诺算术的所有公理。因此，新弗雷格主义者通过对抽象原则进行约定可以从具体知识进入抽象知识，从逻辑知识进入数学知识，弗雷格把算术归约为逻辑的初衷由此达成。

通过抽象原则对已经归属于某个概念下的对象之间所具有的同一性关系是可以识别的，但无法说明某个或某些对象依据什么原则归属于某个概念之下。对于纯算术语言中的对象，如1、2、3，等，它们的同一性可以直接由休谟原则得到鉴定，从而引入其相关的概念。但这些数是什么对象通过休谟原则找不到答案，“恺撒是否一个数”这一难题再次出现。

第二节 黑尔-莱特的范畴论证及其问题

事实上，正是由于 (HP) 仅提供了区别一些对象是否属于一个概念的同一性标准，而没有提供说明分属不同概念的对象是否同一的应用性标准，弗雷格拒绝使用 (HP) 作为数的定义。通过 (HP) 引入数，同时也引入了可数这个类概念，“恺撒难题”就体现为通过 (HP) 无法说明恺撒是否属于可数这一类概念，因而无法判断“恺撒=3”这类命题的真值。

1. 黑尔-莱特的范畴论证

黑尔和莱特承认抽象原则不能为引入的概念提供直接的应用标准，但坚信基于类概念与同一性标准恺撒问题仍可以得到解决。通过对范畴的进一步划分，说明恺撒所属的类概念不可能归属于一个可数的类。他们指出：“所有对象都属于某个特定的一般范畴的最小范围内，每一个最小范围根据其自身又划分为一般的纯类；其中所有对象具有它们所属特定纯类给定的一个根本性特质。在一个范畴中，对象之间的所有区别通过依据它所特有的同一性标准都是可说明的。而在跨范畴的情况下，对象只是由于它们分属不同的范畴而存在区别。当然正是由于这些原因，我们已经开始尝试认为恺撒不是数这一点显而易见。”[1]390—391

简言之，其基本思想就是以类概念为核心进而对范畴进行划分。类概念是一个对象的必然特征。所有对象都归属于类概念之下，而每一个类概念都具有一个唯一的同一性标准。范畴是类的最大扩张类，对于每一个范畴来说，同一性标准是依赖于该范畴的。所有范畴都满足，(1) 对于某给定范畴F，其所有子类都共享它们的同一性标准；

(2) 对任意对象 x，如果 x 不是 F，则 x 落入的任意类 G 与 F 的同一性标准不同。对象根据归属共享同一性标准的类而被组织在一个范畴中。不同范畴中的对象是不同的，即这些对象归属的任意类不共享它们的同一性标准。因此，任意两个范畴 F 与 G，要么是同延的，要么不具有共同的对象。由于恺撒分属不同的范畴，它不可能是一个数，恺撒难题就得到解决。

2. 黑尔-莱特的范畴论证存在的问题

黑尔-莱特的论证方案主要依据的是类包含原则（sortal inclusion principle)。

> 类包含原则（SIP)：类包含原则所描述的是一类对象 F 包含在另一类对象 G 之中，当且仅当关于 G 的同一性陈述与断定满足 G 和 F 相对应的同一性陈述相同。[5]129

根据（SIP）可以区分恺撒和数，因为没有一个对象可以落入类概念 F 之下且与落入类概念 G 之下的对象同一，除非对于任意同一性陈述“a＝b”和“A＝B”具有相同的真值条件，其中 a、b 能够指称 F 中的对象，A、B 可以指称 G 中的对象。[6]215 关于人的同一性陈述命题与关于数的同一性陈述命题不同，前一个陈述涉及物理和心理意义上的连续关联性，而根据（HP）提供的同一性标准，关于数相等的命题是关于概念之间的一一对应。因此，关于人的类概念不包含在关于数的类概念中，也就是说通过（HP）并没有把恺撒引入。更一般地，通过（HP）引入的数概念只能与具备同一性的概念对象相等。但黑尔-莱特的范畴论证方案很快遭到了质疑。

一方面以达米特（M. Dummett）为代表的学者认为这种解决方案太强，因为它排除了不同类对象之间可能的识别标准。[7]161—162 例如，数学家有时会把整数和自然数看成是复数。而由于不同的同一性标准对应着不同种类的数，根据（SIP）类概念整数和自然数不能应用于复数之上，那么就没有自然数和整数是复数。对此，麦克布莱德（F. MacBride）认为新弗雷格主义者可以选择拒绝接受单称词在句意上的指称作用，把类之间的关系模型化，数学家就不必建构自然数和整数成为复数，只需把复数视为整数和自然数结构的模型。[5]129

另一方面范畴论证方案又太弱，因为它实际上并没有提供一种应用性标准。[5]130 面对这方面的质疑，黑尔和莱特做出了妥协，他们承认通过（HP）引入的类概念的确不可应用于恺撒，但这并不代表恺撒不能应用于其他类的抽象对象。而由此引发的进一步质疑是，假设存在一个和自然数序列同构的序列，两者具有相同的同一性标准，在自然数序列中引入 2，在与自然数同构的序列中引入恺撒，由于两者同构且具有相同的同一性标准，因此 2 仍有可能等同于恺撒。黑尔和莱特的休谟原则（HP）不能提供一种区别自然数同构序列的应用性标准，只能找到一个更细致的描述方法来说明其可应用性。这个缺陷在奎因（W. V. Quine）看来是不可避免的，因为单称词对事物的描述本身就存在缺陷，它不可能极尽所能。通过语言的指称必然存在这样的缺陷。[8]123—127

黑尔-莱特的范畴论证没有真正阐明引入的概念与恺撒的同一性关系。在类包含原则引入类概念过程中表意并不明确，如果它仅是指“某个类”，那就会有不同的“类”具有相同的指称；如果它是指“指称”，那么（SIP）就可以引入单称词。[5]131 除非两个类在其同一性陈述中包含它们共有的对象，否则这两个类不可交叠，显然（SIP）不能合理解释这种情况。由于同一性陈述可以处理成不同的表达，这就很难排除同一种对象具有不同的表达。如果恺撒处于两个类的交叠处，不同的陈述中就可能包含对象具有相同的指称，那么恺撒就可能是 2。具有生物特性的对象和数学对象乃至形而上学对象是否会存在一个“对象”为它们所共有，这也是黑尔和莱特无法说明的。

黑尔-莱特的范畴论证基于休谟原则（HP）可以具体刻画引入对象的本质，进一步根据（SIP）得出没有数是恺撒。因为依据一一对应，关于人的表达是不可能和数相同的。但是苏立文（P. Sullivan）和波特（M. Potter）指出这样的假设不具有普遍意义，很有可能存在某种由虚构表达无法刻画的对象，也有可能存在的独立对象根本不在我们能刻画的范围内，因此（HP）对对象本质的刻画是片面的。[5]131 如果对引入的对象持实在论态度，通过（HP）引入的对象本身将不能表明其存在性，它至多只是关乎概念表达的一个语词，而它所指称的对象很可能超出了我们的认知范围。

面对这些质疑，赫克（R. Heck）选择了恺撒难题的消解方案。他认为解决恺撒难题，必须面对两个挑战：第一，在休谟原则所把握的关于数词的理解基础上，说明人们是如何理解关于跨类同一（trans-sortal identification）的问题，并且说明人们如何知道数的类不同于人的类；第二，在同样的基础上，说明人们如何理解“x 是概念 G 的数”这个谓词。一方面，恺撒难题要求我们给出数概念与人概念的区分标准；而另一方面，弗雷格定理又要求我们把作为对象的数与其他对象看作同一类对象。[9]65

基于这一认识，他假定存在包含两类（two-sorted）语言，该语言包括“基本”（basic）个体变量“x”，“y”，……；数字（numeric）个体变量“x”，“y”，……；基本谓词变量“F”，“G”，……；数字谓词变量“F”，“G”，……；以及用角标明确标明的不同逻辑类型的关系变量“R_{bn}”，“R_{bb}”，……。该语言包含两种同一性谓词：一种是关于基础变量的，即“……＝b……”，其中两个变元的位置由基本项填充；另一种是关于数字变量的，即“……＝n……”，其中两个变元的位置由数字项填充。而“混合”同一性陈述（“mixed” identity statements）在该语言中不是合式的。此时 HP_{bb}、HP_{nn} 成立，但 HP_{bn} 不成立。如果不讨论混合同一性陈述的真值，赫克的方案就可以避免恺撒难题。[1]17—18

但在黑尔和莱特看来赫克的修正方案并不可行。赫克对两类语言的假定实际上取决于混合同一性陈述的真值，也就是说对基本与数的类别区分已经预设了对混合同一性陈述的真假判定，并将其作为逻辑起点。而黑尔和莱特认为如何对混合同一性陈述给出判定或者如何说明数与恺撒是否同一才是新弗雷格主义者真正要回答的，因此跨类（范畴）的同一性探讨仍是必要的。

根据黑尔-莱特的本体论图景，世界由一些范畴组成，由于各个范畴有着不同的同一性标准使得各个范畴区分开来，而每个范畴内又包含着不同对象，范畴内部的对象通过相关范畴的同一性标准加以区分。恺撒是否等于 2 的问题在目前看来存在两种认识，其一承认跨范畴具有同一性，其二认为跨范畴之间不具有同一性。如果承认前者就必须提供超验的证据来证明不同范畴间两个对象相等，但这是不可解决的。因此（HP）无法说明“恺撒”与引入对象之间的关系。如果承认后者即不存在跨范畴的同一性，那么所关注的对象就属于不同的范畴，则恺撒和数分属不同的范畴，恺撒必然不等于 2，恺撒区别于（HP）引入的其他对象，恺撒难题也就不构成问题。在这个意义上，可以认为恺撒难题无解，也可以认为它已经得到解决。

第三节　无范畴论证及其缺陷

黑尔-莱特的论证模式很大程度上取决于对范畴的依赖。而“范畴”是否存在，或者对“范畴”的划分是否必要、是否存在统一的同一性标准成为消除黑尔-莱特论证恺撒难题的重要一环。基于对范畴概念的界定不确定性以及归属范畴的类表述不明确（例如集合和数是否属于不同的范畴，不同种类的数是否属于不同的范畴）等困难，佩德森等人试图只依据类上的等价关系降低对“范畴”的依赖，从而提出无范畴的论证方案。

1. 重解黑尔-莱特论证模式

根据（SIP）的应用标准可知每一个对象都满足一个类概念，假定对于每一个本体对象都落在一个类概念之下遵从了以下的原则[9]506：

（P1）每一个类概念都拥有一个独立的同一性标准。

对于任何两个类概念对象是否同一通过等价关系所确立，也就是休谟原则（HP）所体现的，即为一对一提供了同一性标准。为确保不同类概念共享同一性标准，黑尔和莱特接受以下定义：

（D1）对于任意两个类 X 和 Y，当且仅当它们各自的同一性标准一致时 S=（X，Y）。（S=表示类概念间共享同一性的等价关系）

类包含原则（SIP）遵从以下定义：

（D2）当且仅当对于任意属于 X 的对象 x 同时属于类 Y 且 S=（X，Y）时，类 X 包含于另一个类 Y。

如果一个类概念 X 包含在类 Y 中，则 X 在类 Y 之下。用范畴来替代类的外延。

（D3）当且仅当满足以下条件：(i) 所有的 X 下的类共享同一性标准；(ii) 对于任意对象 x，如果不属于 X 则类 Y 下的对象与 X 不共享同一性标准，则类 X 的外延是范畴。

为了与黑尔-莱特最初的特性描述保持相近，保留（D2）第一条件，与此同时黑尔和莱特遵从以下原则：

（P2）对于任意两个类 X 和 Y，如果 X 和 Y 拥有一个共同对象 x，那么存在一个类 Z 被 X 和 Y 所包含。

（P3）对于给定具有共同同一性标准的类 X_1，X_2，…，X_k，存在一个与这些类的并同延类。

如果（P3）能确保范畴存在，则依据上述定义和原则可以得出以下结论：

（R1）任意两个范畴 X 和 Y，或者是同延的，或者没用共同的对象。

如果（R1）是合理的，那么两个不同的范畴就不同延，因此：

（R2）如果两个类 X 和 Y 包含于两个不同的范畴 C 和 D 中，那么 X 和 Y 没有共同的对象。

由此可得类概念数和人拥有不同的同一性标准，所以数和人不可能属于同一个范畴。因为它们的范畴不同延，因此通过（R1）可知它们没有共同的对象。因此恺撒不可能是一个数。任何人都不可能是一个数，更一般地，没有一个对象可以与另一个范畴中的对象拥有共同的同一性标准。

基于上述解决办法需要遵从另一原则：

（U）一个对象只对应于一个范畴（也可以说没有对象能够属于一个以上的范畴）。

黑尔和莱特否认跨范畴之间存在同一性，他们认为这种同一性是超验的。由于同一性标准都是相对于各范畴所特有的，因此无法评判属于不同范畴的两个对象是否同一。一旦我们接受了两个对象落入不同的范畴，那也就意味着它们之间的同一性不可判断。

接受（U）是为了鉴别跨范畴对象间的关系。对于一个同一性陈述 a＝b（这里的 a、b 分别指示不同范畴的对象），由于没有可依靠的同一性标准就无法判断陈述的正确性。

下面对范畴概念特性描述从而求解恺撒难题：

（D3＊a）一个类 X 在 $S^{=}$ 下的等价类是类 X 在该关系下构成的类。

（D3＊b）当且仅当对于任意的 x，x 是 X，只有当 x 落在 X 在 $S^{=}$ 下的等价类的一个类中，类 X 为一个范畴类（categorical sortal）。

（D3＊a）中 $S^{=}$ 表示类概念之间的等价关系。（D3＊b）表明，只有当 X 与其自身在 $S^{=}$ 下的等价类同延，X 是一个范畴类。（P3）和（D3＊b）确保了由 $S^{=}$ 下等价类构成的范畴类的存在。

（D3＊a）和（D3＊b）的结合可以阐明 $S^{=}$ 下的等价类，并说明范畴或范畴类如何以相似的方式与这些等价类关联。

于是可得到以下结论：

（R3）对于任意类 X，X 是一个范畴，当且仅当 X 是一个范畴类。

由（R1）和（R3）直接得到推论：

（C1）对于任意两个范畴类 X 和 Y，两者或者同延或者没有共同的对象。

由（R2）和（R3）得到推论：

（C2）如果两个类 X 和 Y 分别包含于不同的范畴类 C 和 D 中，那么 X 与 Y 之间没有共同的对象。

2. 佩德森的无范畴论证方案

对黑尔-莱特的论证模式的上述重解，使新弗雷格主义的本体论结构更加清晰，但其所依赖的“范畴”是否合理仍令人怀疑。是否有一种办法可以消除对“范畴”的预设，而只接受类上的等价关系来求解恺撒难题，实现算术向逻辑的化归，成为新弗雷格主义者的主要任务。正是基于这种考虑，佩德森给出了无范畴的论证方案。

无范畴的论证思路是采纳（D1）、（D2）、（D3＊a）、（P1）和（P2），舍弃（D3＊b）和（P3）。[9]509 “恺撒难题”求解的关键在于 $S^=$ 是类上的一个等价关系，一旦这种关系得到确立，类就根据该关系下的等价类得到划分。对于 $S^=$ 下任意的两个等价类，它们或者同一或者不相交。由于每个类具有的同一性标准是独有的，因此不可能存在具有不同同一性标准的类处于 $S^=$ 下的等价类中。

（R2）如果两个类 X 和 Y 包含于两个不同的范畴 C 和 D 中，那么 X 和 Y 没有共同的对象。

该原则使得类概念数和人可以分属不同的同一性标准，因此这些类就包含在不同的范畴中。佩德森认为，消除对范畴的预设可以达到同样的效果，于是给出以下结论：

（R2＊）如果类 X 和 Y 在 $S^=$ 下的两个不同等价类中，那么 X 和 Y 没有共同的对象。

（R2＊）与（R2）的表述类似，但对预设的概念进行了精简。

在黑尔和莱特看来，类概念数和人具有不同的同一性标准。关于某种关系是否能成为同一性，这取决于依据该关系相关的同一性陈述是否能得到断定。而在跨范畴的同一性的情况下，没有也不可能存在这样的标准。在佩德森的无范畴框架下，根据（D3＊a），数和人处于 $S^=$ 关系下的不同等价类中，而针对跨范畴的同一性的问题可以借助原则（U）变形（U^*）得到说明。

（U^*）没有对象可以落入 $S^=$ 下两个不同的等价类中。

我们可以把（U^*）作为模式重解中（U）的副本。它确保了抽象原则引入单称词的确定性，由此恺撒难题得到解决。

3. 无范畴论证的缺陷

佩德森对恺撒难题的无范畴方案，无疑为新弗雷格主义数学哲学提供了合理辩护。作为对黑尔-莱特新弗雷格主义的一种修复和改进，无范畴论证消除了对范畴的概念描述，在概念预设上更为节俭，使其本体论根基更加牢固。遗憾的是，佩德森无范畴论证方案仍存在一些问题，其预期并未真正达成。

3.1 “等价类”对类的依赖性

针对黑尔-莱特范畴论证引发的质疑，佩德森通过对范畴概念的刻画提出用“类上的等价关系”替代“范畴”，以削弱新弗雷格主义本体论框架对范畴的依赖。但对“范畴”的消解并不能消除对类概念的假定，尽管在他看来关于类概念的定义饱受争议，与范畴概念相比类概念仍更容易被接受。通过对任意落入类 X 的 x 进行限制致使落入 X 的任意 x 的同延都被 X 所包含从而保证了等价类的存在。但即使佩德森的方案实现了从范畴到类的转换，类概念应用的合理性与对“范畴”的预设一样令人质疑。

3.2　$S^{=}$标准的合法性

佩德森用基于类概念的等价关系替代“范畴”的作用，必须配合其所坚持的 $S^{=}$ 才能完全发挥“范畴”的功能。$S^{=}$ 用来表达类概念间的等价关系，不同的类通过 $S^{=}$ 形成一个范畴类。在佩德森看来，用范畴类做类概念的最大外延不是解决恺撒难题的关键，类之间的等价关系 $S^{=}$ 才是。只有在 $S^{=}$ 下各种不同的类才能组成一个类似范畴的整体，在这个范畴类下，假设同一性标准是独立的，不同对象就分属不同的类。这里 $S^{=}$ 起到了一个类似抽象原则的作用，但抽象原则的合法性本身就存在很大争议。抽象原则作为一种语言学约定不能确保非语言的存在性，即使借助抽象法可以成功引入新对象，也不能因此认为抽象原则是合法的。如果通过抽象原则确实引入了数字单称词并由此推出了数学对象的存在，也只是因为之前已经预设了数的存在，这显然是一种循环论证。$S^{=}$ 也面临同样的问题，比如在佩德森的简约框架中，跨范畴的同一性问题是不能讨论的，我们能做的只是确保可以断言跨范畴类的同一性陈述，从而合理引入对象。事实上，这里所能承认的断言是条件性的，即如果数存在则休谟原则描述了其存在。因此，除非新弗雷格主义者能够为数存在提供某种先在、独立的确证，否则就不能证实休谟原则以及 $S^{=}$ 的合法性。

3.3　同一性的单一标准（single criterion of identity）

在佩德森的无范畴论证过程中假设了同一性的单一标准，如果可以确定同一性的单一标准，就不会存在两个范畴或者范畴类的交叠，也就不会出现黑尔-莱特所面临的困境，即是否可以给出跨范畴的同一性的问题。而诉诸单一的同一性标准解决恺撒难题，首要问题应是说明单一同一性标准的根据是什么，是否确实存在这样一种单一的同一性标准，以及这种标准是否具有普遍性，显然这些问题都有待进一步论证。[10]149

第四节　林纳玻范畴交叉论证及其问题

佩德森的无范畴论证实质上仍未真正摆脱“范畴”的预设，因而恺撒难题的消解方案并不成功。林纳玻承认“范畴”的概念，但反对黑尔-莱特关于对象各自分属于唯一范畴的论断，他称之为唯一性（the uniqueness thesis）。在他看来，不同范畴间的混合同一性问题是可能的，且该类问题的答案应是开放的，应交由语言实践来裁定，从而提出了范畴交叉方案。[11]

1. 林纳玻范畴交叉论证

林纳玻认为应放弃唯一性，他的论证宗旨是澄清跨范畴的同一性在现有语言实践中隐含的是哪种选择，以及为什么那种选择在发展新实践时有意义。首先通过下述两个例子反驳了黑尔-莱特的唯一性。

1.1　对唯一性的批判

考虑下述同一性的两个标准：

$$(HP):(\forall F)(\forall G)[(\#F=\#G)\leftrightarrow(F\approx_{1-1}G)]$$

$$(\mathrm{HP}_0):(\forall F)(\forall G)[\#_0 F=\#_0 G \leftrightarrow (F\approx_{1-1}G)\vee(\neg FIN(F)\wedge\neg FIN(G))]$$

其中，FIN（F）表示F是有穷的。上述同一性标准对于有穷的情况成立，而不满足无穷的情况。由此可知，$\#$与$\#_0$在有穷概念上的域是等同的，但在F无穷时$\#F\neq\#_0F$。显然，有穷数这个概念同时满足上述两个同一性标准。这意味着，一个类概念包含于两个完全不同的范畴是可能的。

另一个例子是：令E为两个字母符号之间的一个关系，当且仅当这些字母符号被看成是英语字母表中的同类符号。令S为西班牙字母表中的相应关系。假定E与S是偏等价关系。考虑下面两个符号：n和ñ。在英语字母表中这是相同的字母符号，但在西班牙语字母表中是不同的。所以我们有E(n，ñ)，但没有S(n，ñ)。然而，称‘*a*’在两种字母表中表示同一类型符号是很自然的，它符合我们的实践描述。这意味着，两个字母表中的字母在两个完全不同的范畴（英语字母的范畴与西班牙语字母的范畴）下有交叉。

1.2 范畴交叉下的原理

尽管批判唯一性，但林纳玻承认黑尔与莱特的原理（*Grundgedanke*）①。[11]389 在两层同一性标准的情况下，原理可表示为如下条件句：

$$(\mathrm{G})=\S_R\alpha=\S_s\beta\rightarrow R=\mathrm{S}\wedge R\alpha\beta$$

事实上，逆命题可由同一性的一般标准直接得出。因此（G）可以加强为双条件句。原理与唯一性的关系如何呢？由前者可推出后者，对于所有服从某两层同一性标准的所有对象都成立。

首先，(G）满足极小性。服从相同的统一关系R的两个类α和β当$R\alpha\beta$成立时确定了相同对象。因此（G）引导我们承认除了一般的同一性标准要求我们承认之外不存在其他同一性，排除在外的同一性都被认为是假的。其次，（G）符合我们对那些能产生对象自身信息同一性标准的倾向。我们倾向于揭示两类对象之间的重要区别的事实。按照常规的方式区分自然数和物理实体，比如根据基数性与时空连续性等。由于我们假定这两种个体的形式对应于不相容的性质，因此我们断言自然数不会等同于物理实体。在林纳玻看来，我们的目的是探究关于跨范畴的同一性的哪种选择是隐含在我们的概念实践中，且为什么那种选择在新语言的制定中发挥作用。(G）能够很好实现这一目的。

回顾弗雷格引入“方向”这一定义的方式，他曾断言：“一个对象的定义并没有真正断定关于对象的任何东西，而只是列出了一个符号的意义。”[3]78 因此，我们不能把它看成是引入了某对象的一个性质。事实上，任何对象都可以通过任意不同的方式被引入。这是导致其面对恺撒难题的主要原因。但（G）不会面对这种情况。符号和指称之间的关系与例示及由统一关系决定的指称物的统一关系之间是不同的。任何符号和其指称之间的关系完全是偶然的。抛开语言的传统与约定，任何符号都可被指示任何对象。相比之下，某个对象可由某特定类型的例示决定，依据特定的统一关系，可一致地提供该对象的信息。对于（G）而言，对象不可能依据任何其他的统一关系，这一点保证了

① 两个类只有在相关的同一性标准吻合时才会交叉。

依据某特定的统一关系是对象自身的一个性质。

1.3 范畴交叉的可断定性条件

放弃唯一性并不意味着我们对恺撒难题束手无策。林纳玻始终强调，在放弃唯一性的情况下，我们仍有可能对混合同一性陈述做出断定。通过语言实践，就能澄清跨范畴的同一性在现有语言实践中所隐含的选择，以及该选择在发展新语言实践时所发挥的可断定性作用。

对于两类扩张语言 L_1 以及关于其使用的某些支配规则，这些规则即可断定性条件（the assertibility conditions）。可断定性条件保证语言被准确使用正如在初始域中已经对某些对象进行了抽象。林纳玻以从字母符号抽象出字母类型为例对此进行了说明。给出一类扩张语言 L_2 的可断定性条件，L_2 是清除了任意形式的索引以及由于处理那些索引所带来的关于合式的一切限制所得到的。通过放开类型限制，我们会遇到恺撒难题。

支配 L_1 的可断定性条件如下：

假定一个主体指向一个符号 a。她指涉的是什么对象？一种可能是，她指 a 是为了指涉 a 本身。另一种可能是，她用 a 表示一种类型，即她的目的指称。一个说英语的人通过用复杂的表述，如“这个字母符号”或“那个字母类型”对这两种可能的解释进行区分。但最终正确的解释取决于该主体能够得到关于指称的同一性陈述。如果目的指称是符号 a 本身，那么第二个例示 b，这次指向符号 b，如果 $a=b$ 的话，它们将被判定为相同对象的例示。如果目标指称是类型 a，则另一个例示只有在 $a \sim b$ 时才被判定为相同的例示。换句话说，依据目的指称是否一个符号或类型，相关指称的同一性陈述决定了主体指向的符号是否与另一个同一或与另一个具有统一关系。

怎么断定“这个字母符号＝那个字母类型”这种恺撒类型的同一性陈述呢？在这种情况下，引入唯一性可自然得出所有这种混合同一性陈述都是假的。林纳玻认为这样做在逻辑上和概念上都没有问题。因此可以制定可断定性条件，即它要求一类语言 L_2 中没有字母类型等同于任何已经出现在基础语言 L_0 相关域中的“旧”东西。然而，在其他情况下更自然的是，用一种恰当的“旧”对象识别出某种“新”抽象物。比如复数定律：

$$\{xx\}=\{yy\} \leftrightarrow \forall z(z \prec xx \leftrightarrow z \prec yy)$$

假定抽象的域中已经包含了某些集合。那么就有充足理由用一个“旧”集合识别一个具有相同元素的“新”集合。比如，假定基础语言的域中包含三个对象 a、b、$\{a, b\}$。那么完全有理由从“旧”集合中识别出 a 与 b 的“新”集合。这一概念上的自由度确保我们无需为通过某种抽象而引入的“新”对象是否应该等同于任何在抽象前已有的“旧”对象同一给出一致的回答。不同的情况应该有不同的答案。

由此林纳玻得出了一个关于构成性原则的重要结论。对于同时包含字母符号和字母类型的语言而言，没有构成性解释。该语言完全基于符号的域而且具有相应的可断定性条件。比如考虑同一性谓词。假定定义域只包含字母符号，同一性谓词必须被两个符号满足，当且仅当这两个符号同一。然而，根据字母类型的可断定性条件，同一性谓词只有在两个符号等价的情况下才能得到满足。这些限制显然不可能同时满足。

另一方面，关于对复数的抽象。在两类语言中，一个是基本类，即关于我们所抽象的“旧”对象的类；一个是扩张类，只是关于通过抽象得到的“新”对象。而基本类有复数资源，扩张类没有；事实上，正是这一表达力的限制使得在基本语言中制定扩张语言的可断定性条件成为可能。但当把两个类相分离的域混合起来时，在新得到的域中定义复数是允许的。从一个被解释的一类语言开始，语言的解释以影响扩张域的方式得到转移。由于加入的“新”对象有良好的“旧”基础，因此谈论它们的复数是可行的。

2. 范畴交叉论证存在的问题

在人类的祖先最初碰到恺撒这类问题时，都会做出确定的选择，那种选择在由此形成概念的过程中起着关键作用。然而现在的情况完全不同，因为在我们所继承的语言实践中已经隐含了许多选择。我们的一个重要任务就是，说明隐含在我们所继承的语言实践中的概念裁定是什么。林纳玻认为，一方面这些实践允许范畴交叉，而另一方面又在实践中实际禁止了跨范畴的同一性陈述。这种表面上的折中所带来的是逻辑上的不一致。

2.1　原理与唯一性的不同态度

林纳玻一方面放弃唯一性（记为$\neg$(U)），论证了范畴交叉的可能性，但另一方面又借助黑尔-莱特的原理（记为（G））来说明跨范畴的同一性陈述的可断定性条件。与此同时，他在解释原理与唯一性的关系时，指出由前者可以推出后者，即(G)$\rightarrow$(U)。

林纳玻范畴交叉的论证前提是：

(1)(G)	P1
(2)($\neg$U)	P2
(3)(G)$\rightarrow$(U)	P3

(2)、(3) 根据否后律可得：

$$\neg(G)$$

于是我们有：

$$\neg(G)\wedge(G)$$

因此，他的论证存在着显然的逻辑矛盾。

2.2　可断定性条件对元语言的依赖

林纳玻交叉方案对范畴不同类别的划分依赖于对元语言的层级划分，并指出同一性标准取决于语言的层级。但他的案例只适用于如字母符号与字母类型进行区分的语言层级上，显然字母类型对字母符号的抽象是建立在已经获悉类型对于符号的抽象在概念上是可能的之上。这在实质上回避了对于无法预知恺撒与自然数之间区分标准的情况如何确定两者是否同一的问题。对于两个概念的对象关系的判定需要提前预设概念所指称的对象，而依据抽象原则这一判定则需要判断同一性准则的合法性。因此林纳玻的解决方案仍然不能从根本上解决恺撒难题。

结　语

表面看来，佩德森对恺撒难题基于类上的等价关系的无范畴论证消除了对范畴的依赖，更为清晰地勾勒出新弗雷格主义的本体论图景。然而，佩德森基于类的等价关系很大程度上仍依赖于对类概念的假设。对于黑尔-莱特的范畴而言，范畴就是类的最大扩张，他们的范畴从根本上讲就是类。尽管佩德森看到类上的等价关系对于解决恺撒难题更为本质，但仍局限在逻辑主义的整体框架之下，并未做出相对黑尔和莱特范畴论证的实质性进步。此外，林纳玻的范畴交叉方案对开放性与唯一性的兼容蕴涵着严重的逻辑矛盾，因而仍面临恺撒难题的拷问。

求解恺撒难题要求新弗雷格主义者必须预先划定不同范畴的标准，即预先已有了关于数学对象同一性的分类，这实际上是一种循环论证。恺撒难题的根源在于把数学对象的同一性与抽象对象的存在划为一谈。在探讨数学对象的同一性之前，数学的本质究竟是什么应首先得到阐明。因此，恺撒难题是一个涉及认识论、形而上学以及语义学等的问题，仅从一方面对其求解必然是片面的。新弗雷格主义对语言分析的强调，的确为我们提供了有益的方法论借鉴，开拓了我们的研究视域。但对恺撒难题的求解也折射出分析哲学研究的局限性，促使我们辩证地看待逻辑的作用。回到新弗雷格主义将算术化归为逻辑的根本立场，我们也需谨慎对待。伴随当代数学各分支的纵深发展，算术、分析、几何、代数等学科分支之间的融合与交叉愈发明显，为整个数学构建合理的基础与统一的需求也愈发强烈。将数学化归为逻辑的可行性与必要性应交由数学实践来评判。当前以对象和函子为基本概念的范畴论作为一种数学基础的现实选择，已升华为一种数学结构主义的重要进路。它无疑有助于解决或消解数学哲学中的传统难题，对揭示数学的本体论、认识论以及语义学等问题，具有广泛而重要的应用空间。但应明确的是，数学中的范畴论与新弗雷格主义披着“范畴”外衣的类具有本质的不同。

参考文献与阅读书目

[1] Hale，B. and Wright C. To Bury Caesar…//Hale and Wright. The Reason's Proper Study. Oxford：Oxford University Press，2001.

[2] Field，H. Realism，Mathematics and Modality. Oxford：Basil Blackwell，1989.

[3] Frege，G. The Foundations of Arithmetic. German text and English translation of Frege 1884 by J. L. Austin. 2nd revised edition. Oxford：Basil Blackwell，1953.

[4] 邢滔滔. 从弗雷格到新弗雷格. 科学文化评论，2008 (6).

[5] MacBride, F. Speaking with Shadows: A Study of Neo-Logicism. British Society for the Philosophy of Science, 2003.

[6] Schirn, M. Frege's Logicism and the Neo-Fregean Project. Axiomathes, 2014 (24).

[7] Dummett, M. Frege: Philosophy of Mathematics. London: Duckworth, 1991.

[8] Wright, C. Frege's Conception of Numbers as Objects. Aberdeen: Aberdeen University Press, 1983.

[9] Pedersen, N. J. Consideration on Neo-Fregean Ontology. Fünfter Internationaler Kongress der Gesellschaft für Analytische Philosophie. Bielefeld, 2003.

[10] Pedersen, N. J. Solving the Caesar Problem Without Categorical. Erkenn this, 2009, 71 (2).

[11] Linnebo, Ø. "The Julius Caesar Problem" in Thin Objects: An Abstractionist Account. Oxford: Oxford University Press, 2018.

思考题

1. 什么是恺撒难题？为什么说它的提出对数学哲学、逻辑哲学甚至整个分析哲学都具有重要意义？

2. 如何理解休谟原则与恺撒难题的关系？

3. 黑尔和莱特是否有效解决了恺撒难题？为什么？

4. 无范畴论证的基本思想是什么？无范畴论证与范畴论证具有怎样的关系？

5. 范畴交叉论证是如何确立同一性标准的？它有哪些局限性？

第十六章

为什么需要道德？

道德问题一般与真理相对，讨论善、恶、正当、不正当等规范性问题。日常生活往往纷繁复杂，即使面对同样的情境，不同的人也会得出不同的结论。道德问题自古以来就众说纷纭，至今仍莫衷一是。自 20 世纪初英国哲学家摩尔（G. E. Moore）的《伦理学原理》一书问世以来，很多道德哲学家都在从事这方面的工作。我们一般把这门学问称为元伦理学。尽管不同的哲学家偏好某一层面的问题，但总体来说，元伦理学的讨论包含了如下逐次递进的四个层面：道德动机（moral motivation）、道德判断（moral judgment）、道德事实（moral fact）和道德属性（moral property）。这四个层面虽然同属于元伦理学，却与其他不同的研究领域有着千丝万缕的联系。这些研究领域包括心理学、行动哲学、语言哲学、认识论、形而上学等。

道德动机属于道德心理学讨论的内容。这部分研究主要相关于行动，一般指有意的行动或者意向性行动。行动者的动机是行动者促成该行动的原因。道德行动也是一种意向性行动，因此道德动机就成为这种行动的原因。动机一般包含了行动者的欲求，也有人认为这种欲求离不开信念。但有些哲学家认为，某种具有规范性的理由才真正解释了该行动是否为道德行动。这里有不同形式的道德内在主义（internalism）和外在主义（externalism）之间的争论。道德判断的研究主要相关于道德陈述的意义，是属于语言哲学中语义学的一部分。有些哲学家认为，道德判断和事实判断不同，后者作为一个事实命题具有真假值，而前者只是表达了一种非认知的状态。另一些哲学家则认为道德判断也具有真假值。这里有非认知主义

(non-cognitivism) 和各种认知主义 (cognitivism) 之间的争论。道德事实和道德属性的讨论都属于形而上学的领域。有一些哲学家不承认存在道德事实，而另一些哲学家则认为正是道德事实的存在才赋予了道德判断以真假值。这里有不同形式的道德实在论 (moral realism) 和反实在论 (anti-realism) 之间的争论。对于道德属性和自然属性之间关系理解的不同，则构成了不同形式的自然主义 (naturalism) 和非自然主义 (non-naturalism) 之间的争论。虽然哲学家们可以从各自不同的立场出发编织出一幅幅不同的立体画面，但这四个层面是他们的理论离不开的框架。接下来我们以四个层面为坐标，择要就当代元伦理学中的一些代表性观点进行呈现。

第一节　道德动机

道德心理学认为，促成某个行动的动机一般包含两种不同的心理状态：行动者的信念 (belief) 和欲求 (desire)。欲求是一种非认知性的、较为活泼的状态。欲求仅仅和愿望或者目的有关，不具有真假值，并不依赖于这个世界究竟如何。比如“我欲乘风归去”，客观上能否实现“乘风归去”并不重要。因此如果用隐喻性的“适应方向” (direction of fit)① 来表达的话，那么欲求的特征在于，当我表达了这些欲求的时候，我可以改变世界来适应这些欲求。而信念则相反。信念是一种认知性的、稳定的状态。信念所表征的对象往往是客观世界或者从客观世界的判断中得到的命题。对于一个道德行动而言，动机中的信念可以通过道德判断来表达，从而具有了规范性。我持有的信念真假与否，与这个世界有着紧密的联系。因此信念的特征在于，我可以调整信念去适应这个世界。

史密斯 (Michael Smith) 在1994年出版的《道德问题》一书中曾做过总结，有三个命题，单独看起来挺有道理，但合在一起却并不一致[1]12—13：

(1) 客观性特征。“我促成行动 φ 是正当的”，这种形式的道德判断表达了主体的信念，该信念相关于一个她这么做是正当的客观事实。

(2) 实践性特征。如果有人做出判断：她促成行动 φ 是正当的，那么在其他条件不变的情况下，她必然被激发去促成行动 φ。

(3) 仅仅在行动者具有恰当欲求和用如此手段达成目的的信念的情况下，她被激发去促成行动 φ。用休谟的话来说，这里的信念和欲求是截然不同的存在物。

从 (1) 可以得出道德判断表达了信念这一心理状态。从 (2) 可以得出道德判断必然关联于动机。从 (3) 可以得出动机中包含了欲求。既然在动机中既有信念也有欲求，那么两种心理状态一定在某种意义上有关联。但 (3) 告诉我们，相信世界是如何的信

① “适应方向”问题，最初见于安斯康姆 (G. E. M. Anscombe). Intention. Ithaca: Cornell University Press, 1963；普拉茨 (M. Platts). Ways of Meaning: An Introduction to a Philosophy of Language. London: Routledge & Kegan Paul, 1979。

念和在某种信念下欲求某物，这两者是截然不同的存在物。比如在接受（1）的情况下，我知道某个道德判断是对的，但是该判断只是信念的表达，如果接受（2），我真诚地相信该道德判断并激发了行动，那么就与（3）不一致，因为（3）告诉我们缺乏相关的欲求是无法激发行动的。这三个命题之间的不一致导致了道德问题。

史密斯认为元伦理学中的分歧就在于哲学家们无法将这三个命题协调起来，往往拒绝了其中某条而选择了其他两条。如果拒绝（1）接受（2）和（3），那么就选择了一条内在主义路线。这种观点认为，道德判断如果只是信念的表达，那么就无法作为动机来激发行动，因为按照休谟主义的观点，促成某行动的理由只有在被纳入到行动者欲求的情况下，才能真正激发该行动者产生行动，而信念只不过是实现欲求目的的一种手段。动机内在主义有两个版本。这种仅仅把行动者的欲求作为行动动机的主张，就是柔弱的动机内在主义（weak motivational internalism）。反之，强健的动机内在主义（strong motivational internalism）并不承认（3），因此它们持有一种反休谟主义（anti-Humeanism）的立场，认为无需依赖于欲求，理性本身就可以激发道德行动，从而主张道德判断和动机之间是一种不可挫败的（indefeasible）必然关联。与上述观点不同，如果拒绝（2），在强调道德判断客观性的同时还主张道德判断不必然能够激发行动者促成道德行动，两者之间是一种可挫败的（defeasible）偶然关联，那么这种观点就是动机外在主义。

就行动自身包含的实践特征来看，动机内在主义看起来似乎更符合我们的日常直觉。但史密斯与强健的内在主义不同，主张我们的道德判断并不必然能够激发行动，除非该行动者是一个意志坚强的在实践上是理性的好人。他说："如果行动者判断出在情境 C 下她做 G 是正当的，那么或者她就在 C 下被激发做 G，或者她在实践上是非理性的。"[1]61 比如有人看到一个小孩快要掉到井里了，而且恰好路过可以施以援手，在这种情境下，如果她当时并非处于一种意志软弱等非理性状态，那么就会立刻被激发去帮助这个小孩。内在主义理论强调道德判断和动机之间关联的必然性。但是在外在主义者看来，道德判断是一回事，动机是另一回事，一般来说两者之间并没有可靠的关联，更没有必然的关联。因此，外在主义者必须对道德判断和动机之间的可靠关联给出一个解释。如果她出手去救这个小孩，那么并不是从该情境中判断产生的动机来激发她这么做，而是她认为这么做是作为一个好人应该去做的。因此，史密斯指控外在主义者在动机中另外加入了错误的内容，是道德狂热主义者："好人关心他们孩子和朋友的福祉……而不是这件事：做他们相信是正当的事情……常识告诉我们，被这么激发的人是一个狂热的或者道德上邪恶的人，而不是道德上有德性的人。"[1]75

在史密斯眼中，外在主义者有点类似于"存天理，灭人欲"的道德狂热主义者。对于这一指控，斯瓦瓦尔斯多蒂（Sigrún Svavarsdòttir）在 1999 年的论文《道德认知主义和动机》中有一个回应。斯瓦瓦尔斯多蒂认为道德判断之所以能够激发行动者促成某个道德行动，原因在于某种大公无私的立场，类似"我欲仁，斯仁至矣"的特殊欲求——成为道德者的欲求（the desire to be moral）。不论是内在主义者还是外在主义者，都承认好人在某些情境下会被激发去做某些事情。在史密斯看来，这个好人只想着一件事情，就是自己成圣成贤，做一个道德圣人要求的那些事情，其他的那些道德动机都是建立在这件事情的基础之上。因此，这个欲求是一个“想太多”(one thought too many)，从而被指责为邪恶的道德狂热主义者的特殊欲求。而斯瓦瓦尔斯多蒂认为，好人的确更加关注于道德上有价值的事情，但并不是说好人就是狂热而不近人情，而是说好人已经包含了正义、公平、诚实、友好、同情等性格特征，虽然的确并不必然包含在某个特定情境下行动者的动机上的倾向。

两种理论之间更大的不同并不在于怎么理解好人，而在于外在主义者更强调理性的道德判断和动机在心理学上是不同的。斯瓦瓦尔斯多蒂说：“但是他们（内在主义者）并没有看到有任何必要去假定一个成为道德者的欲求来解释这种现象，因为他们认为，做出一个道德判断一般来说对道德动机已经足够充分了。”[2]201 而外在主义者则认为“这种变化不会发生在每一次道德判断中，因此与道德判断相应的状态，对产生做 φ 这事儿不可能是充分的。对于一个好人来说，在道德判断和动机之间必定有某些其他东西来建立一条通道：这就是成为道德者的欲求。”[2]201 对于外在主义者来说，要解释清楚道德判断和动机之间的可靠关联通道，的确要承诺行动者具有成为道德者的欲求，但这种成为道德者的欲求只是动机结构的其中一个部分，而非如同内在主义者所认为的那样，道德判断中产生的欲求就足以构成整个道德动机。在这个意义上，外在主义同样也可以接受类似内在主义的动机解释：“现在，再次考虑我的外在主义主张：好人被激发去做 φ，并且让我们假定，做 φ 实际上是这样一个结果：相信做 φ 是 μ（当 μ 是一个道德概念的时候），并且欲求成为 μ。”[2]202 μ 具有道德上的价值，做 φ 有道德价值的信念和成为 μ 的欲求，这两者产生了做 φ 的结果。只不过内在主义把这个欲求视为是与真正的行动目的相异化的特殊欲求。事实上，外在主义也不承诺这个成为道德者的欲求是这个好人做 φ 的唯一的动机性倾向，也不排除有其他的动机来达成目的。

与上述两种道德动机理论不同，强健的内在主义不接受（3)，主张单单道德判断或者信念本身就可以直接激发某个道德行动，而无需依赖于各种形式的欲求或者意动状态。我们这里简要考查强健的内在主义对休谟主义动机理论的两个反驳——内格尔(Thomas Nagel）的新康德式（neo-Kantian）和麦克道威尔（John McDowell）的新亚里士多德式（neo-Aristotelian）版本。休谟主义强调动机中欲求的必不可少性，但如果用欲求去说明动机的时候，往往会不知不觉混淆两种不同的欲求。内格尔在 1970 年出版的《利他主义的可能性》一书中区分了未激发的（unmotivated）欲求和已激发的(motivated）欲求。按照他的分类，未激发的欲求是“直接呈现在我们身上的”，而说明行动的动机中所出现的欲求，则是已激发的欲求。“不管某人对一个目标有意识的追求的动机是什么样的，正是靠了他的追求这个事实，把对于那个目标的欲求归属给他才是恰当的。但是如果欲求是已激发的，那么对它的说明就应该与对他的追求的说明是一样的。”[3]29 未激发的欲求直接呈现在我们身上，是直接归属于我们的。而已激发的欲求则被称为是一种目标导向的欲求，可以在目的-手段的模式下得到传递。比如，我现在感到口渴，边上正好有台饮料机，于是我投入硬币，然后取出饮料，一饮而尽，我的口渴的欲求得到满足。用休谟主义的动机理论说明整个行动：我口渴的欲求，结合对各种周边信念的输入，在一系列的行动中得到传递，激发并完成整个动作。但是直接呈现在我们身上的口渴的感觉是一种“未激发”的欲求，而“想要投入硬币”这一“已激发”

的欲求的产生却是建立在我对饮料机的正确信念之上。那么这一信念是如何与刚刚那种口渴的心理状态结合起来，产生另外一种心理状态呢？这条沟壑是休谟主义的动机理论无法说明的。内格尔认为，实践理性要作用于行动，需要满足两个因素：首先，赋予行动者在行动发端处的状态以一种原初性。其次，从一种状态到另一种状态的转变过程中需要一种推衍性。在理性主义者看来，唯有理性才能承担原初性和推衍性的双重角色。[3]47 休谟主义者则无法承担这一点，所以当他们用欲求去说明行动中这一双重性时，会遇到很大的困难。

第二个反休谟主义动机理论版本来自麦克道威尔。他在 1978 年撰写的《道德要求是假言命令吗?》一文中提出了一种后来被称为新亚里士多德式的反休谟主义动机理论。麦克道威尔在文中区分了两种行为：有德性的（virtuous）行为和慎思的（prudent）行为。行动者可以采用休谟主义的动机理论，通过他的信念和欲求来说明慎思的行为。但是对于有德性的行为，“事物何以如此的概念本身就足以向我们说明呈现该行动的有利的方式”[4]86。这是一个很强的主张，也就是说，有德者可以从某个情境中“看到”这一概念，从而直接促成有德性行为的发生。至于为什么我们要遵从道德的行为，或者如果有人不具备这种知觉能力，那么他又如何才能从某个情境中“看到”这一概念？麦克道威尔的回答看上去颇为独断：“这个问题没有答案。”但他马上又给出了一个类似于“见贤思齐”的回答：“或许会发生的事情是，有人被唤醒（be brought to）像有德者那样去看事物，并且由此感到有必要停止去追问这个问题。”[4]86 另一方面，麦克道威尔提到这里还包含了一个教养的过程：“在道德教养中，我们学习的东西并不是对行为规则彬彬有礼的遵从，而是在一种特定的方式下去看情境，从而建构出行动的理由；这种知觉能力一旦获得就可以在复杂新奇的环境中得到训练……”[4]85 在此，麦克道威尔并没有对道德教养和知觉能力给出道德认识论上的解释，而是仅仅通过区分两种不同行为回避了休谟主义的问题。难道有德性的行动的动机中就没有欲求出现吗？回答是否定的。但与休谟主义中占据主导地位的欲求不同，反休谟主义的动机理论中，欲求不是作为一种动力而出现，只是以后果式（consequential）的方式被归因（ascribed）。我们认为，这里的后果式归因并不是在行动之后的一种事后说明，而是有德者在某个理由下促成有德性的行动的同时，为了解释清楚这一事实，使得理由何以能激发该行动得到理解。下面这段话很明显提到了这一点：“如果我们授予他（有德者）一个恰当的欲求，那么如前所述，这就必定只是这个事实的一个后果：我们把他对环境的概念作为他做过的行动的理由；作为动机说明的一个独立组成部分起作用，不需要该欲求。解释所援引的理由对该行动者意志产生影响的能力，才需要该欲求。”[4]80

与上述以欲求为中心的动机理论和以道德判断为中心的动机理论不同，斯洛特（Michael Slote）的道德感通主义（sentimentalism）提出了一种以道德赞成和不赞成的心理状态为中心的动机理论。这种感通主义理论的基础是同理心（empathy）：“同理心具备这样一种感觉，当我们看到他人处于痛苦之中的时候，在我们自身不由自主地生起一种对他人的感觉。”[5]15 同理心和情感主义者（emotivist）主张的同情心（sympathy）不同，后者只是从他人处于某种痛苦中产生出来的一种对于他人的感觉，而前者更强调一种设身处地换位思考，把他人的痛苦当作自己的痛苦，就好像一个人的感觉被注入

(being infused into) 另一个人之中。另外，感通主义吸收了内格尔和麦克道威尔等人关于道德判断具有客观性和激发性的主张，但和理性主义不同，感通主义认为道德赞成和不赞成才是道德判断的基础，并且坚持主张同理心通过道德赞成和不赞成可以进入（enter into）对于道德直觉和道德判断的理解之中，从而有助于解释为什么这种道德判断可以激发我们促成某个道德行动。或许感通主义在道德心理学上的面目依赖于它的对手才被明确起来，但感通主义并非一种单纯的元伦理学理论，它还参与到了规范伦理学各种不同议题的讨论之中。

道德心理学是一门古老而又新兴的学科，这要归因于道德问题一直伴随在我们人类身边，而且还在持续不断地激发我们的好奇心。看到旁边与我们素不相识的小孩将要掉进井里，为什么我们会毫不犹豫地施以援手？某种想要救援的欲求在牵动着我们的内心，还是从某种道德判断而来的理由在唤醒我们直接采取行动？抑或是某种特殊的对他人痛苦的感觉在激发着我们？在某个情境下，究竟是我们内心中哪一种心理状态在促成我们一次又一次地去从事某种道德行为？我们认为，这些最直观的道德心理学问题是我们关心道德问题的第一步。但要真正彻底解决这个问题，有必要继续进一步考查关于道德判断的讨论。作为一个有道德的存在物，具有规范性的道德判断在何种意义上表达了我们内心的这种心理状态呢？又或者根本就没有被道德判断所表达？这就是我们下一节要讨论的问题。

第二节 道德判断

如果认为道德判断或者道德陈述表达了某种心灵状态——信念，而不是欲求，并且和事实命题一样在语义学上具有真假值，那么这种主张被称为伦理认知主义。反之，如果认为道德陈述并没有命题性的逻辑形式，不表达信念，在语义学上不具有真假值，那么这种主张则是非认知主义。在道德心理学上，大多数非认知主义者往往会站在休谟主义的立场上，认为在道德实践中真正起作用的是某种非认知的态度。这一点要溯源于20世纪初，很多分析哲学家特别是逻辑实证主义者在伦理陈述和事实命题之间做出了区分，前者一般被认为是一种态度的表达，而后者才是可以判断为真或假、真正具有意义的命题。因此，本节我们首先给出非认知主义的一个最初版本：艾耶尔（A. J. Ayer）的情感主义。然后，非认知主义由于主张道德判断不具有真假值，因此在进行道德推理的过程中会遇到一个难以克服的困难：弗雷格-吉奇（Frege-Geach）问题。为了解决这个问题，非认知主义者提供了一个表达主义的版本。最后我们来考查一下麦克道威尔对非认知主义的反驳。

当我说出一个关于某事物的陈述的时候，比如我指着一个地方说“这是一块奶酪”，这个命题一方面表达了我们内心的信念，另一方面也描述了这个客观世界中的某个事实。按照一般符合论的观点，如果我所指的那个地方事实上的确有一块奶酪，那么该陈述的对象，也就是命题“这是一块奶酪”为真，如果那个地方事实上根本就不存在奶酪，那么这个命题为假。但是，当我说“我希望这是一块奶酪”这个陈述的时候，就会有另外的问题出现。几乎所有的非认知主义者都会承认，类似“我希望……”这类陈述并不具有真假值，与“这是一块奶酪”这一事实陈述不同。类似地，伦理学上的命题也没有真假值。艾耶尔在《语言、真理与逻辑》一书中明确表达了这种观点，他说：“相比较于我只是说‘你在行窃’，我对某人说‘你在行窃，这个行动是不正当的’，我并没有说出更多的东西。增加‘这个行动是不正当的’，我并没有对此做出任何更进一步的陈述。我仅仅确认了我对此的道德不赞同。就好像我用一种特别的恐惧语气说出或者用某些特别的感叹号来写出‘你在行窃’。这种语气或者感叹号并没有给句子的字面意义添加任何东西。它仅仅表明了言说者的某些感觉参与了它的表达。”[6]107 包含“……是正当的”这类道德谓词的命题都是属于伦理学上的命题，在艾耶尔看来只不过是一个感叹号，或者是“赞同”这种非认知的情感态度的一个表达，本身并没有任何真假的意义。就像“我希望……”这一陈述和“这是一块奶酪”这一命题的真假与否是不一样的，“……是正当的”这一陈述和“你在行窃”这一命题的真假也是不一样的。

非认知主义者对于伦理陈述和事实命题的划界也有积极的意义。他们认为，与事实相关的命题是自然科学研究的对象，受到因果规律的支配，而伦理学领域谈论的是与人相关的价值问题。把价值问题从自然科学中区分出来，反而真正彰显了道德问题的实践性本质。早期的各种非认知主义都在不同程度上承认非认知的态度在道德实践中可以发挥正面的作用。比如卡尔纳普（R. Carnap）认为道德语言不仅仅是一个感叹号，更像是一个命令句。黑尔（R. M. Hare）在 1952 年《道德语言》一书中进一步认为道德语言和描述性的句子不同，是一种规定性（prescriptive）语言，具有定言的（imperative）意义。这一点在处理道德分歧的时候，尤其有优势。如果伦理命题和事实命题一样都是对信念的表达，都是对客观世界的一种描述，那么在道德分歧出现的时候，对于如何处理调和两个完全矛盾的信念，就会出现一些非常不合理的现象：要不强行取消分歧从而一方观点完全被压制，要不就会出现两个截然不可通约的道德世界。但情感主义则无需如此：道德分歧只不过是一种感觉上争辩（a clash of feelings）[6]111，而不是一种信念上的矛盾。这种处理道德分歧的方式似乎比较符合我们的日常直觉，而且也在一定程度上为宽容和价值多元化保留了空间。但相较于这一点优势，非认知主义由于不承认道德判断具有真假值而付出了更加大的代价。

非认知主义者在处理道德推理时所遭遇的问题——后来被称为“弗雷格-吉奇问题”，最初是由吉奇（Peter Geach）在 1960 年论文《归属主义》中提出，并在 1965 年论文《断言句》中得到了发展。吉奇反驳的对象是描述主义的反对者——归属主义者（ascriptivists）：“归属主义者主张，说一个行动 x 在行动者 A 看来是自愿的，就不是用因果的方式来描述，而是把这个行动归属给了 A，A 对这个行动负责。……因此，归属主义者主张，这里没有真或假的问题，对道德判断来说也不存在真或假的问题。”[7]221 我们可以看到，这里所描绘的归属主义不仅是一种非认知主义，而且也不承认行动具有一般认知意义上的因果性。既然道德判断不存在真或假的问题，那么类似“好、正当”这类道德谓词就只是表达了主体对某个事物的态度。这和一般的谓词不同，一般谓词是对某个事物的谓述，从而对这个事物的判断具有真假值。吉奇认为，归属主义者在做出道德判断的时候，忽略了这两者之间的区别。这一点在用于条件句推理的时候，如果条件句的前件中是一个包含道德谓词的判断，那么就会出现一个不符合常识的问题。我们来看一个推理："如果 x 是不好的，那么 p；x 是不好的；因此，p。"按照一般非认知主义的看法，x 是不好的只是表示主体对 x 的一种不赞成态度，而不是表示"不好"是对 x 的谓述。后者具有真假值，因此这个条件句推理是成立的。按照归属主义的看法，前者并不具有真假值，这个条件句推理就不成立。但常识告诉我们，在进行道德推理的时候，条件句推理当然是有效的。比如吉奇在文中举例："如果赌博是不好的，那么叫人来赌博就是不好的。"这个道德推理事实上很显然是有效的，既然如此，归属主义对于道德判断不具有真假值的观点就是不成立的。

实际上道德推理中出现的问题在自然语言中很常见，而且不限于条件句。在疑问句和否定句以及涉及一些模态词的句子中也会出现这种问题。只不过这种问题在条件句中特别明显。非认知主义者对于弗雷格-吉奇问题的回答，一开始也都集中在有条件句的假言推理之中。这种非认知主义也被称为表达主义（expressivism)。表达主义有不同的形式，但是都强调带有"好、正当"或者"不好、不正当"这类谓词的道德判断是主体的赞成或者不赞成态度的一个表达，而不是对客观世界的一种描述。布莱克本（S. Blackburn）在 1984 年出版的《展开语词》一书中提出了一种准实在论的投射主义理论，主张道德属性只是我们行动者主观的情感或者态度的一种投射。但尽管如此，我们还是可以有权利来谈论道德承诺好像（as if）可以为真可以为假，道德判断好像表达了信念。对于条件句中道德判断的意义，布莱克本给出了回答，认为这个包含道德判断的整个条件句的假言推理表达了一种"二阶"的心灵态度。比如"如果行窃是不正当的，那么杀人是不正当的"，这个条件句中有不赞成行窃和不赞成杀人所表达的两种一阶态度以及对于整个条件句所承诺的赞同二阶态度。在假言推理的时候，其中前提"行窃是不正当的"有人接受了，这个前提也是表达了这个人不赞成行窃的态度，那么就可以通过道德推理得出结论：那个人也接受"杀人是不正当的"，也就是说结论表达了这个人不赞成杀人的态度，除非他放弃其中某个前提。布莱克本认为，如果他接受了"行窃是不正当的"，但不接受"杀人是不正当的"，那么在他的态度中就会有某种"不一致"(incoherence)，也就是说，他违背了自己对于整个条件句的结合的赞同二阶态度。因此，我们可以说，这种二阶态度和一阶态度的一致保证了日常道德推理的有效性。那么如何理解这两种态度之间的一致？比如我接受"行窃是不正当的"，对行窃具有不赞成态度。但是当这个判断出现在条件句中的时候，我如何把这种一阶的态度"一致地"转化为对整个条件句的"二阶态度"呢？布莱克本提出了一个道德敏感性的概念，他认为，道德敏感性是我们对于带有各种不同态度的各种情境的不同回应，是从信念的输入到态度的输出的一种功能。[8]192 那么我们是否可以设想一个缺乏道德敏感性的人，比如我看到别人在行窃，但是对于这一情境，在我的主观态度里面并没有发生任何回应，因此当我把"行窃是不正当的"所表达的态度放到条件句的前件中时，由于缺乏道德敏感性，我无法把这种态度通过道德态度传递到结论之中。因此，后来布莱克本在 1998 年的《支配性的激情》一书中又提出一种更强的道德承诺的认可（accept）概念。

近年来有些哲学家把弗雷格-吉奇问题的讨论从条件句转移到了否定句。对P来说，{P，～P}是一个不一致的集合。因为事实陈述是具有真假值的，是信念的表达。“某人在杀人”和“某人不杀人”，这两个陈述表达了不同的信念内容，相信P和相信～P彼此是有分歧的（disagreement）。对于一个道德陈述来说，如果“杀人是正当的”和“杀人是不正当的”是对两个不一致信念的表达，那么P和～P当然也是不一致的。但是按照非认知主义，“杀人是正当的”是对“某人在杀人”的一种赞成态度的表达，“杀人不是正当的”是“某人在杀人”的一种不赞成态度的表达，两者在内容上是一致的，都是“某人在杀人”。常识告诉我们，这两个道德陈述当然是不一致的。表达主义者为了解释两个道德陈述之间的分歧和不一致，就承认了两个道德陈述在内容上是不同的：“杀人是正当的”表达了赞同“某人在杀人”，“杀人不是正当的”表达了赞同“某人不杀人”。这就会产生一个麻烦。“杀人不是正当的”并不是赞同“某人不杀人”的态度的表达，“不杀人是正当的”才是赞同“某人不杀人”的态度的表达。因此，如果表达主义者要处理上述两个道德陈述之间的不一致，就必须把否定句“杀人不是正当的”直接等同于否定句“不杀人是正当的”。但这显然是违反常识的。否定句“杀人不是正当的”有其独立的意义，是对于“某人杀人”这一行为正当性的否定。但“不杀人是正当的”，是对于“某人不杀人”这一行为正当性的肯定。

严格来讲，弗雷格-吉奇问题并不是一个逻辑问题，并没有提出关于某种非认知态度的新的逻辑推理规则。只不过是为了解决这个问题：在推理过程中，有些句子并不携带真假值，那么推理是如何发生的？这个问题事实上并不局限于道德谓词，任何与命题态度相关的诸如“希望”“怀疑”等句子都可以进行类似的讨论。因此，相关的讨论就不一定局限于道德判断究竟是认知性的信念的表达还是非认知的态度的表达。

另外一个挑战非认知主义的思路来自麦克道威尔，他在1981年发表的《非认知主义和遵循规则》一文中借助维特根斯坦对于遵从规则的论证反驳了非认知主义者的前提：评价性的非认知态度和事实性的科学世界的二分。按照维特根斯坦的看法，在某个实践活动中，实践的参与者“盲目地”遵从某个规则，比如在数学数列上“加2”这个规则，有能力的参与者对规则的理解和遵从与某种心理学上的倾向没有任何关系，因为这套规则是人类数学实践的特征，可以被公开阐释。在实践中，规则和遵从之间是一种内在的“强制性”的关系。在特定的语言游戏和生活形式中，一条规则已经规定了我们如何做、该做什么。但遵从规则的论证在什么意义上反驳了非认知主义呢？麦克道威尔认为，非认知主义者把评价性的语言当成真正在实践上起作用的，也就是说，包含“好、正当”等道德谓词的评价性语言可以在实践上“持续不断地做同一件事情”。遵从规则的论证恰好反驳了上述观点。规则才真正规定了如何正确从事实践活动，而不是反过来由非认知性的态度构成的评价性语言在实践上发挥作用。非认知主义者承认有个独立于评价的世界，以及与这个世界相对应的评价性语言。麦克道威尔在论文一开始对这个非认知主义的立场有一个总结：“非认知主义主张，当我们被迫把价值归属给某物的时候，实际上发生的东西可以被分解为两个部分。一个评价性概念的能力包含了，首先，对于实际存在的世界的面相的敏感性……其次，某种态度的倾向——一种非认知的状态，从这个特定视角来看，世界上的东西被赋予了价值。”[9]200—201 按照遵从规则的论证，在实践中非认知的状态并没有发挥作用，既然如此，上述在价值归属过程中“分解为两个部分”是非认知主义者坚持的一种偏见，并没有任何合理性。

从直觉上看，当我们判断“某个行动是正当的”或者“某个人是好人”的时候，和判断“这是一块奶酪”，有着本质上的区别。不仅如此，在某个情境下，我们做出道德判断“救小孩是正当”的时候，并不是在讨论理论上究竟应不应该的事情，而是要求在实践上发挥作用。因此，我们做出这一道德判断，实际上同时也表达了我们内心中想要立刻对小孩伸出援助之手的意愿。从这一点看来，非认知主义在道德实践中具有很大的优势。因此，本节在非认知主义保持这一优势的同时，主要考查这种理论所遭遇到的一些困难以及对这些困难的补救。但就算非认知主义者无法就这些困难给出一个有说服力的论证，也并不代表认知主义就获得了理论上的成功。从哲学上看，认知主义者为自身辩护的负担实际上更重。他们不仅要解决实践上的问题，而且还要对道德判断和道德事实之间的关系给出解释。这是我们下一节所要讨论的话题。

第三节　道德事实

大多数哲学家都承认这个世界是存在的，不依赖于我们任何的心灵活动，并且承认这个世界是由众多事实构成的。比如之前人类从未涉足于月球的背面，但几乎没有人否认月球背面的存在，同样也不会有太多人承认月球背面有水。当我说出“月球背面有水”这个判断的时候，该命题就是假的，因为事实上月球背面没有水，而且最近已经被“嫦娥四号”探测器证明了。事实赋予了该命题以真假值。但是我们小时候都听过“嫦娥奔月”的故事，那时我们会不会承认月亮上面住着嫦娥呢？很可能会承认，因为我们感动于这个凄美而善良的故事，但更有可能不承认。道德问题与这种“嫦娥奔月”的故事类似。除了那些诸如道德虚无主义（moral nihilism）、道德取消主义（moral eliminativism）等不承认任何形式道德的理论之外，绝大多数道德理论都认为我们可以对现实世界中发生的事情进行善、恶、正当、不正当等道德判断。其中有些人承认有道德事实，这种观点被称为道德实在论。但还有一部分人认为道德判断只不过是某种主观态度的表达，客观世界中根本就没有类似“嫦娥奔月”这类事实，或者就算承认道德判断是信念的表达，但也不承认有道德事实，这些观点被称为道德反实在论。由于非认知主义已经在上一节中得到了讨论，我们在这节先讨论两种认知主义的道德反实在论：麦基（J. L. Mackie）的错误理论（error theory）和道德虚构主义（moral fictionalism），然后再来讨论一个比较流行的道德实在论版本：康奈尔实在论（Cornell realism）。

麦基在《伦理学：发明对与错》一书中提出，错误理论是为了反驳当时传统的主流道德观点——道德价值是客观的，他说：“虽然大多数人在做出道德判断时都暗自主张是指向客观地规定的某个东西，但是这些主张全都是错误的。正是这才使得‘道德怀疑主义’这个名称恰当起来。”[10]35 麦基认为道德怀疑主义并不是在一阶的意义上怀疑任何形式的价值，而是在二阶的意义上反对价值的客观性。在这个意义上，错误理论也是一种道德怀疑主义。这里的“客观地规定的某个东西”就是我们所提到的道德事实，错误理论不承认有任何形式的道德事实，因此所有关于道德判断的主张都是错误的。但是另一方面，在一阶的日常道德中，道德判断仍然是起作用的，他说：“我认为，存在着客观的价值、根本上规定的实体或某种性质（日常的道德判断预设了这些东西），这个主张不是无意义的（meaningless），而是假的（false）。”[10]40 也就是说，错误理论不同于虚无主义，承认道德判断在日常道德判断中是有意义的。为了证明这个观点，麦基给出了两个论证：从相对性方面的论证和从怪异性方面的论证。第一个论证来自我们直觉中的道德分歧现象。日常生活在不断发生变化，不同的生活方式有着不同的道德规范，因此相较于一成不变的客观价值，或者客观的道德原则，更愿意接受我们从生活中认可的道德规范。第二个论证更进一步反驳了客观的道德事实。首先在形而上学层面，客观的有价值的道德事实是一个非常怪异的东西。类似于颜色这种第二性的质，我们无法接受它们独立于我们的心灵在客观世界里存在。在自然科学研究的世界之外，有另外一个同样客观的道德事实组成的世界，这一点很奇怪。其次在认识论层面，我们是否可以在经验主义的基础上去认识这个客观的道德事实呢？或者说，这种客观的道德属性和其他的自然属性是如何关联起来的？当我们对某个行为做出一个道德判断的时候，与该行为对应的自然事实，和道德判断背后的道德事实之间是一种什么关系？麦基认为这里是一种无法彻底清晰化的神秘关系，因此客观的道德事实也是不成立的。

错误理论是一种道德的反实在论，通过对于客观的道德事实的反驳，承认道德判断和一般的事实判断不同，都是错误的。同时，错误理论不需要像非认知主义者那样在道德推理上付出过多的代价。相反，这种理论在一阶的日常生活中为我们保留了道德判断的作用。但这种保留是非常有限的。当探测器在月球登陆后没有发现嫦娥——嫦娥根本就不存在，错误理论就会随同科学家一起否定“嫦娥奔月”整个故事的真实性。近年来提出的道德虚构主义继承和发展了错误理论，承认道德判断虽然都是错误的，但仍然携带了真假值，具有认知上的意义。此外，道德虚构主义提出了更进一步主张：正是出于“方便的虚构”，各种形式的道德要求才能在日常生活中发挥作用，并且这种作用是出于实用的或者理论的目的，而非道德本身的作用。也就是说，道德虚构主义者仍然会像以前一样继续讲“嫦娥奔月”的故事，只不过是出于一种实用的或者理论的目的，在一种伪装为真的情况下继续讲。因此，虚构主义主张，我们的语言可以从两个角度来看：一个是告诉我们实际的情况，另一个是告诉我们伪装的情况。但这种说法听起来仍然是非常模糊的。我们不妨换个角度，考查一下道德虚构主义与虚无主义、非认知主义、反实在论、实在论等其他道德理论之间的区别。

既然不承认道德事实的存在，而且所有的道德判断都是错误的，那么如何区分虚构主义和虚无主义呢？诺兰、雷斯托尔和韦斯特（Daniel Nolan，Greg Restall & Caroline West）在 2005 年合写的文章中提出了虚构主义相较于虚无主义或者取消主义的四个优点。[11]307－330 虚构主义第一个优点是给出了心理上的方便，也就是我们习惯于在日常生活中谈论事物的正当、不正当、义务、德性、权利、正义等这些流行性概念。取消主义要一下子放弃这些概念，我们在心理上过不去。虚构主义第二个优点在于我们在讨论伦理学问题的时候没必要钻牛角尖，总是提出复杂的元伦理学问题。虚构主义第三个优点是其具有表达出来的力量。比如世界上并不存在“权利”“义务”等道德词汇相对应的任何非道德的事实，但仍可以把这些词汇用在语言上。虚构主义可以不用去找这些事实在哪里，既然表达出来了，这些道德语言本身就有为真的力量。虚构主义第四个优点是实践层面的。在我们出现分歧、冲突等情况的时候，虚构主义有能力让道德语言发挥重要的作用，来进行协调和规范。虚构主义相较于非认知主义或者表达主义的优点在于，在道德推理中不会出现弗雷格-吉奇问题。因为虚构主义和错误理论一样，都是一种认知主义，承认道德判断是信念的表达，可以在道德推理中携带真值，因此可以和实在论一样保证各种道德推理的逻辑有效性。另外一个问题是处理道德分歧的问题。两个非认知主义者对某个事物的道德判断产生分歧的时候，只不过是对于这个事物说出了两种不同的态度，实际上两人并没有产生冲突，并不是正常意义上的道德分歧。准实在论的表达主义者的确可以在某种意义上谈论道德分歧，但实际上仍然没有触及真正的道德分歧。虚构主义者就不同，他们可以在日常意义上来谈论某事物是正当的、善的等实质性的道德分歧。在这个意义上，虚构主义和道德实在论是一样的。但虚构主义的特别之处在于，尽管我们可以在日常意义上出于方便以伪装的方式来谈论，但这些道德判断实际上都是错误的，因此道德分歧的双方也都是错误的。对于虚构主义者而言，这里的道德语言可以从两个角度来看：从一个角度，我们可以在字面上做出这些陈述；从另一个角度，这些陈述都是错误的。因此，如果两个虚构主义者产生了道德分歧，那么这个分歧就是对以伪装的方式陈述出来的内容产生的分歧。

不同的道德虚构主义者有不同倾向的主张，而且这些主张也有很多不足的地方，仍然在不断发展之中。与上述不承认道德事实的各种流派相反，实际上不论是古代还是当前，承认存在道德事实的实在论一直都是很多哲学家的一个非常重要的选项。康奈尔实在论进一步在认识论上采纳了当前流行的自然科学，承认我们可以通过经验的方式或者科学的方法来知道与某些事物相关的道德事实。比如“月球上到底有没有嫦娥?”。物理学家通过发射月球探测器在月球上没有观察到嫦娥，事实上也没有观察到任何生命的存在，这一物理事实就可以直接参与到对“嫦娥奔月”这个故事的解释之中。或许一个康奈尔实在论者给自己孩子讲完“嫦娥奔月”的故事之后，马上会告诉他这一切事实上都不存在，并添上一段“阿波罗”登月或者“嫦娥四号”探测器的故事进行解释。达沃尔、吉伯德和雷尔顿（Stephen Darwall，Allan Gibbard & Peter Railton）在 1992 年合写的论文中对康奈尔实在论者有个概括：“康奈尔实在论者通过自然和社会科学之间的类比，主张道德属性既是不可还原的又可以发挥解释的作用。”[12]169

这种在自然科学领域和社会道德领域的不同类别事实之间进行相互解释的做法，对于反实在论者来说，更是难以接受的。哈曼（Gilbert Harman）和斯特金（Nicholas Sturgeon）曾就此有几次争论。哈曼在 1977 年一书中指出：“你需要假定某些物理事实来解释科学理论所观察的东西，但你似乎无需假定某些道德事实来解释我所谈论的所谓道德观察的东西。道德的情况似乎是，你只需要假定这个人的心理或道德敏感性来做出道德观察。”[13]6 哈曼坚持之前各种反实在论在道德领域和物理领域之间的划分，认为虽然物理事实的确可以用来解释科学理论所观察的东西，但在道德领域情况就不一样了，我们根本就不需要假定一个道德事实来解释道德领域发生的事情，相反我们只需要假定从事道德行动的这个行动者相关的心理或道德敏感性就可以了。比如你看到有小孩在井边玩耍，快要掉下去了，这时也许你会马上施以援手，幸好你能够马上拉住他，并对自己说“救援小孩是正当的”。这个行动的正当性并不需要从一个道德事实出发来加以解释。这个道德行动的促成只需要你不是麻木不仁的人，对此情境有道德敏感性就可以了。至于一些非道德的事实，比如小孩离井边多少距离，你能否拉住他，等等，的确可以解释清楚整个救援小孩的行为，但这种解释和该行动的道德性并没有太大关系。因此，是否需要道德事实在这个行动中起解释作用以及如何起作用，证明的负担来到了道德实在论这一方。

斯特金在 1986 年对于这个问题给出了一种反事实的解释。比如，你在看到小孩快要掉井里的时候，自然会产生一个信念“救小孩是正当的”。斯特金坚持主张，要解释该道德信念的形成，我们至少可以合法地援引“救小孩是正当的”这个道德事实。为什么呢？假如这个行动不是正当的（不存在这个道德事实），那么就不会拥有这个“正当性”属性所随附的那些相关的自然属性——包括“能否拉住他”“小孩会痛苦”等等；然后，假如不拥有这些自然属性，那么你就不会形成这个信念“救小孩是正当的”。既然我们大家都承认面对这个情境会产生一个道德信念“救小孩是正当的”，那么通过这样一种反事实的检验，斯特金得出一个结论：道德事实对于该道德信念的形成可以起到解释作用。这种反事实的解释实际上并没有给出道德信念产生的正面论证，只是论证了没有某个要素就没有道德信念的产生。因此，对于反实在论者来说，斯特金的反事实论证太弱了，他们要求实在论者进一步给出更为充分的论证来解释物理事实和道德事实在道德信念的形成中发挥作用的机制。哈曼在对斯特金论证的回应中说道：“我们需要的是某种说法：阿尔伯特行为的不正当性如何能够有助于解释简的不赞同。我们必须能够去相信这种说法。我们不可能只是随便说说，比如，这个行动的不正当性影响了反射进入简的眼睛的光线的质量，引发她给出了消极的反应。”[13]63 某个道德行动的正当性这一事实和物理事实，与我们就该行动做出的道德判断“该行动是正当的”之间既然存在某种依赖，那么就不能只是“随便说说”，用反事实来说明这种依赖是不够的，还需要给出某种更有力的我们必须去相信而且也能够去相信的说法：这些依赖（dependence）背后存在的作用机制。

我们生活于物理的自然的世界之中，但很少有人去质疑构成这个世界的物理事实究竟存不存在，因为这些事实为我们生活须臾不可离的信念提供了强有力的支持。同样，古往今来，在我们的日常生活中，也可以发现不少值得我们做出道德评价甚至为之献身的道德行为，那么道德事实是否存在？如果存在，在何种意义上进入讨论并影响我们行动？道德实在论者和反实在论者在这里展开了激烈的争论。但这些讨论并没有触及一个更为根本的或许没有意义的问题——道德事实本身究竟是怎么构成的？这些事实中所包含的“正当”“不正当”“善”“恶”等道德属性本身究竟是什么？实际上这个问题不仅是我们整个讨论的逻辑起点，而且也是元伦理学讨论的历史起点。这就是我们下一节所要讨论的问题：道德属性。

第四节　道德属性

摩尔把通常讨论的伦理学归为实践哲学或者实践伦理学。这门学科的研究主题是某个行为或者某个事物是不是善的、是不是正当的等。但是摩尔认为，在讨论这个主题之前，首先需要讨论一个更为一般性的问题：什么是善？对此，我们可以从他的《伦理学原理》一书中概括出三个层面的说法。第一个说法针对善本身，是否定性的："如果我被问到'什么是善的?'，我的回答是，善的就是善的；并就此了事。或者如果我被问到'怎样给善下定义?'，我的回答是，不能给它下定义，并且这就是我必须说的一切"[14]6。也就是说，善是不可定义的。第二个说法针对某事物的善，也是否定性的。如果有人想要用其他的属性去给善这个道德属性下定义，那么就犯下了一个错误——自然主义谬误："伦理学的目标是发现归属于所有善的事物的那些其他属性是什么。但是太多哲学家认为，当他们说出这些其他属性的时候，他们实际上是在定义善……这种观点我称为'自然主义谬误'"[14]10，"但是如果他混淆了'善'……和某个自然对象，那么这就有理由称其为'自然主义谬误'"[14]13。这里的"其他属性"不仅包含了存在于经验世界中的自然对象，而且包含了存在于超感觉的实在世界之中的对象。前者是自然主义伦理学犯的错误，后者是形而上学伦理学犯的错误。

严格来讲，第三个说法才是饱受后人诟病的论证："开放问题论证"。前面两个层面的说法都是建立在第三个论证的基础之上。这个论证有两个部分，第一个部分是通过反驳"善是复合的、整体的、可定义的观念"，反面论证善是不可定义的。第二个部分是论证善的必要性，反驳"善是没有任何意义的"。开放问题论证的结论就是自然主义谬误，也即作为道德属性的善不可以用任何自然属性加以定义，或者说善不可被分析地还原为自然属性。我们先简要概括一下这个论证。对于某个自然属性 N 来说，我们完全可以找到一个事物 A，说出"A 是 N"，而且也可以说"A 是善的"。摩尔认为，很多自然主义哲学家会主张用这个属性 N 给善下定义，"N 意指善"或者"善意指 N"，也就是说，他们会主张善这个道德属性等同于某个自然属性 N，两者是同义的。这时，摩尔给出了一个被称为"开放问题"的检验："我们或许总是可以有意义地追问：如此被定义（是 N）的复合体（A）本身是否善的?"[14]15 摩尔的回答是，在我们做出追问的时候，在我们的心灵前面，会出现两个截然不同的观念：善和 N。因此善不可用自然属性 N 来加以定义。

现在很少有哲学家会完全接受摩尔给出的经典版本的开放问题论证。最常见的反驳是循环论证：自然属性和道德属性之间不能被分析地等同，这个结论在论证的前提中出现了。自然主义者对经典版本的论证可以有两种回答。一种是分析的（analytical）自然主义，直接主张自然属性和道德属性的关系是分析的，那么开放问题的论证就不成立。但这种自然主义需要对自然属性和道德属性之间的关系进行重新解释。另一种则接受经典版本的论证，也就是接受道德属性不能被自然属性定义，但需要把道德属性的不可定义性转化为一种道德认识论上或者实践上的更弱解释。这种自然主义被称为综合的(synthetic)自然主义。

当前比较流行的分析的自然主义是杰克逊(Frank Jackson)的道德功能主义(moral functionalism)。杰克逊认为，道德属性在这种意义上就是自然属性：道德属性随附于自然属性。这里随附的意思是：两个具有不同的道德属性的情境，可以有类似的自然属性；反过来，两个自然属性不一样的情境，道德属性肯定是不一样的。随附性最初在莱布尼茨那里是用来形容一种偶然性关系，多个可能的客体随附于主体，但却不改变主体。金在权(Jaegwon Kim)和戴维森(Donald Davidson)等人用随附性来处理精神事件和物理事件之间的因果关系。在伦理学领域，伦理直觉主义者和规定主义者都曾用过随附性，这个词被用来说明道德属性和非道德属性之间的关系。对于这种关系杰克逊和佩蒂特(Philip Pettit)提出了一种编排解释(program explanation)：道德属性是自然状态的一种功能状态，自然状态是一种低阶的状态，道德属性是一种高阶的状态。道德属性的确不能用自然属性来定义，因为不同道德属性可能会有相同的自然状态，但道德属性随附于自然状态中，因为一种自然状态的变化会对应着一种道德属性的变化。我们可以举个例子：把道德属性类比为橡皮擦的弹性，而自然属性类比为橡皮擦的分子结构。橡皮擦具有弹性，原因在于橡皮擦处于一种自然状态中，在适当的压力下会产生弯曲，随后还能恢复原形。低阶自然状态就是实现弹性条件的分子结构。如果橡皮擦具有足以实现弹性条件的特性，那么该橡皮擦就具有弹性。这个“具有足以实现弹性条件的特性”来自适当的编排解释和知觉环境的相互作用。编排解释告诉我们，橡皮擦具有某种分子的排序，并且在适当压力下弯曲，随后还恢复原形，这些相互作用的自然事实保证了橡皮擦具有弹性。类似地，某个情境下某个行动，比如救小孩于井边，也对应着一种和知觉环境的编排互动，这种自然主义的状态也会对应着一个高阶的功能状态，比如善或正当性这类道德属性。编排解释的优点在于保证了自然事实可以进入行动正当性的因果解释中，同时又避免了该行动正当性必须用非道德属性来定义。因为我们完全可以设想这样一个可能世界，在这个世界中具有另一种自然状态的行动，正如橡皮擦可以有多种分子的排序一样，但我们还是有可能认为该行动具有正当性。

另一种综合的自然主义接受了摩尔对分析的自然主义的批评，但同时又在认识论上坚持一种自然主义方法，通过经验特征的后验解释来理解道德属性。为此，达沃尔、吉伯德和雷尔顿在 1992 年合写的论文中从这个角度修正了开放问题的经典版本论证：“开放问题的开放性并不依赖于任何错误和失察，我们(对于开放问题)的信心来自我们能够想象一个头脑清楚的人，对于某个自然主义属性 R，单单从这个事实 R 中，这个人无法找到恰当的理由或动机来导向行动。”[12]117 修正版本为经典版本中“总是有意义地追问”补充了一个导向行动的道德理由或者动机上的解释。经典版本关注的是道德属性和自然属性之间是不是一种分析的等同关系。修正版本的关键在于能否在自然属性 R 中找到导向行动的动机和理由，按照我们在第一节中的分析，这种自然主义还在道德心理学上承诺了一种内在主义。雷尔顿在论文中为这种整合了“经验后验”的解释性和“内在主义”的规范性的自然主义进行辩护：“我的自然主义采用一种还原主义的假设，把道德价值的属性与复杂的非道德属性进行综合的同一。这么做是因为相信这种同一能够有助于我们理解道德性及其在我们世界中的位置——包括对于道德属性的诸如语义的认识论进路——同时保留了道德价值的规范性角色的重要特征。”[15]317雷尔顿的实在论预设了这样一个事实国度：这个国度是对某人可欲的或者对他是善的非道德价值。如前所述，这个国度可以同时起到解释性和规范性作用。当某事物对某个人是可欲的，当且仅当这个人在信息透明并充分理性的情况下，欲求这事物。信息透明指全面描述信息，而充分理性指不受意志软弱等影响。这种“可欲性”在雷尔顿看来就是理想自我对实际自我的要求。在1986年《道德实在论》一文中，他指出这种实在论有两个特征[16]172：一方面是独立性，理想自我的欲求完全独立于实际上的欲求；另一方面是反馈性，我们可以通过经验的学习，逐渐意识到自己的利益从而进化自己的欲求。① 雷尔顿认为，任何道德属性都需要还原到这种非道德价值之中，对于道德上的正当性也是如此。而且他还引入了社会视角，认为道德规范所反映的某种合理性是来自社会的视角，而不只是来自某个特殊个人的视角。

整个20世纪乃至21世纪初的元伦理学都是建立在摩尔的“开放问题论证”之上，这么说似乎并不过分。既然如此，我们不妨进一步回到摩尔的文本，看一下摩尔三个层面的说法究竟想要表达什么意思。

首先，摩尔并不是在谈论各种道德属性。善是不可定义的，但正当则不一定。在摩尔看来，正当是实践伦理学研究的对象。开放问题论证也只是针对善。善的确是一种道德属性，但摩尔在提出论证的时候并不关心其他的道德属性。善的特殊性在于它是一个简单观念。

其次，“自然主义谬误”听起来像是对自然主义的反驳，但摩尔真正关心的是“谬误”[14]14，而不完全是“自然主义”。只不过很多人用自然属性去定义善，所以也被称为自然主义谬误。这就可以理解为什么形而上学伦理学用超感官的对象去定义善，也被摩尔称为自然主义“谬误”。这里的“谬误”发生在“定义”这一行为上，很多人在给伦理学下定义的时候，把定义的对象——善（good）和善的事物（the good）混淆了。善的事物是善这一简单观念的应用。虽然善是不可定义的，但善的事物则完全可以定义，因为伦理学就是建立在对善的事物的定义之上的。如果混淆了两者，就会导致用其他属性去定义善的事物的时候，误以为是对善的定义。并且如果自然主义是指用自然属性去定义善的事物，那么自然主义在这个意义上是可以成立的。不论是当前分析的自然主义还是综合的自然主义，都没有在简单观念的意义上来谈论善，只是把它笼统地作为道德属性来研究。因此，在摩尔看来，讨论道德属性和自然属性之间的关系，以及道德认识论或者道德心理学的问题，并没有触及善观念本身。善是独立自存的简单观念，说不可用自然属性去定义，并不是强调善和自然属性之间的某种“关系”。两者根本就是不同层面的事物，因此不存在“关系”。

那么除去摩尔的一些独断性的结论，如何来正面理解善究竟是什么？我们重新来看他的开放问题论证。前面提到，这个论证有两个部分。这两个部分都用到了一种方

---

① 此处详细讨论可见米勒（Alexander Miller）. Contemporary Metaethics：An Introduction. 2nd edition. Cambridge：Polity Press，2013：186－195。

法——内察（inspection）。大概的意思是在进行某种思想活动的时候，比如怀疑、考虑的时候，在“我们的心灵前面”会出现“观念”，这是一个事实。第二个论证，也就是论证善不是没有意义的，明显用到了这种方法：

> 每当他考虑到“内在价值”或“内在品质”的时候，或者说一个事物“应该存在”的时候，在他的心灵前面会有一个独一无二的对象——事物的独一无二属性——我指的是“善”。每个人都经常会意识到这个观念，尽管他可能从来就没有意识到它和其他意识到的观念的不同之处。但是对于正确的伦理推理来说，这一点是非常重要的，他应该意识到这个事实。[14]17

摩尔把这个心灵前面呈现出来的观念称为“善”，尽管还没有办法做出这个观念和其他观念之间的区别。因此，这种方法不同于一般逻辑论证，而是直接把“每个人都意识到”一个“事实”作为前提，从而保证结论的合法性。

第一部分的论证，也就是传统上说的开放问题论证，也用到了这种“内察”的论证方法。这部分论证可以分为正面和反面两层论述。从“第一眼看来”这个短语后面是正面的论述：

> 举个例子……第一眼看来，是善的可能意指是我们想要去欲求的。那么如果我们把这个定义用于一个特殊的事例，并且说“当我们认为 A 是善的时候，我们就在认为 A 是我们想要去欲求的其中一个事物”，我们的命题似乎完全合理。[14]15

我们可以看到，摩尔在这里明确承认一个“是善的”事物 A，同时也可以是“我们想要去欲求的”事物 A。也就是后来说的自然主义是完全合理的。但是马上紧接着就出现了一个追问，然后在“稍许反思之后”这个短语就是反面陈述。后来我们把这个追问称为开放问题，也就是我们总是可以有意义地追问“想要去欲求 A，是善吗?”：

> 但是如果我们进一步研究，并且追问自己：“想要去欲求 A，是善吗?”那么很明显，稍许反思之后，这个问题本身就像原来的问题“A 是善吗?”一样，是可以理解的……但是很明显，第二个问题的意义不可能被正确地分析为“想要去欲求 A，是我们想要去欲求的其中一个事物吗?”。在我们的心灵前面，我们并没有如此复杂的问题：“我们想要去欲求 A?”此外，任何人都可以很容易通过内察说服自己，这个命题的谓词——善——不同于“想要去欲求”……确实，这一点是真的：我们想要去欲求的东西每次都是善的；或许，反过来也可能是真的。但是情况是否如此，这是非常令人怀疑的，仅有的事实是，我们通过怀疑很好地理解了它的意思，在我们的心灵前面很清楚地表明我们有两个观念。[14]15—16

这里大家关注的是摩尔提到的“复杂问题”：如果你承认“想要去欲求 A，是善”，那么也就承认“想要去欲求 A，是善吗?”这个问题就会被分析为“想要去欲求 A，是‘想要去欲求 A’吗?”。但一般人在追问那个问题的时候，不会去考虑这么复杂的问题，因此我们就否定了“想要去欲求 A，是善”。但实际上，摩尔提到“复杂问题”的目的并不是在归谬的意义上否定“想要去欲求 A，是善”，而是要让每一个这样“反思”的人，通过内察的方法意识到“善”和“想要去欲求”是两个不同的观念。也就是说，借助于“反思”和“怀疑”前面那个自然主义的结论：“每个欲求的东西都是善的”，从而在“我们的心灵前面”呈现出这两个观念是不同的。从这两个观念是截然不同的“这个事实”作为前提出发，得出一个有效的结论：善是不可定义的。

我们可以看到，摩尔从正面陈述和反面陈述中两次承认自然主义的结论是真的。尽管如此，通过“稍许反思之后”又怀疑了这个结论，而且通过这种怀疑旨在表明这个事实：“善”这一简单观念和“想要去欲求”这一自然属性是截然不同的。实际上摩尔后来在讨论“感觉材料”和“外在对象”问题的时候也曾如法炮制。① “第一眼看来”和“稍许反思之后”，从这两个视角中可以得出两个完全矛盾的结论。他认为这不是一种心理学的怀疑，而是一种“无法平伏的哲学怀疑”。这一点是很令人费解的，正如当代研究摩尔的专家鲍德温（Thomas Baldwin）在《开放问题论证》一文中说：“在摩尔伦理学的内核里有一种辩证的虚无主义（dialectical nihilism）。”[17]289

参考文献与阅读书目

［1］Smith，M. The Moral Problem. Oxford：Basil Blackwell，1994.

［2］Svavarsdòttir，S. Moral Cognitivism and Motivation. Philosophical Review，1999，108（2）.

［3］Nagel，T. The Possibility of Altruism. Princeton：Princeton University Press，1970.

［4］McDowell，J. Are Moral Requirements Hypothetical Imperatives? Mind，Value and Reality. Harvard：Harvard University Press，1998.

［5］Slote，M. Moral Sentimentalism. Oxford：Oxford University Press，2010.

［6］Ayer，A. J. Language，Truth，and Logic. London：Gollancz，1946.

［7］Geach，P. Ascriptivism. Philosophical Review，1960，69（2）.

［8］Blackburn，S. Spreading the Word. Oxford：Oxford University Press，1984.

［9］McDowell，J. Non-Cognitivism and Rule-Following. Mind，Value and Reality. Harvard：Harvard University Press，1998.

［10］Mackie，J. L. Ethics：Inventing Right and Wrong. London：Penguin Books，1977.

［11］Nolan，D.，Restall，G.，West，C. Moral Fictionalism versus the Rest. Australasian Journal of Philosophy，2005.

［12］Darwall，S.，Gibbard，A.，Railton，P. Toward *fin de siècle* Ethics：Some Trends. Philosophical Review，1992，101（1）.

---

① 何松旭. 感觉材料的三种地位：罗素、金岳霖和摩尔. 现代哲学，2018（4）.

[13] Harman, G. The Nature of Morality. Oxford: Oxford University Press, 1977.

[14] Moore, G. E. Principia Ethica. Cambridge: Cambridge University Press, 1902.

[15] Railton, P. Reply to David Wiggins//John Haldane and Crispin Wright. Reality, Representation, and Projection. Oxford: Oxford University Press, 1993.

[16] Railton, P. Moral Realism. Philosophical Review, 1986 (95).

[17] Baldwin, T. The Open Question Argument//John Skorupski. The Routledge Companion to Ethics. London: Routledge, 2010.

思考题

1. 请阅读《孟子·公孙丑上》中的这段话：

> 所以谓人皆有不忍人之心者，今人乍见孺子将入于井，皆有怵惕恻隐之心。非所以内交于孺子之父母也，非所以要誉于乡党朋友也，非恶其声而然也。

请你从上一段话中找出表达道德心理状态的词汇，并且分别从柔弱的内在主义、强健的内在主义和外在主义三个不同立场，为孟子的观点做出辩护。

2. 请阅读《孟子·梁惠王下》中的这段话：

> 齐宣王问曰："汤放桀，武王伐纣，有诸？"孟子对曰："于传有之。"曰："臣弑其君，可乎？"孟子曰："贼仁者谓之贼，贼义者谓之残，残贼之人谓之一夫。闻诛一夫纣矣，未闻弑君也。"

在孟子的回答中包含了"汤放桀，武王伐纣"的事实推理和"臣弑其君""诛一夫纣"的道德推理，请比较这两种推理，并找出这些推理中的大前提、小前提以及结论。结合这一例子，进一步思考道德认知主义和非认知主义在处理道德分歧的时候，各自有什么优缺点。

3. 请阅读王阳明《传习录》中的这段话：

> 丁亥年九月，先生起复征思、田。将命行时，德洪与汝中论学。汝中举先生教言曰："无善无恶是心之体，有善有恶是意之动，知善知恶是良知，为善去恶是格物。"德洪曰："此意如何？"汝中曰："此恐未是究竟话头。若说心体是无善无恶，意亦是无善无恶的意，知亦是无善无恶的知，物是无善无恶的物矣。若说意有善恶，毕竟心体还有善恶在。"德洪曰："心体是'天命之性'，原是无善无恶的。但人有习心，意念上见有善恶在，格、致、诚、正、修，此正是复那性体功夫。若原无善恶，功夫亦不消说矣。"

钱德洪和王汝中是王阳明的两位学生，他们各自对王阳明的"四句教"进行了解释。请你从"心之体"和"意""知""物"之间的关系来思考道德事实和道德动机、道德判断、道德行动之间的关系，并进一步思考王阳明的“四句教”和道德虚无主义、道德虚构主义之间的异同。

4. 请阅读柏拉图《理想国》中的这段话：

> 苏格拉底：因此我们说善在可见世界中所产生的儿子——那个很像它的东西——所指的就是太阳。太阳跟视觉和可见事物的关系，正好像可理知世界里面善本身跟理性和可理知事物的关系一样。……当事物的颜色不再被白天的阳光所照耀而只被夜晚的微光所照的时候，你用眼睛去看它们，你的眼睛就会很模糊……人的灵魂就好像眼睛一样。当他注视被真理与实在所照耀的对象时，它便能知道它们了解它们，显然是有了理性。但当它转而去看那暗淡的生灭世界时，它便只有意见了，模糊起来了。……这个给予知识的对象以真理、给予知识的主体以认识能力的东西，就是善的理念。它乃是知识和认识中的真理的原因。

我们从道德属性和自然属性之间的关系区分了道德自然主义和非自然主义，请你用这两种属性之间的关系来思考柏拉图这段话中，太阳和善之间的类比关系，以及真理、认识能力和善之间的关系。

5. 请你分别从道德动机、道德判断、道德事实、道德属性等不同层面总结一下自己的道德观，并给出支持这种观点的理由。

下篇

实战习练：争议、对话与交锋

第一组

老师上课不应该点名

中国大学的制度将出勤率计入学生的平时成绩，这就意味着制度要求教师必须点名，否则就无法评价学生的课堂表现。但是，绝大部分大学生对点名制度怀有深深的怨念。《中国青年报》上刊登的一则调查显示，大概有八成大学生经常逃课。如果点名计入平时成绩，那么根据屁股决定脑袋的方式来决定点名制度是否必要，相信这八成大学生也将是我坚定的盟友。一个针对广州大学生对于点名制度态度的调查印证了这一点，仅有约15%的大学生支持点名制度。此外，很多老师也承认自己不喜欢点名，认为点名不必要。有些老师甚至在网上发博客，说自己点名是被逼无奈。

看来，“老师要不要点名”这个问题的答案，并不是很多人认为的那样“天经地义”。课堂上，无论是学生一方还是老师一方，都对这个问题存在巨大的争议。那么，我们就有必要尝试着去捍卫自己的立场。

学生和老师在很多方面都有分歧，但是有一点不可置疑：学生的主要目的是学习知识，老师的主要义务就是尽可能地让每个学生学到更多。点名制度作为手段，是为了让一个课堂更好地运转。那么，点名有没有让学生更好地完成学习目的，让老师更好地尽自己的义务，就是评判“是否应该点名”的准绳。

一个最直观的对点名制度的捍卫可以是这样的：

> 前提 1：上课时，老师应该尽可能让每个学生学到更多知识。
>
> 前提 2：点名制度可以督促学生到课。
>
> 前提 3：在学习能力等同的情况下，到课的学生比不到课的学生更能学好知识，完成学习目的。
>
> 前提 4：如果点名可以让学生更好地完成学习目的，让老师尽到自己的义务，那么老师上课应该点名。
>
> 结论：老师上课应该点名。

然而，“在学习能力等同的情况下，到课的学生比不到课的学生更能学好知识”却是值得怀疑的。首先，如果课程本身内容较差，缺乏深度，那么点名制度无法帮助学生更好学习知识。无论学生到课与否、学习能力如何，在课堂上实际没什么东西值得学习的，那么强迫学生到课只能是浪费学生时间。这也是为什么我们不喜欢“水课”点名的原因。

翻译罗素《西方哲学史》的何兆武是一位出色的学者。他回忆一段他在西南联大学习时的经历，写道：“姚从吾先生是北大历史系主任，可是我们当年都觉得姚先生口才不好，讲得不怎么样，所以不想上他的课。姚先生还教一门史学方法，也是历史系的必修课，我就听过两堂。总觉得没什么内容，简直浪费时间，还不如我自己借本书呢，一个星期就看完了。而且我知道，好多同学都不上他的课，姚先生也从来不点名。到了学期末，我们把同学的笔记借来看看，应付考试。”

其次，不到课的学生完全可能比到课的学生学得好。设想两个学习能力都较好的学生，一个在宿舍自学，一个去课堂跟随老师进度学习：自学的同学由于可以自由安排学习内容与方法，能更好地掌握教材知识；而到课的同学不得不按上课的内容学习，学习效率可能会更低。点名制度不能帮这一类学生更好地完成学习目的。

最后，对于学习自主性不那么强的学生，点名起到的作用也非常有限。点名制度能够提升学生的出勤率，但是无法确保学生在课堂上就认真听讲。学生到课堂上就开始在最后一排睡觉或玩手机的情况是点名无法解决的。如果点名制度仅仅是让学生到场而已，又如何帮助学生完成学习目的呢？就算点名制度可以用来表彰学生对课堂的态度与勤奋，但对于这一类学生而言，还是存在着“每节课都睡觉，依然拿满平时分”的情况，这显然是不合理的。

更别说对于对课程抱有极大热情、认真听讲的学生，点名是极其浪费时间的。一节大课可能有近百名学生，如果每节课花 10 分钟点名，一学期将近 20 周，浪费近 200 分钟。这对于老师和学生都是时间的浪费。

有人可能会说，点名制度至少能让老师了解学生的情况，师生之间的交流能够让老师了解学生对于知识内容的需求，从而更好地为学生传授知识。

点名制度也可以被这样捍卫：

> 前提 1：上课时，老师应该尽可能让每个学生学到更多知识。

前提 2：点名制度可以让老师认识学生、了解学生情况、形成课堂反馈。

前提 3：一个对学生更了解、掌握课堂反馈的老师，可以根据反馈调整授课内容与方式，帮助学生学到更多知识。

前提 4：如果点名可以让学生更好地完成学习目的，让老师尽到自己的义务，那么老师上课应该点名。

结论：老师上课应该点名。

诚然，一个负责任的老师当然可以通过点名来认识学生、了解学生对授课内容的态度。但是，前提 2 中“点名制度可以让老师认识学生、了解学生情况、形成课堂反馈”却不必然成立。

有个别老师上课内容空洞，却利用点名制度要求学生到课堂上。对于这样的老师而言，点名制度就不是老师借以考查课堂情况的工具。点名制度并不能让这样的老师反思自己的教学内容与学生对课堂的态度。

实际上，负责的老师也会用各种其他办法与学生交流课堂感想，点名不是必要的手段。而不想与学生交流的老师，就算存在点名机制，他也不会利用点名的过程进行自我改进。点名制度与改进教师授课质量之间，是非充分、非必要关系。

当然，点名制度针对的是学习自主性较差的学生——到课至少还有一次“救赎”的机会。我依然非常乐意承认点名制度在这方面有限的益处。但是，这并不意味着点名制度在任何情况下都是必要的，它也决不是更好的课堂所必需的。要“让学生更好地完成学习目的，让老师更好地尽自己的教学义务”，我们有很多比点名制度重要得多的工作要做，比如提高教师整体素质、优化课程安排等，这些才是更有必要的。

近来一些大学过于强调点名的重要性，甚至斥资开发人脸识别点名系统、指纹点名系统等。我能够理解它们对提高课堂质量的诉求，然而，沉迷于对点名制度的完善，不如把钱花在更需要建设的教学制度上。

老师上课应该点名

“北影点名批评×××”作为近期热点，在微博上引起了舆论对近年来高校课堂出勤问题的广泛讨论。事情的起因是×××被曝出一年没有来北影上课而是在外拍戏，北影老师建议其重读大一。而后微博上渐渐形成了反对她的行为与捍卫她的行为两种观点。反对的观点认为×××缺课过多理应受到惩罚；但支持她的人则认为她在课外拍戏也学到了很多课堂上学不到的表演知识，而且以她的天资，参加考试也会顺利通过。

×××也许是很出色的演员，也可能是天分很高的学生。不过笔者更关心的是，这是否意味着一个足够聪明、擅长自学或者能在课下学到更多的学生有理由不上课？或者说，老师的课堂点名会不会损害某一部分学生的利益？如果反对点名的学生既不能通过自学取得好成绩，也不会自觉地在课下付出努力，拒绝点名显然是他们拒绝认真学习的借口，点名对于这些偷懒者而言利大于弊。但对于那些不用通过课堂学习也能取得不错成绩的学生而言，点名是否包含了不公平？

学生讨厌点名，也往往和课的内容与老师的教学质量有关。如果点名的老师并不能讲出学生满意的课，那么点名就可能引起学生反感。有位同学曾给我讲过这样一种现象：大师的课内容精彩，总能调动学生的积极性，因此即便很少点名，学生上课也都很有积极性；反之如果是“水课”老师点名，学生们则会觉得老师课都讲不好，有什么资格点名？这种现象衍生出这样一种观点：老师是否应该点名应该由老师讲课是否精彩决定。那么，果真讲课不那么精彩的老师，就不应当点名吗？

在这篇文章中，笔者将论证，老师上课应当点名，因为点名能满足师生对于课堂教学中公平的要求。

课堂上的每个元素都是为了更好地实现课堂的目标而存在的，无论是黑板、电子设备还是教室卫生。点名虽然是一个程序环节，但在目的上与其他课堂元素没有区别。因此，老师的能力与点名都是为实现教学目标服务的，两者并不冲突。判断老师上课是否应该点名的标准不在于老师上课是否精彩，而在于点名是否有助于满足课堂教学的要求。只要是教学要求的，就是应当的。

有种观点认为课堂教学目的就是让学生学到知识，但笔者认为这并不全面。如果只是要满足学知识，那学到知识的方式还有很多，完全不必拘泥于课堂。电影《心灵捕手》（*Good Will Hunting*）中有句名台词：“你花一万五所受的教育用一块五就能在图书馆获得”，就是对前面观点的很好反驳。而我们之所以还需要课堂，是因为在课堂上学知识应该是公平的，无论是结果还是过程。学习知识是一个师生共同参与的行为。在这个行为中学生需要获得公平，老师需要保障公平。因此，如果点名能满足师生对于课堂教学中公平的要求，那么点名就是应该的。基于这一标准，笔者认为老师上课应该点名。因为点名既可以帮助学生获得更公平的评价，也能让老师保障自己能公平地对待学生。

对于学生而言，点名能够让学生获得到更公平的评价。一门课的成绩一般由考试成绩与平时成绩组成，课堂出勤是老师给平时成绩的重要参考，点名是记录出勤的环节。有些天资过人的学生不上课也能在考试取得很好的成绩，而有些学生即便保证出勤，成绩可能也不如天赋好的学生。但保证出勤体现了学生对课堂学习的积极性、自律性以及毅力，这些都是值得肯定的品质，所以优秀的平时成绩是对学生保持出勤的肯定。当然，会有反对意见说，这对不上课的聪明学生不公平。因为他们可能同样积极、自律、有毅力，只是没在课堂上让老师看见而已。笔者要反驳的是，其实还是公平的。因为点名本来就只能证明学生对课堂教学表现出的积极自律等品质。老师同样不知道保持出勤的学生课后是否努力。在看不到课后努力这点上，老师对天赋学生和一般学生是完全平等的。但点名能让老师知道谁对课堂更加重视。对课后努力的反馈完全可以体现在作业或者期末考试中，但对课堂出勤的评价只能体现在点名所占的平时成绩的比重中。因此，用课下的努力取代对日常的出勤肯定是不公平的。

对老师而言，点名可以让老师保障公平得到执行。前文提到了点名与“水课”的关系，虽然一定程度上符合直觉，但却存在一个诡异的问题，即学生不想上“水课”并不能推出老师就不应该点名。且不提判断课“水”是很主观的；我们不能因为对一门课不感兴趣，就说这门课很“水”，也不能因为上了一节课，自己一个人没学到东西，就判定那门课对大多数人都没有帮助。就算课很“水”，也不能得出老师就不该点名的结论。因为老师在课上不仅对你一个人“水”，而是对所有人都“水”。换言之，在上课“水”这个问题上，老师对所有人都是公平的，他并没有违背公平规则。学生觉得课“水”完全有退课的权利（至少对于选修课而言），可如果既不退课也不来上课，又不用受到反馈，那显然对出勤的同学是不公平的，因此，只要学生选了课没有退，即便课“水”，也有出勤的义务。而在课堂教学中，老师有确保公平的责任。老师有监督学生是否履行了义务的责任，因为只有这样才能保障履行义务的学生能获得公平的对待。点名作为记录出勤的手段，可以帮助老师了解谁履行了出勤的义务。因此老师上课应当点名。

总结：课堂教学应当是公平的，点名能满足师生对于课堂教学中公平的要求，因此点名是应当的。点名能够让学生获得更公平的评价，因为坚持课堂出勤所表现出的对学习的积极性与毅力应该得到肯定。同时这不会对课下努力的人不公平，因为一方面，点名评价的只是课堂时间的努力，老师同样看不见出勤的人课后是否努力；另一方面，课后努力的反馈会在作业与期末考试的成绩中收到，并不会被忽视。点名可以帮助老师保障课堂公平，学生有出勤的义务，老师有监督学生是否履行了义务的责任，这样才能让履行出勤义务的学生能获得公平的对待。

第二组

反对大学招收特长生

最近，教育部出台文件要求 2020 年前取消体育特长生加分、中学生奥林匹克竞赛加分和科技竞赛类加分等。这一文件激起社会热议。我曾经在本科生中组织过关于“是否支持特招”的小型辩论，学生们的观点和立场呈现两极化：有些同学认为特长生既要进行专业训练，又要学习文化课程，并不比其他学生轻松；也有不少学生痛陈特招的不公平，如二位学生举例说她的一位高中同学文化课成绩远不如她，竟因会吹长笛参加艺考被清华大学降 60 分录取到法学类专业，而她虽成绩更好却无法进入清华大学，这并不公平。大学是否应当招特长生是为人们所关注的社会问题，值得仔细探讨。

我尝试为以下观点辩护：大学不应当招收特长生。需要说明，这里讲的大学是指普通公立高校，不包括体育类、语言类或艺术类等专业院校，也不包括大部分专门性附属院校、私立高校。下面会先给出不应当招收特长生的正面论证，然后再给出几种较有代表性地支持特招的理由，通过逐一反驳这些理由完成论证。

存在许多反对招收特长生的理由，这里只给出部分论证。不同于义务教育，进入高等教育的门槛是选拔性的，其目的在于挑选适合进入高校学习并有发展潜力的学生。包括高考在内的高校准入制度也应当围绕这一目的而设计。在这一意义上，招收的学生是否符合高等教育所要求的那些条件是至关重要的，也是检验招生政策是否合理的关键点。以其他理由来削弱、取代那些必要条件的政策很难说是合理的。

而现行特长生招生政策基本都会部分地牺牲一些必要要求，这是不公平的。正如在医院挂号排队不会纳入颜值因素，颜值高的人可以优先看病是荒谬的。同样的道理，大部分特长也不是进入非专门性普通公立高校的必备条件，高校因为特长生的某方面特长而降低其他必要指标并不合理。有人可能会反驳说，特长生招生并不意味着他们在其他方面不达标。但是，如果一个学生具备特长且其他条件也都满足，那么他并不需要借助招收特长生政策进入高校。不排除高校在同样满足条件的学生中也能够优先选择那些更具特长的学生，但这样一来，招收特长生的政策更无必要了。

再者，在录取数量大致一定的情况下，特长生挤占了许多符合高校录取要求的学生的名额，剥夺了本属于他们的机会。如果说特长生的特长可以成为理由的话，那么被挤占的学生的努力付出和他们的表现能够提供更多的理由。

支持特招理由 1：特招并非捷径，特长生的付出不亚于其他考生。

支持特招理由 2：招收特长生能丰富校园文化，重视对德智体美等综合素质的培养。

支持特招理由 3：既然少数民族、中西部偏远地区和贫困家庭的考生能加分，特长生也应当得到同等对待。

1. 对理由 1 的反驳

有些人认为特长生付出了不亚于其他考生的努力，应得回报。即便承认这一观点，这种努力要求的回报与高考特招之间并不具有必然关系。首先，学习特长本身就意味着学生能够收获专业训练所带来的回报。其次，还存在着其他回报，比如各种荣誉性和物质性的奖励、提高学生的审美水准、增加进入大学的概率（除了普通大学外还多了进入相关专业性院校的机会）。

更重要的是，并非学生的每一种付出都能要求获得高校准入证。正如不应当在高考中添加一门烹饪课考试一样——这对那些精于烹饪的学生来说并非不公平。除了专业性院校，对于一般高校所要求的准入条件来说，特长只是满足基本条件之外的锦上添花部分，而不是进入高等教育门槛所要求的必需条件。在同等符合条件的学生中高校也许可以向有更多特长的学生倾斜，但这就不属于我们正在谈论的特长生招收政策了，而现实中的特长生招生政策恰恰是以牺牲部分准入条件为前提的。

2. 对理由 2 的反驳

基于多元发展的理由意味着招收特长生能赋予学生选择特定喜好的权利，实现多面发展，而不至被完全束缚在文化课的考试中，同时也增加高校校园的丰富性。首先，促进学生的多元发展不意味着一定要高校招生给予倾斜才能实现，特招不是多元发展的必要条件。退一步讲，允许大学特招也未必能真正促进多元发展，特招政策的不合理倾斜反而会导致学生和家长出于功利的目的行事，既违背了其兴趣初衷，很多时候也成效有限。

对于高校来说，增加学生多样性不能以牺牲公平性为代价。一个擅长古典文学的学生和一个美术特招生都丰富了校园多样性，没有足够的理由给予后者以特招待遇。除非特招扩展到将大多数品质和技能都囊括进来的地步。但即使允许这样做，同样可以质疑特招的实际效果。试比较一个会弹古琴的学生和一个精通古琴并凭此被特招进校的学生，何以认为后者相比前者丰富了校园？以促进多样性来为特招后者进行辩护不够充分。

3. 对理由 3 的反驳

这一理由认为，如果对贫困地区的招生倾斜是合理的，那么没有足够理由反对“技能性加分”。贫困地区的加分出于教育资源不均的事实，试图以招生倾斜来弥补。实际上，贫困地区的招生倾斜也并不那么合理。一个质疑是特招损害了其他地区学生的利益仅仅因为他们没有出生在特定地区。如果说贫困地区的学生因为偶然的出身而享有较差的生活和教育水准不公平，那么其他地区学生因为同样的原因而失去他们的入校名额同样不公平。还有一个质疑是这种倾斜会掩盖甚至固化资源分配不均的事实。更应该做的应当是尽可能改变这一不平等的现实局面，特招是一种妥协而不是直面深层次问题的努力。

当然，招生倾斜政策作为一种补偿机制能在一定程度上弥补资源分配的不公，在短期内无法解决资源差距时可以用作权宜之计，但这不意味着它是对的。此外，即使我们承认对贫困地区的倾斜合理，“技能性加分”也难以得到辩护，现实中那些拥有技能性特长的学生常常拥有较好的生活环境、可以得到更多的家庭投入，给后者开绿灯的理由与给前者开绿灯的理由恰恰是相互矛盾的。

通过对三种支持特招的理由进行反驳，我们可以维护最开始的主张：大学招收特长生无法得到合理辩护。除上述三种理由，还存在更多支持特招的理由，囿于篇幅限制，无法一一给予反驳，已给出的诸多论证也只能提供简短说明。

大学可以因为特长而特招

高招体制里最为人所诟病的大概非特长生制度莫属。2014 年，辽宁本溪高级中学有 1 000 多名考生参加高考，获得体优加分的达 87 人。该校没有泳池，却“培养”了 25 名游泳二级运动员。这一事件引起公众对特招的极大反感。最近，教育部下发文件要求 2020 年前取消各类特长生招生。在存在几十年的特招制度成为历史之前，笔者要为特招制度做一辩护。

我把讨论背景限定在中国公立综合性大学，因为其他语境会要求考查大量不同因素，短文无法承载。在辩护之前，我先做一点概念澄清。特长在高招的语境内主要指文艺、体育和理工特长。特招指的是特长生通过单项技能考试获得高考加分或者绕过高考进入大学相关或不相关专业学习。进行特招有一些本身鲜有争议的基本出发点：主要的高考招生机制有偏差，无法选拔出一些有过人的艺体和理工专长、但在高考（其他）科目上稍有欠缺的人才，特招可以纠正这点。

大学是一种社会机构，旨在实现某种功能和目的。我们只有确定后者之后才能考量它是否可以做某事，因为想评价一个社会机构的行为合适与否，首先要看这些行为是否符合它的主要功能和目的。大学的功能和目的是什么？众所周知，洪堡的大学理念塑造了现代大学，在这个理念的诸多主张里，有一些和我们主题相关，已经成为当代综合大学的基本共识：大学有学术科研和教育两个主要职能。前者指对普遍性知识的追求；后者不仅包括学术科研的传承，也在于个性与道德的修养。在教育方面，继承发展洪堡传统的很多思想家无不倡导大学应该对人进行全面教育（而非职业教育）、让人的精神得到全面发展，成为理性自主的公民，成为创造性文化的载体。另外，洪堡传统特别强调大学应该促进其成员进行持续公开的跨领域交流，大学是求真的意义共同体，是精神和价值的共同体。

如果认同现代大学的基本理念，那么我们不仅可以而且应该招收特长生。高考是当前国情下兼顾平等的权宜之计，本身具有一考定终身、一分胜千军万马的特点，很多理工类优才稍有偏科或失误便无法进入匹配的大学院系，这最终不利于大学的高水平科研，而理工奥赛可以在一定程度上纠偏（也许有人会怀疑本科学习和科研的关系，并且指出考研以及出国读研的路径也是出路，但低劣的环境和质量差的本科训练无疑会阻碍理工类优才成为高水平研究者，甚至会使这些“出路”根本不可能）。至于艺体特招，现行主流招生体制高考过于窄化，考生必须集中全部精力于某几个学科才有录取希望，大多数情况下根本无暇发展艺体方面的高水平技能。所以仅靠高考，大学生社群必然趋于单调。朝夕相处的校园生活无疑非常有塑造作用，而上述贫瘠的校园生态会缺乏高水平的文体活动，不利于人的全面发展，更不会促成未来的艺术家和科学家的创造性碰撞。在各种体育联赛里，如果没有人代表大学争得荣誉，对塑造共同体进取向上的精神气质与认同感没有好处。高水平的校园文艺活动和高参与度的体育联赛是欧美名校最让人受益、最令人印象深刻的方面之一，缺乏这些的大学是很不完整的。所以，在现行高招体制下，中国大学需要特长生，特招符合大学理念。

无疑，特招充满争议，但是各种指责经过细究都不成立。比如有人说，只有城市富裕阶层才有条件投资艺体和奥赛，特招事实上成了小部分人上名校的捷径，破坏了平等原则。但这种现象背后的深层原因是基础教育长期轻视艺体教育、无法合理组织安排奥赛活动并最终排斥它，客观上把这些方面推给私立机构，使其无法对贫困阶层的优才开放。但这是基础教育不完善的恶果，根本不是特招造成的问题。正确的对策是改革公共艺体基础教育和公共奥赛选拔而不是否定本身合理有益的特招。另外，特招，特别是艺术特招之所以让人觉得是一个比较“水”的“捷径”，很大程度上是因为艺体基础教育成为少数人的专享。如果艺体教育开放成熟，很可能大学特招也会竞争激烈。

对这个观点也许会有人说，理念可嘉，但基础教育现状如此，改变需要时间，大学总不能继续特招纵容这些不平等。必须承认，公立大学由于它的公共机构属性，也必须承担公共义务，应该平等分配受高等教育的机会，这和大学求真、育才和文化创新的本质要求（在特招的问题上）形成了一定程度的冲突。这两种要求到底哪种更重要、怎么取舍，是一个巨大而充满争议的问题。目前我们也许只能追求权宜之计，权宜之计显然不是偏废，把大学只看作机遇平等分配的机器，而是合理平衡上述两种要求。而通过控制特招的规模和力度、改进特招的方式不是无法实现这种平衡。也就是说，目前现实条件下对平等的追求并不否定特招本身的正当性。

有人认为特招会滋生权钱交易，已经成为寻租通道（我曾经见过自幼学艺身高 1.65 米的篮球特长生和体重至少 80 千克的国家二级艺术体操运动员）。但这些不是特招本身的固有问题，而是资源短缺的社会和不完善的考核体制的结果。前者虽无法改变，后者却能通过改进程序，比如精心设计监督、外审等机制得到有效控制。由于某些艺体项目本身缺乏客观评价标准，也许腐败不能完全杜绝，但如果因此否定特招，岂不是因噎废食？如果我们治理腐败的唯一手段就是取消，那么同理是不是应该取消所有艺体类高校的选拔考试？

还有一种观点认为通过特长轨道进入大学后，很多特长生学习了不相关专业，最后“水”过毕业，问题很大。但这也不是特招本身而是教务管理层面的技术问题。大学应该在特招时就注意平衡，在入学之后综合特长生的情况安排合适的专业，并且收紧毕业条件。

特招本身是对高考进行的符合大学理念的有益补充，并不损害社会平等。很多热点问题也不能归咎于它，否定进而取消特招其实是一种头疼砍头、脚痛砍脚的思维方式。总而言之，大学可以因为特长而特招。

第三组

第一学历歧视是不合理的

第一学历歧视主要针对具有硕士、博士学历的应聘者，指的是用人单位在招聘过程中，除了最高学历外，根据应聘者高考后取得的第一学历进行区别对待。这一现象早在 2012 年就引起了热议。一名华中科技大学的女博士应聘武汉一所二本高校，在顺利通过了院方的笔试、面试，并得到院领导的口头承诺的情况下，仅仅由于本科学历一般而与这个职位失之交臂。针对这一问题，2013 年 4 月，教育部下发了《关于加强高校毕业生就业信息服务工作的通知》，明确指出严禁发布含有限定“985 高校”“211 高校”等字样的招聘信息。现如今，尽管第一学历的限制条件已经很少明确出现在招聘启事上，但仍有不少企业认为第一学历歧视具有某些合理性而私下采取第一学历歧视的做法，例如在第一轮简历筛选的过程中直接刷掉本科非 985、211 高校的应聘者。我的观点是第一学历歧视是不合理的，下面我将提出两个支持第一学历歧视是合理的理由，然后进行反驳。为了方便讨论，文中的应聘者指的是具有硕士、博士学历的应聘者，排除最高学历与第一学历相同的情况。

对第一学历歧视的合理性的第一个论证：

（1）存在一些与岗位需求相关的能力只能在第一学历所受教育期

间获得，不能在最高学历所受教育期间获得。

(2) 如果某个能力只能在第一学历所受教育期间获得，不能在最高学历所受教育期间获得，那么只有第一学历能反映这个能力，最高学历不能反映这个能力。

(3) 因此，存在一些只有第一学历能反映的与岗位需求相关的能力，最高学历不能反映这些能力。

(4) 用人单位在招聘时，根据能反映应聘者与岗位需求相关的能力的因素，对应聘者进行区别对待是合理的。

(5) 因此，用人单位在招聘时，根据第一学历对应聘者进行区别对待是合理的。

前提 (1) 体现的是这样一种看法，即本科是人生的一个关键时期，在这个时期受到的教育会对人产生潜移默化且深远的影响，这些影响与就业所要求的能力相关，并且这种影响是之后的硕士、博士教育所不能替代和弥补的。这些能力包括但不限于上进心、眼界、思维方式等。例如，本科 985、211 高校的学生比本科双非的学生有更多的机会接触到有海外背景的或外籍的老师，具有更好的国际视野和更开放的思维方式，即使他们之后在同一所学校读硕、读博，但本科时养成的思维方式很难改变了。

然而我认为前提 (1) 是站不住脚的。不可否认的是，前提 (1) 中涉及的上进心、眼界、思维方式等，确实可能受到第一学历教育的影响。根据上文的例子，在本科毕业时，本科 985、211 高校的学生比本科双非的学生可能具有更好的国际视野和更开放的思维方式。但这不是最高学历期间的教育不能改变的，例如本科双非的学生在更好的学校读硕期间，也可能接触到有海外背景的或外籍的老师，或者通过主动阅读外文文献，培养国际视野和开放的思维方式，消除与本科 985、211 高校的学生的差距。尽管随着年龄增长，思维方式更难改变，但不是不可改变的。上进心、眼界等其他方面同理。如果本科期间受到影响的每种能力自身都不是不可改变的，那么在读硕或读博期间，就有可能消除第一学历造成的在这些方面的差距。

此外，我认为前提 (2) 是错误的。即使的确存在某个能力只能在第一学历所受教育期间获得，不能在最高学历所受教育期间获得，可能存在第一学历无法反映这个能力的情况。假设国际视野和开放思维只能在第一学历期间培养，可能存在这样一种情况，某学生本科期间就读于双非院校，但他经常阅读英文文献和出国旅游，比大部分本科 985、211 高校的学生具有更好的国际视野和更开放的思维方式。很显然，在这种情况下，他第一学历无法反映他所具有的良好的国际视野和开放的思维方式。因此，这个论证不成立，用人单位在招聘时，根据第一学历对应聘者进行区别对待是不合理的。

对第一学历歧视的合理性的第二个论证是，第一学历歧视能够降低企业筛选成本，因为第一学历歧视可以快速缩小筛选范围且实现优中取优。例如在第一轮简历筛选的过程中直接刷掉本科非 985、211 高校的应聘者，可以减少参加笔试、面试的人数，节省时间，并且在最高学历相同的情况下，保留第一学历更好的应聘者。

我的反驳是，在第一个论证中，已经论证了"存在只有第一学历能反映的与岗位需求相关的能力，最高学历不能反映这些能力"是错误的，因此，在其他条件（包括最高学历）相同的情况下，第一学历更好的应聘者并不必然更优秀。所以第一学历歧视不能实现优中取优。在不能实现优中取优的情况下，歧视第一学历以快速缩小筛查范围，与随机淘汰简历来快速缩小筛查范围没有实质区别，这两种做法都有损失优秀人才的可能性，损害企业利益，因此是不合理的。

有人可能认为我的反驳是失败的，即使第一学历更好的应聘者不必然更优秀，第一学历好的应聘者中的优秀人才比第一学历较差的应聘者中的优秀人才更多。因为天资高的人很早就表现出能力强，通常第一学历就比一般人好；而对于天资平平的人，接受的教育越好，越有可能变得优秀，因此在硕博教育水平相当的情况下，本科教育越好，越有可能能力强。因此，从第一学历好的应聘者中可以选出足够的优秀人才，筛除第一学历较差的应聘者不会影响企业的人才质量。

我认为这个反驳是不成功的，天资高的人或许比普通人更早表现出优秀，但如果之后不努力或没有受到更好的教育，依然可能最终像方仲永一样泯然众人矣，具体地说，就是与普通人拥有相同的最高学历和相同的能力。而对于天资平平的人，学校教育不是决定能力的唯一因素，第一学历好的人，如果本科期间没有认真学习，他的能力可能不高；而第一学历差的人，可以通过自学、实习等方式弥补学校教育的不足，他的能力可能不亚于第一学历好的人，甚至由于他的第一学历差，需要自身付出更多的努力、更有勇气和毅力才能和第一学历好的人进入同一所学校读硕或读博，从而具备更强的能力。因此，支持第一学历好的应聘者中的优秀人才比第一学历较差的应聘者中的优秀人才更多的两个理由都不成立，这个反驳是失败的。

总之，我考查了支持第一学历歧视是合理的两个理由，其一是第一学历能反映一些最高学历不能反映的与岗位需求相关的能力，这个理由是不成立的，因为不存在只有第一学历能反映而最高学历不能反映的能力；其二是降低企业筛选成本，这个理由也是不成立的，因为第一学历歧视有损失优秀人才的可能性，损害企业利益。因此，第一学历歧视没有好的理由支持，是不合理的。

第一学历歧视是合理的

对于高考失利的学生而言，在大学期间积极准备，考取名校研究生、博士生不失为一种扬眉吐气、增强竞争力的好方式。但应聘时有的企业不仅关注应聘者的最高学历，还直接表示，他们只要本科阶段是全日制 211 或 985 高校的博士。因此而被拒的应聘者往往十分愤怒，认为这是“第一学历歧视”。

什么是第一学历歧视？通常，这一表述有以下两种用法：

第一，指对第一学历较低者的人格贬损与权利剥夺。

第二，指在招聘时针对第一学历较低者设置准入门槛，即根据第一学历筛选应聘者。

我们针对的是第二种场景。“歧视”一词争议很大，有些歧视如性别歧视、地域歧视，根据个人的出身和归类等特征对其加以污名化与权利剥夺，这类歧视明显是不合理的。而对于“第一学历歧视”，我们却不能爽快地判断它是不合理的——第一学历与最高学历一样，是一项能力指标，而根据能力筛选应聘者是合理的，这说明“第一学历歧视”与普通歧视并不相同。故此，“第一学历歧视”在下文中写作“根据第一学历筛选应聘者”。

论证如下：

(1) 企业招聘的目的在于，合法地用尽可能低的成本招聘到尽可能优秀的人才。

(2) 在应聘者较多时，根据第一学历筛选应聘者能明显降低招聘成本，但不会对招聘来的人才质量产生较大影响。

(3) 因此，在应聘者较多时，根据第一学历筛选应聘者符合企业招聘的目的。

(4) 根据第一学历筛选应聘者是合法的。

(5) 若一种做法合法且符合主体的目的，则这种做法合理。

(6) 因此，在应聘者较多时，根据第一学历筛选应聘者是合理的。

企业根据第一学历筛选应聘者可以节约成本。在应聘者足够甚至偏多的情况下，要逐一筛选应聘者需要付出巨大的精力和资源，在这种情况下，根据已有的、客观的各种指标对应聘者进行初步筛选就是节约招聘成本的一种有效方式。根据武玮《研究生第一学历与起薪差异》(2015) 对武汉大学、华中科技大学等七所武汉市重点高校的应届毕业生进行的抽样调查，在当年的毕业生中，第一学历是否来自 211 高校对起薪会产生显著影响，拥有 211 高校背景研究生的起薪约高 11.8%。作者认为，不同第一学历研究生的起薪差异既可能来自个人禀赋特质，也可能来自第一学历歧视。而调查结果显示，在起薪均值层面上，研究生起薪差异中有 62.51%来自对第一学历的歧视。可以看出，起薪均值差异较大，第一学历歧视是其主要原因，而个人禀赋特质也是重要原因。这说明第一学历的高低的确能反映应聘者的个人能力，往往第一学历高的应聘者其才能更出众，更符合企业的预期。并且当应聘者人数足够或较多时（在应聘者很少且学历较低的情况下对应聘者第一学历进行筛选是愚蠢的），这种筛选尽管放弃了潜在的低第一学历优秀人才，但仍然能获得足够的人才。

可以设想对前提 (2) 的反驳：根据第一学历筛选应聘者会过滤掉第一学历低但能力极高的人才，这会影响企业招聘来的人才质量。例如，马云本科毕业于二本学校杭州师范学院，但他明显是优秀的人才。

不可否认，有很多优秀人才第一学历较低，但第一学历高的优秀人才也有很多。相较于不同水平院校毕业生数量的巨大差距，第一学历低但能力极高的人才极其稀少。并且第一学历高且能力极高的人才比第一学历低但能力极高的人才更多：一方面，天才学生往往在青春期即展现出天才能力，因此具有较高的第一学历；另一方面，对资质寻常者而言，在硕博期间教育水平相当的情况下，四年优秀的本科教育能使他们更有机会成为领域中的高端人才。与其付出巨大精力和资源逐一面试寻找第一学历较低者中的明珠，不如付出较少的精力和资源在素质普遍较高的应聘者中筛选。

对前提 (1) 的反驳或许听上去更有说服力：企业有责任完善考查体系，用能力而非学历评判人才，根据第一学历筛选应聘者是不公平的。

我的回应是：企业在赢利的同时，的确要承担一定的社会责任，但企业是否有责任完善考查体系则并无定论。在实际的招聘过程中，如果应聘者众多，要面面俱到地考查每一位应聘者几乎是不可能的。上文武玮的调查指出，“第一学历歧视在不同的起薪水平上表现出了差异性的特点。即在起薪高位上，第一学历歧视现象并不明显；而在起薪分布的中低端，第一学历歧视表现得尤为严重。”这一现象出现的一种解释是，起薪较低的职位对应聘者能力的要求不高，大量的应聘者都认为自己可以胜任而投送简历，导致招聘单位面对巨大的筛选压力；起薪较高的职位对应聘者要求高，符合条件的应聘者不多，招聘单位有精力对应聘者进行细致的考查。如果硬要对起薪低职位的应聘者进行细致考查，会带来大量的资源消耗。而且现有的考查体系，即根据学历（包括第一学历）来筛选人才，是堪用的，能够满足企业的招聘需求。更重要的是，虽然参考价值不高，但第一学历仍然是一个能力指标。对于遭受第一学历筛选后被放弃的应聘者，似乎他们遭遇了不公正的对待，但这种公正是建立在“企业按照能力选拔人才”的前提之上的，但显然企业无法做到这一点，事实上，企业只能按照能力指标来选拔人才。除非否认第一学历是能力指标，否则在按照能力指标进行筛选的体系下，根据第一学历决定人选是公平的。

综上所述，我认为在应聘者较多时，根据第一学历筛选应聘者是合理的。

第四组

导师不应当利用关系帮助他眼中的优秀学生发表论文

对于绝大多数国内高校的博士生来说，发表两篇 C 刊是毕业要求之一。然而现实情况是，对比博士生的发表要求和中文期刊所能收录的论文数量，“僧多粥少”是一个无法回避的事实。如果每种刊物都是双月刊，每期刊发 25 篇文章，一年下来也只能发表 15 万篇论文。除了博士生，各高校对于副高以上职称也都有论文发表要求。“如果要求所有博士研究生都要发表所谓的C 刊，那么就算是在现有数量上增加 5 倍C 刊，也不够。”华中师范大学一位教授在面对记者采访的时候直白地指出了矛盾所在。面对巨大的毕业压力，“很多时候只能靠导师”。中部某高校一名博士生说。事实上，很多C 刊压根不接受博士生单独署名的论文，因为教授们的论文都发不过来。所以，跟着导师发，或靠导师和期刊主编的人情关系在C 刊中蹭一个位置发，是通行做法。

尽管出于现实原因，这种通行做法显得有其合理之处，并在实际操作过程中确实带来了一定好处，我仍然认为导师不应当利用关系帮助学生发表论文。在此有两点需要澄清：(1) 我将假设导师帮助的学生足够优秀，被推荐的论文达到了期刊发表要求；(2) 利用关系帮助发表指导师利用和期刊编辑的私交，或者由导师在学术圈中的威望和地位产生的权利关系，绕开学术论文发表通常应当遵循的程序，直接刊登学生的学术论文。

我的论证如下：

（1）导师利用关系帮助学生发表论文是在破坏规则。

（2）如果没有好的理由，那么不应当破坏规则。

（3）没有好的理由支持导师利用关系帮助学生发表论文。

（4）因此，导师不应该利用关系帮助学生发表论文。

下面我将对这个论证的前提和其中涉及的一些概念进行解释。发表学术论文通常遵循一系列程序和规则，学术道德通常要求学者遵循相关程序。而无论这些规则是什么，都不包括导师利用关系帮助发表，因此利用关系可以视作破坏规则。前提（2）指出破坏规则的行为并非在任何时候都不被允许，只有当理由充分时，才能允许破坏规则的行为。这似乎是很显然的：如果规则本身是正当的，而违背规则的理由不够充分，那么不应该违背规则。前提（3）中的核心概念是好的理由。我无法给出一个关于好的理由的定义，因此我试图给出这个案例中好的理由的必要条件。我认为，只有当一篇论文被多数该领域内权威学者认为具有突破性的不可取代贡献却无法通过正常程序进行发表时，才能够允许导师利用关系帮助发表。我将解释为什么这构成好的理由的必要条件。

论文发表之所以要遵循正当的程序，是因为通过这些程序能够以公正的方式筛选出合格的、有价值的论文，从而推进对某个领域的研究。如果一篇极有价值的学生论文 A 在依据正常程序进行筛选时被埋没了，取而代之的是一篇仅仅满足标准但不那么有价值的论文 B，那么似乎没有实现论文筛选程序设立的目的——以公正的方式筛选出合格的、有价值的论文，从而推进对某个领域的研究。之所以没有实现该目的，首先是因为 A、B 两篇论文中有学术价值的那一篇没有被筛选出来；其次，如果学生论文 A 的学术价值远高于 B，那么选择 B 而非 A 似乎违背了论文筛选程序的公正原则。此时导师利用关系推荐发表可以实现规则设立之初期望实现的目的。而学生足够优秀、论文达到发表标准并不满足这个必要条件。如果论文 A 和 B 的价值相当并且都满足发表标准，那么通过正常的筛选程序，无论选择 A 还是 B，有价值的论文都被筛选出来了，没有违背程序设立的目的。因此即便学生的论文达到了期刊发表要求，也无法作为破坏规则的好理由。

接下来我将考虑对这个论证的两个反驳，并对它们进行回应。

1. 反驳一及回应

反驳一：导师利用自己的关系帮助学生发表论文的行为与论文筛选程序不冲突，因此并没有违背规则（反驳前提（1））。之所以不冲突，是因为达到了规则设立的目的。以同行评议为例，这种审查程序旨在保证学术公平，确保作者的著作水平符合一般学术与该学科领域的标准。由于导师的学术水平和学术道德足以确保学生的论文水平符合一般学术与该学科领域的标准，因此导师利用自己的关系帮助学生发表论文与规则不冲突。

回应：反驳一似乎暗示，如果规则是为了取得某个好的结果而设立，那么只要能取得预期的结果，没有遵循规则并不是违背规则。这是错误的，论文筛选规则旨在以公正的方式筛选出有价值的论文，而非以任何方式筛选出有价值的论文。这里公正至少意味着当多篇论文满足发表标准时，不会因为学术之外的因素预先排除其中某些论文。当导师利用关系帮助学生发表论文时，一些满足发表标准的论文因学术之外的因素被排除在外，因此有违公正。

2. 反驳二及回应

反驳二：持相反观点的文章依赖的一个关键前提是："既然学生 S 的论文已经达到可被刊登的水平，而刊登论文是推广学术的好事，那么任何人都必须促成 S 的论文被刊登——只要他知道 S 的论文已经达到可被刊登的水平。"这似乎指出，导师促成其学生 S 的论文被刊登对他来说是一个道德义务。之所以是一个道德义务，是因为这个行为可以带来好处，即推广学术。

回应：我认为上述观点是错误的。首先，作者的观点中似乎包含一个隐含前提：某个行为能够带来某种好处（价值），则该行为是"必须"的（义务）。这是错误的。例如抢劫一位正直的富人的钱财救济快要饿死的人能够挽救他们的生命（价值），但这是错误的。因为在挽救生命的时候不公正地剥夺了那位富人的财富。类似地，仅仅从利用关系帮助发表能够推广学术，不能直接论证这是一个义务，至少还要包含其他条件如该行为不损害其他重要价值。其次，这种义务也很难说是道德义务。如果一个行为是道德义务，那么我们会在道德上谴责这个不履行义务的人。然而事实上，我们不会在道德上谴责一位不利用关系帮助学生发表论文的导师，因此这不是一个道德义务。

导师可以利用关系帮助他眼中的优秀学生发表论文

最近媒体披露了一连串学界丑闻和怪现状，除了性侵害、性骚扰之外，其中最引人注意者当属师生之间不正当的权力关系，包括导师要求学生打杂、导师侵占学生科研成果、导师将学生培植为个人的"子弟兵"、大搞近亲繁殖和裙带关系，等等。笔者试图探讨、进而捍卫一个与这些现象有关的论点：导师可以利用关系帮助他认为优秀的学生发表论文。此说乍看之下颇有争议，但在澄清了牵涉当中的几个复杂面向之后，我们不难发现其合情合理之处。以下是几点澄清。

第一，笔者探讨学术伦理方面的问题，故此处所谓"可以"意指"道德上被允许"。导师能否"出于自由意志"而利用关系帮助他认为优秀的学生发表论文，以及"导师利用关系帮助他认为优秀的学生发表论文"这个命题是否自相矛盾，都不是笔者探讨重点。

第二，将导师和学生简称为 T、S。笔者将讨论限定在"T 利用关系帮助他认为优秀的 S 发表论文时没有任何私心，只为学术理由做出推荐"此一情况。许多人出于强烈的直觉认为 T 不可以为了私利而利用关系发表论文。笔者不讨论这种情况。

第三，评价行为的重要标准之一是该行为的理由。然而笔者所探讨的行为比较复杂，至少涉及了"利用关系""帮助学生""举荐人才"和"发表论文"等几个独立面向。为了避免枝蔓，我们应聚焦于尽量基本、切合主题，而又值得争论的理由。笔者认为，对于目前的问题来说，重点不在于 S 是不是 T 的学生（很可能不是）、S 是否真的如T所认为的那么优秀（可能不是）、S的论文是否如本人一样优秀（可能不是）、T是否相信自己行为的理由（显然如此）。重点毋宁在于：对于T来说，他之所以利用关系帮助他认为优秀的学生S发表论文，是因为：

（R1）S的论文达到一定的优秀程度，以至于值得T这么做。

这里有几点要注意。首先，即使S的论文有一定的优秀程度，也有可能不被刊登。这是今日学界普遍存在的现象，多半可以归因于“僧多粥少”和概率。T在利用关系时，要克服的正是这个问题。其次，如果S的论文不只具有一定的优秀程度，而且还达到甚至超出了大师级、天才级的水平，以至于几家一流期刊抢着刊登这篇杰作，那么T显然不需要再耗费不必要的时间精力去帮助S。由此可知，在S的论文极为优秀的情形下，T利用关系帮助他发表论文是不必要的；换言之，T在圈子里的影响必须要能起到临门一脚的关键作用。因此，（R1）应该明确为：

（R2）S的论文达到可被刊登的水平，但如果T不利用关系，则S的论文很可能无法被刊登，而如果T利用关系，则很可能会促成S的论文被刊登。

再次强调：T完全可能基于（R2）之外的其他理由而去利用关系帮助S发表论文。笔者倾向于认为这种行为在道德上不被允许，而且也不打算捍卫这样的行为。笔者接下来只试图论证：基于（R2）的行为是道德上被允许的行为。论证如下：

（1）如果T不应该利用关系帮助S发表论文，则S的论文很可能无法被刊登。（根据R2）

（2）若必须避免S的论文无法被刊登，则T应该利用关系帮助S发表论文。（根据（1））

（3）必须避免S的论文无法被刊登。

（4）因此，T应该利用关系帮助S发表论文。（根据（2）、（3））

（5）如果T应该利用关系帮助S发表论文，则T可以利用关系帮助S发表论文。

（6）因此，T可以利用关系帮助S发表论文。（根据（4）、（5））

这是有效论证，如果前提（1）、（3）、（5）为真，则结论（6）必须被接受。前提（1）基于R2，唯一不同之处在于它增加了“应该”这个概念。笔者认为，在接受R2的前提下否定（1）是违反直观的。但这是出于直观的论断，因此笔者不打算多花篇幅讨论这点。

再看前提（3）。为什么必须避免S的论文无法被刊登？或者说，为什么必须促成S的论文被刊登？笔者的理由相当简单：既然S的论文已经达到可被刊登的水平，而刊登论文是推广学术的好事，那么任何人都必须促成S的论文被刊登——只要他知道S的论文已经达到可被刊登的水平。

再来看前提（5）。它是涉及“应该”和“可以”之逻辑关联的必然真理。简单来说，“应该说实话”意指“在任何情况下都会说实话”，而“可以说实话”则指的是“在某些情况下会说实话”。如果我们在任何情况下都会说实话，那么显然“我们在某些情况下说实话”绝对不可能不成立——换言之，我们在某些情况下会说实话。由此推而广之可知，如果某人应该做X，则他可以做X。

有人可能会质疑说，让导师利用关系来推荐论文，对没有导师帮忙的人来说是不公平的，因此，导师不可以利用关系帮助他认为优秀的学生发表论文。

我们可以这么理解反驳者的论证：如果利用导师关系发表论文对没有导师推荐的人（姑且称之为张三）来说是不公平的，则利用导师关系来发表论文就是不被允许的。笔者认为这个论证没有太大的说服力，理由有以下两点。

理由之一是基于以下反证：

（1）如果张三事实上没有导师推荐但原则上可能有导师推荐，则上述情形没有制度上的不公平。

（2）张三事实上没有导师推荐但原则上可能有导师推荐。

（3）因此，上述情形没有制度上的不公平。

这是有效论证。前提（1）正确描述了我们对制度性公平的直观理解。前提（2）为真，因为没有规定禁止导师推荐学生。此外，如果论证有说服力的话，我们也有理由接受前提（2），因为导师推荐学生的优秀论文是被鼓励的行为。因此结论（3）为真。

理由之二：事实上的不平等是开放社会中自由竞争行为的自然结果。如果我们允许开放社会中的自由竞争，那么我们没有道理反对它造成的不平等。反过来是说，如果某种论点或行为没有明显而直接地导致体制或原则性的不平等，则我们不应该仅因它引起事实上的不平等而禁止它。

总之，“容许导师利用关系”不会导致制度性不公平，因为任何人都可以找导师推荐，而任何导师也都应该推荐优秀论文。

综上所述，笔者的结论是：导师可以利用关系帮助他认为优秀的学生发表论文。

为什么导师不应该利用人情关系帮助学生发表论文？

国内硕士、博士生发表论文，很多是导师通过人情关系推荐的，不是盲投盲审的结果。有人主张，如果导师认为其学生的某篇论文值得发表，那么他/她可以利用人情关系帮助学生发表论文。我认为这个主张不能成立。接下来，我将首先介绍支持这一主张的常见论证。然后，我将给出一个针锋相对的论证，反驳此主张。最后，我将考虑一个可能的反驳，并回应此反驳。

支持“导师可以利用人情关系帮助学生发表论文”一个常见论证是：

（1）以任何方式推进学术研究都是可以接受的。

（2）帮助值得发表的论文获得发表是推进学术研究。

（3）因此，任何人都可以任何方式帮助值得发表的论文获得发表。

（4）如果导师认为其学生的某篇论文值得发表，那么这篇论文值得发表。

（5）因此，如果导师认为其学生的某篇论文值得发表，那么他/她可以利用人情关系帮助学生发表论文。

前文作者何宝申似乎认可这个论证，他说：“既然S的论文已经达到可被刊登的水平，而刊登论文是推广推动学术的好事，那么任何人都必须促成S的论文被刊登——只要他知道S的论文已经达到可被刊登的水平。”宝申没有明确说，导师知道自己学生的论文是否值得发表。但他似乎认为，导师有这个判断能力：如果导师认为其学生的某篇论文值得发表，那么这篇论文就值得发表。(需要特别指出的是：或宝申并不认同上面这个论证。但宝申在对我的论证的反馈中，没有质疑我对他观点的理解。另，我要反驳的，只是以上论证，无论宝申是否认同以上论证。)

我不能认同这个论证。我的反驳如下：

(1) 导师利用人情关系帮助学生发表论文，对其他一些学生不公正。

(2) 对于一篇论文是否值得发表，专家之间会有很大争议：导师认为其学生的某篇论文值得发表，并不意味着跟导师水平差不多的专家也会认为这篇论文值得发表。

(3) 如果做x是不公正的，而对于做x是否能带来任何好的结果，专家之间有很大争议，那么就不应该做x。

(4) 因此，导师不应该利用人情关系帮助学生发表论文(相反，所有论文应该经过无记名投票的民主程序——专家匿名评审——才能发表)。

关于(1)，导师利用人情关系帮助学生发表论文，之所以对其他一些学生不公正，原因之一是：存在一些学生，他们的论文写得并不很差，但没有导师推荐——因为导师不善于搞人情关系，或者导师不屑在学术发表上搞人情关系。这些学生的论文没有同等的发表机会。一个公正的发表制度，不是只根据质量来发表，因为质量达到发表标准的论文可能远远多于期刊的容量。一个公正的发表制度，需要给质量差不多的论文同等的发表机会。这不是说，如果某篇被发表出来，那么所有质量差不多的论文都应该被发表出来，才算公正。这只是说，质量差不多的论文应该有差不多同等的发表机会(暂不考虑diversity这个因素)，即使机会很小(比如低于10%)。如果我的论文因为有导师利用人情关系推荐，有90%的发表机会，而你的论文质量跟我的差不多，但没有导师推荐，只有10%的发表机会，那么这对你是不公正的。一个好的期刊制度，应该尽可能避免这种情况。(相比较而言，专家盲审制度比导师推荐制更能确保质量差不多的论文有差不多同等的发表机会。的确，在专家盲审制度下，会出现优秀的论文被“误杀”而平庸的论文获得发表这种情况，但任何制度都会出现这种情况，并且其他制度似乎更为糟糕。)

前提(2)说，专家对于一篇论文是否值得发表，争议很大。了解国际学术界审稿情况的，都知道这一点。不仅仅是对于平庸的论文是否值得发表，专家之间有争议。许多后来获得了诺贝尔奖的经典论文，都曾被某些审稿人建议拒稿，不是因为这些审稿人水平差——著名科学期刊邀请的审稿人常常是非常优秀的科学家，而是因为对于原创性的学术论文，一时很难判断其价值。

比起数学、物理等学科中的争议，哲学中的争议要大很多。对于哲学论文的评估，更是仁者见仁，智者见智。据一些优秀而高产的哲学家(如约翰·图里)说，他们的每篇论文平均至少被拒三次，才能发表出来。许多后来影响较大的哲学论文，都曾被拒稿很多次（耶鲁哲学教授杰森·斯坦利在社交网站上吐槽过他被拒稿的经历）。不仅仅如此，一些已经在哲学史上留名的著名哲学家，其著作的价值也具有高度争议。比如维特根斯坦的著作，被许多哲学家奉为伟大的经典，但也有很多当代分析哲学家认为，维特根斯坦的著作不值一读。维特根斯坦专家保罗·霍维奇说，当代英美哲学界的主流观点是：维特根斯坦的著作几乎没有任何理智的价值。普林斯顿哲学博士叶峰给出了类似的证词："在我自己最近十多年的学习和研究经历中，没遇到过多少人实质性地引用维特根斯坦……没让人觉得有必要去了解维特根斯坦的原作或者对他思想的系统阐述。"

前提（3）是很显然的，不必多说。如果前提（1）、（2）和（3）都成立，那么导师不应该利用人情关系帮助学生发表论文。相反，因为"一篇论文是否值得发表?"是具有高度争议的问题，解决此种问题的最好方式是民主投票：所有论文应该经过无记名投票的民主程序——专家匿名评审——才能发表。这也避免了利用人情关系发表论文导致的不公正。（宝申在给此文的反馈中认为，我提到"对于一篇论文是否值得发表，专家之间会有很大争议"这个事实，可能是因为我预设了"所有专家的一致同意是构成学术价值的必要条件"，或者"必须杜绝导师在推荐文章时难免会有的误判"。我没有这两个预设，也否定这两个预设。我甚至否定"匿名审稿专家对论文质量的判断比导师的判断更准确"这个观点。我提到专家之间的争议这个事实，只是为了说明，在发表论文这种既关乎学术发展又涉及学者核心利益的问题上，学术民主是解决专家争议的最好方式，因为我们没有好的理由相信哪一个专家的判断更可靠——导师对学生论文质量的判断，并不比持相反意见的专家更可靠。导师利用人情关系帮助其学生发表论文，违背了学术民主。）

支持"导师可以利用人情关系帮助学生发表论文"的人，可能会不同意我论证的前提（1）。比如宝申回应说，事实上，的确有一些学生，他们的论文写得并不很差，但没有导师推荐。但原则上，每个人都有权利请导师或其他人利用人情关系帮助自己发表论文。因此，导师利用人情关系帮助学生发表论文，并非对其他学生不公正。这好比有些父母有钱，给自己的小孩上最好的辅导班；有些父母没钱，无法给自己的小孩上最好的辅导班。前者并非对后者不公正。因为原则上，每个父母都有权利出钱给自己的孩子上最好的辅导班。许多父母事实上没钱，不能行使这个权利，但不能说那些有钱行使这个权利的父母制造了不公正。

我认为这个回应不能成立。首先，辅导班是营利的私人机构，学术期刊是天下公器（这跟学术期刊选择的出版公司是私企，是兼容的），两者不能类比。与学术期刊可以类比的是公立大学。假设北大、清华两所公立大学设立一条录取门槛线。每年达到门槛线的考生有 5 万人，而这两所公立大学每年只能招 2 万人。假设这两所学校进一步规定，学生的父母和老师可以利用人情关系帮助学生上北大、清华。直觉上，这对于事实上没有人情关系可以利用的学生非常不公正，即使原则上每个人都有权利利用人情关系帮助自己的学生或孩子上北大、清华。

其次，以上回应依赖的前提是，"原则上，每个人都有权利请导师或其他人利用人情关系帮助自己发表论文”。这个前提远非显然，需要进一步论证。仅仅从“我们自己请了导师利用人情关系帮助我们发表论文”，推不出“原则上，每个人都有这个权利”。我们自己事实上做了 x，并不意味着每个人都有做 x 的权利。比如，从“我们自己偷窃了别人的东西”推不出“每个人都有偷窃别人东西的权利”。要论证“每个人都有权利请导师或其他人利用人情关系帮助自己发表论文”，需要给出进一步理由。

第五组

对“我思故我在”的辩护

许多我们习以为常的“知识”，都是十分可疑、十分不可靠的。笛卡尔希望能够为人类知识找到一个绝对坚实的基础，并在此基础上建立起某些真正坚定可靠的东西。

笛卡尔认为，寻找这个基础的方法，就是普遍怀疑：对于那些不是完全确定无疑的东西都不应该轻易相信，只要能在那些东西里找到一点点可疑的东西，就应该把它们全部抛弃掉。这样一来，如果还有什么可以在如此严格的筛选机制下幸存，那么它就有资格成为知识大厦里那个岿然不动的阿基米德支点，成为人类知识绝对坚实的基础。

在笛卡尔看来，这个绝对坚实的基础就是“我在”。因为一旦我开始怀疑我是否真的在怀疑，我已经是在怀疑了。而如果我已经开始怀疑了的话，就一定有个正在怀疑的我存在。所以我的存在也是不可怀疑的。

1. 笛卡尔的论证

据笛卡尔专家哈特费尔德（Gary Hatfield）在“劳特里奇哲学指南”《笛卡尔与沉思录》一书中的看法，我们可以将笛卡尔的论证重构如下：

（1）我在思考；

（2）任何在思考的东西都存在；

(3) 思考是一个行为或属性；

(4) 任何行为或属性必然要依附于一个实体；

(5) 我作为一个思考的实体而存在。

在笛卡尔看来，前提（1）是确凿无疑的。怀疑“我在思考”是不可能的，因为怀疑本身也是一种思考。如果我们对“我在思考”产生了怀疑，那么也在同时开始了思考。

至于前提（2）和前提（4），哈特费尔德没有展开进一步的阐释，但他认为这两个前提应当是被默许的，也是符合笛卡尔原意的。哈特费尔德认为，通过前提（1）和前提（2）我们可以很容易推出笛卡尔所希望得到的结论（5），即“我存在”；而前提（3），则为随后的关于“我”是一个“思考的东西”的讨论提供了基础。

这样一来，一旦我们试图对于“我的存在”进行思考、进行质疑、进行判断，我们就总能确定无疑地得出，一个正在思考、正在质疑、正在判断的我是存在着的。

无论感官可不可靠，哪怕我脑海中形成的都只是幻觉，这个正在产生幻觉的我一定存在；即使梦境难以分辨，就算我现在只是在做一个试图重构笛卡尔的论证但怎么也重构不出来的噩梦，这个正在做梦的我也一定存在；纵然真的有一个恶魔，兢兢业业地在骗我，这个因为被欺骗而对世界产生各种错误认识的我一定存在……

至此，“我在”成为笛卡尔找到的一件确切无疑的事，也成为他建立一个坚定可靠的知识体系的希望和起点。

2. 对“我在”的进一步澄清

虽然我们现在已经可以信心满满地确认我是存在的，但是，当我们说“我在”的时候，我们究竟是在对什么的存在进行确认呢？

这个“我”显然不是一个有着身体四肢的“我”，好像也未必是一个能说会唱的“我”。我所能看到的我的样子，所能听到的我的声音，都是值得怀疑的。我们对于“我”任何形态特征的想象和判断，在目前看来，都可能只是感官的错觉、梦境的误判、魔鬼的欺骗。

实际上，推理进行到这里，我们对于“我”唯一能够确认的，仅仅是其能够产生思想。因此，我们借由“我思我在”确认的我，暂时只是一个“在思考的东西”。

但这好像也不算少了，对于笛卡尔而言，在怀疑、在领会、在肯定、在否定、在愿意、在不愿意、在想象、在感觉、在了解、在希望，都是在思考。这些不同形式的思考都与我的存在密不可分，也与我的存在同样真实。

我的想象可能是不切实际的。我想象着我穿行在有独角兽出没的森林，尽管现实中哪个森林里都不会有独角兽，但这无法否认这份想象正清晰地存在于我的脑海里。我的感受可能是毫无依据的。我感受到春日的阳光明媚而温暖，虽然实际上我可能只是在冬夜做了一个关于四月的梦，可这无法否认那些感受正确切地出现在我的内心中。

3. 一个反驳以及回应

那么关于“我”，我们还能知道什么呢？通常我们都会相信，昨天的我和今天的我是同一个我，也就是说，“我”的存在是具有持续性的。然而，笛卡尔论证中的那个在思考的东西，似乎不具备这样的特征。

根据“我思故我在”，我只有在思考的时候，才能对一个思考的东西的存在进行确认。同时，我能够确认存在的，也仅仅是当下正在思考的那个东西。我无法判断上一秒的那个我是否真的存在过，因为我上一秒是否在思考这件事，对于这一秒的我来说，似乎也是非常可疑的。

因此，有些哲学家如罗素对笛卡尔给出的“我在思考”这一前提提出了质疑：

(1) 在思考的东西可能不是一个持续存在的东西；

(2)“我”是一个持续存在的东西；

(3) 所以，在思考的可能不是“我”，即“我”可能不在思考。

如果“我思”无法被确认，那由此推出的“我在”也就值得怀疑了。

然而，笛卡尔并不需要在最初的前提中引入一个具有持存性的“我”。笛卡尔的“我”只需要是一个当下正在思考的东西。尽管这样的“我”与我们通常意义上所理解的“我”存在着巨大的差异，但这并不能对笛卡尔“我思我在”的论证本身构成威胁。

笛卡尔的目标只是为知识寻找一个坚实确凿的基点。所以，只要“我思故我在”的论证在笛卡尔所讨论的意义上是不容置疑的，笛卡尔就可以宣称自己成功地找到了这个基点。至于我们如何进一步确认今天的我是否还是昨天的我，完全可以留待进一步的工作来解决。

4. 小结

(1) 笛卡尔希望为人类知识建立一个绝对坚实的基础，他寻找这一基础的方法就是怀疑一切。

(2) 通过怀疑一切，笛卡尔得出“我的存在”是不可能被怀疑的。因为一旦我开始怀疑这一点，我就是在思考。一旦我在思考，作为思想产生者的那个我就必然存在。

(3) 笛卡尔所论证的“我”只是“一个思维的东西”，与我们日常对于“我”的理解存在差距。

参考文献

[1] 笛卡儿. 第一哲学沉思集. 庞景仁，译. 北京：商务印书馆，1986.

[2] 朱利安·巴吉尼. 一头想要被吃掉的猪. 张容南，杨志华，译. 上海：上海三联书店，2008.

[3] Bruce, M., Barbone, S. Just the Arguments: 100 of the Most Important Arguments in Western Philosophy. Hoboken: Wiley-Blackwell, 2011.

[4] Hatfield, G. Routledge Philosophy Guidebook to Descartes and the Meditations. London: Routledge, 2002.

对“我思故我在”的反驳

1. 笛卡尔的论证

前文提到笛卡尔专家哈特费尔德对笛卡尔“我思故我在”的论证重构。这个论证的起点是“我在思考”。这里的“思考”不单指理性思维，还包括怀疑、想象、感觉等知觉。笛卡尔认为感觉甚至算术与几何等都是可怀疑的，它们从逻辑上看都存在发生错误的可能性。但是即使怀疑所有这些东西，笛卡尔认为他在怀疑这点是无法怀疑的，至少是确定无疑的。这样，结合他对“思考”一词的用法，“我在思考”似乎就是确定无疑的。

从“我在思考”出发，经前提（2）可以推出“我存在”，不过这个小结论没有写入前面的重构中；再经过前提（3）与前提（4）可以推出我不仅存在而且还是一个思考的实体。

在反驳这个论证之前，对于这个重构我要先提两点说明：（1）有些哲学家甚至包括笛卡尔本人在有些文本中认为，“我思故我在”中不存在推理性的论证（比如从“我思”推出“我在”），而是，“我思故我在”是作为整个直接获得的不证自明的洞见。因为这种诠释存在着文本依据，也有合理的可能性，所以要注意上面哈特费尔德的推理性论证的诠释包含着他本人对笛卡尔的理解（当然也是有文本依据的），我下面反驳的也是这种理解下的笛卡尔论证。（2）这个重构的推理从逻辑上看似乎是无效的，因为即使“我在思考”，而思考又必然要依附于支撑它的实体，也推不出我就是思考所依附的那个实体，可能“我”跟那个思考要依附的实体是两个东西。所以对这个重构，我暂且假定只有“我”在思考，而没有其他东西跟我共同分享这个思考。

2. 对笛卡尔论证的反驳

这个论证的前提（2）与前提（3）在我看来是没有问题的，但我认为它的前提（1）与前提（4）都是成问题的。

先说前提（1），即“我在思考”。这个表述从日常的观点看是没有问题、确定无疑的（我认为笛卡尔也是从这个角度来理解它的），每个人都能理解它的意思，但是如果将它放在严格的哲学探究的语境下用于追求确定无疑的真理时，则会变得很不精确以至于不能确定它的真假。如果笛卡尔只是说存在着不断出现的一系列的意识或观念（即存在思考），这样就会很好理解，但是怎么去理解“我在思考”？它的意思是存在着一个东西是“我”，而这个“我”在思考吗？但是这样的话笛卡尔就预先假定了他将要证明的东西（即我存在）了；但是若设想“我”不存在，那么该如何理解“我在思考”这样的表达呢？我不认为此时它还有意义：如果 x 不存在，x 如何能思考？由此更无法判定它的真了。

接着是前提（4），即“任何行为或属性必然要依附于一个实体”。我认为这个观点在日常的观点里也是没有问题的，比如快乐总要依附于一个去快乐的主体而不能独立存在，但是从理智的、逻辑的角度上看是成问题的。特别是在休谟之后的时代，人们很容易提起对它的反驳，因为一个行为或属性比如色香味这样的感觉，可以脱离于任何本身不是感觉的实体而独自存在，这一点是逻辑地可能的（毕竟这样的独立存在不蕴涵逻辑矛盾）。说人们“只是那些以不能想象的速度互相接续，并处于永远流动和运动之中的知觉的集合体，或一束知觉”（休谟语），这并不是不可能的。从逻辑上看，行为或属性并不必然依附于实体，其反面是可能的。

3. 几个可能的回应以及我的反驳

人们可能会分别就我上面的反驳对前提（1）与前提（4）提出辩护。

对于前提（1），即“我在思考”，就我对它的反驳，人们可能认为即使我不存在，“我在思考”这样的表达依然是有意义并且是成立的。考虑“金山是黄色的”这样的表述，即使实际上不存在金山，这个表述依然是有意义并且是成立的。对于这种辩护我的回应是，即使我承认在金山不存在的情况下“金山是黄色的”这样的表述是有意义并且是成立的，也不意味着我要承认在“我”不存在的情况下“我在思考”这样的表达是有意义甚至是成立的。毕竟，我可以理解前者，但我不能理解后者。我希望反驳者可以教我如何直接去理解在“我”不存在的情况下“我在思考”，而不是让我通过另一个句子间接地去理解这一点。

就前提（4），即“任何行为或属性必然要依附于一个实体”，就我提出的对它的反驳，人们可能反驳说我只是提及了一种逻辑可能性，即从逻辑上看，确实脱离于实体而完全独立的行为或属性（比如我们没有心灵而只是“一束知觉”）是可能的，但是这种可能性不具备现实意义，因为事实上这种依附是必然存在的。比如，即使逻辑上说世界可能只是“我”一个人思维的产物，但是这个假设不具备现实意义，因为事实上确实客观地存在着一个外在于“我”的世界，客观地存在着家人、朋友、太阳、月亮以及无边无际的星海。但是……打住！反驳者提出的那些事实判断当然是能够得到常识的支持，但我们在这里不是要区分哪些判断是被常识支持、哪些在常识看来是荒谬绝伦的，我们在这里做的是哲学探究，这也是笛卡尔做的事。既然是哲学探究，就不能单纯凭借常识的观点来评论一个观点是否可取，而应该是通过哲学的、理智的、审慎的方式来评价一个观点。由此，单凭常识来否定比如我们没有心灵而只是“一束知觉”，或者否定独立于实体的属性存在，是不可取的做法，我相信笛卡尔本人也不会赞同这种方式。

4. 小结

综上所述，我认为（哈特费尔德重构出来的）笛卡尔就“我思故我在”的论证是存在很大问题的，我特别反驳了其论证中的前提（1）（“我在思考”）以及前提（4）（“任何行为或属性必然要依附于一个实体”）。我认为前提（1）要么会造成窃取论点，要么会使得这个表述没有意义以至于不能判定它的真；而对前提（4），我的反驳是基于存在这样的可能性，即脱离于实体行为或属性可以独立存在。

第六组

伊壁鸠鲁论死亡：一个辩护

死亡对于死者而言是一件坏事吗？从直觉上看，死亡当然是件坏事，而很多哲学家也都接受这样一种符合直觉的观点。比如说，按照某种解读，亚里士多德就认为我们可以接受这样一种论证：既然拥有经验这件事本身是件好事（即使某些经验可能并不好），而活着是拥有经验的必要条件，那么死亡作为生命的终结，就当然是件坏事了。亚里士多德的这一论证从直观上说似乎是可信的。

但是还有一些哲学家则对此持不同的观点。伊壁鸠鲁就提出了一种反对亚里士多德的论证，用以论证死亡本身并不是一件坏事。在这里，我将首先尝试重构伊壁鸠鲁反对“死亡是一件坏事”的论证，然后分析一种针对这一论证的反驳，最后尝试回应这种反驳意见。

1. 伊壁鸠鲁反对“死亡是坏事”的论证

我们可以这样来理解伊壁鸠鲁对亚里士多德观点的意见：死亡对于死者而言是在什么时候成为一件坏事的呢？在死亡降临之前，死亡似乎对死者当前的经验没有影响，那么也就不是件坏事；而在死亡降临时，死者的生命既然已经终结，那么似乎也谈不上是件坏事，因为死者作为拥有经验的主体已经消失了。

我们可以这样重构伊壁鸠鲁的论证：

（1）好的东西是让人具有愉悦经验的，而坏的东西是让人具有痛苦经验的；

（2）活着是拥有任何经验的必要条件，因而也就是使得任何事物可被视为好或坏的必要条件；

（3）死亡使我们彻底消失，因而也就消灭了任何事物可被视为好或坏的可能性；

（4）因此，死亡对于死者而言就不是件坏事。

在这里，前提（2）“活着是拥有任何经验的必要条件”和前提（3）“死亡使我们彻底消失”是伊壁鸠鲁和亚里士多德所共同持有的观点。前提（1）则是伊壁鸠鲁这一论证不同于亚里士多德的要点所在。这一前提意味着，伊壁鸠鲁所持有的是某种快乐主义或享乐主义（hedonism）的价值理论。根据这种享乐主义，一种事物的价值是好是坏完全取决于这种事物给我们带来的经验是愉悦还是痛苦。比如说，我们之所以认为知识、艺术和友情等事物是有好的价值的，是因为我们从中获得了愉悦的经验；而反之，当我们觉得饥饿和疾病等是坏的事物时，其实是因为这些东西让我们觉得痛苦。这种享乐主义似乎也是符合我们的直觉判断的。

2. 对伊壁鸠鲁的反驳

对伊壁鸠鲁的这一论证，可能存在这样一种形式的反驳意见。这种可能的意见会采取某种归谬论证的形式，即我们如果接受伊壁鸠鲁关于死亡的论证，则可能会得出某些荒谬的结论，而这就能由此表明这种论证是有问题的。这种意见首先假设伊壁鸠鲁的结论是对的，即死亡本身对于死者而言不是坏事。那么既然如此，如果我们杀死一个人时不带给被害者其他痛苦，似乎杀死这个人也就不是坏事了。但根据反驳意见，这显然违背了我们的直觉，因为我们一般而言的确认为杀死一个人是件坏事。既然如此，伊壁鸠鲁的论证就是有问题的。

这种论证的形式可以这样归结：

（1）假设我们接受伊壁鸠鲁论证的结论，即死亡对于死者而言不是坏事；

（2）那么在这种情况下，如果我们杀死一个人，这个人的死亡本身对死者而言不是坏事；

（3）同时，根据享乐主义的价值理论，如果我们在杀死一个无辜的人的过程中没有给他或我们自己带来痛苦，被害者也没有会为此感到痛苦的亲朋好友，那么也就不存在由此带来的痛苦经验，这个人的死亡对别人而言也不是坏事；

（4）因此，如果我们能无痛地杀死一个人且没有人为他的死感到痛苦，那么似乎这个人的死亡就不是什么坏事；

（5）然而根据我们的道德直觉，这种观点是荒谬的，因为我们都认为被杀对死者而言是件坏事；

（6）因此，我们不应该接受伊壁鸠鲁的结论，死亡对于死者而言仍可能是坏事。

3. 可能的回应

根据这种反驳意见，伊壁鸠鲁的论证会导致一种荒谬的观点，即谋杀对于被害者而言可能并不是一件坏事。但是，严格说来，这种反驳似乎仅仅是重复了一种我们日常的心理感受或者判断，亦即我们为被害者感到难过和痛苦。我们为被害者感到难过和痛苦这一心理感受，并不能直接否定死亡对于被害者而言并不是一件坏事这一观点。事实上，这恰恰是伊壁鸠鲁的结论所批评的：首先，如果我们确实接受了伊壁鸠鲁的论证，那么我们就没有任何理由为死亡感到痛苦，因为死亡本身并不会为我们带来任何痛苦的经验；同样地，我们也就没有任何理由为别人的死亡感到痛苦，而日常生活中这种痛苦的心理感受恰恰是非理性和不必要的。也就是说，我们的这种直观感受并不直接表明死亡对于被害者而言就是一件坏事。既然如此，反驳意见中的前提（5）难以为伊壁鸠鲁所接受，那么伊壁鸠鲁的论证也就并不直接受这一归谬论证的攻击。

这种回应可以归结如下：

(1) 根据伊壁鸠鲁论证的结论，即死亡对于死者而言不是坏事；

(2) 那么在这种情况下，如果我们杀死一个人，这个人的死亡本身对死者而言不是坏事；

(3) 同时，根据享乐主义的价值理论，如果我们在杀死这个人的过程中没有给他或我们自己带来痛苦，被害者也没有会为此感到痛苦的亲朋好友，那么也就不存在由此带来的痛苦经验，杀死这个人对别人而言也不是坏事；

(4) 因此，如果我们能无痛地杀死一个人且没有人为他的死感到痛苦，那么似乎这个人的死亡就不是什么坏事；

(5) 而根据我们的道德直觉，这样的死亡对死者而言仍是件坏事；

(6) 既然如此，我们在这里的道德直觉就是非理性的，因而应该被摒弃（即拒绝反驳意见的前提 (5)）。

根据这一论证，伊壁鸠鲁论证的结论就并非荒谬的。事实上，如果接受享乐主义的价值理论，当我们做出日常的直觉判断时，我们可能已经带入了为死者感到痛苦的感受，而这种感受在反驳意见的论证前提中已经被排除了。当然，需要指出的是，由于这里涉及了对日常的直觉判断和伊壁鸠鲁论证结论的取舍，我们可能并不能直接判定哪一方更为可信。不过，我们也许可以确定的是，由于这种反驳意见的前提（5）“这样的死亡对死者而言仍是件坏事”本身就不会被伊壁鸠鲁的支持者所接受，这一反驳意见可能是不够有力的。

参考文献

[1] 我主要参考 Mikel Burley. Is Death a Bad Thing. Think. 2008，6（16）：59－68，不完全代表本人观点。

伊壁鸠鲁论死亡：一个反驳

常识认为，死亡是一件坏事。亚里士多德赞同常识，并为之做了理性论证。伊壁鸠鲁恰恰相反，认为死亡并非一件坏事，因为当一个人还活着，死亡不存在；当这个人死了，他不会经历任何痛苦，而痛苦是唯一的坏事。

下面，我们将借助迈克尔·伯利（Mikel Burley）梳理的论证作为平台展开论辩，反驳伊壁鸠鲁，为亚里士多德辩护。

1. 两个死亡论证

迈克尔·伯利对亚里士多德论证的解读可以总结如下：

（1）经验本身就是一件好事，尽管其中有些是坏事。

（2）活着是获得经验的必要条件。

（3）因此，活着是件好事。

（4）死亡是生命的停止。

（5）因此，死亡是一件坏事。

伊壁鸠鲁的反驳如下：

（1）快乐是唯一的好，痛苦是唯一的坏。（我们当然也追求金钱、知识、爱情等，但我们之所以追求这些东西，是因为这些东西能给我们带来快乐。如果这些东西只能带来痛苦，就不好了。）

（2）活着是任何经验之事的必要条件（令人快乐、痛苦或其他中性事情），因此对于任何对我们或好或坏的事情也是如此。

（3）死亡熄灭了我们，因此也消除了任何对我们好或坏的可能性。

（4）因此，对于死去的人来说，死亡（死去即不存在）并不是坏事。

（5）对于即将死去还未死的人来说，这也不是一件坏事，因为未死＝死亡还不存在，而不存在的东西不能成为痛苦的根源（或任何感觉）。

显然，二人都是围绕经验与死亡的关系来展开论辩。双方都预设：死亡意味着个人毁灭，即死后毫无任何存在，类似今天唯物主义的断灭论（annihilation）。

双方预设不同的是：亚里士多德坚持经验本身就是一件好事，经验中的坏事或是作为“善的缺乏”或是“非存在”，最终成为经验整体的“好”的目的论工具；伊壁鸠鲁拒斥这一存在论框架，严格地将经验拆分为快乐与痛苦，并坚持前者为好，后者为坏（既不快乐也不痛苦的经验，既不好也不坏）。

当然很多人会反驳伊壁鸠鲁这一快乐主义预设，尤其针对其快乐标准的主观性。迈克尔·伯利为伊壁鸠鲁的辩护是，伊壁鸠鲁的快乐标准不是基于主观的个人的品位和偏好，而是基于客观普遍的、令人信服的快乐法则。快乐可区分出“高级”和“低级”。哲学性的阅读比肥皂剧或不节制的饮食更为快乐。迈克尔·伯利称之为柔韧的快乐主义。

2. 一个对伊壁鸠鲁的反驳

一个对伊壁鸠鲁的反驳是针对其步骤5：伊壁鸠鲁只承认此刻发生的事才能成为痛苦和坏的来源，否认对死亡的预期本身也是痛苦的。他的几位反对者则强调死亡预期的确会带来生者当下的痛苦：因为人人都愿意看到自己的快乐可以持续产生，人生愿望和计划可以控制，不会随时挫败，而死亡的预期告诉自己，死亡是生者无法避免、无人可替、无法控制的，即使一个青年也会担忧随时到来的意外死亡。死亡预期的威慑带来的痛苦是普遍的、当下的、事实性的，因而死亡当然是坏的。对死亡的预期可能是所有想法中最令人痛苦的事情。

3. 伊壁鸠鲁的回应

在所谓"死亡预期"中，"死亡"所带来的麻烦都是基于某种思想，而不是真实的死亡。死亡"到来时不会带来任何麻烦"，因而这种预期中的"空洞痛苦"不是真正的痛苦。真实的痛苦是从感觉出发的。许多人对某种思想感到害怕的事实本身并不足以证明这个思想的对象值得担心。人们常常混淆思想与思想的对象。由于常见的混淆，很容易产生恐惧。对死亡的恐惧是一种不必要的负担，可以通过追求正确的思考来解除。

如果已经理解了自己对"断灭"的思想和情绪反应是思维混乱的产物，那么应该能够通过认知调整来改变这种反应，这是伊壁鸠鲁治疗计划的核心。迈克尔·伯利也认同伊壁鸠鲁，即如果一个人同时接受断灭主义，以及诸如遗忘死亡预期的正确思考和柔韧的快乐主义，那么结论就是死亡似乎不可能是一件坏事。

4. 一个对伊壁鸠鲁和迈克尔·伯利的再反驳

我们认为，没有一种感觉的痛苦不伴随着思想，思想的痛苦也会带来身体和感觉的痛苦，思想和思想的对象无法区分开来，死亡预期的痛苦无疑是真实的。但如果伊壁鸠鲁坚持死亡预期的痛苦的非真实性，在承认柔韧的快乐主义和断灭主义的基础上，仍然有一个内部反驳的空间。

（1）伊壁鸠鲁承认亚里士多德的前提：活着是任何经验之事的必要条件，是我们好和坏的可能性。

（2）伊壁鸠鲁将这种可能性或必要条件区分为：令人快乐、痛苦（坏A）或其他中性事情。

（3）亚里士多德认为，死亡是坏事，因为它导致好和坏的可能性（必要条件）消失（坏B）。伊壁鸠鲁认为：因为死亡导致好和坏的可能性（必要条件）消失，进而痛苦（坏A）消失，因此死亡不是坏A。

（4）依据（2），坏A不等于坏B，亚里士多德会认为，伊壁鸠鲁遗忘了坏B。

（5）伊壁鸠鲁依据自己的"快乐即好、不快乐即坏"的定义，会拒绝认为作为好和坏的可能性的活着是快乐的，进而拒绝承认坏B成立。

（6）伊壁鸠鲁将经验中的痛苦（坏A）分为从思想出发的和从感觉出发的。

（7）如果类似死亡预期的痛苦可以经由正确思想消除，则意味着追求正确的思考可以使得从思想出发的不快乐（坏A）消除。

（8）考虑到艰涩的哲学阅读被认为伴随着感官痛苦但最后也能成为高级快乐：1）伊

壁鸠鲁认为，为了追求更高级、更长远的快乐，甚至可以追求痛苦或舍弃短暂感觉快乐，感觉痛苦可以成为高级快乐的目的论工具；2）感觉的痛苦大多在于各种欲望未加满足，而追求消除烦恼之宁静的高级快乐反而要求节制欲望的满足；则 1）与 2）可得出：从感觉出发的痛苦（坏 A）可以被高级快乐所克服或转换。（这里没有否认感觉快乐或低级快乐的独立价值。）

（9）那么（7）和（8）意味着正确思考（负责从思想出发的假痛苦）和柔韧的快乐主义（包含高级快乐和低级快乐，负责从感觉出发的痛苦）给出了一个消除、克服或者转换痛苦（坏 A）为快乐（好）的普遍转换机制，进而依据伊壁鸠鲁这一治疗原则的普遍推广，步骤 2 的区分不再绝对有效，因而作为好和坏的可能性的活着，最后将只剩下快乐的或其他任何中性事物，那么整体看“活着都是好的”，而这一“好的”消失，当然就是坏，于是坏 B 成立。

（10）依据（4），死亡不是坏 A，但仍然是坏 B。在坏 B 意义上，死亡仍然是坏事。

由此，伊壁鸠鲁的反驳无效。

在这个再反驳中，伊壁鸠鲁只看见了活着中坏的事，却遗忘了作为好和坏的可能性的活着。好和坏的可能性不等于可能性中的好和坏。

这个再反驳有效地捍卫了亚里士多德最初论辩中的步骤 3，进而捍卫了亚里士多德论证。

伊壁鸠鲁论死亡的重构

《伊壁鸠鲁论死亡：一个辩护》介绍了对伊壁鸠鲁论证的其中一种重构，我认为这种重构是有问题的。我将首先介绍这种重构，然后指出这种重构所存在的问题（有容易让人产生误解的地方），最后提出一种可能的改善方式。

1. 存在的问题

根据作者的介绍，伊壁鸠鲁的论证被重构如下：

> （1）好的东西是让人具有愉悦经验的，而坏的东西是让人具有痛苦经验的；
>
> （2）活着是拥有任何经验的必要条件，因而也就是使得任何事物可被视为好或坏的必要条件；
>
> （3）死亡使我们彻底消失，因而也就消灭了任何事物可被视为好或坏的可能性；
>
> （4）因此，死亡对于死者而言就不是件坏事。

接下来，我想要说明这个重构存在的几个容易让人产生误解的地方。

第一，作者对前提（1）的论证是错误的。

根据作者对前提（1）的分析，我们是推不出前提（1）的。

作者提到，享乐主义认为一种事物的价值是好是坏完全取决于这种事物给我们带来的经验是愉悦还是痛苦。比如说，我们之所以认为知识、艺术和友情等事物是有好的价值的，是因为我们从中获得了愉悦的经验；反之，当我们觉得饥饿和疾病等是坏的事物时，其实是因为这些东西让我们觉得痛苦。这种享乐主义似乎是符合我们的直觉判断的。(以上是作者的分析)

但是，从这种享乐主义中，我们无法得到前提（1)。具体来说，“如果某物带给我们的经验是愉快的，那么它就是好的”，并不代表“好的东西是让人具有愉悦经验的”，因为前者只是说我们的判断受到经验的驱使（解释了我们为什么觉得某物是好的)，而后者则肯定了这种驱使是正确的。作者的分析解释了我们为什么觉得某物是好的，但没有论证这种判断为什么是合理的。同样，从“如果某物带给我们的经验是痛苦的，那么它就是坏的”当中，我们也无法推出“坏的东西是让人具有痛苦经验的”。问题不在于我们是怎样做出好坏判断的，而在于这样的好坏判断为什么是对的。

如果我们想要得到前提（1)，我们可能需要这样论证：

(1) -1. 愉悦是好的，痛苦是坏的；

(1) -2. 如果愉悦是好的，那么好的东西是能带来愉悦的；如果痛苦是坏的，那么坏的东西是带来痛苦的；

(1) -3. 所以，好的东西是能带来愉悦的，坏的东西是带来痛苦的（根据 (1) -1，(1) -2)。

作者真正想表达的享乐主义可能是前提（1) -1，根据斯坦福哲学百科全书，这是享乐主义最基本的观点。享乐主义认为，愉悦的好，是一种内在价值的好。也就是说，愉悦之所以被视作好的，是因为它本身就是好的，而不是因为它能带来什么别的好的东西。同理，痛苦的坏，是一种内在价值的坏。

因此，对前提（1) -2，我们可以这样理解：如果 X 能够带来愉悦（好)，那么 X 也是好的；如果 Y 带来痛苦，那么 Y 就是坏的。在这里，X 和 Y 的好坏，指的是工具价值的好坏。也就是说，X 是好的，只是因为 X 能带来愉悦，并不代表 X 本身一定是好的。比方说，痛苦有时候是一种激励，是能给我们带来好的结果的工具，所以痛苦有时候也是“好的东西”。

所以，如果我们所说的“好的东西”和“坏的东西”，指的是工具价值上的“好的东西”和“坏的东西”，那么结论（1) -3 就是合理的。

第二，作者的前提（2）是错误的。

前提（2）指出，活着是拥有任何经验的必要条件，因而也就是使得任何事物可被视为好或坏的必要条件。也就是说，如果活着是拥有任何经验的必要条件，那么活着也就是使得任何事物可被视作好或坏的必要条件。这是一个不成立的推论，因为这是两个不直接相关的命题。就好比说，期末考试满分是三好学生的必要条件，也是班长的必要条件，但是我们不能从“期末考试满分是三好学生的必要条件”中得出“期末考试满分是成为班长的必要条件”的结论，除非“三好学生”是“成为班长”的必要条件。

要从“活着是拥有任何经验的必要条件”推出“活着是使任何事物被视为好或坏的必要条件”，必须补上一个前提：“拥有经验”是“使某物被视作好或坏”的必要条件。

当然，作者的前提（1）也许隐含了这一前提，但他没有表述清楚。

第三，从前提（3）推不出结论。

作者的前提（3）是没有问题的。彻底消失就是不存在；如果我们不存在，那么我们就无法对任何事物做出好坏的判断。但是，“死亡使死者失去了将任何事物视为好或坏的可能性”并不等于“死亡对于死者而言就不是一件坏事”。虽然我无法判断某事的好坏，并不代表这件事对我而言就没有好坏。如果我是确诊永远不会醒来的植物人，医生要把我的一个肝移植给别人，尽管我无法做出任何判断（因为我根本没有意识，我的身体对我而言也没有用处），但这不代表把我的一个肝拿走对我而言就不是一件坏事。

2. 改善

为了避免上述提到的误解，我在作者的基础上，试着对伊壁鸠鲁进行了新的重构，具体如下：

（1）如果X是一件坏事，那么X给我们带来了痛苦的感受；

（2）在我们死亡的时候，我们也感受不到死亡带给我们的痛苦；

（3）当我们活着的时候，我们感受不到死亡带给我们的痛苦；

（4）我们要么是活着，要么是死了；

（5）因此，我们在任何时候都感受不到死亡带给我们的痛苦（根据（2）、（3）、（4））；

（6）所以，死亡不是一件坏事（根据（1）、（5））。

前提（1）和享乐主义的观点是保持一致的，不再重复。

前提（2）是显而易见的。痛苦是由感官和意识产生的。当我们死亡的时候，我们失去了感觉功能，不会产生“痛苦”的感觉；也失去了意识，不会产生“我很痛苦”的想法。我们死后，我们就不存在了，也不会产生任何痛苦的经验。

前提（3）需要做出一些解释。显然，我们活着的时候，无法感受到死亡所带给我们的痛苦，因为我们没死（有一些所谓的“濒死体验”只是接近，并不等同于“死亡体验”）。当然，有的人可能会反驳说，虽然我们没死，但我们还是能够感受到死亡带给我们的痛苦：当我们一想到死亡以后就再也无法见到自己的亲人，再也无法享受人间的快乐，自己的存在也会逐渐被他人遗忘，就会感到非常痛苦。伊壁鸠鲁认为，这并不是“死亡”带给我们的痛苦，是人们自己幻想出来的痛苦，只有愚蠢的人才会因为自己的幻想而感到痛苦。

前提（4）无需多做解释。人要么是活着，要么是死了，没有半死不活的状态。

因此，既然我们活着的时候不会感受到死亡所带来的痛苦，死亡的时候也不会感受到死亡所带来的痛苦，那么我们在任何时候都不会感受到死亡所带来的痛苦。所以，死亡并不是一件坏事。

第七组

自杀在道德上是可接受的

死亡在许多文化中都被视为是不好的、恶的，而由自己对自己造成的死亡——也就是通常所说的自杀——也被视为坏事、恶事。一个佐证是，我们在互联网上搜索自杀的种种事例时，评论里多是谴责的声音。如果我们观察西方社会，我们也能发现，在一定的历史时期内，一切形式上的自杀都被视为在道德上不可被接受的。然而真的所有自杀都在道德上错误吗？我试图挑战这一由来已久的观点，首先简要考查几种反对自杀的代表性意见，指出它们的不足之处，并试图论证存在一些形式的自杀在道德上是有正当理由的，是可被我们接受的。

1. 基于宗教理由的反对

在流行的意见中，基于宗教话语来反对自杀的不在少数。我们这里讨论的不是某个具体宗教如何建构反自杀的论证，而是讨论从一般意义上利用宗教律令来反对自杀的不足之处。主要宗教的经典中都明确记载了禁止自杀的条文，于是它自然成为信徒们的生活准则。对宗教信徒来说，其生活意义的来源很大程度上依赖于宗教话语，因之，宗教经典中反对自杀的条款对他/她们来说有着极强的约束力。然而，这些宗教律令对非信徒来说，其约束力则大打折扣。宗教律令能使信徒产生不自杀的欲望，但不能确保非教徒也能产生同样的欲望。当人们试图在公共讨论中使用宗教上的理由反对自杀时，这种理由过于个人化和团体化，因此它很难构成一种普遍性的道德规范。

2. “不可杀人”论证

还有一种常见的反对自杀的意见，持有这种意见的人共享如下论证：

(1) 杀人不可被接受；
(2) 杀害自己是一种特殊形式的杀人；
(3) 所以，自杀是不可被接受的。

然而这个论证的前提 (1) 就很含糊，我们可以在很多文化中观察到，并非所有的杀人都不可接受，某些情形下的杀人（如在卫国战争中奋勇杀敌）不仅不被谴责还会受到赞美和嘉奖。这个论证除非能寻找到自杀相较一般杀人的特质，并且基于此特质可以推论出自杀在道德上的不可接受之处，否则它难以成立。

当然，人们可以将前提缩小为“不可杀害无辜的人”，但是这样做并不使上述论证更具有效力。因为我们不能保证所有自杀者都是无辜的人，例如那些畏罪自杀的人，在这种情形中，自杀的人会被认为是自作自受、罪有应得。

3. 诉诸情感伤害的论证

我们不难在社会舆论中发现这样一种谴责自杀的思路：自杀者的行为对其亲近的人来说是一个重大的打击，是一种情感上的严重伤害。但是我们必须注意到，这个意见的前提是自杀者曾成功建立过与周遭世界的情感纽带，如果一个孤僻的人并未与他人建立起情感交流，还令周边人厌恶，当他/她实施自杀后，我们就不能诉诸“伤害情感”的理由来谴责他/她的自杀。

4. 诉诸未来福利和幸福的论证

一些哲学家认为，自杀这种提前终止自己生命的行为使自杀者丧失了在未来日子里享受到更多福利和幸福的可能性，因此自杀是一件坏事。但是正如庄子所言，寿多则辱，活得长不一定能享受到福利和幸福，反而有可能遭受更多的恶和不幸。例如一些遭受不可治愈病症折磨的患者，活得越长遭受的痛苦和屈辱越多，显然长寿对他/她们来说不会提供多少福利和幸福，而出于减少痛苦与折磨的考虑，提前终止生命反而是合理的选择。

5. 我的论证

我将尝试构造一个论证来说明为什么有些自杀在道德上是可被接受的。

前提：

(1) 保存生命是一项道德义务 L；
(2) 存在一些高过 L 义务的道德义务 H；
(3) 在一些特定情形中，L 义务会与 H 义务发生只可取其一的冲突；
(4) 在这种情形中，履行 H 义务而放弃 L 义务是正当的；
(5) 其中，某些 (4) 中放弃 L 义务的行为是主动的，这种行为即自杀。

结论：存在一些特殊的情形，在这种情形中，自杀在道德上有充足的理由，是可被接受的。

这个论证的关键是前提（2），即真的有什么道德义务能压过保存生命的义务吗？在此我将尝试给出一个符合大多数人直觉的说明来为前提（2）辩护，以使得上述论证的适用范围更广一些：保存生命的意义在于它为那个生命活得有质量提供了可能性，如果我们努力保存下来的生命没有任何可能活出质量，那么就摧毁了保存那个生命的意义；因此，我认为使生命值得过、活出质量是一个压过保存生命的道德义务，当两者发生非此即彼的冲突时，我们选择放弃保存生命的道德义务就是正当的了。一个直观的例子是，现实中有许多得了不治之症的患者，治疗只能让他/她的生命多活一段时间，但是活着的每一天尽是折磨，精神和肉体都痛苦不堪，生命质量极低，尊严全无；在这种情况下，他/她选择提前结束自己的生命，是完全正当的；如果旁观者劝说他/她“勇敢活下去”“好死不如赖活着”，反而显得旁观者站着说话不腰疼，甚至可以说是冷酷无情的。

自杀本身是不道德的

从古希腊罗马名垂史册的自杀者卡托、塞涅卡、布鲁斯特，到举枪自杀的梵·高、海明威，再到近代因“人言可畏”而服安眠药自杀的阮玲玉、不堪抑郁折磨坠楼身亡的张国荣，自杀作为一种社会行为，古今中外，历来都有其实施者。这种行为与社会发展如影随形。但在历史上，人们对人是否应该有选择死亡的权利却始终莫衷一是。在古希腊罗马时期，人们对于自杀行为是宽容的，而在基督教教会成立之后，自杀行为却变得不可容忍并伴以严厉的惩处了。

曾有一个非常古老的笑话：在英国，自杀是很严重的罪，最高可判处死刑。

这个笑话虽然冷而荒诞，却也使我们对自杀这个问题进行深思：自杀是道德的吗？在此，道德是一种行为准则，标划出我们应该与不应该实施的行为。另外，我们也需要对自杀做出定义，即个体在某种情况下蓄意采取各种手段来结束自身的生命，因此某些也导致自身失去生命，但是却并非蓄意行为的死亡便不被纳入讨论范围。我要为之辩护的观点是“自杀是不道德的”，辩护理由如下。

人类并不完全拥有自身。人的生命不仅是自己作为个体的所有物，还是整个社会的所有物。人实际上不仅作为个体的生命存在，还作为社会关系中的一员而存在，个体并不能轻易解除这一关系。这一点在我们的日常生活中就有所表现，例如：我并不仅是作为个体存在的，我还是作为父母的儿女、师长的学生、社会的成员而存在的，我对我的父母、师长与朋友有着不同类型的关系，同时负有不同性质的责任，负有作为社会成员的责任。当我选择自杀时，死去的不仅是作为我个体的生命，我还连带着自己作为社会成员（如：儿女、学生等身份）的身份一并死去了。而当我作为社会成员死去时，我的父母的权利就会受到损害——他们尽了抚养我的义务，我却蓄意使自己失去生命导致他们没有享受到我对他们的赡养。若人不能完全拥有自身，那么他也就不完全拥有对于生命的处置权。若人不完全拥有对自身生命的处置权，那么人也就不应该蓄意采取手段以放弃生命。

这个论证可以重构如下：

(1) 人是在社会中生存的，人并不完全拥有自身；

(2) 如果一个人不完全拥有自身，那么就不能不顾及他人对该人的部分占有而毁灭性地自我处置；

(3) 自杀是不顾及他人对该人的部分占有而对自身进行的毁灭性自我处置；

(4) 毁灭性地处置他人合理占有的事物是不道德的。

因此，人自杀是不道德的。

也许对方会认为我的前提（1）有错，有的人是拥有自身的，例如一名与社会严重脱节的人，没有任何亲朋好友关心他，这样的人不必对共同体负有必须生存的义务。而人又有权利在自我权利内部进行毁灭性自我处置，在权利内部导致的损伤甚至失去生命，就并非不道德的。例如：人们不会谴责一个对自己的财物进行损伤的人，因为这是他的自我权利内部的自我处置，没有损伤到他人的权利；那么同理，对于一个与社会严重脱节、无人关心的自杀的人来说，他对于生命的处置也是发生在自己权利内部的事情，没有损伤他人的权利，因此也不应该受到道德上的谴责。

但我认为这个反驳仍然不够有力。因为一个人对于自己的财物进行损伤，是因为他完全拥有该财物，但如上所言一个人的生命不仅作为个体，还作为社会关系成员而存在。在他损伤自己作为个体的生命时，他损伤的还有其作为社会成员的生命，而作为社会成员的生命受到社会所保护。就算他与社会脱节、不受任何人关心，他也仍旧是作为一个社会成员存在于世，因为他不可能完全“与社会脱节”，除非他从生下来便独自居住在荒岛上，自己捕鱼、生火、居住在自己搭建的小草棚里，但这在现代社会显然不可能成立，因为刚出生的婴儿如果没有和社会或他人建立任何联系，那么他孱弱无力，将不可能存活下去。

并且，如果人拥有对自己生命的处置权，生与死是可以自主选择的，生命实际上是个体的私人范畴，那么个体在蓄意使用一些手段以求死实际上应该是一种道德正当或道德中立的行为。当他人实行一些道德正当或道德中立的行为时，如果我们鼓励或未加阻止，那么我们不该受到谴责。在此基础上便会产生矛盾，即就算有人在自杀者实施自杀行为时鼓励或袖手旁观，也不应该受到道德的谴责，因为他尊重了自杀者行使正当权利——这样的结果是无论如何难以接受的，因为心存怜悯的旁人在面对他人自杀时绝不可能选择袖手旁观，多少会选择劝阻，而不加阻拦甚至鼓励的态度只会被冠以“冷漠”的名号。在 2014 年 12 月，广西一名女子跳江自杀，而在她跳江之前长达近一小时的时间里，30 米左右的江边挤满看热闹的人群，女子也未能得到有效救助，在挣扎约 10 分钟后终于沉没。在这种情况下，我们难道会说围观者至少对自杀的自身意愿未加阻止，尊重她行使正当权利，因而不应该受到谴责吗？如果我们承认在这种情况下，民众对自杀者不加阻拦反而鼓励的行为是冷漠并应该被谴责的，那么同时承认自杀是道德的似乎就有些自相矛盾了。

论证可以重构如下：

(1) 鼓励或对道德正当或道德中立的行为不加阻止，不应该受到谴责；

(2) 如果自杀是道德正当或道德中立的行为，那么他人鼓励自杀或对其自杀行为不加阻止就不应该受到谴责；

(3) 但显然，鼓励他人自杀或者在他人意图自杀时不加阻止应该受到谴责；

(4) 因此，自杀并非在道德上正当或道德中立的。

综上所言，我为自杀是不道德的观点辩护，虽然自杀作为一个社会行为在任何时代都存在并且难以杜绝，但自杀在道德上仍旧是不正当的，我们在想放弃生命时不应该只考虑到作为个体的自己，还应该考虑到作为社会成员的自己。

附注：本文立场不代表笔者观点，仅做辩护而已。事实上，这个问题存在很多哲学、社会学争论，笔者本意不愿争论自杀道德与否，而是更倾向于自杀是无关道德的，即自杀并非一种道德行为，也非一种不道德行为，而是属于法律、道德与秩序的判断之外的一种“不被禁止”的行为。

后　记

能够完成这本书，我必须感谢那些与我一起经历艰苦跋涉的各位作者。同时，对那些给予扶助和贡献的师长、朋友、同行表示深深的谢意与敬意！在此成书之际，我尤其感谢学术出版中心主任杨宗元女士的慷慨和诚恳，感谢策划编辑张杰先生的细致和耐心，感谢责任编辑吴冰华女士一丝不苟的辛勤劳作。当然，书稿虽几经修改，却仍存在诸多不足，恳请学界同人和广大读者不吝批评与指正。我们意识到这样一个事实，即我们所做的工作是一个初步的尝试，我们具有自己的局限性；然而，我们相信每一次努力的内在价值。

关于文中的注释，在此做一说明：为使读者清晰地区分注释内容，优化阅读体验，本书将说明性的注释和译者注以页底脚注形式呈现，而把来源性注释附在每章末的“参考文献与阅读书目”中。

具体写作分工如下：

上篇　论题考查：趋向、问题与焦点

导　论	如何理解分析哲学的“分析”？	费多益
第一章	“是真的”是不是一个真正的谓词？	李主斌
第二章	因果解释是完备的吗？	初维峰
第三章	意义与指称	何朝安
第四章	解释何以可能？	戴益斌
第五章	概念空间和自然空间的分裂与勾连	周　靖
第六章	经验的认识论意义	Alex Byrne /文　刘冠帅、李大强/译

第七章 现象证据和事实证据 Susanna Schellenberg/文 刘冠帅、李大强/译
第八章 自然化认识论：奎因、西蒙和实用主义的前景 Stephen Stich/文 戴益斌/译
第九章 知识、确证与盖梯尔难题 方环非
第十章 从可靠主义到德性知识论 Linda Zagzebski/文 方环非/译
第十一章 知识与价值 方红庆
第十二章 心身问题 柳海涛
第十三章 可设想性论证 冯书怡
第十四章 忒修斯之船与跨时间的同一性 苏德超
第十五章 恺撒难题与跨范畴的同一性 刘 杰
第十六章 为什么需要道德？ 何松旭

下篇 实战习练：争议、对话与交锋

第一组
老师上课不应该点名 王 悦
老师上课应该点名 王岳伟

第二组
反对大学招收特长生 徐 峰
大学可以因为特长而特招 聂普敦

第三组
第一学历歧视是不合理的 马旭雅
第一学历歧视是合理的 于路源

第四组
导师不应当利用关系帮助他眼中的优秀学生发表论文 赵 彤
导师可以利用关系帮助他眼中的优秀学生发表论文 何宝申
为什么导师不应该利用人情关系帮助学生发表论文？ 胡星铭

第五组
对“我思故我在”的辩护 伍 素
对“我思故我在”的反驳 赖国伟

第六组
伊壁鸠鲁论死亡：一个辩护 庄玄朴
伊壁鸠鲁论死亡：一个反驳 陈 刚

伊壁鸠鲁论死亡的重构　陈施羽

第七组

自杀在道德上是可接受的　姚　城

自杀本身是不道德的　季　迪

费多益

2020 年春于听雨阁

图书在版编目（CIP）数据

分析哲学专题教程/费多益主编. --北京：中国人民大学出版社，2020.10
新编21世纪哲学系列教材
ISBN 978-7-300-28671-6

Ⅰ.①分… Ⅱ.①费… Ⅲ.①分析哲学-高等学校-教材 Ⅳ.①B089

中国版本图书馆CIP数据核字（2020）第192338号

新编21世纪哲学系列教材
分析哲学专题教程
费多益　主编
Fenxi Zhexue Zhuanti Jiaocheng

出版发行	中国人民大学出版社		
社　　址	北京中关村大街31号	**邮政编码**	100080
电　　话	010－62511242（总编室）		010－62511770（质管部）
	010－82501766（邮购部）		010－62514148（门市部）
	010－62515195（发行公司）		010－62515275（盗版举报）
网　　址	http://www.crup.com.cn		
经　　销	新华书店		
印　　刷	北京宏伟双华印刷有限公司		
规　　格	185 mm×260 mm　16开本	**版　　次**	2020年10月第1版
印　　张	20.75	**印　　次**	2020年10月第1次印刷
字　　数	462 000	**定　　价**	48.00元